科技考古

第八辑

中国社会科学院考古研究所科技考古中心 编

科学出版社

北京

内 容 简 介

　　本书是中国社会科学院的科技考古工作者和文保学者以及相关考古学者的论文集。本书从科技考古的不同领域和角度，对我国近些年来田野考古发掘出土的遗存进行多种科技考古方向的研究分析，这些研究方向包括植物考古、木材分析、人骨考古、食性分析、动物考古、冶金考古、陶瓷考古、玉石器考古等。同时，有学者对人骨考古的古病理学研究和实验室考古的方法技术展开归纳，并进行理论研究的讨论。还有学者对近年来在人骨考古、环境考古、石器微痕分析、玉器研究等的新进展、新成果进行了总结，对新出版的考古书籍进行社评。本书还包含了国外近年关于青铜器成分研究、古 DNA 研究下的动物驯化数篇科技考古论文的译作。

　　本书可供考古学、历史学、科技考古等方向的研究者和爱好者，以及大专院校相关专业师生阅读、参考。

图书在版编目 (CIP) 数据

科技考古. 第八辑 / 中国社会科学院考古研究所科技考古中心编.
北京：科学出版社，2024. 8. -- ISBN 978-7-03-079564-9

I. ① K875-53

中国国家版本馆 CIP 数据核字第 2024TB437 号

责任编辑：张亚娜　周　䶮 / 责任校对：张亚丹
责任印制：肖　兴 / 封面设计：北京美光设计制版有限公司

科学出版社 出版
北京东黄城根北街 16 号
邮政编码：100717
http://www.sciencep.com
北京中科印刷有限公司印刷
科学出版社发行　各地新华书店经销
*
2024 年 8 月第　一　版　开本：787×1092　1/16
2024 年 8 月第一次印刷　印张：20　插页：10
字数：504 000
定价：188.00 元
（如有印装质量问题，我社负责调换）

本书出版得到中国社会科学院
学科建设"登峰战略"资助

研 究 综 述

目录

前沿研究

理论方法

前沿研究

陕西临潼康家遗址浮选出土
植物遗存分析

钟　华[1]　秦小丽[2]　郭小宁[3]

（1. 中国社会科学院考古研究所；2. 复旦大学文物与博物馆学系；3. 陕西省考古研究院）

摘要：本文对陕西临潼康家遗址 1985～1990 年三次考古发掘中，采集的 17 份龙山文化晚期浮选样品进行了植物考古鉴定和分析。共发现了粟、黍、稻米、大豆四种作物，以及一定数量的非农作物遗存；通过植物遗存出土背景分析，我们认为灶中出土的作物大部分与先民直接食用相关，遗址中粟黍旱地作物与稻谷在收获后可能存在着不同的加工区域；遗址出土的稻谷遗存很可能在遗址附近种植。康家遗址龙山晚期作物结构一方面沿袭了关中地区东部仰韶时期以来的农业传统，另一方面也和同一时期中原地区常见的作物组成相一致。尽管本次康家遗址浮选样品来源和土量相对有限，但是对于长期缺乏植物考古材料的龙山晚期客省庄文化而言，本遗址出土植物考古证据提供了了解本地作物组成和生业情况的重要线索。

关键词：客省庄文化　龙山晚期　康家遗址　植物考古

一、样品的采集和浮选

陕西临潼康家遗址，位于西安市临潼区相桥镇康家村北，南距渭河 4.5 公里，周边地势平坦，土地肥沃，该遗址曾于 20 世纪八九十年代进行过两次试掘[1]和三次考古发掘，发现了大量龙山文化晚期客省庄文化遗存。其中，伴随 1985[2]、1987[3]和 1990[4]年的三次考古发掘，发掘者对部分单位进行了土壤样品的采集，这就是我们本次康家遗址浮选出土植物遗存的样品来源。

本次康家遗址采集和浮选样品共计 17 份，其中 5 份样品来自房址（1 份来自灶中、1 份来自灶内鬲中、1 份来自柱洞、2 份来自房内地层堆积）、4 份来自地层、2 份来自灰坑、2 份来自墓葬填土、1 份来自窑址，另有 3 份出处不明（由于遗址样品数量有限，但时代单纯，这 3 份样品也纳入统计分析中）。这些浮选样品（除去 3 份出处不明），有

1 份来自 1985 年发掘单位、7 份来自 1987 年发掘单位、6 份来自 1990 年发掘单位。值得注意的是，当时采集的土样并不是专门用以植物考古浮选，其土样量往往较少（基本不足 1 升），在很大程度上限制了样品的代表性，而有限的样品量也使得遗址作物量化分析和生业模式探讨难以有效开展。但是，这些来自约四十年前的有限的土壤样品，却为我们一瞥康家遗址的出土作物情况和农业构成提供了难得的线索。

　　本次康家遗址的植物遗存的浮选工作是在陕西省考古研究院泾渭考古基地完成的，使用小水桶浮选法，通过 80 目标准分样筛对植物遗存进行收集，样品经阴干晾晒后寄送至中国社会科学院考古研究所植物考古实验室，完成植物遗存的种属鉴定、统计和分析工作。

二、浮　选　结　果

　　康家遗址出土植物遗存包括炭化木屑和炭化植物种子两大类。

　　康家遗址 17 份样品共浮选土量 6.6 升，浮选出土炭化木屑（尺寸在 1 毫米以上）合计 31.99 克，炭化木屑是指经过燃烧的木头的残存，其主要来源应该是未燃尽的燃料或遭到焚烧的建筑木材和其他用途的木料等。实验室所做的工作是将所有木屑作为一个统一的类别进行量化分析，利用标准分样筛将样品中大于 1 毫米的炭化木屑筛选出来并称重计量。结果显示，平均每升土样所含炭化木屑重为 4.83 克。需要注意的是，遗址中不同遗迹单位样品发现炭化木屑含量有着非常明显的差别。具体来看，房址灶内凿中密度最高（151.85 克/升），其次是窑址（1.22 克/升），房址中柱洞（0.12 克/升）、地层（0.04 克/升）和灶内（0.01 克/升）依次下降，房址外地层（0.02 克/升）也较低，两处灰坑和墓葬填土中均未发现任何炭化木屑遗存。陶凿中极高的木炭密度可能与特殊埋藏或功用相关，其中也并没有发现任何植物种子；窑址中炭屑密度较高，应该与其燃薪制陶相关；灰坑中没有发现任何炭化木屑，与我们一般认识不符（灰坑往往作为垃圾的倾倒处，包含较多的木屑），可能与其功用或土样采集量过少有关；而墓葬填土中一般很少发现植物遗存，本次浮选结果显示其中也未包含任何炭屑或植物种子。

　　康家遗址 17 份样品中，共发现炭化植物种子 182 粒和 6 粒稻谷基盘，其中炭化农作物种子 154 粒，占到了全部植物种子的 84.6%。炭化农作物种子包括粟（*Setaria italica*）、黍（*Panicum miliaceum*）、稻米（*Oryza sativa*）和大豆（*Glycine max*）四种。非农作物遗存包括禾本科的狗尾草（*Setaria viridis*）、豆科的胡枝子（*Lespedeza bicolor*）和草木犀（*Melilotus suaveolens*）、藜科的藜（*Chenopodium album*）、忍冬科的败酱（*Patrinia scabiosifolia*）和莎草科的薹草属（*Carex* sp.）种子，以及 4 粒因炭化失去特征而无法进行准确种属鉴定的种子（表 1）。

表1　遗址出土植物遗存数量统计表

Table 1　Statistics of the number of plant remains unearthed from the site

种属	数量（个）
粟（*Setaria italica*）	41

续表

种属	数量（个）
黍（*Panicum miliaceum*）	29
稻米（*Oryza sativa*）	5
稻谷基盘	6
大豆（*Glycine max*）	79
狗尾草（*Setaria viridis*）	6
藜（*Chenopodium album*）	5
胡枝子（*Lespedeza bicolor*）	1
草木犀（*Melilotus suaveolens*）	5
薹草属（*Carex* sp.）	5
败酱（*Patrinia scabiosifolia*）	2
未知	4

　　粟，禾本科狗尾草属（*Setaria*），为一年生旱生草本作物，喜温。粟的生长期短、耐瘠、适应性强，耐储藏，且对水的利用率高。遗址中发现的炭化粟粒表面较光滑，背部较平，胚部约占粒长的三分之二，呈 V 形。成熟的炭化粟粒略呈圆球状，未成熟秕谷个体较小，粟粒呈扁圆形（彩版一，1）。康家遗址共发现炭化粟粒 41 粒，包括 11 粒成熟完整的、9 粒未成熟和 21 粒碎粒。这些炭化籽粒分别发现在 4 份浮选样品中。

　　黍，禾本科黍属（*Panicum*），为一年生草本作物，又称糜子。具有早熟、耐瘠和耐旱的生理特性，较其他作物易于生长。遗址中发现的黍粒大多呈长圆球状，背部较鼓而胚部较短，爆裂后呈 U 形（彩版一，2），另有一部分未成熟秕谷个体较小，背部也较平。康家遗址共发现炭化黍粒 29 粒，包括 3 粒成熟完整的、16 粒未成熟和 10 粒碎粒。这些炭化籽粒分别发现在 3 份浮选样品中。

　　稻米，禾本科稻属（*Oryza*），一年生草本作物，性喜温湿，遗址出土相对完整的炭化稻米呈椭圆形（彩版一，3），目前我们无法通过种子形态区分这些炭化稻米为水稻还是旱稻。康家遗址共发现炭化稻米 5 粒，皆为碎粒。另外遗址中还出土有 6 粒稻谷基盘（彩版一，4），基盘为稻谷籽粒底部与稻穗的连接部分，往往在稻谷脱粒或脱壳过程中与稻米分离，以加工副产品的形式进入遗址中。这些炭化籽粒分别发现在 3 份浮选样品中。

　　大豆，豆科大豆属（*Glycine*），一年生草本作物，富含植物蛋白。遗址出土炭化大豆多呈椭圆形，表面因炭化而爆裂不完整，爆裂处多油亮富有光泽（彩版一，5）。遗址中共出土炭化大豆粒 79 粒，其中完整者 23 粒。这些炭化籽粒全部发现在一处房址内的灶中，我们对其中完整的 20 粒（彩版一，6）进行了长短测量（未经过炭化尺寸补偿；图 1）。如果将康家遗址出土大豆尺寸分布数据，与同一时期（龙山晚期）洛阳盆地的王圪垱遗址[5]，嵩山东南麓的程窑[6]、新砦[7]等遗址出土大豆长短进行比对的话，可以发现康家遗址大豆遗存尺寸普遍较小。但是，需要注意的是，康家遗址中的大

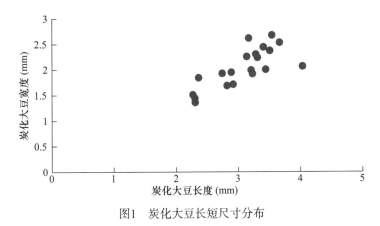

图1 炭化大豆长短尺寸分布

Figure 1 Distribution of length and width dimensions of carbonized soybeans

豆来源相对单一（只发现在一处灶内），并且存在较多尺寸可能更大但已破碎的炭化大豆颗粒，这些大豆尺寸可能难以完全代表遗址的整体情况。

非农作物种子方面，整体上发现较作物遗存为少，仅占到全部植物种子的15.4%，包括六个种属，共计28粒。其中，以狗尾草种子数量较多（彩版二，1），但也只发现6粒，其他种属则都不超过5粒。这些非农作物遗存中，我们一般认为狗尾草可能是作为粟黍旱田杂草，通过作物收获后的加工过程进入遗址；豆科的草木犀（彩版二，2）和胡枝子（彩版二，3），则通常被认为是常见的家畜饲草，但也因为其固氮的特性，可能被当作农田的绿肥，或是燃薪；藜（彩版二，4）也是常见的农田杂草，但也多为牛羊所食用。值得注意的是，这些非农作物来源的推断可能并不单一，对其进入遗址方式的进一步认识，还需要结合具体的考古学出土背景。

三、讨　论

（一）结合植物遗存出土单位背景的分析

康家遗址17份浮选样品中，有5个遗迹单位中集中出土绝大部分炭化植物种子，表2为这5个单位出土植物遗存的具体情况，其中有2个单位并不清楚其具体的考古学背景，这里也一并列入表中作为比较。

表2 出土植物种子的遗迹单位统计表

Table 2 Statistics of features unearthed plant remains

堆积单位	浮选土量（L）	炭屑密度（g/L）	粟	粟秕	黍	黍秕	稻米	稻谷基盘	大豆	非农数量	非农种类
T6F62Z	1	0.01	8（10）		1（9）		0（2）		23（56）	6	4
T5地层	0.8	0.02	3（3）	2	2（1）	3	0（2）			9	4

续表

堆积单位	浮选土量（L）	炭屑密度（g/L）	粟	粟秕	黍	黍秕	稻米	稻谷基盘	大豆	非农数量	非农种类
T26H80	0.4	0	2			1				0	
未知	0.1	0					0（1）	5		0	
未知	0.25	0.19	0（8）	5		12				8	3

注：括号内数字为不同作物碎粒数量。

从表2中可以看出，房址F62的灶中，T5地层和一处未知单位中，出土了更多的作物种子，并且这3个单位中也都发现了炭化木屑和非农作物遗存，而另外2个单位（一处灰坑和一处未知单位）只是发现了炭化作物种子，而没有其他炭化木屑或非农作物遗存出土。这些遗迹单位出土植物遗存的差异，一方面可能与不同单位的功能性相关，另一方面也可能在于有限的样品土量难以完全反映本单位的情况。

具体来看，F62的灶中样品出土植物遗存最为丰富，是遗址唯一一处出土了全部四种农作物遗存的单位，也发现了种类和数量都较多的非农作物种子，值得注意的是灶内并没有发现其他单位常见的粟、黍秕粒，或是稻谷基盘，农作物都是以成熟的整粒或碎粒的形式保存下来。由此，我们认为这些灶中出土的植物遗存应与灶的使用有着直接关系，炭化农作物种子更可能是先民的消费食余，而非作物收获后的加工残留，也就是说至少粟、黍、稻米三种作物都曾作为食物，在此灶内被人们烹饪加工后食用，非农作物遗存则可能是灶中燃料的来源，这也和灶内较低的炭屑密度相一致。需要指出的是，F62灶中出土大豆尺寸（彩版一，6；图1）普遍偏小，我们尚难以确认这些大豆到底是作为食物食余保存在灶内，还是与灶中其他非农作物遗存类似，以燃料的形式留在灶中。

T5地层中的样品来自该探方西部的一处硬质活动面，包含了粟、黍、稻米三种作物遗存和较多的非农作物种子，作物种子中既有一定比例的完整颗粒，也有粟、黍秕粒和碎粒，我们推测这个单位可能与作物收获后的加工处理活动相关，但也不能排除作物作为粮食食余被倾倒在此。

除了以上2个单位，其余3份样品中没有发现任何完整的成熟农作物种子，可能说明这些单位与作物收获后的脱粒或脱壳活动关系更为紧密。这3份样品中，有2份出土作物遗存中只发现了粟黍碎粒和秕子，而另外1份中只发现了稻米碎粒和稻谷基盘，可能显示出粟黍旱地作物与稻谷，在收获后存在着不同的加工区域。而这种加工地点的差异，是因为遗址功能分区的选择，还是存在着背后人群或阶层的差异，还需要更多的考古证据来解读。

（二）遗址农业结构和生业模式特点

康家遗址1990年夏秋两季发掘中，出土的动物遗存曾发表过较为细致的统计和分析。这些出土动物遗存大部分发现于灰坑和房址中，其中牛、猪、羊是康家先民的主要家畜，也发现了以鹿为主的野生动物，而鱼、蚌、田螺等水生动物，獐、水牛、鹤、貉等喜水动物也反映了遗址周边存在着充足的水源[8]。

结合遗址本地环境和出土动物遗存情况，我们认为遗址周边存在适合稻谷生长的水源条件，作为村落级聚落的康家遗址，本次浮选出土的稻谷遗存很可能就是在遗址附近种植，收获后在聚落内进行下一步加工处理；考虑到龙山晚期遗址中已经出现牛、羊这类食草动物，浮选出土的豆科和其他一些杂草种子，可能是作为牛羊的饲草进入遗址，牛羊粪便又常被用作人们烹饪或取暖的燃料（粪便中可能包含其未消化的种子），由此这些种子得以经炭化保存下来；除了豆科杂草，大豆也因其较高的氮含量，被用作牛羊等食草类家畜的饲料来源，康家遗址本次浮选出土大豆遗存，全部来自房址内的一处灶中，推测这些大豆一方面可能为先民的食物，另一方面其尺寸普遍偏小，我们也不能排除这些炭化大豆可能是作为燃料保留在灶中（以牛羊粪便或植株燃薪的方式）。

康家遗址所在的关中东部地区，是我国史前时期考古学文化最为繁盛的地区之一，这一区域史前农业的发展脉络也较为清晰。我们认为，至迟在庙底沟文化时期（仰韶中期），关中东部已经建立了相对成熟的农业社会，农业生产取代狩猎采集活动已经成为人们的主要食物来源，而更为高产的粟取代黍，成为最重要的作物资源[9]；关中东部地区稻米的发现可以追溯到仰韶文化早期甚至北首岭文化时期，但发现非常零星[10]，直到庙底沟时期和仰韶晚期，以华县东阳遗址[11]和蓝田新街遗址[12]为代表，开始出现了较多的发现；大豆在关中东部地区庙底沟时期遗址中已经出现[13]，但到仰韶晚期时数量都非常有限[14]。

从龙山晚期康家遗址出土植物遗存来看，以粟黍为主的作物结构沿袭了关中东部地区庙底沟时期以来的旱作农业种植传统，稻米和稻谷基盘的出现也符合我们对仰韶时期以来渭河流域稻谷利用的认识。大豆在康家遗址一处房址内灶中的集中出土，不同于本地区之前时期的零星发现，这一现象与龙山晚期大豆作物在中原地区的普遍出现相一致[15]，我们认为可能与这一时期人口密度提高，人们通过种植固氮的大豆来提高土地生产率，并加入到先民的食谱中，同时也可能与牛羊引入后，大豆作为牛羊饲草的需求量升高存在联系。从龙山晚期康家遗址出土植物遗存来看，这一时期的关中东部客省庄文化遗址的作物组成，与东部洛阳盆地、嵩山东麓所在的中原地区[16]基本一致：都是以粟黍旱作农作物为主，在水资源条件允许的区域种植稻米，同时也有不少大豆遗存的发现。这一农业种植结构明显不同于相邻的晋南[17]和陕北地区[18]，粟黍旱作作物为绝对主体，极少发现其他作物遗存（或只出现在特殊区域或遗迹单位中）的局面。

四、结　　语

通过对陕西临潼康家遗址龙山晚期遗存中浮选出土植物考古分析，我们发现了粟、黍、稻米、大豆四种作物，以及一定数量的非农作物遗存；通过植物遗存出土背景分析，我们认为灶中出土的作物大部分与先民直接食用相关，遗址中粟黍旱地作物与稻谷在收获后可能存在着不同的加工区域；结合遗址发表的动物遗存证据和其他考古材料，遗址出土的稻谷遗存很可能就是在遗址附近种植，浮选出土的豆科和其他一些杂草种子，可能是作为牛羊的饲草进入遗址，康家遗址龙山晚期作物结构一方面沿袭了关中地区东部仰韶时期以来的农业传统，另一方面也和同一时期中原地区常见的作物组成相一致。

康家遗址本次浮选出土植物遗存相对较少，所采集的样品来源和样品土量也非常有限，很难全面反映聚落的农业结构和生业情况，只能根据所发现植物遗存的种类、数量和出土背景进行一定的分析。但是，一直以来由于材料的限制，我们长期缺乏关中地区龙山晚期植物考古的基本认识，康家遗址作为一处发掘时间距今已近四十年的史前聚落，通过偶然保留的少量土壤样品，为我们了解客省庄文化的作物组成和生业情况提供了难得的依据。

附记　本研究得到国家重点研发计划"中华文明起源进程中的生业、资源与技术研究"（课题编号：2020YFC1521606）、2019年度国家社科基金重点项目"陕西临潼康家遗址考古发掘报告"（项目批准号：19AKG002）、2024年度中国社会科学院创新项目"中国农业起源和文明化进程中的植物考古研究"（项目批准号：2024KGYJ014）、中国社会科学院研究所实验室综合资助项目"科技考古实验室"（项目批准号：2024SYZH002）、中国社会科学院学科建设"登峰战略"（项目批准号：DF2023YS13）资助。

注　释

［1］　西安半坡博物馆：《陕西临潼康家遗址第一、二次试掘简报》，《史前研究》1985年第1期。

［2］　陕西省考古研究所康家考古队：《陕西临潼康家遗址发掘简报》，《考古与文物》1988年第5、6期。

［3］　陕西省考古研究所康家考古队：《陕西临潼康家遗址1987年发掘简报》，《考古与文物》1992年第4期。

［4］　刘莉、阎毓民、秦小丽：《陕西临潼康家龙山文化遗址1990年发掘动物遗存》，《华夏考古》2001年第1期。

［5］　钟华、吴业恒、张鸿亮，等：《河南洛阳王圪垱遗址浮选结果及分析》，《农业考古》2019年第1期。

［6］　钟华、张永清、吴倩，等：《河南登封程窑遗址浮选结果与分析》，《农业考古》2018年第6期。

［7］　钟华、赵春青、魏继印，等：《河南新密新砦遗址2014年浮选结果及分析》，《农业考古》2016年第1期。

［8］　同［4］。

［9］　钟华、李新伟、王炜林，等：《中原地区庙底沟时期农业生产模式初探》，《第四纪研究》2020年第2期。

［10］　赵志军：《仰韶文化时期农耕生产的发展和农业社会的建立——鱼化寨遗址浮选结果的分析》，《江汉考古》2017年第6期。

［11］　赵志军：《渭河平原古代农业的发展与变化——华县东阳遗址出土植物遗存分析》，《华夏考古》2019年第5期。

［12］　钟华、杨亚长、邵晶，等：《陕西省蓝田县新街遗址炭化植物遗存研究》，《南方文物》2015年

第 3 期。

［13］　同［11］。

［14］　钟华、赵志军：《仰韶文化晚期中原地区农业生产模式初探》，《中国农史》2023 年第 2 期。

［15］　钟华：《中原地区仰韶中期到龙山时期植物考古学研究》，中国社会科学院研究生院博士学位论文，2016 年，第 43-119 页。

［16］　同［15］。

［17］　a. 蒋宇超、戴向明、王力之，等：《大植物遗存反映的龙山时代山西高原的农业活动与区域差异》，《第四纪研究》2019 年第 39 卷第 1 期。

　　　　b. 赵志军、何驽：《陶寺城址 2002 年度浮选结果及分析》，《考古》2006 年第 5 期。

［18］　杨瑞琛、邸楠、贾鑫，等：《从石峁遗址出土植物遗存看夏时代早期榆林地区先民的生存策略选择》，《第四纪研究》2022 年第 42 卷第 1 期。

Analysis of Plant Remains from Flotation Samples from Kangjia Site in Lintong, Shaanxi Province

ZHONG Hua[1], QIN Xiao-li[2], GUO Xiao-ning[3]

(1. Institute of Archaeology, Chinese Academy of Social Sciences; 2. Department of Cultural Heritage and Museology, Fudan University; 3. Shaanxi Academy of Archaeology)

Abstract: In this study, 17 flotation samples were conducted archaeobotanical identification and analysis, which were collected from the late Longshan Culture period during three archaeological seasons at the Kangjia Site in Lintong, Shaanxi Province from 1985 to 1990. Four crops including foxtail millet, broomcorn millet, rice, and soybean, as well as a certain amount of non-crop remains, had been discovered. Based on the analysis of the context of plant remains unearthed, we believed that most of the crops unearthed in the oven are related to direct consumption by the ancestors, and there might be different processing areas for dry land crops and rice in situ after harvest. The rice remains unearthed from the site were likely to have been planted around the site. The crop structure of the Kangjia Site in the late Longshan period not only followed the agricultural tradition since the Yangshao period in the eastern part of the Guanzhong region, but also was consistent with the crop composition in the Central Plains region during the same period. Although the source and amount of flotation samples from the Kangjia site were relatively limited, for the late Keshengzhuang culture in Longshan, which lacked plant archaeological materials for a long time, the archaeological evidence of plants unearthed from this site provided important clues to understand the local crop composition and subsistence.

Key Words: the Keshengzhuang Culture; late Longshan period; the Kangjia site; archaeobotany

青铜时代晚期至早期铁器时代塔什库尔干塔吉克自治县吉尔赞喀勒墓地木材遗存指示先民的木材利用

王树芝　　巫新华

（中国社会科学院考古研究所）

摘要： 吉尔赞喀勒墓地位于塔什库尔干塔吉克自治县提孜那甫乡曲曼村东北塔什库尔干河西岸的吉尔赞喀勒台地上，墓葬的年代距今 2400～2600 年，属于青铜时代晚期至早期铁器时代，墓葬出土了多种木器。通过对吉尔赞喀勒墓地 20 个墓中采集的 70 个木材和 M25 尸床旁的木炭样品进行鉴定和分析，有 10 个属 12 个种的木材，分别是圆柏属（*Sabina* sp.）、刺柏属（*Juniperus* sp.）、桦木属（*Betula* sp.）、杨属（*Populus* sp.）、柳属（*Salix* sp.）、忍冬属（*Lonicera* sp.）、蓝果忍冬（*Lonicera caerulea*）、绣线菊属（*Spiraea* sp.）、金丝桃叶绣线菊（*Spiraea hypericifolia*）、沙棘属（*Hippophae* sp.）、丁香属（*Syringa* sp.）和一个未鉴定阔叶树。研究表明新疆帕米尔高原地区的先民充分利用本地的乡土树种，同时也利用了新疆库尔勒、阿尔泰地区、中国西北的树种和特有树种资源，甚至有可能利用了中亚和欧洲的特有种，并根据木质器物的不同用途，选择不同树种的木材。该研究为了解和探讨青铜时代晚期至早期铁器时代帕米尔高原东部先民的木材利用策略提供了资料，对帕米尔东部地区古代文化、社会生活及宗教信仰，乃至东西方文化的传播和交流具有重要意义。

关键词： 新疆维吾尔自治区　吉尔赞喀勒墓地　青铜时代晚期至早期铁器时代　木材利用

一、引　言

塔什库尔干塔吉克自治县位于新疆维吾尔自治区西南部，帕米尔高原东部，昆仑山、喀喇昆仑山、兴都库什山和天山四大山脉在此处汇合，是中国西部的重要门户，同时也是古代"丝绸之路"的要镇和孔道。其地理坐标为北纬 35°37′～38°40′，东经

71°20～77°01′，海拔 4000 米以上。地处欧亚大陆腹地，远离海洋，地势高峻，属独特的高原高寒、干旱半干旱气候[1]，正是这种干燥的埋藏环境抑制了微生物的活动，使有机成分为主要组成的木材能够长久保存，并保持原有的木材构造特征。另外，木材经过不完全燃烧或者是在隔绝空气的条件下热解，形成木炭，木炭几乎能完全阻止化学和生物方面的作用，长期保存下来，而且其结构特征也很清晰[2]，可以进行木本植物的种属鉴定，进而提取古代人类利用木材的信息，探索古代人类与植物资源的关系。

吉尔赞喀勒墓地位于帕米尔高原东部的新疆喀什地区塔什库尔干塔吉克自治县提孜那甫乡曲曼村东北塔什库尔干河西岸的吉尔赞喀勒台地上，海拔为 3050 米左右。墓地西南距塔什库尔干县城 10 公里，北距 314 国道 1 公里。坐落在塔什库尔干河西岸二、三级台地上的吉尔赞喀勒墓地临河、环山，墓地地表铺有大面积错落有致的似为“明暗光线”的黑白石条。墓地分为 A、B 两个区，共计 41 座墓葬，A 区 7 座，B 区 34 座。2013 年，中国社会科学院考古研究所新疆考古队发掘了 A 区墓葬 3 座（彩版三，1），B 区墓葬 7 座（彩版三，2），共 10 座。发掘的 A、B 两区墓葬出土陶器、石器、铜器、木器等一百余件，M11、M12、M15 墓出土了木制火坛（彩版四，1），M14、M16 出土帕米尔地区迄今为止发现最早的木质乐器（彩版四，2、3）[3]。墓地中还出土了丝绸、毡片和毛织物的碎片，尽管已经破碎，但仍然可以看出细密的纹理，令人不得不赞叹当时的织造工艺。特别值得关注的是，在其中的一个墓葬里发现了三位女性葬在其中，骨架下有尸床，随葬品中除陶器、铁器、木器外，发掘中还发现了钻木取火棍（彩版三，3；彩版四，4）。于 10 座墓葬中提取人骨、木材、木炭在美国贝塔实验室进行 AMS^{14}C 测年，墓葬的年代距今 2400～2600 年，属于青铜时代晚期到早期铁器时代[4]。通过对吉尔赞喀勒墓地出土的木质遗物的分析研究，探讨这一文化时期生活在帕米尔高原东部地区居民的植物利用方式，对研究帕米尔东部地区古代经济、文化、社会生活及宗教信仰，乃至东西方文化的传播和交流具有重要意义。

二、研究材料和方法

结合吉尔赞喀勒墓地的发掘，采集了 70 个木质样品，用线锯将小木块修成 0.5 厘米 × 0.5 厘米 × 0.5 厘米左右的正方体，将木材置于盛水的烧杯中，煮沸使其软化。然后放到酒精甘油 1∶1 的溶液中进一步软化，将软化好的木材用 LEICA CM3050 S 冷冻切片机按照横、径、弦三个方向分别切出厚度 15～25 微米的切片。再经染色、脱水、封片等步骤，制成永久光学切片，在 LEICA DM2050 光学显微镜下进行观察，根据《中国木材志》[5]、《中国主要木材构造》[6]、《木材考古学：理论、方法和实践》[7]等主要书籍对树种木材特征的描述和现代木材的构造特征进行树种的鉴定和拍照（彩版五）。

对腐朽的木材，先炭化，然后再用双面刀片从木炭上切出横、径、弦三个方向的切面，先在具有反射光源、明暗场、物镜放大倍数为 5 倍、10 倍、20 倍、50 倍的 Nikon LV150 金相显微镜下观察、记载木材特征，根据上述书籍对树种木材特征的描述和现代木材的构造特征进行树种的鉴定。主要观察如下构造特征：木材横切面上年轮的缓急变化，管孔的大小、形状、数量及其排列的形式，木射线的宽度和数量，薄壁组织的清晰度和配列形式，侵填体、树脂道或树胶道的有无；弦切面上木射线的高度、宽度，木射线的叠生；径切面上导管或管胞壁上纹孔列数、排列方式，射线组织形态，木射线与导管或管胞交叉场纹孔、螺纹加厚等特征[8]。然后将木炭样本粘在铝质样品台上，样品表面镀金，在 Quanta 650 扫描电子显微镜下进行拍照（图 1）。

三、研 究 结 果

（一）吉尔赞喀勒墓地2013年木质遗物的鉴定结果

对吉尔赞喀勒墓地 22 个墓葬中采集的 70 个木材和 M25 尸床旁的木炭样品进行鉴定，有 10 个属，12 个种（表 1），分别是圆柏属（Sabina sp.）、刺柏属（Juniperus sp.）、桦木属（Betula sp.）、杨属（Populus sp.）、柳属（Salix sp.）、忍冬属（Lonicera sp.）、蓝果忍冬（Lonicera caerulea）、绣线菊属（Spiraea sp.）、金丝桃叶绣线菊（Spiraea hypericifolia）、沙棘属（Hippophae sp.）、丁香属（Syringa sp.）和一个未鉴定阔叶树（表 1）。

（二）吉尔赞喀勒墓地木质遗物种属数量百分比

对吉尔赞喀勒墓地 20 个墓葬中采集的 70 个木材和木炭样品（M25 尸床旁的木炭都为沙棘属，作为 1 个样品统计）进行鉴定，有 10 个属 12 个种（表 1），分别是圆柏属（Sabina sp.）、刺柏属（Juniperus sp.）、桦木属（Betula sp.）、杨属（Populus sp.）、柳属（Salix sp.）、忍冬属（Lonicera sp.）、蓝果忍冬（Lonicera caerulea）、绣线菊属（Spiraea sp.）、金丝桃叶绣线菊（Spiraea hypericifolia）、沙棘属（Hippophae sp.）、丁香属（Syringa sp.）和一个未鉴定阔叶树。经统计分析，桦木属的数量百分比最高，为34.3%；第二位是杨属，为 30%；第三位是柳属，为 10%；第四位是圆柏属，为 7.1%；第五位是忍冬属和绣线菊属，均为 5.7%；沙棘属、丁香属、刺柏和未鉴定阔叶树，数量百分比最低，均为 1.4%。

（三）制作火坛的木材种属数量百分比

在 M9、M12、M14、M15、M23、M25 和 M31 共 7 个墓葬中采集了 8 个火坛样品，经鉴定，火坛有圆柏属和桦木属 2 种木材。桦木属木材和圆柏木材数量百分比均为50%。

（四）制作箭杆的木材种属数量百分比

在 M14 和 M28 两个墓葬里取到 5 个箭杆，由忍冬属、柳属和绣线菊属 3 种木材制作。忍冬属和柳属木材数量百分比最多，均为 40%；其次是绣线菊属，为 20%。

（五）制作箜篌的木材

在 M14 和 M16 两个墓葬中各取到 1 个箜篌，在 M14 中的箜篌上取到 3 个部件，

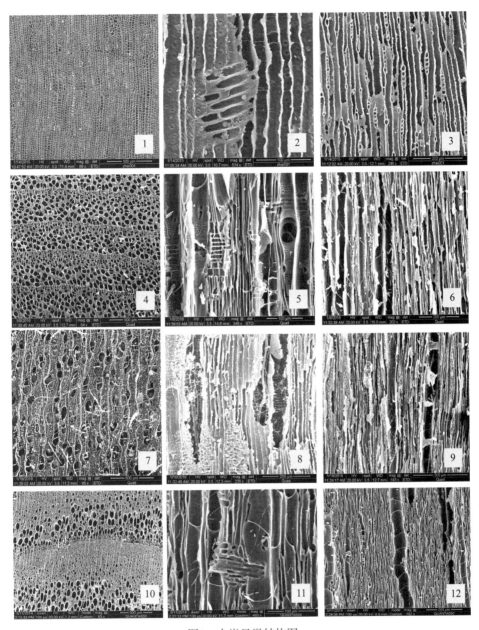

图1　木炭显微结构图

Figure1　Photos of the anatomic microstructure of charcoals under the SEM

1. 圆柏属横切面　2. 圆柏属径切面　3. 圆柏属弦切面　4. 柳属横切面　5. 柳属径切面　6. 柳属弦切面

7. 桦木属横切面　8. 桦木属径切面　9. 桦木属弦切面　10. 沙棘属横切面　11. 沙棘属径切面　12. 沙棘属弦切面

1. Transverse section of *Sabina*　2. Radial longitudinal section of *Sabina*　3. Tangential longitudinal section of *Sabina*

4. Transverse section of *Salix*　5. Radial longitudinal section of *Salix*　6. Tangential longitudinal section of *Salix*　7. Transverse

section of *Betula*　8. Radial longitudinal section of *Betula*　9. Tangential longitudinal section of *Betula*　10. Transverse

section of *Hippophae*　11. Radial longitudinal section of *Hippophae*　12. Tangential longitudinal section of *Hippophae*

表1 吉尔赞喀勒墓地墓群木质遗物的鉴定结果
Table 1 The species of wood identified in Jierzankale necropolis

样品号	木器类型	位置	属、种	科
M1	残木片	A区，M1①表土，M1外围南部	金丝桃叶绣线菊	蔷薇科
M1：10	木板	A区，M1①扰乱层，M1西部石周围	杨属	杨柳科
M2：1	残木梳	A区，M2墓底	蓝果忍冬	忍冬科
M2：11	木块（有加工痕迹）	A区，墓口南侧扰层，长44、宽11、距地表22厘米	杨属	杨柳科
M9：1	火坛	B区，M9墓底，带树皮	桦木属	桦木科
M9：2	火坛	B区，M9墓底，带树皮	桦木属	桦木科
M9：10	木盘	B区，M9墓底	桦木属	桦木科
M9：11	圆形木盘	B区，M9墓底	杨属	杨柳科
M11	木件	B区，M11墓底A号颅顶外侧	刺柏属	柏科
M12：3	木盘	B区，M12墓底	桦木属	桦木科
M12：4	火坛	B区，M12墓底	圆柏属	柏科
M13：1	似桨	B区，M13墓底	柳属	杨柳科
M13：2	木盘	B区，M13墓底	桦木属	桦木科
M13：3	木盘	B区，M13墓底	杨属	杨柳科
M13：4	木盘	B区，M13墓底	杨属	杨柳科
M13：5	木盘	B区，M13墓底	杨属	杨柳科
M13：6	木盘	B区，M13墓底	桦木属	桦木科
M13：7	木盘	B区，M13墓底	桦木属	桦木科
M13：8	木盘	B区，M13墓底	桦木属	桦木科
M14：26	火坛	B区，M14墓底	圆柏属	柏科
M14：2	箜篌共鸣箱	B区，M14墓底	丁香属	木犀科
M14：2	箜篌杆	B区，M14墓底	柳属	杨柳科
M14：2	箜篌拨片	B区，M14墓底	圆柏属	柏科
M14：22	箭杆	B区，M14墓底	忍冬属	忍冬科
M14：22	箭杆	B区，M14墓底	柳属	杨柳科
M14：22	箭杆	B区，M14墓底	柳属	杨柳科
M14：22	箭杆	B区，M14墓底	绣线菊属	蔷薇科
M14：24-1	小圆木棍	B区，M14墓底	杨属	杨柳科
M14：24-2	小圆木棍	B区，M14墓底	杨属	杨柳科
M14：4	木盘	B区，M14墓底	桦木属	桦木科
M14：12	木盘	B区，M14墓底	桦木属	桦木科

续表

样品号	木器类型	位置	属、种	科
M14∶17	木盘	B区，M14墓底	桦木属	桦木科
M15∶3	火坛	B区，M15墓底	圆柏属	柏科
M16∶1-1	箜篌（杆）	B区，M16墓底	柳属	杨柳科
M16∶1-2	箜篌（共鸣箱）	B区，M16墓底	丁香属	木犀科
M22	木钵	B区，M22墓底	桦木属	桦木科
M22	木盘	B区，M22墓底	杨属	杨柳科
M23∶3	木盘	B区，M23墓底	桦木属	桦木科
M23∶4	木盘（残）	B区，M23墓底	杨属	杨柳科
M23∶7	木盘	B区，M23墓底	桦木属	桦木科
M23∶14	火坛	B区，M23墓底	桦木属	桦木科
M24	散碎的木盘残片	B区，M24墓底	桦木属	桦木科
M24	散碎的木盘残片	B区，M24墓底	桦木属	桦木科
M24	散碎的木盘残片	B区，M24墓底	桦木属	桦木科
M24	散碎的木盘残片	B区，M24墓底	杨属	杨柳科
M24∶1	木盘	B区，M24墓底	桦木属	桦木科
M25∶14	小圆木棍	西壁	杨属	杨柳科
M25∶7	木盘	B区，M25墓底	桦木属	桦木科
M25∶2	火坛	B区，M25墓底	圆柏属	柏科
M25∶19	木盘	B区，M25墓底	杨属	杨柳科
M25∶20	木盘（残）	B区，墓底B个体颅骨右侧	杨属	杨柳科
M25∶9	木钵（残）	B区，墓底B个体颅骨右侧	桦木属	桦木科
M25	木炭	B区，墓底东部尸床边缘	沙棘属	胡颓子科
M26	棚木	B区，墓口附近	柳属	杨柳科
M27∶2	带柄木勺	B区，墓底近西壁处	杨属	杨柳科
M27∶3	木盘（残）	B区，墓底A、B头骨之间	杨属	杨柳科
M28∶1	小圆木棍	B区，墓口下45厘米墓室西北部棚木处	绣线菊属	蔷薇科
M28∶2	木盘（残）	B区，墓底西北部、墓主右肘外侧	杨属	杨柳科
M28∶4	箭杆	B区，墓底西北近墓壁处	忍冬属	忍冬科
M28∶6-1	引火板	B区，墓底西北近墓壁处	柳属	杨柳科
M28∶6-2	钻杆	B区，墓底西北近墓壁处	杨属	杨柳科
M28	棚木	B区，墓室中部，距墓口40厘米	绣线菊属	蔷薇科
M29∶2	木器（残）	B区，墓底南部	忍冬属	忍冬科
M29∶3	木盘	B区，墓底北部	桦木属	桦木科

续表

样品号	木器类型	位置	属、种	科
M29：5	木钵	B区，墓底西北近墓壁处	桦木属	桦木科
M30：5	木盘	B区，墓底北部近墓壁处	杨属	杨柳科
M31：1	木盘	B区，墓底西南部近墓壁处	杨属	杨柳科
M31：6	木火坛残块	B区，墓底西北部尸床上	桦木属	桦木科
M33：4	木盘	B区，墓底中部	杨属	杨柳科
M33：7	残木钵	B区，墓底中部	未鉴定	未鉴定

注：由于部分样品未编号，故在样品号一栏登记其出土墓地号。

在 M16 中的箜篌上取到 2 个部件，用材有 3 种。2 个箜篌的共鸣箱均为丁香属木材、木杆均为柳属木材，M14 的拨片为圆柏属木材。

（六）钻木取火装置用材

在 M28 墓葬里取到一套钻木取火装置和 1 个小圆木棍，钻杆为杨木，引火板是柳木，小圆木棍是绣线菊属木材。M14 有 2 个小圆木棍，M25 有 1 个小圆木棍，均为杨木。

（七）制作木盘的木材数量百分比

在 M9、M12、M13、M14、M22、M23、M24、M25、M27、M28、M29、M30、M31 和 M33 共 14 个墓葬里取到 31 个木盘，用了桦木和杨木 2 种木材。桦木数量百分比为 54.8%，杨木为 45.2%。

此外，M22 木钵、M25 木钵和 M29 木钵都是用的桦木，M33 残木钵未鉴定，M27 带柄木勺用的是杨木。

（八）制作木梳的木材

M2 内残木梳木材是用蓝果忍冬木材制作的。

（九）制作桨的木材

在 M13 里取到 1 个似桨的木器，用材为柳木。

四、讨　论

木材是人类利用最早、最广泛、最重要的材料。根据以往多个考古遗址出土木材的分析得知，古代居民在利用木材时有一些特点。首先，就地取材，遗址周边分布多的树种，被利用的机会也越多。其次，因材适用，也就是说并不是任何一种木材适合于一切用途，同样，也不能说哪种木材完全无用，各有各的合适用途。每一种木材都有自身的特点，古代先民会根据木器不同的功能选择不同的木材。只有把它们放在最能发挥其特性的地方，才能最大限度地发挥其优势。再次，由于人类与木材有密切的关系，在木材的自然属性背后也有社会属性[9]，常常根据其文化、社会制度、伦理观念，以及深层次的民族心理、宗教选择木材。

在吉尔赞喀勒墓地能鉴定的随葬木器中有火坛、箭杆、箜篌、钻木取火工具、木盘、木钵、木勺、桨和木炭。

（一）火坛（火盆）的用材

出土遗物中，木火坛的发现最为重要。从火坛的形制看，口部为规则的圆形，应该是用原木削、挖，加工而成窝，有的两侧各有一个鋬，便于手持。最大者为 2014 年发掘的一件火坛 M9：2，长 35、宽 20、高 14.2 厘米，窝长 16、宽 12 厘米。这些火盆的内壁往往有厚达 1 厘米的炭化层，外形则完好，无任何过火痕迹，部分（M11、M15）火坛里面放置了烧过的鹅卵石，火坛内壁的烧灼残留物，经科学分析为大麻酚（cannabinol，CBN），即四氢大麻酚（tetrahydrocannabinol，THC）的降解产物，可能木火坛内曾经燃烧过大麻[10]。火盆的功能应该作为容器。圆形石子在外面被烧热后，连同大麻种子一起放入火坛，使气味和烟慢慢地长时间放出。虽然木材有易燃的特性，在燃烧时，还能释放出大量的热量，平均热值达到 18 千焦 / 千克[11]，但是根据燃烧的温度分析，从 100～150℃时，木材在这一阶段的燃烧主要是蒸发水分，此过程热分解比较缓慢，其化学成分没有显著改变，且为吸热反应[12]。灼热的鹅卵石使撒在其上的大麻种子冒起烟来，放出大麻酚类的蒸气，而木材高温热解被炭化，可以持续较长的时间。

在 7 个墓葬中采集了 8 个火坛样品，火坛是圆柏属和桦木属 2 种木材制作。桦木属木材和圆柏属木材数量百分比均为 50%。圆柏属树木是新疆山地的建群种，高大，数量多；杨桦林是新疆山地阔叶林的重要类型[13]，它们树体高大，直径大，是制造火盆的首选材料。圆柏木硬、桦木较硬，木材高温热解持续时间较长。据说，在没有电灯的时代，农村老百姓用桦木条照明。

中国古代祭礼之一燔柴祭祀或是焚烧能产生特殊气味的木材，或是焚烧颜色呈黄色[14]的木材祭天、祭祖、祭山川和风雨等。在希腊的希俄斯岛（Chios），许多重要的祭祀仪式会焚烧乳香脂。乳香脂是古时候重要的香料，人们称之为上帝的眼泪，黄连木属乳香树是这种树脂的唯一来源[15]。孟加拉国佛教徒在举行火葬时采用芒果树和檀香木[16]。《周礼疏》载："以禋祀祀昊天上帝，以实柴祀日月星辰，以槱燎祀司中、司命、风师、雨师……芟芟棫朴，薪之槱之。"[17]《宋史·礼志》载："所谓周人尚臭，升烟以报阳也。今天神之祀皆燔牲首，风师、雨师请用柏柴升烟，以为歆神之始。"[18]圆柏富含树脂，在燃烧时香气浓郁，部分火坛用圆柏制作，可能也是其中原因之一。

（二）箭杆的用材

弓箭是古代一项重要的发明，也是人类懂得利用机械储存起来的能量的最好的例子。弓身选用有弹性的木材，能弯曲变形但不折断，再以坚韧的弦把它牵紧，当用力拉弦时，就迫使弓身改变形状，也就把能量储存了进去。把弦猛然松开，被压迫的弓身得到了复原状的机会，就在它急速复原的同时也把刚才储存的能量释放了出来，这释放的过程是极其迅速而猛烈的，于是把扣在弦上的利箭有力地弹射到远方。弓箭的发明和它的普遍应用，对于以狩猎和畜牧经济为主的原始氏族部落，具有极大的意义。弓箭最原始的形态，就是《易经·系辞下》所谓的"弦木为弧，剡木为矢"。也就是说最原始的弓，仅是用单片的木头或竹材弯曲成弓体，再将木棍或竹竿的一端削尖成箭。原始的弓箭进一步改进，弓体由简陋的单体弓发展为复合弓，加大了弓的弹力[19]。

从甲骨文、金文字形上看，弓是一个象形字，就是一个弓的形状。《说文》："弓，以近穷远。象形。古者挥作弓。"就是说"弓"能够射到很远的地方。段玉裁则用叠韵的方法释"弓，穷也"，意思是很远[20]。

弓由弓臂和弓弦两个部件构成。弓臂的中部称"弣"，也称"弝"，利于握持；末端弯曲处称"弭"，也称"弰"，能固定弓弦；"弭"与"弣"之间称"渊"，能反弹扭曲，产生弹力[21]。有关制造弓的选材、工艺流程、以使用人身份而规定的弓的等级等在《周礼·考工记》中的"弓人为弓"和"矢人为矢"两节中有详细阐述。制造弓所需的六材是干、角、筋、胶、丝和漆，"六材既聚，巧者合之"，只有六材准备好了，才有可能合成弓。六材所起的作用，分别是"干也者，以为远也；角也者，以为疾也；筋也者，以为深也；胶也者，以为和也；丝也者，以为固也；漆也者，以为受霜露也"。对于六材的选用标准，书中也有较详尽的规定，如弓干，书中列举了七种原材料，并排定了它们的优劣次第，明确指出"凡取干之道七：柘为上，檍次之，檿桑次之，橘次之，木瓜次之，荆次之，竹为下"。认为七种树木中，以柘木制弓是最好的选择，而最差的是竹材[22]。柘树（*Maclura tricuspidata*）为桑科落叶灌木或小乔木，又称黄桑，其材质致密，具有较好纤维柔韧性和力学性能。檍，释义为"杶"，意同椿，因此檍树实为椿树。香椿（*Toona sinensis*）自古以来就是我国的珍贵用材树种，其木材强度适中，耐腐蚀，易加工，性能优良，纹理美丽有光泽，被誉为"东方的桃花心木"。檿桑为蒙桑（*Morus mongolica*）或山桑，乔木或灌木，是我国桑树栽培的四大品种之一。桑木材质坚硬耐久，纹理美观；柘木坚硬致密，耐腐、耐磨损，自古即为制弓的好材料。荆的植物种类考证可有两种推论：第一，根据《〈考工记〉弓矢名物考》的分析，荆应为唇形科牡荆属下的某种或几种植物。其中山牡荆（*Vitex quinata*）为常绿乔木，高可达 12 米；第二，"荆"在古汉语中本身具有灌木之意，所以"荆"有可能是一种或几种多年生灌木。

早在距今 8000～7000 年的跨湖桥遗址出土一件弓，残长 121 厘米，截面呈扁圆形，中段有柎，见有漆皮，弓材为桑木的心材。此弓可与遗址出土的石、骨、木质镞配合使用[23]。在湖南、湖北等地的楚墓中出土有竹弓和木弓。如在长沙市的楚墓中曾发现一把保存较好的战国时期（公元前 475～前 221 年）的弓，全长 146 厘米，弓体为竹质，弓臂中部用四层竹片叠成，竹片外还粘有呈胶质薄片状的动物筋，并缠丝抹漆。湖北枣阳九连墩楚墓出土的弓为柘木。六安双墩一号汉墓取到了 7 件兵器部件样品，经鉴定，木板弓（回廊）、复合木板弓（回廊）、复合木板弓中段（回廊）木样木材属于桑树属（*Morus* sp.）；石椁盖板上大木弓、石椁盖板上小木弓木样木材属于柘树属（*Cudrania* sp.);椁盖板上面竹弓木样木材属于竹亚科。用到了《周礼·考工记》中七种弓杆材料的三种。

除了古代文献记载的 7 种制弓材料，生活在东北松花江下游的赫哲族，20 世纪初使用的原始弓箭用水曲柳做原材料，修整成型之后即弯曲并缚上用鹿筋或鱼鳔制成的弦，一张弓就算制成。生活在外兴安岭中的鄂伦春人也使用过原始的单体弓和木箭，弓是由落叶松或榆木制造弓体，鹿筋为弦。箭是用削尖的桦木制作。游牧在额尔古纳河的鄂温克人使用过一种初级复合弓，这种弓的弓体使用韧性大的黑桦木做里层，落叶松木做表层，两层木胎之间加垫着鹿或牛的筋，然后用细鳞鱼皮熬成的胶把它们牢固地粘在一起；弓体制成以后，缚上鹿皮做的弦[24]。在中石器时代，丹麦发现榆木制成的弓把[25]。

相比弓的材质研究，箭杆的材质研究却很少，可能是因为箭杆细小，更容易腐朽，不易保存。但古人早已意识到箭杆制作需要硬度较大的木材，距今约 5300 年的意大利境内奥茨冰人，其所携带的 14 支箭中，13 支箭杆为最适合加工制作的忍冬科荚蒾属绵毛荚蒾 (*Viburnum lantana*)，仅有 1 支为山茱萸属植物 (*Cornus* sp.)[26]。吉尔赞喀勒墓地出土的 5 支箭杆均属忍冬科忍冬属，其硬度较大，枝条顺直，粗细均匀，直径在 1~2 厘米，忍冬灌木枝条繁多，且经过简单的去除韧皮部处理便可制成箭杆，成为新疆帕米尔地区早期居民制作箭杆的理想材料。在洋海墓地ⅡM212 发现 13 支箭，经鉴定为柳属和云杉属[27]。

吉尔赞喀勒墓地出土的箭杆，有 3 种木材，有忍冬属、柳属和绣线菊属木材。忍冬属木材数量百分比最多；柳属和绣线菊属较少。忍冬属和绣线菊属分布在中山带和河谷，柳属分布在河谷。忍冬属枝条修长有柔韧，柳树枝条多而强韧，木材纹理直，弹性好，冲击韧性高，而且干燥后不易开裂变形，绣线菊属枝条细长开张，呈弧形弯曲，这 3 个树种枝条去掉树皮后很容易制作箭杆，是新疆帕米尔地区先民制作箭杆的理想材料。

（三）箜篌的用材

箜篌历史悠久，音域宽广，音色柔美，表现力强，在古代皇室乐中，箜篌是不可缺少的弹拨乐器。在我国有卧箜篌、竖箜篌、凤首箜篌三种形制。卧箜篌是我国传统的民族乐器，在中国出现很早，春秋战国时，南方的楚国即流传。竖箜篌属于西域的古老乐器，叫竖琴（Harp）或里拉琴（Lyre），汉代传入我国中原地区，后被称为"胡箜篌"。弓形箜篌和角箜篌属于竖箜篌，弓形箜篌在公元前 4000 年后产生于伊拉克，而角形箜篌则是在公元前 1900 年左右产生。凤首箜篌是竖箜篌。

M14 和 M16 出土的箜篌是用整块的木料削、挖而成。经鉴定 M14 和 M16 箜篌的共鸣箱都为丁香属、弦杆都为柳属、M14 箜篌的拨片为圆柏属木材。丁香属植物为木犀科多年生灌木或小乔木，中国拥有该属大部分野生资源，是公认的丁香属植物的自然分布中心。木犀科的丁香属为库尔勒的乡土树种，对气候、土壤具有较强的适应性。柳分布在帕米尔河谷灌丛中，昆仑方枝柏和昆仑圆柏及喀什方枝柏是昆仑山西部山地或天山南坡山地中山带上部、亚高山、高山带的半阴坡、阴坡及山脊、河谷和河滩地带的建群种。丁香木不仅木质坚硬、木纹美丽，也有一股香味。柳木木材轻柔，纹理直、木材柔韧、弹性好。圆柏有香气，坚韧致密，耐腐朽。这些木材适合做乐器的不同部件。

　　关于新疆出土箜篌来源问题，有两种可能。一是新疆本土制作，是外来艺术的本土化。因为圆柏属、柳属和丁香属三者是新疆的乡土树种。二是可能来自中亚、欧洲、库尔勒或者中国的西北。到目前为止，新疆有 21 件箜篌实物，除吉尔赞喀勒墓地 2 件箜篌外，其余 19 件箜篌包括且末县扎滚鲁克墓地出土 3 件、鄯善洋海墓地出土 2 件、鄯善县征集 1 件、和田山普拉墓地出土 1 件、和田达玛沟遗址出土 1 件和哈密市艾斯克霞尔南墓地出土 11 件。提到树种的有 16 件，共鸣箱都是用胡杨木制作，琴杆是柽柳木，二者是乡土树种。胡杨在新疆地区分布最广，尤其是在南疆的塔里木河流域和叶尔羌河、喀什河的下游有大片森林，生长良好。柽柳，是塔里木盆地荒漠、半荒漠生态系统中的关键物种和建群种。提到树种的 16 件箜篌，可以肯定是本土制作。M14 和 M16 箜篌的共鸣箱和弦杆用材与 16 件箜篌不同。从这个角度看，M14 和 M16 箜篌可能是外来的。中国原产的华丁香与分布在我国西北及中亚的花叶丁香、欧洲特有种欧洲丁香均为近源种，欧洲丁香的散布与中国西北的种类有着密切的联系[28]。M14 和 M16 箜篌可能来自中亚、欧洲、库尔勒或者中国西北。

　　然而 16 件箜篌的种属只是凭借观察确定树种，而没有做科学鉴定，16 件箜篌是用胡杨制作共鸣箱，还是用丁香木制作，需要进一步深入研究，这将有利于明确判断箜篌的来源。

（四）钻木取火工具的用材

　　火的应用在人类文明发展史上有极其重要的意义，人类用火照明、取暖、烹饪、驱赶猎物、制陶、冶炼金属等。钻木取火是人类最早的生火方式，钻木取火工具是古代用于生产火的设备，在新疆考古中常见这种器物，如在新疆鄯善洋海墓群（约公元前 1000～公元 100 年）中，20 个墓出土了钻木取火工具，其中 14 个墓出土了取火板、3 个墓出土了钻杆、3 个墓既出土了钻杆也出土了取火板。对 10 个墓的 12 个钻木取火装置进行了鉴定，有杨属（*Populus* sp.）、柳属（*Salix* sp.）、云杉属（*Picea* sp.）、铁钱莲属（*Clematis* sp.）以及（似）马兜铃属（cf. *Aristolochia* sp.）木材[29]。

　　木材密度越大，热传导率越高，比热越大，引燃时间越长，木材越不易被点燃[30]。因此，引火板与钻杆应为不同密度的木材，如明人揭暄《璇玑遗述》一书中有记载："如榆则取心一段为钻，柳桑取心方尺为盘，中凿眼，钻头大，旁开窦寸许。用绳力牵如车，钻，则火星飞爆出窦，薄煤成火矣。"[31] 杨和柳均是落叶乔木，木材为散孔材，密度较小，材质松软。这两种木材在受到摩擦后易于产生木屑。铁钱莲属与马兜铃属木材均为半环孔材，同样较为松软适合做钻木取火装置，尤其是取火板。云杉属木材富含树脂，有助燃作用，易于在短时间内起火。吉尔赞喀勒墓地在 M28 墓葬里取到一套钻木取火工具和 1 个小圆木棍，钻杆为杨木，引火板是柳木，小圆木棍是绣线菊属木材。M14 有 2 个小圆木棍，M25 有 1 个小圆木棍，均为杨木。杨属木材，密度小，轻而软，纹理直，强度低，易燃性较强，柳木密度较杨木硬，为一套引火装置是合理的。此外，钻木取火器具和皮弓箭袋有着非常密切的关系[32]，也是以后研究中值得注意的。如有的弓箭袋木撑板上留存有成排的钻洞，有的皮弓箭袋上往往可见用皮绳系着的木取火板。更多的实例是钻柱与弓、箭一起装在皮弓箭袋中的现象。甚至在考古发掘中，一旦发现弓箭袋就会去箭囊中找钻柱和与其共出的木箭，一般不会失望。在通常情况下，整套的钻木取火装置会一直存放在弓箭袋中，因为外出时才有机会使用，居留地可以很好地保存火种，无需时常钻木取火。

（五）木盘的用材

木盘是一种用于盛水或者其他物品的工具。《说文》："槃，承槃也。"段玉裁注："盘引申之义为凡承受者之称。"先秦时期，贵族行盥沃之礼之时，以匜浇水，盘承弃水；其另一用途是盛放物品，如《左传》僖公二十三年云："乃馈盘飧，置璧焉。公子受飧返璧。"[33]新疆多处墓地都有木盘出土，如巴音郭楞蒙古自治州地区的若羌县楼兰墓地、和静县察吾乎墓地、尉犁县营盘墓地等出土了木盘，经鉴定，是用杨属木材制作的[34]。吉尔赞喀勒墓地木盘用了2种木材，有桦木和杨木，桦木数量百分比比杨木稍多。此外，其他生活用器木钵都用的是桦木，带柄木勺用的是杨木。桦木木材黄、白至黄褐色，有光泽，无特殊气味和滋味，强度较大，结构细致，易加工，不翘裂，切面光滑，油漆和胶合性能好。胡杨黄白至浅黄褐色，无特殊气味和滋味，纹理略斜，结构甚细，均匀轻而软，干缩小。冲击韧性中，木材干燥容易，不翘曲，开裂现象较少，胶黏容易。这些木材无特殊气味和滋味，不翘裂，干缩性小，结构甚细，均匀的物理性质，使得桦木和杨木成为燕器的好材料。

（六）木梳的用材

自古以来梳在中国文化中一直具有独特的文化内涵和情感价值。古代梳有骨质、玉质、象牙质及木质的。如山东邹城野店大汶口文化遗址中出土过一件透雕骨梳，长6.8、柄宽3.7、齿部宽3.2厘米，共有15齿。除柄部正面上下各刻一道凸棱外，余均素面无纹[35]。山东莒县陵阳河墓地79M12和79M19中各出土一件骨梳[36]。山西襄汾陶寺遗址墓葬中出土了一件玉梳[37]。山东宁阳大汶口文化墓地M26中出土一件象牙梳[38]，象牙非常坚硬，用非金属的雕刻工具来雕刻很不容易，表明当时的雕刻技术已有相当高的水平。

木梳要求木材结构细致，切面光滑。如安徽淮北柳孜运河遗址出土的木梳为枣木梳[39]。枣木木材有光泽，无特殊气味和滋味，木材纹理直或略斜，结构甚细，均匀，耐腐性强，抗蚁蛀，刨面光滑，木材旋切效果优良，油饰及胶粘性能良好，握钉力强，适宜作木梳。九连墩楚墓出土木梳为黄杨木木梳。黄杨木木材表面黄褐或黄色，心边材区别不明显，有光泽，木材性质斜纹理，结构甚细，均匀，略重硬，切削面极光洁，油漆后光亮性。吉尔赞喀勒墓地M2残木梳木材是用蓝果忍冬制作。蓝果忍冬自然分布于阿尔泰山区垂直海拔1300～2300米范围，在海拔2250～2350米的森林垂直上限也有分布，是阿尔泰地区的乡土树种，果实具有较高的营养与保健价值；木材结构甚细，均匀，木材坚韧，有大量的树胶，做成梳子淡雅美观，有保健作用。木梳在中国文化中一直具有独特的文化内涵和情感价值，想必蓝果忍冬制作的木梳对墓主人有着特殊的意义。

（七）木桨的用材

长江流域最早的新石器时代文化遗址就有木桨出土，如湖南澧县八十垱遗址出土了用朴属木材制作的桨[40]；浙江跨湖桥遗址出土了用青冈（应该是栎属）制作的桨[41]；浙江田螺山遗址出土了用桑和无患子制作的桨[42]；安徽卞家山遗址出土了用青冈、无患子、黄檗制作的桨[43]；浙江钱山漾遗址马桥文化时间出土了用榉树制作的桨[44]。这些木材都是很好的船舶用材，耐水湿。吉尔赞喀勒墓地出土的木桨是由柳木制作的，柳木木材密度较高，柔韧性大，耐水湿，适合制作木桨。

（八）木炭

M25 出土了数量多的木炭，木炭发现在尸床旁，经鉴定，均为沙棘。这些木炭可能有两个作用，一是药用作用。沙棘属为胡颓子科，落叶灌木或小乔木，雌雄异株，属小浆果类果树。沙棘的果实含有丰富的营养物质和重要的生物活性成分，是医药、食品、饲料工业的珍贵原料。尤其沙棘果实中维生素 C 含量高，素有"维生素 C 之王"的美称。中国具有悠久的沙棘药用历史，公元 8 世纪，杰出的藏医学家宇妥·元丹贡布所写的藏医经典《四部医典》就有沙棘药用记载，元朝元世祖忽必烈曾将之列为宫廷补药。1977 年，中国卫生部将沙棘正式列入药典，肯定了其药用价值[45]。另一个作用可能用于防潮。木炭具有柔软、易碎、重量轻、多孔的特点，化学性质也相对稳定，耐腐蚀[46]，有吸水防潮的作用，早在商代或西周早期先民就认识到了，因此，木炭就被统治者用于墓葬的防腐设施之中，之后逐渐形成了积炭的丧葬习俗。如《吕氏春秋·节丧》曰："题凑之室，棺椁数袭，积石积炭，以环其外。"最早的积炭墓出现于商末或西周早期前后的山东青州苏埠屯 M1，在墓室中部的亚字形椁室的下面铺一层木炭，南北长 5.35 米，东西宽 5.15 米，厚 4～5 厘米[47]。1992 年 4～6 月，在天马—曲村遗址发掘的 2 座西周晚期晋国诸侯夫妇异穴合葬墓，M1 和 M2 椁室四周和底、顶部均填木炭。尤其是 M2，是最典型的积炭墓[48]。

五、小 结

通过对帕米尔高原塔什库尔干塔吉克自治县吉尔赞喀勒墓地 20 个墓中采集的 70 个木材和 M25 尸床旁的木炭样品进行鉴定和分析，有 10 个属 12 个种的木材，分别是圆柏属（Sabina sp.）、刺柏属（Juniperus sp.）、桦木属（Betula sp.）、杨属（Populus sp.）、柳属（Salix sp.）、忍冬属（Lonicera sp.）、蓝果忍冬（Lonicera caerulea）、绣线菊属（Spiraea sp.）、金丝桃叶绣线菊（Spiraea hypericifolia）、沙棘属（Hippophae sp.）、丁香属（Syringa sp.）和一个未鉴定阔叶树。其中，火坛用材为桦木属和圆柏属的木材；箭杆用材为忍冬属、柳属和绣线菊属的木材；箜篌用材为丁香属、柳属和圆柏属的木材；钻木取火装置的用材为杨属和柳属的木材；木盘的用材为桦属和杨属的木材；木梳的用材为蓝果忍冬木材；桨的用材为柳属的木材。说明新疆帕米尔高原地区的先民充分利用本地的乡土树种的木材资源，也利用了新疆库尔勒、阿尔泰地区的树种和特有的树种资源，甚至可能利用了中亚和欧洲的特有种，并根据不同的用途，选择不同树种的木材。该研究为了解和探讨青铜时代晚期到早期铁器时代帕米尔高原东部先民的木材利用策略提供了资料，对帕米尔东部地区古代文化、社会生活及宗教信仰，乃至东西方文化的传播和交流具有重要意义。

　　附记　本研究得到中国社会科学院创新项目"木材考古——年代、微环境和木材利用"（项目编号：2021KGYJ020）、中国社会科学院研究所实验室综合资助项目"科技考古实验室"（项目批准号：2024SYZH002）、中国社会科学院学科建设"登峰战略"（项目批准号：DF2023YS13）资助。

注　释

［1］ 塔什库尔干塔吉克自治县地方志编纂委员会：《塔什库尔干塔吉克自治县县志》，乌鲁木齐：新疆人民出版社，2009 年，第 2 页。

［2］ 王树芝：《木炭在考古学研究中的应用》，《江汉考古》2003 年第 1 期，第 85-88 页。

［3］ 巫新华：《2013 年新疆塔什库尔干吉尔赞喀勒墓地的考古发掘》，《西域研究》2014 年第 1 期，第 124-127 页。

［4］ 中国社会科学院考古研究所新疆工作队：《新疆塔什库尔干吉尔赞喀勒墓地发掘报告》，《考古学报》2015 年第 2 期，第 229-252 页。

［5］ 成俊卿、杨家驹、刘鹏：《中国木材志》，北京：中国林业出版社，1992 年。

［6］ 腰希申：《中国主要木材构造》，北京：中国林业出版社，1988 年。

［7］ 王树芝：《木材考古学：理论、方法和实践》，北京：科学出版社，2021 年。

［8］ 王树芝：《木炭在考古学研究中的应用》，《江汉考古》2003 年第 1 期，第 85-88 页。

［9］ 王树芝：《木材考古学概论》，《农业考古》2017 年第 6 期，第 7-12 页。

［10］ a. 任萌、杨益民、巫新华，等：《新疆出土 2500 年火坛内壁烧灼物分析》，见新疆维吾尔自治区文物考古研究所编：《2015—2016 文物考古年报》，第 127 页。

　　　 b. Ren M, Tang Z, Wu X, et al. 2019. The origins of cannabis smoking: chemical residue evidence from the first millennium BCE in the Pamirs. *Science Advance*, 5: eaaw1391.

［11］ 姚春花、吴义强、胡云楚：《3 种无机镁系化合物对木材的阻燃特性及作用机理》，《中南林业科技大学学报》2012 年第 1 期，第 18-23 页。

［12］ Bukowski R W, Fsfpe P E. 2004. Prediction of the structural fire performance of buildings. *Fire Science and Technology*, (3): 151-155.

［13］ 《新疆森林》编辑委员会：《新疆森林》，乌鲁木齐：新疆人民出版社，1989 年，第 149-338 页。

［14］ 许科：《古代燎祭用物及其意义》，《四川大学学报》（哲学社会科学版）2008 年第 3 期，第 138-143 页。

［15］ 加斯米娜·特里福尼著，詹茜译：《全球顶级浪漫海岛》，北京：中国旅游出版社，2014 年，第 70 页。

［16］ Barua D K. 2003. Funeral rituals of Buddhist in Bangladesh. *Journal of Indian and Buddhist Studies*, 51(2): 1017-1021.

［17］ 郑玄注，贾公彦疏：《周礼疏》卷十八《附释音周礼注疏》，清嘉庆二十年南昌府学重刊宋本十三经注疏本，第 406-407 页。

［18］ 脱脱：《宋史》卷一百三 礼志第五十六，清乾隆武英殿刻本，第 1114 页。

［19］ 杨毅、杨泓：《兵器史话》，北京：社会科学文献出版社，2011 年，第 8-9 页。

［20］ 赵惠敏：《逐渐远去的刀光剑影——〈说文解字〉中所映射的古代兵器文化浅论》，《喀什师范学院学报》2009 年第 2 期，第 54-58 页。

［21］ 杨泓：《中国古兵器论丛》（增订本），北京：中国社会科学出版社，2007 年，第 276-277 页。

［22］ 游战洪：《先秦两汉时弓弩碥的制作技术和作战性能》，《清华大学学报》（哲学社会科学版）1994 年第 3 期，第 74-86 页。

［23］ 浙江省文物考古研究所、萧山博物馆：《跨湖桥》（上册），北京：文物出版社，2004 年，第271 页。

［24］ 杨泓：《中国古兵器论丛》，北京：中国社会科学出版社，2007 年，第 191-192 页。

［25］ 张森水：《弓箭》，《化石》1974 年第 1 期，第 20、21 页。

［26］ Bortenschlager S, Oeggl K. 2000. *The Iceman and His Natural Environment: Paleobotanical Results.* New York: Springer. pp.63-68.

［27］ 蒋洪恩：《新疆吐鲁番洋海先民的农业活动与植物利用》，北京：科学出版社，第 78-84 页。

［28］ 崔洪霞、蒋高明、臧淑英：《丁香属植物的地理分布及其起源演化》，《植物研究》2004 年第 2 期，第 141-145 页。

［29］ Jiang H, Feng G, Liu X, et al. 2018. Drilling wood for fire: discoveries and studies of the fire making tools in the Yanghai cemetery of ancient Turpan, China. *Vegetation History and Archaeobotany*, 27(1): 197-206.

［30］ 吴玉章、原田寿郎：《人工林木材燃烧性能的研究》，《林业科学》2004 年第 2 期，第 131-136 页。

［31］ 揭暄：《璇玑遗述》卷六，刻鹄斋藏板，见《丛书集成续编》77 卷，台北：新文丰出版公司，第 664 页。

［32］ 吕恩国：《弓形器与钻木取火》，《考古学期刊》（第 23 集），北京：社会科学文献出版社，2020 年，第 200-216 页。

［33］ 高迎泽、张瑾：《上古汉语及物动词的多维度研究》，秦皇岛：燕山大学出版社，2018 年，第120 页。

［34］ 孙敬、胡佳佳、吴昊：《干燥环境下出土的木质文物矫形处理》，《江汉考古》2019 年第 S1 期，第 39-42 页。

［35］ 山东省博物馆、山东省文物考古研究所：《邹县野店》，北京：文物出版社，1985 年，第 91 页。

［36］ 山东省文物管理处、济南市博物馆：《大汶口——新石器时代墓葬发掘报告》，北京：文物出版社，1974 年，第 95 页。

［37］ 中国社会科学院考古研究所山西工作队、临汾地区文化局：《山西襄汾县陶寺遗址发掘简报》，《考古》1980 年第 1 期，第 18-31 页。

［38］ 山东省考古所、山东省博物馆、莒县文管所：《山东莒县陵阳河大汶口文化墓葬发掘简报》，《史前研究》1987 年第 3 期，第 62-82 页。

［39］ 卫广杨、邵卓平：《淮北柳孜运河沉船木构件鉴定报告》，《淮北柳孜运河遗址发掘报告》，北

京：科学出版社，2002 年，第 255-259 页。

［40］　湖南省文物考古研究所：《彭头山与八十垱》，北京：科学出版社，2006 年，第 577-582 页。

［41］　浙江省文物考古研究所、萧山博物馆：《跨湖桥》，北京：文物出版社，2004 年，图版三九。

［42］　铃木三男、郑云飞、能城修一，等：《浙江省田螺山遗址出土木材的树种鉴定》，《田螺山遗址自然遗存综合研究》，北京：文物出版社，2011 年，第 115 页。

［43］　浙江省文物考古研究所：《卞家山》，北京：文物出版社，2014 年，第 319-321 页。

［44］　浙江省文物考古研究所，湖州市博物馆：《钱山漾第三、四次发掘报告》（上），北京：文物出版社，2014 年，第 431 页。

［45］　李晓燕：《沙棘性状及形态解剖特征与其生态适应性研究》，内蒙古农业大学博士学位论文，2006 年，第 2 页。

［46］　Andrew C Scott, Ian J Glasspool. 2007. Observations and experiments on the origin and formation of inertinite group macerals. *International Journal of Coal Geology*, 70: 55-66.

［47］　山东省博物馆：《山东益都苏埠屯第一号奴隶殉葬墓》，《文物》1972 年第 8 期，第 17-30 页。

［48］　刘绪、徐天进、罗新，等：《1992 年春天马—曲村遗址墓葬发掘报告》，《文物》1993 年第 3 期，第 11-30 页。

Wood Exploitation Indicated by the Wood from Jierzankale Necropolis in Tashkurgan Tajik Autonomous County in Xinjiang during Late Bronze Age to Early Iron Age

WANG Shu-zhi   WU Xin-hua

(Institute of Archaeology, Chinese Academy of Social Sciences)

Abstract: Jierzankale Necropolis, dating back to 2400-2600 cal yr BP, late Bronze Age to early Iron Age, is located on the Jilzankale Terrace on the west bank of Tashkurgan River, northeast of Quman Village, Tizinapu Town, Taxorgan Tajik Autonomous County, Xinjiang Autonomous Region of China. Wooden artifacts were unearthed from the tombs. 70 wood samples collected from 20 tombs and charcoal samples beside M25 dead beds of Jierzankale Necropolis were identified as 10 genera and 12 species of wood, which are *Sabina* sp., *Juniperus* sp., *Betula* sp., *Populus* sp., *Salix* sp., *Lonicera* sp., *Lonicera caerulea*, *Spiraea* sp., *Spiraea hypericifolia*, *Hippophae* sp., *Syringa* sp. and a broad-leaved tree unidentified. The study showed that the ancestors of the Pamir Mountains Plateau in Xinjiang made full use of local tree species, and also the tree species and unique tree species resources in Korla, Altai regions in Xinjiang and in Northwestern China, and even possibly used endemic species in Central Asia and Europe, and chose wood of different tree species according to the different uses of wooden artifacts. This study provides information for understanding and discussing the timber utilization strategies of the ancestors in the eastern Pamir Mountains during late Bronze Age to early Iron Age, and is of great significance to the ancient culture, social life and religious beliefs in the eastern Pamirs, as well as the spread and exchange of eastern and western cultures.

Key Words: Xinjiang Uygur Autonomous Region; Jierzankale Necropolis; late Bronze Age to early Iron Age; wood utilization

郑州东赵遗址居民的颅骨形态
与中原地区商周时期人群演化

凌亮优[1]　　王鸿驰[2]　　顾万发[3]　　杜　新[2]　　李　楠[4]　　成芷菡[1]

（1. 北京大学考古文博学院；2. 郑州市文物考古研究院；3. 郑州市文物局；
4. 国家文物局考古研究中心）

摘要： 先秦时期的中原地区经历了剧烈的族群变迁和政权更迭，这在文献记载和考古发现中多有体现。本文以郑州东赵遗址发现的青铜时期人骨材料为中心，通过颅骨形态的分析揭示先秦时期中原地区人群遗传结构的变化。相比于青铜时代前期，两周时期的东赵居民显示出与关中和晋南居民的相似性，应当与自西周初期以来周文化和韩文化人群的迁入有关，显示了颅骨形态变化与族群变迁、政权更迭的同步。

关键词： 东赵遗址　中原地区　先秦时期　颅骨形态　人群演化

一、引　　言

先秦时期的中原地区是中华文明的核心区域，夏、商、周等多个不同的族群在此逐鹿，带来剧烈的族群变迁与政权更迭。作为其表象，文献记载与考古学研究已经呈现出丰富的证据：豫西是二里头文化的核心分布区之一，殷革夏命后，又以中原为核心区建立统治；周人虽起于关中，但在打败殷商之后，通过营建成周、分封诸侯等措施加强对中原的控制，直至平王东避戎难，地处洛阳的成周俨然成为周人的又一统治中心。纵观东周时期，中原地区也是诸侯争雄的主要阵地，先后为郑、韩所控制，并在战国晚期纳入秦国统治之中。

但在中原人群的遗传结构上，学界一般以为，黄河中下游新石器人群的颅骨形态具有偏长的中颅型，高而偏狭的颅型，中等偏狭的面宽，中等的上面部扁平度，较低的眶型和明显的低面、阔鼻倾向等共有的典型特征，归属于"古中原类型"[1]。这些特征延续至青铜时代而未有明显改变，说明先秦时期中原地区未发生大规模的人群变动[2]。不过，近年来学界对于人群的文化背景愈发重视，颅骨形态与遗传差异的探索也愈发精细。以往的研究表明，中原地区的商人与关中地区的周人含有蒙古人种不同类型的成分[3]，颅面宽度特征具有一定差异[4]，"古中原类型"人群内部也因活动地域、族群构成等因素而存在分化[5]。

　　族群变迁与政权更迭不可避免地带来人群的流动、迁徙与融合，而随着考古发掘的进行与颅骨测量数据的积累，探索中原地区先秦居民遗传结构基本面貌和历时性变迁的条件也更加完备。本文拟从郑州东赵遗址发掘所获的人骨材料出发，探讨这一阶段中原地区的人群演化。

二、材料与方法

（一）材料

　　东赵遗址位于河南省郑州市高新区沟赵乡东赵村南、中原区须水镇董岗村西北。2012~2015 年，北京大学考古文博学院与郑州市文物考古研究院联合对东赵遗址进行了发掘与勘探工作，发现了龙山至两周的丰富遗存[6]，其中以新砦期小城、二里头时期中城和东周时期的大城这"一地三城叠罗汉"的现象最引人注目。东赵中城繁盛于二里头文化二三期，应是夏王朝在郑州设置的卫星城市；东赵大城隶属战国晚期，可能是韩王命人所作之邑[7]。遗址核心区还发现一处战国墓地，发掘并清理长方形竖穴土坑墓 63 座；墓葬规划整齐，排列有序，彼此无打破关系；随葬品保存完好，有鼎、盖豆、壶、盘、匜等仿铜陶礼器，以及鬲、盂、罐等日用陶器，其年代当在战国中期后段至战国晚期后段[8]。东赵遗址经加速器质谱（AMS）[14]C 测年的人骨 3 例，H468 为二里头时期灰坑，填土中人骨年代有 95.4% 的概率介于公元前 1617~前 1498 年之间，该个体也用于下文的数据分析；M7 和 M113 人骨年代分别有 95.4% 的概率介于公元前361~前 110 年、公元前 372~前 198 年之间。结合墓区分布与考古文化背景，本文所用材料的年代判断应大体无误。

（二）方法

　　参照《人体测量手册》[9]和《人体测量方法》[10]进行性别与年龄鉴定，测量并计算 39 项线性长度项目、13 项角度项目和 14 项指数项目。共观察与测量东赵遗址时代明确的居民颅骨 15 例，包括 3 例二里头时期个体（2 男 1 女）、2 例二里岗时期个体（1 男 1 女）、1 例西周女性个体及 9 例东周时期个体（4 男 5 女）。其中二里头及二里岗时期的人骨材料除墓葬墓主外，部分来源于遗址的灰坑及灰沟中，两周时期的人骨材料均来源于墓葬。由于数据量较少，分别将二里头与二里岗、西周与东周居民的颅骨测量数据合并以进行统计。男性的比较因二里头、二里岗居民缺少面部测量数据，仅讨论两周时期居民；女性的比较据时代的不同分为青铜时代前期的东赵 A 组和两周时期的东赵 B 组。

　　基于文献记载和考古发掘所反映的两周时期周、郑、韩等不同人群对中原地区的统治，选取商周时期来自关中、晋南和中原的 12 个遗址 15 组人群与东赵遗址居民比较

（表1）。其中，关中和晋南各组大多属广义的周文化系统，包括周文化及在此基础上发展而来的晋文化、魏文化、韩文化等，唯齐家村东属殷遗民文化，碾子坡东周属秦文化。中原各组除东赵、双楼和郜楼外为商及商遗文化。

表1　东赵遗址与古代居民比较的对比组背景

Table 1　The background of Dongzhao and other comparing sites

遗址	时代	地理位置	文化背景
前掌大墓地[11]	西周	中原	殷遗民
藁城台西[12]	商代	中原	商
殷墟中小墓[13]	晚商	中原	商
新郑双楼[14]	东周	中原	郑 / 韩
新郑郜楼[15]	两周	中原	郑 / 韩
天马曲村[16]	西周	中原	晋
上马墓地[17]	春秋	晋南	晋
乔村 A 组[18]	战国	晋南	晋
乔村 B 组[18]	战国	晋南	晋 / 秦
碾子坡先周[19]	先周	关中	周
碾子坡西周[19]	西周	关中	周
碾子坡东周[19]	东周	关中	秦
齐家村东[4]	西周	关中	殷遗民
瓦窑沟[20]	先周	关中	周
西村周墓[21]	西周	关中	周

使用主成分分析及聚类分析比较居民颅骨形态。使用 Excel 2016 和 SPSS 26.0 完成数据的收集、统计与分析，使用 Origin 2020 绘制主成分散点图。使用 SplitsTree 4.17.3 绘制无根邻接树的聚类图，通过对比组的 Pearson 相关系数（1-r）聚类。数据以 Z-Score 法进行标准化预处理。

三、结　　果

（一）东赵居民的颅面特征

东赵遗址居民的颅骨测量数据见表2。

表2 东赵遗址居民的颅骨形态测量数据

Table 2 The cranial morphology measurement data of the residents of Dongzhao site

测量项目	二里头与二里岗		两周	
	男性	女性	男性	女性
颅长（g-op）（1）	187.00（2）	170.6（1）	181.98（4）	174.92（5）
颅宽（eu-eu）（8）	144.65（2）	135.15（2）	144.1（3）	136.26（5）
颅高（ba-b）（17）	142.00（1）	132.6（1）	151.1（1）	134.28（5）
耳上颅高（21）	/	115.5（1）	126.25（2）	112（2）
最小额宽（ft-ft）（9）	99.44（1）	93.23（1）	96.86（4）	85.26（2）
颅矢状弧（arc n-o）（25）	385.5（2）	367（1）	380.5（4）	362.4（5）
额弧（arc n-b）（26）	137.5（2）	117.5（1）	129.5（4）	124.6（5）
顶弧（arc b-l）（27）	123（2）	130（2）	129.75（4）	124.2（5）
枕弧（arc l-o）（28）	125（2）	111.75（2）	121.25（4）	113.6（5）
额弦（chord n-b）（29）	118.68（2）	103.2（1）	113.88（4）	108.8（5）
顶弦（chord b-l）（30）	111.87（2）	113.72（2）	115.96（4）	110.55（5）
枕弦（chord l-o）（31）	103.53（2）	97.47（2）	102.83（4）	97.02（5）
颅周长（23）	/	491（1）	/	491.25（2）
颅横弧（过v）（24）	328（1）	324（1）	345.5（3）	317（5）
颅横弧（过b）（25）	324（1）	311（1）	337.5（3）	308.2（5）
星点间宽（ast-ast）	113.9（3）	105.77（2）	107.71（3）	107.61（5）
颅基底长（ba-n）（5）	103.36（1）	86.7（1）	106.8（1）	95.53（4）
面基底长（ba-pr）（40）	/	78.75（1）	98.61（1）	98.7（1）
上面高（n-pr）（48）	/	65.72（1）	69.88（2）	65.38（2）
上面高（n-sd）（48）	/	68.47（1）	70.93（2）	66.82（2）
中面宽（zm-zm）（46）	/	94.86（1）	99.75（1）	97.15（2）
颧颌点间高（sub zm-ss-zm）	/	14.09（1）	18.38（1）	28.16（2）
中面宽（zm'-zm'）（46）	/	93.75（1）	96.48（1）	102.76（1）
颧颌点间高（sub zm'-ss-zm'）	/	15.14（1）	17.23（1）	22.52（1）
两眶外宽（fmt-fmt）	/	98.85（1）	109.34（3）	96.94（2）
两眶内宽（fmo-fmo）（43［1］）	/	90.75（1）	102.15（3）	88.62（2）
眶额颧点间高（sub fmo-n-fmo）SN	/	14.27（1）	18.3（3）	12.98（2）
眶外缘点间宽（ek-ek）	/	94.95（1）	102.62（2）	92.6（1）
眶间宽（mf-mf）（50）	/	17.44（1）	18.47（1）	15.09（1）
鼻宽（54）	25.71（1）	24.25（1）	26.87（2）	24.95（2）
鼻高（n-ns）（55）	/	48.8（1）	49.9（2）	49.25（2）

续表

测量项目	二里头与二里岗		两周	
	男性	女性	男性	女性
鼻骨最小宽（SC）	/	/	7.16（2）	5.84（2）
鼻骨最小宽高（SS）	/	/	2.67（2）	1.91（2）
眶宽（mf-ek）左（51）	/	39.24（1）	43.05（1）	38.86（1）
眶宽（mf-ek）右（51）	/	40.42（1）	42.38（1）	/
眶高左（52）	/	36.89（1）	35.23（2）	29.27（2）
眶高右（52）	/	34.01（1）	34.96（2）	32.08（2）
枕骨大孔长（ba-o）（7）	/	/	37.67（1）	34.09（1）
枕骨大孔宽（16）	/	/	32.29（1）	29.22（1）
额角（n-b-FH）	/	55（1）	51.5（2）	53（2）
前囟角（g-b-FH）	/	50（1）	47.5（2）	48.5（2）
额倾角1（n-m-FH）（32）	/	88（1）	83.5（2）	85（2）
额倾角2（g-m-FH）	/	86（1）	80（2）	81（2）
面角（n-pr-FH）	/	85（1）	81.5（2）	76.5（2）
鼻面角（n-ns-FH）	/	88（1）	85（2）	81.5（2）
齿槽面角（ns-pr-FH）	/	80（1）	75（2）	69（2）
鼻颧角（fmo-n-fmo）	/	145.09（1）	140.73（3）	147.36（2）
颧上颌角（zm-ss-zm）	/	146.9（1）	139.53（1）	119.83（2）
颧上颌角（zm'-ss-zm'）	/	144.2（1）	140.69（1）	132.66（1）
鼻根点角（ba-n-pr）	/	59.63（1）	64.77（1）	76.82（1）
上齿槽角（ba-pr-n）	/	71.77（1）	78.45（1）	61.52（1）
颅底角（n-ba-pr）	/	48.6（1）	36.78（1）	41.67（1）
颅指数（8∶1）	77.36（2）	79.78（1）	79.1（3）	77.5（4）
颅长高指数（17∶1）	75.37（1）	77.73（1）	83.67（1）	76.9（4）
颅宽高指数（17∶8）	98.47（1）	97.43（1）	/	98.6（5）
鼻指数（54∶55）	/	49.69（1）	53.86（2）	50.76（2）
眶指数左（52∶51）	/	94.01（1）	79.98（1）	80.88（1）
眶指数右（52∶51）	/	84.14（1）	82.49（1）	/
垂直颅面指数sd（48∶17）	/	51.64（1）	43.2（1）	51.84（2）
垂直颅面指数pr（48∶17）	/	49.56（1）	42.45（1）	50.7（2）
中面指数sd（48∶46）	/	72.18（1）	65.43（1）	68.79（2）
中面指数pr（48∶46）	/	69.28（1）	64.3（1）	67.3（2）
额宽指数（9∶8）	68.53（1）	68.5（1）	69.23（3）	65.46（2）

续表

测量项目	二里头与二里岗		两周	
	男性	女性	男性	女性
面突指数（40：5）	/	90.83（1）	92.33（1）	110.77（1）
额颧宽指数（43［1］：46）	/	95.67（1）	96.87（1）	91.21（2）
额面扁平度指数（SN：43［1］）	/	15.72（1）	17.86（3）	14.64（2）

1. 二里头与二里岗时期

3 例男性个体面部测量特征不存。颅型以中颅、高颅结合狭颅为主，额宽指数为中额型。颅形包括楔形和卵圆形，方形眶，梨形梨状孔，梨状孔下缘钝，鼻前棘稍显，犬齿窝浅。翼区为顶蝶式。未见缝间骨。

2 例女性个体中 H468Ⅱ层一例保存较为完好，其颅型为中颅、高颅结合中颅，中额、中鼻、高眶，面部角度为平颌型，鼻颧角较大。颅形为卵圆形，椭圆形眶，心形梨状孔，梨状孔下缘钝。鼻骨为中窄型，鼻根凹陷与犬齿窝均浅，马蹄形腭，直型腭横缝，保留部分额中缝。翼区为顶蝶式。未见缝间骨。

2. 两周时期

4 例男性个体颅长宽指数以中颅型为主，伴有少量圆颅型；颅长高指数为高颅型；额宽指数以阔额型为主，伴有少量狭额型；鼻指数包括中鼻型和特阔鼻型；中眶型；面角为中颌型；齿槽面角为突颌型；鼻颧角偏小，但也有部分个体较大。颅形以卵圆形为主，伴有少量菱形；方形眶为主；梨状孔下缘以钝型为主；犬齿窝无或浅；腭横缝为直型或后突型；翼区为顶蝶式。M70 存在人字点骨与人字缝骨。

6 例女性个体颅长宽指数以中颅型为主，伴有少量圆颅型和长颅型；颅长高指数以高颅型为主，少量正颅型；颅宽高指数以中颅型为主，有少量狭颅型；额宽指数为中额、狭额，鼻指数为中鼻、阔鼻；中眶型；面角与齿槽面角为突颌型；鼻颧角大。颅形主要为楔形和卵圆形；方形眶；中窄型鼻骨；梨状孔下缘较钝；无鼻根凹陷；犬齿窝浅；腭横缝为前突型；无额中缝；翼区主要为顶蝶式，M101 为额颞式；M101 存在矢状缝骨，M57 存在人字缝骨。

整体来看，两周时期男女两性居民的颅骨形态在主要特征上具有较高的相似性。他们都具有偏长的中颅型以及高而偏狭的颅型、中等偏狭的面宽和中等的上面部扁平度等"古中原类型"的典型特征。男女居民的颅骨形态差异主要体现在枕外隆凸、乳突等具有明确性别指向的特征。

（二）东赵两周男性居民与近现代蒙古人种比较

选取布里亚特、蒙古、埃文克、卡尔梅克、乌尔奇、因纽特 1、因纽特 2、楚克奇（沿海）、楚克奇（驯鹿）、中国东北、中国华北、朝鲜、日本（畿内）、日本（北陆）等 14 组近现代蒙古人种人群与东赵遗址两周男性比较[22]。选取颅长、颅宽、颅高、最小额宽、颅基底长、面基底长、上面高 sd、鼻宽、鼻高、眶宽、眶高等 11 项颅面线性测量数据进行欧氏距离的聚类分析（附表1）。

图1中明显可见15组人群主要分为三支，上为蒙古人种北亚类型，中为东北亚类型，下方为东亚类型。东赵两周男性居民归属于蒙古人种东亚类型一支；与代表北亚类型及东北亚类型的各组关系较为疏远。

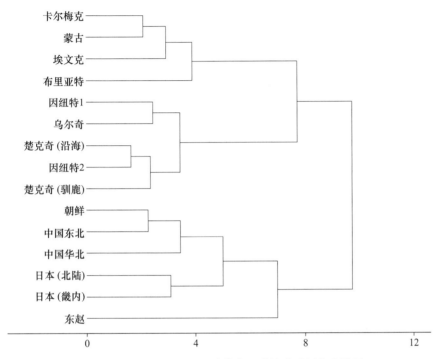

图1　东赵遗址居民与近现代蒙古人种的欧氏距离聚类图

Figure 1　Cluster diagram of Euclidean distances between the residents of
Dongzhao site and the modern Mongoloid population

（三）东赵两周男性居民与商周人群比较

选取前掌大A组、藁城台西、殷墟中小墓、新郑双楼、新郑郜楼、天马曲村、上马墓地、乔村A组、乔村B组、碾子坡先周、碾子坡西周、碾子坡东周、齐家村东、西村周墓、瓦窑沟等15组居民与东赵男性居民比较（表1），对比数据包括颅长、颅宽、最小额宽、上面高sd、鼻宽、鼻高、眶宽、眶高、鼻颧角、颅指数、鼻指数、眶指数等12项颅骨测量项目（附表2）。

主成分分析的KMO取样适切性量数为0.42，Bartlett球形度检验的显著性为0.000，大体适合进行后续分析。提取了4个主成分，共解释了85.8%的总方差。其中，第一主成分代表颅长、最小额宽、鼻宽、眶宽、鼻颧角等颅面长宽及面部凸度特征，解释了31.8%的总方差；第二主成分代表上面高、鼻高、鼻指数等面部高度特征，解释了22.9%的总方差；第三主成分代表颅宽、颅指数等特征，解释了16.9%的总方差。

图2中可见，中原各组居民均位于第一主成分（PC1）轴的正值端，晋南与关中各

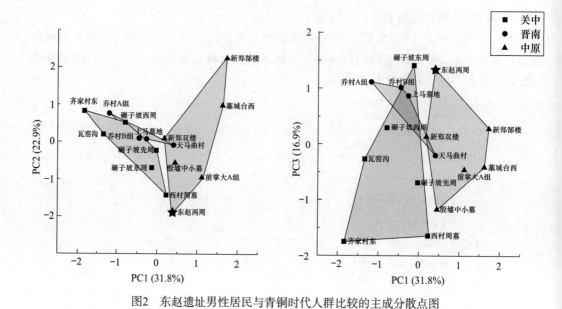

图2　东赵遗址男性居民与青铜时代人群比较的主成分散点图

Figure 2　Principal component scatterplot comparing male residents of Dongzhao site with Bronze Age
populations

组则多位于负值端，表明中原居民与晋南、关中居民在颅骨宽度、面部凸度等特征上存
在差异。具体而言，中原地区居民往往具有更大的颅面宽度与相对偏小的鼻颧角。而在
第二及第三主成分所代表的特征上，中原、晋南与关中人群颇为相似，在主成分散点图
上无法作出有效区分。就东赵两周居民而言，其大体介于关中与中原的交界区域，与西
村周墓、碾子坡东周居民距离最近，显示出与同地区更早的殷墟中小墓等人群的一定差
异。与之大致同时同地的新郑双楼组也呈现出近似的特征，在主成分散点图上与天马曲
村组距离最近。郜楼则仍保留有较多本地区更古老的因素，与藁城台西商代居民最为接
近。由此看来，中原地区东周时期居民的遗传结构已经受到来自晋南、关中人群的一定
影响，在颅宽、鼻颧角等少量特征上相比于商代的人群出现了一定偏离。

　　使用15组人群12项颅骨测量项目的欧氏距离进行无根邻接树的聚类分析（图3）。
聚类结果并不如主成分分析散点图一般清晰显示出中原居民与晋南、关中居民的差异，
但大多中原人群分布于图的左上部，多组关中、晋南人群则分布于图的下部，仍具有一
定的规律性。从单个遗址看，东赵两周男性居民介于前掌大A组与齐家村东两组人群之
间，也与西村周墓、瓦窑沟等人群接近，似乎兼有中原与晋南人群的影响，但与同
地区更早的殷墟中小墓等人群距离则较远。而新郑双楼、郜楼居民则与藁城台西组接
近，也与碾子坡先周等组有较近的距离，可能受到关中人群一定程度的影响。

　　综合主成分分析和聚类分析的结果，东赵、双楼、郜楼等中原地区东周居民应当
在两周时期受到源于关中、晋南人群的影响，相比于同地区商代人群出现了一定程度的
遗传结构改变，在颅骨形态上表现为颅面宽度的轻微减小。

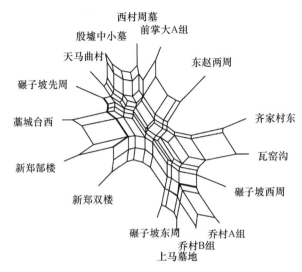

图3　东赵遗址男性居民与青铜时代人群的聚类图

Figure 3　Cluster diagram of male residents of Dongzhao site and Bronze Age populations

（四）东赵女性居民与青铜时代人群比较

选取前掌大墓地、殷墟中小墓、新郑双楼、天马曲村、乔村A组、乔村B组、碾子坡先周组、碾子坡西周组、碾子坡东周组、齐家村东、西村周墓共11组居民与东赵遗址女性居民比较（表1）。考虑到对比组面角等项目的波动较大，代表性较差，故仅对颅长、颅宽、颅高、最小额宽、上面高、中面宽、两眶内宽、鼻宽、鼻高、眶宽、眶高等11项颅骨线性测量特征进行分析（附表3），其结果应能代表居民颅骨形态的一般情况。

主成分分析的 KMO 取样适切性量数为 0.372，Bartlett 球形度检验的显著性为0.008，大体适合进行后续分析。提取了三个主成分，共解释了 77.89% 的总方差。其中，第一主成分代表颅高、上面高、鼻高等颅面高度特征，解释了 30.7% 的总方差；第二主成分代表颅长、颅宽、鼻宽、眶宽等颅面长宽特征，解释了 25.6% 的总方差；第三主成分代表最小额宽、两眶内宽和眶高等测量项目，解释了 21.6% 的总方差。

图4中，大部分人群在第一（PC1）、第二（PC2）和第三主成分（PC3）轴上均未表现出明显的时代和地区差异，无法作出有效区分。这可能意味着不同地区之间女性居民的遗传差异并不如男性明显。前掌大墓地与其他各组距离颇远，可能与其样本量较小、含有"东夷"族群成分等因素有关。

就东赵居民而言，东赵A组与齐家村东居民最为接近；东赵B组恰恰相反，该组人群与关中地区的西村周组居民最为接近。具体而言，东赵A组与东赵B组居民在第一主成分（PC1）及第二主成分（PC2）轴上较为接近，但分别处于第三主成分（PC3）轴的正值端与负值端。这说明，东赵A组与东赵B组人群在颅面高度与大部分长宽特征上的表现比较一致，具有较高的相似性，但在最小额宽、两眶内宽和眶高等少数项目

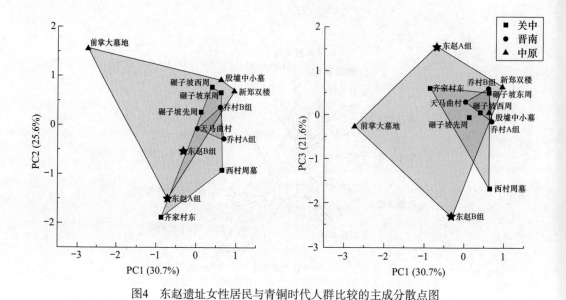

图4   东赵遗址女性居民与青铜时代人群比较的主成分散点图

Figure 4   Principal component scatterplot comparing female residents of Dongzhao site with Bronze Age populations

上差异明显。从文化因素来看，齐家村东虽地处关中，却属于殷遗民文化，可能与中原晚商居民有一定联系；西村周墓则属关中周文化。因此，东赵 A 组应代表中原地区的土著居民因素，东赵 B 组则可能受到来自关中周人的一定影响。不过，在主成分分析中，齐家村东和殷墟中小墓，东赵 A 组、新郑双楼和殷墟中小墓等组也存在一定距离，其差异来源于数据的随机波动抑或时代差异等其他因素还有待进一步考察。

使用 13 组人群 11 组颅骨线性测量项目的欧氏距离矩阵进行无根邻接树聚类（图 5）。

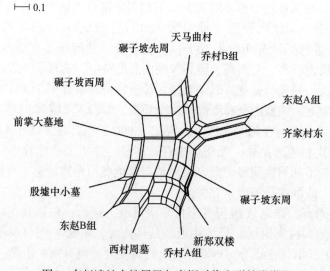

图5   东赵遗址女性居民与青铜时代人群的聚类图

Figure 5   Cluster diagram of female residents of Dongzhao site and Bronze Age populations

结果显示，东赵A组与齐家村东居民最为接近，2组几乎构成单独一支；东赵B组既与殷墟中小墓居民比较接近，也与西村周墓、乔村A组等比较接近。总的来说，相比于青铜时代前期的东赵A组女性居民，两周时期的东赵B组女性居民可能更多受到来自关中、晋南地区的影响。

四、讨论与结论

对东赵遗址两性居民的颅骨形态分析表明，二里头至东周时期的东赵居民颅骨形态整体上较为一致，属于以往认识中的"古中原类型"，具有偏长的中颅型及中等偏狭的面宽等典型特征。在与古代男性居民的比较中，本文再次验证中原商族和关中周族居民在颅面宽度特征上存在差异[23]，相比于晚商的殷墟中小墓居民，东赵两周男性居民颅面宽度减小，可能受到来自晋南和关中人群的一定影响。不过，齐家村东组虽为殷遗民，在主成分分析和聚类分析中却与中原居民距离较为疏远，需要再作探讨。女性居民颅骨形态的地区性差异不明显，但东赵不同时代居民明显表现出相异的颅骨形态，青铜时代早期居民代表本地原住民，两周时期居民则与关中、晋南人群更为相似，与男性反映的颅骨形态演化趋势一致。综合来看，东赵居民的颅骨形态揭示出两周时期关中和晋南人群对中原原住民遗传结构的影响，可能与该时期内的政权更迭与族群迁徙有关。

文献记载，武王克殷纣之后，"封叔鲜于管，封叔度于蔡，二人相纣子武庚禄父，治殷遗民"[24]。"管"据杜预注当在今郑州荥阳。周公旦平三监之乱后，除分殷余民之外，还"封康叔为卫君"，"封季载于冉"，后"复封胡于蔡"，西周时期中原地区的姬姓周人势力不可谓不强大。西周末年，姬姓郑桓公"东徙其民洛东"，尔后平王"东迁于洛邑，避戎寇"，关中周人对中原地区的影响进一步加深，东赵遗址所处之地则长期处于郑国控制之下。战国时期，该地又落入韩国之手。"（韩）哀侯二年，灭郑，因徙都郑。"长期经营于晋南的韩国在中原地区的定都不可避免地带来众多外来人口与新的遗传因素，引起原住民遗传结构的演化与颅骨形态的改变。

东赵遗址战国墓葬的考古学背景也显示出与晋南地区的交流。本文所分析的5例女性个体中，M57、M58、M79三例墓葬等级较低，多随葬鬲、盂等日用陶器，代表着本地土著居民的文化因素；但M58还随葬有与山西忻州窑子单耳罐形制相仿的陶器，反映了东赵地区与山西的往来。M27与M40两例个体所在的墓区墓葬等级较高，随葬高颈罐、深直腹豆等见于上马墓地的器物，可能代表着韩灭郑后迁移而来的韩人[8]。而将视野扩大到郑州地区，其文化因素更加多样。张辛将郑州地区的东周文化分为七组，其中Z1组随葬陶器的基本组合为鬲、盆、无盖豆、罐等，符合西周晚期周人陶器墓的器用传统；Z2组以绳纹圜底尊最为典型，虽与Z1组有一定区别，但仍属周文化系统，推测可能是郑国遗存；Z4组至Z7组则属于韩人及其统治下的诸国遗民之遗存，其基本陶器组合为鼎、豆、壶、盘、匜等[25]。文化因素的变迁固然有时代潮流引发的风格演变的因素，但也与外来人群的进入和多种文化的传播有关。而这往往也能导致原住民人群遗传结构一定程度的改变。

　　不过，东赵两周与青铜时代前期居民的颅骨形态在颅面长度、高度等诸多特征仍有较高的相似性，因此不宜过分高估晋南、关中外来人口对中原地区居民的影响。统治政权更迭引发的人口移徙规模应比较有限，并未导致社会中下层居民的大规模更替。

　　目前，中原地区两周时期居民的颅骨测量数据和相关研究并不丰富。东赵遗址出土人骨的时代跨越了二里头、二里岗、西周、东周等不同阶段，其居民的颅骨形态演变过程为研究两周时期中原地区的族群变迁和政权更迭提供了重要证据，也为分析中原地区与邻近关中、晋南等地人群的交流历史提供了重要线索。在目前工作的基础上，中原地区殷遗民、周文化人群、韩文化人群乃至战国晚期之后进入的秦人在颅骨形态与遗传因素上是否存在差异，其空间格局与历时性变化又如何，需要未来更多材料的积累与分析。而在这之后，中原地区先秦时期的族群融合与统一多民族国家的形成进程将更为清晰。

　　附记　本研究得到郑州市考古研究院"东赵遗址出土人骨的生物考古学研究"基金项目资助。

注　释

［ 1 ］ 朱泓：《体质人类学》，北京：高等教育出版社，2004 年，第 348 页。

［ 2 ］ 赵东月：《汉民族的起源与形成——体质人类学的新视角》，吉林大学博士学位论文，2016 年。

［ 3 ］ 朱泓：《关于殷人与周人的体质类型比较》，《华夏考古》1989 年第 1 期，第 103-108 页。

［ 4 ］ 李楠、何嘉宁、李钊，等：《从周原遗址齐家村东墓地颅骨看商周两族体质差异》，《华夏考古》2022 年第 3 期，第 107-114 页。

［ 5 ］ 朱泓、赵东月：《中国新石器时代北方地区居民人种类型的分布与演变》，《边疆考古研究》2015 年第 2 期，第 331-349 页。

［ 6 ］ 郑州市文物考古研究院、北京大学考古文博学院：《郑州市高新区东赵遗址小城发掘简报》，《考古》2021 年第 5 期，第 27-45 页。

［ 7 ］ 顾万发：《河南郑州东赵遗址考古新发现及其重要历史价值初论》，《黄河　黄土　黄种人》2015 年第 12 期，第 21-24 页。

［ 8 ］ 王鸿驰：《郑州东赵遗址战国墓地结构研究》，郑州大学硕士学位论文，2016 年。

［ 9 ］ 邵象清：《人体测量手册》，上海：上海辞书出版社，1985 年。

［10］ 席焕久、陈昭：《人体测量方法》，北京：科学出版社，2010 年。

［11］ 中国社会科学院考古研究所：《滕州前掌大墓地》，北京：文物出版社，2005 年。

［12］ 汪洋：《藁城台西商代居民的人种学研究》，《文物春秋》1996 年第 4 期，第 16-24 页。

［13］ 原海兵：《殷墟中小墓人骨的综合研究》，吉林大学博士学位论文，2010 年。

［14］ 河南省文物考古研究院：《新郑双楼东周墓地》，郑州：大象出版社，2016 年。

［15］ 河南省文物考古研究院：《新郑部楼两周墓地》，上海：上海古籍出版社，2020 年。

［16］ 北京大学考古学系商周组、山西省考古研究所：《天马－曲村（1980—1989）》，北京：科学出版社，2000 年。

［17］ 山西省考古研究所：《上马墓地》，北京：文物出版社，1994 年。

［18］ 山西省考古研究所：《侯马乔村墓地：1959—1996》（中），北京：科学出版社，2004 年。

［19］ 中国社会科学院考古研究所：《南邠州·碾子坡》，北京：世界图书出版公司北京公司，2007 年。

［20］ 陈靓：《瓦窑沟青铜时代墓地颅骨的人类学特征》，《人类学学报》2000 年第 1 期，第 32-43 页。

［21］ 焦南峰：《凤翔南指挥西村周墓人骨的初步研究》，《考古与文物》1985 年第 3 期，第 85-104 页。

［22］ 中国社会科学院历史研究所、中国社会科学院考古研究所：《安阳殷墟头骨研究》，北京：文物出版社，1985 年。

［23］ 同 [4]。

［24］ 司马迁：《史记》，北京：中华书局，2014 年。

［25］ 张辛：《中原地区东周陶器墓葬研究》，北京：科学出版社，2002 年。

Craniometric Analysis of Residents from the Dongzhao Site and the Evolution of Bronze Age Populations in the Central Plain

LING Liang-you[1], WANG Hong-chi[2], GU Wan-fa[3],
DU Xin[2], LI Nan[4], CHENG Zhi-han[1]

(1. School of Aracheology and Museology, Peking University; 2. Institute of Cultural Relics and Archeology of Zhengzhou Municipal; 3. Cultural Heritage Adiminstration of Zhengzhou Municipal; 4. National Centre for Archaeology)

Abstract: During the Bronze Age, the Central Plain region underwent drastic changes in ethnic groups and political transitions, as evident in historical records and archaeological findings. Focusing on the Bronze Age human remains unearthed from the Dongzhao site in Zhengzhou, this study aims to reveal the genetic structure changes of populations in the Central Plain region during the pre-Qin period through the analysis of cranial morphology. In comparison to the early Bronze Age, residents of Dongzhao during the late Bronze Age exhibit similarities with inhabitants from the Guanzhong and southern Shanxi regions. This is likely attributed to the migration of populations associated with Zhou and Han cultures since the early Western Zhou period, highlighting the synchronous relationship between cranial morphology changes, population migration, and political transitions.

Key Words: Dongzhao site; the Central Plain; Bronze Age; craniometric analysis; human evolution

附表1　东赵两周男性与近现代蒙古人种比较的测量数据

Appendix 1　Measurement data comparing males of Dongzhao site from Zhou Dynasty with modern Mongoloid populations

组别	人种类型	颅长	颅宽	颅高	最小额宽	颅基底长	面基底长	上面高 sd	鼻宽	鼻高	眶宽	眶高
布里亚特	北亚	181.9	154.6	131.9	95.6	102.7	99.2	77.2	27.3	56.1	42.2	36.2
蒙古	北亚	182.2	149.0	131.1	94.3	100.5	98.5	78.0	27.4	56.5	43.3	35.8
埃文克	北亚	185.5	145.7	126.3	90.6	101.4	102.2	75.4	27.1	55.3	43.0	35.0
卡尔梅克	北亚	185.1	148.4	130.3	94.4	101.6	99.5	76.7	26.8	56.2	43.1	34.9
乌尔奇	东北亚	183.3	142.3	134.4	92.5	103.3	102.5	77.6	26.7	55.4	43.4	35.7
因纽特 1	东北亚	181.8	140.7	135.0	94.9	102.1	102.6	77.5	24.4	54.6	43.4	35.9
因纽特 2	东北亚	183.8	142.6	137.7	98.2	103.7	101.1	79.2	23.9	55.9	44.3	36.3
楚克奇（沿海）	东北亚	182.9	142.3	133.8	95.7	102.8	102.3	78.0	24.6	55.7	44.1	36.3
楚克奇（驯鹿）	东北亚	184.4	142.1	136.9	94.8	104.0	104.2	78.9	24.9	56.1	43.6	36.9
中国东北	东亚	180.8	139.7	139.2	90.8	101.3	95.8	76.2	25.7	55.1	42.6	35.6
中国华北	东亚	178.5	138.2	137.2	89.4	99.0	95.2	75.3	25.0	55.3	44.0	35.5
朝鲜	东亚	176.7	142.6	138.4	91.4	99.4	95.4	76.6	26.0	53.4	42.4	35.5
日本（畿内）	东亚	178.3	141.2	139.7	93.1	102.1	100.1	72.9	26.4	52.4	43.0	34.4
日本（北陆）	东亚	183.0	139.3	134.5	93.0	100.9	99.1	70.0	24.9	51.5	43.2	35.2
东赵		182.0	144.1	151.1	96.9	106.8	98.6	70.9	26.9	49.9	43.1	35.0

附表2　东赵两周男性与古代居民比较的测量数据

Appendix 2　Measurement data comparing males of Dongzhao site from Zhou Dynasty with ancient populations

地点	颅长	颅宽	最小额宽	上面高 sd	鼻宽	鼻高	眶宽	眶高	鼻颧角	颅指数	鼻指数	眶指数
瓦窑沟	181.33	140.08	91.50	72.50	26.38	55.00	40.83	32.46	145.10	77.25	48.21	79.87
西村周墓	180.63	136.81	93.29	72.60	27.74	51.61	42.48	33.62	145.80	75.75	53.84	79.25
天马曲村	183.26	141.59	94.70	73.58	27.16	54.00	44.45	34.21	146.00	77.30	50.56	77.05
上马墓地	181.62	143.41	92.41	75.02	27.27	54.41	42.99	33.57	143.73	78.55	50.43	78.08
乔村 A 组	180.78	142.86	92.45	74.74	26.03	54.79	43.01	34.29	145.74	79.21	47.60	79.60
乔村 B 组	180.77	142.70	92.53	73.98	26.65	54.30	43.88	34.57	144.15	78.94	50.50	79.14
殷墟中小墓	183.03	138.71	93.61	73.35	26.96	52.52	44.00	33.52	144.24	75.70	51.56	76.14
碾子坡先周	181.34	138.38	93.21	72.34	26.90	54.08	43.58	33.55	142.67	76.49	49.93	77.32
碾子坡西周	183.94	142.85	90.74	71.76	26.02	54.54	43.05	32.49	143.75	77.23	47.69	74.78
碾子坡东周	181.54	144.37	92.97	72.76	27.18	52.55	43.87	33.05	144.29	79.63	51.94	76.33

续表

地点	颅长	颅宽	最小额宽	上面高 sd	鼻宽	鼻高	眶宽	眶高	鼻颧角	颅指数	鼻指数	眶指数
东赵东周	181.98	144.10	96.86	70.93	26.87	49.90	42.38	34.96	140.73	79.10	53.86	82.49
新郑双楼	182.28	140.95	91.45	74.45	26.98	53.39	44.85	34.77	142.08	77.21	50.60	77.72
新郑郜楼	186.50	142.50	95.69	82.78	28.23	59.34	45.70	36.90	139.17	77.07	47.59	80.74
前掌大 A 组	186.28	142.50	94.43	72.05	27.95	53.03	43.72	33.85	143.50	76.53	53.25	79.85
藁城台西	187.75	143.00	96.50	75.75	28.25	57.50	45.00	35.00	144.75	76.79	49.02	75.51
齐家村东	181.10	136.10	92.10	74.10	25.30	54.50	40.70	34.90	149.80	75.70	46.50	83.50

附表3　东赵女性与古代居民比较的测量数据

Appendix 3　Measurement data comparing females from Dongzhao site with ancient populations

地点	颅长	颅宽	颅高	最小额宽	上面高 sd	中面宽	两眶内宽	鼻宽	鼻高	眶宽	眶高
前掌大墓地	179.1	138.2	130.6	88.1	64.4	85.4	91.1	26.7	48.2	39.4	33.4
殷墟中小墓	179.9	137.2	135.4	90.4	70.2	99.8	94.8	26.4	51.0	42.1	32.5
新郑双楼	177.2	137.8	135.7	89.3	71.5	99.3	95.4	26.4	51.5	43.1	34.7
天马曲村	174.0	134.2	136.0	89.9	67.7	97.0	95.1	26.0	48.8	42.4	32.9
乔村 A 组	174.7	136.5	135.6	89.1	70.2	96.9	93.5	25.0	51.5	41.2	32.7
乔村 B 组	174.0	136.7	136.8	91.1	69.5	98.1	94.4	26.8	50.7	42.5	33.6
碾子坡先周	175.5	132.5	133.6	88.0	67.6	98.1	93.9	27.0	50.4	42.7	33.5
碾子坡西周	175.8	136.1	137.3	91.1	68.0	97.2	93.7	27.3	51.9	41.2	32.6
碾子坡东周	175.3	139.2	134.7	89.6	69.7	100.2	95.7	26.5	51.1	42.2	33.5
齐家村东	171.8	131.8	128.0	89.8	69.2	94.3	94.2	24.2	48.0	37.7	33.5
西村周墓	174.7	133.3	138.0	86.3	69.8	96.7	89.6	25.2	50.3	39.6	31.4
东赵 A 组	170.6	135.2	132.6	93.2	68.5	94.9	90.8	24.3	48.8	39.2	36.9
东赵 B 组	174.9	136.3	134.3	85.3	66.8	97.2	88.6	25.0	49.3	38.9	29.3

新疆尼勒克县吉仁台沟口墓地
出土人骨的人类学研究

聂　颖[1]　王永强[2]

（1. 中国社会科学院考古研究所；2. 新疆维吾尔自治区文物考古研究所）

摘要： 本文对新疆伊犁哈萨克族自治州尼勒克县吉仁台沟口墓地 2015 年度抢救性发掘墓葬出土的 16 例人类遗骸进行鉴定及分析，对其中保存较好的 9 例铁器时代墓葬个体进行了颅骨测量研究分析和古病理研究，发现吉仁台沟口墓地古代人群与索顿布拉克文化的各古代人群关系紧密，与其中同一地区秦汉时期的伊犁昭苏人群和吉林台Ⅱ组人群最为紧密。吉仁台沟口墓地人骨的古病理研究结果表明，早期铁器时代的吉仁台沟口人群的口腔疾病现象多为龋齿和牙结石，釉质崩裂也较为普遍。1 例女性颅骨人工变形，为枕骨扁平变形，在伊犁地区较少见。

关键词： 吉仁台沟口墓地　铁器时代　人骨考古研究　索顿布拉克文化

一、引　言

本文对新疆伊犁哈萨克族自治州尼勒克县吉仁台沟口墓地 2015 年度抢救性发掘墓葬出土的人类遗骸进行研究鉴定，由于该年度发掘出土的人骨保存状态较差，仅可提取 9 例保存较好个体用于人类学研究分析。此次考古发掘对人类骨骼的收集主要是颅骨及其中 1 例个体的盆骨，其他颅后骨骼并未采集，所以本文研究材料主要集中于颅骨。

根据发掘者提供的墓葬分期研究结论，吉仁台沟口墓地大致可分为七个时期，此批人类遗骸材料中第四期墓葬出土 7 例，其中 3 例男性、3 例女性、1 例性别不明；第五期墓葬出土 1 例个体，疑似女性；第六期墓葬出土 1 例个体，女性。本文研究的具体个体及墓葬分期：第四期墓葬 M7、M21、M22-B、M23、M26、M34、M39；第五期墓葬 M61；第六期墓葬 M4。

二、性别鉴定与死亡年龄推算

本文使用的性别鉴定与死亡年龄推算主要依据邵象清[1]、朱泓[2]、吴新智等[3]、张继宗[4]、Jane E. Buikstra 等[5] 和 Tim D. White 等[6] 所确立的标准。此批材料中仅有 1 例个体采集有盆骨，其他 8 例个体性别与年龄结果判定依据的骨骼部位均为颅骨，具体结果及其判定依据信息见表 1。

表1　2015年吉仁台沟口墓地出土人骨的性别判定与死亡年龄推算结果

Table 1　The sex determination and age estimation results of the human bones from the Jirentaigoukou cemetery in 2015, Xinjiang, China

标本编号	性别判定		死亡年龄推算	
	结果	骨骼部位	结果	骨骼部位
M7	男性	颅骨	30～35	颅外缝、牙齿磨耗
M21	女性	颅骨	40±	颅外缝
M22-B	男性	盆骨	40～45	颅外缝、盆骨
M23	男性	颅骨	18～20	颅外缝、牙齿磨耗
M26	女性	颅骨	45～50	颅外缝、牙齿磨耗
M34	性别不明	无	30～34	颅外缝
M39	女性	颅骨	30～35	颅外缝、牙齿磨耗
M61	疑似女性	颅骨	35～40	颅外缝、牙齿磨耗
M4	女性	颅骨	24±1	颅外缝、牙齿磨耗

三、颅骨形态特征的测量与观察

颅骨测量项目与非测量观察项目所采用的标准依据《人体测量方法》[7]、《人体测量手册》[8] 及《体质人类学》[9] 的相关著述，包括颅骨的主要面部线性测量项目，角度测量项目及指数计算项目等，合计 87 项测量项目，非测量观察项目主要是关于颅骨形态特征描述的颅骨连续性非测量观察项目，合计 32 项非测量项目。实际纳入统计的男性颅骨 3 例、女性颅骨 5 例，合计 8 例；另有 1 例个体由于破损严重，可测量项目和观察项目较少未纳入统计分析中。

（一）颅骨形态特征描述

吉仁台沟口墓地 2015 年出土人骨的颅骨形态特征总结为以五角形颅为主，眉间突度和眉弓发育较强，并结合深的鼻根区凹陷，颅顶缝比较复杂，眶型多为长方形及椭圆形，梨状孔多为高而狭的梨型，梨状孔下缘多为锐型，鼻前棘发达，犬齿窝多数为清晰浅凹，齿弓形状以椭圆形为主。颧骨缘突出现率高，鼻梁冠状隆起的明显隆起。具有偏长的圆颅型、中等的高颅型和偏宽的阔颅型相结合的颅型。狭额、中面、阔鼻、低眶、阔腭、面部水平方向具有中等偏小的上面部扁平度，垂直方向的突出程度中等偏大。

女性颅骨与男性颅骨之间的形态分布大部分基本一致，只是眉弓的发育较弱，前额平直者较多，狭额，狭鼻。鼻前棘、乳突及枕外隆突普遍发育较弱，下颌角区直型者居多。女性额、面较男性更窄；眶指数较男性更大，属中眶型；在齿槽面角的突颌程度比男性更为明显突出，并且面部水平方向比男性有更大扁平度。这说明在非测量观察特征和测量性状特征上，吉仁台沟口这三期墓葬的9例个体属于同一体质类型，男女两性之间的差异仅是性别特征差异，所以本文把来自三期墓葬的9例个体看作一个人群进行后续研究分析，此处需注意的是由于吉仁台沟口墓地可用作对比分析的男性个体为3例，其中2例颅骨因为取样检测，现存不完整，可测量的项目有限。特此说明，现有的颅骨形态特征描述和测量数据均值仅是对现存个体的总结，并不能全面代表吉仁台沟口墓地古代人群的体质特征（彩版八、彩版九）。

（二）颅骨测量性状研究

为了进一步厘清吉仁台沟口墓地所处的伊犁地区古代居民体质特征源流，为复原当时人群的时空分布关系提供重要参考数据，本节利用多种计算方法分析吉仁台沟口墓地古代居民与周边地区其他古代人群之间的种系关系，采用的方法为计算生物距离的平均数组间差异均方根，统计学方法中的聚类分析、因子分析和主成分分析等方法。

选用的周邻地区时空相近的具有代表性29组古代居民，所选用这些对比组集中在青铜至铁器时代，集中分布新疆地区及其周邻境外地区、甘青地区。伊犁地区的吉林台I组和II组[10]、恰甫其海组[11]、昭苏组[12]和索顿布拉克组[13]；位于东天山地区的天山北路组[14]和焉不拉克组[15]，吐鲁番地区的察吾呼三号墓地组[16]、察吾呼四号墓地组[17]、苏贝希组[18]和阿拉沟II&III[19]，罗布泊地区的小河墓地组[20]和古墓沟组[21]，位于中天山地区的石河子南山组[22]和十户窑早铁组[23]；塔里木盆地周缘的楼兰城郊组[24]、营盘组[25]。周邻地区境外组选用的是新疆周边地区4组的天山塞克—早期乌孙组、阿莱塞克—乌孙组、七河乌孙组、肯科尔匈奴组和天山匈奴组[26]。甘青地区选取了7个对比组：青海的核桃庄组[27]、李家山组[28]、上孙家寨卡约组[29]和阿拉哈特山组[30]，甘肃火烧沟组[31]、东灰山组[32]和干骨崖组[33]。

使用以上各组可以代表颅骨形态特征的18项颅骨测量项目及指数项目，除阿莱塞克—乌孙组和七河乌孙组的27组古代居民的其中16项颅骨主要测量项目与指数数值计算吉仁台沟口墓地人群与组对比组的平均组间差异均方根值，其中阿莱塞克—乌孙组和七河乌孙组由于缺项所以分别使用14项及13项颅骨测量项目进行计算，详细计算结果见表2。

表2　吉仁台沟口组与新疆及其周邻地区青铜—铁器时代对比组的平均组间差异均方根结果

Table 2　The root mean square results of the average inter-group differences between the Jirentaigoukou group and the comparative group from the Bronze-Iron Age in Xinjiang and its neighboring regions

对比组	吉林台I组	吉林台II组	恰甫其海组	昭苏组	索顿布拉克I组	天山北路组	焉不拉克M组	焉不拉克C组	察吾呼四号墓地组	苏贝希组
吉仁台沟口组	1.13	0.99	1.11	1.14	1.04	1.87	2.04	2.10	2.03	1.95

对比组	阿拉沟II&III组	小河墓地组	古墓沟组	石河子南山组	十户窑早铁组	察吾呼三号墓地组	楼兰城郊组	营盘组	天山塞克—早期乌孙组	阿莱塞克—乌孙组
吉仁台沟口组	1.50	1.26	1.72	1.24	1.12	2.02	2.73	1.80	1.05	1.51

对比组	七河乌孙组	肯科尔匈奴组	天山匈奴组	核桃庄组	青海李家山组	上孙家寨卡约组	甘肃火烧沟组	干骨崖组	阿拉哈特山组	东灰山组
吉仁台沟口组	1.37	1.37	1.21	1.72	1.7688	1.7656	1.7693	1.73	1.7688	1.61

注：青海李家山组、上孙家寨卡约组、甘肃火烧沟组、阿拉哈特山组的计算结果保留小数点后4位进行比较。

由计算结果表2可知，吉仁台沟口组和新疆境内的吉林台II组的平均组间差异均方根值最为接近，其次是索顿布拉克I组、天山塞克—早期乌孙组、恰甫其海组、十户窑早铁组、吉林台I组及昭苏组，然后是天山匈奴组、石河子南山组、小河墓地组、七河乌孙组、肯科尔匈奴组、阿拉沟II&III组、阿莱塞克—乌孙组。最后甘青地区和新疆地区的东灰山组、古墓沟组、核桃庄组、干骨崖组、上孙家寨卡约组、青海李家山组、阿拉哈特山组、甘肃火烧沟组、营盘组、天山北路组、苏贝希组、察吾呼三号墓地组、察吾呼四号墓地组、焉不拉克M组、焉不拉克C组和楼兰城郊组等是距离最远的。总的说来，吉仁台沟口组与青铜—铁器时代各对比组的距离远近关系似乎与代表索顿布拉克文化的各组及其地域分布有更紧密的联系。

为了能够进一步的了解吉仁台沟口组与28组周邻地区青铜—铁器时代对比组的时空相互关系，本节使用软件SPSS 26.对除开阿莱塞克—乌孙组和七河乌孙组（有缺失项数据，无法参与聚类分析）27组的18项颅骨主要测量项目数据进行聚类分析研究，距离系数选用平方欧氏距离，类别方法选用平均组内法，得到树状聚类图1。

根据上图可以看出青海地区及甘青地区各组最先在5以内刻度聚类，然后和新疆及周邻地区的阿拉沟II&III组、焉不拉克M组、营盘组等组形成一个一级类别组；同时同地区的焉不拉克C组、察吾呼四号墓地组、苏贝希组、古墓沟组、天山北路组也形成一个一级类别组；在15刻度内两个类别组聚合，说明在青铜—早期铁器时代这个较大的时间跨度中，以上各组关系在地理位置上联系更为紧密。而位于伊犁地区的恰甫

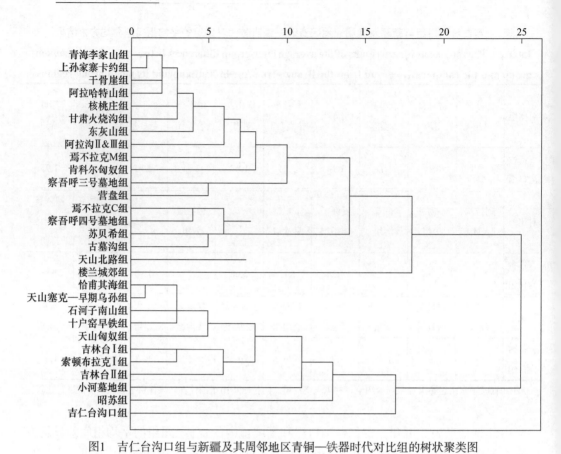

图1　吉仁台沟口组与新疆及其周邻地区青铜—铁器时代对比组的树状聚类图
（平均组内连接）

Figure 1　The dendrogram of hierarchical clustering (average linkage) between the Jirentaigoukou group and
the comparative group from the Bronze-Iron Age in Xinjiang and its neighboring regions

其海组和其周邻境外的天山塞克—乌孙组首先聚类，然后是石河子地区的石河子南山组
和十户窑早铁组在 5 刻度内与其聚类；其他代表索顿布拉克文化的各组在 10 刻度内聚
类，此处位于罗布泊腹地的小河墓地组和昭苏组在 15 刻度内先后归入聚类组，最后是
吉仁台沟口组在 20 刻度以内与索顿布拉克文化各组距离。此处可以发现吉仁台沟口组
由于可用于聚类的个体例数太少，代表性不全，所以与同地区同考古学文化背景的各组
都距离较远。总的来说，分布于石河子地区与伊犁地区及其周邻地区的索顿布拉克文化
各组的距离较近，也反映出天山地区中段到西段索顿布拉克文化各组古代人群内部交流
紧密。

　　由于聚类分析是使用所有 18 项颅骨测量项目进行远近距离的计算，无法区分出其
中贡献大的重点项目。所以引入因子分析方法进一步分析吉仁台沟口组与各对比组之间
的关系及选取的对比项目对各组远近关系的影响。吉仁台沟口组与各组对比的 18 项项目
提取的前三个公因子的累积贡献率达到 71.469%，具体数据见表 3。根据碎石图（图 2）

图示在第 8 个点以后坡度落差变得平缓，其后的点对原有变量的贡献率很低，可直接忽略；在第 3 点的位置坡度曲线出现明显转折，以此转折断点作为分界，来选择公因子的数量，断点左侧的"陡坡点"是具有决定意义的公因子，足以概括这些数据的特性。

表3　前三个公因子的特征值、为差比及累计贡献率

Table 3　The eigenvalues of the first three common factors are the difference ratio and cumulative contribution rate

因子 Factors	1	2	3
特征值 Total	6.979	3.976	1.910
贡献率 of Variance %	38.771	22.087	10.611
累积贡献率 Cumulative %	38.771	60.858	71.469

碎石图

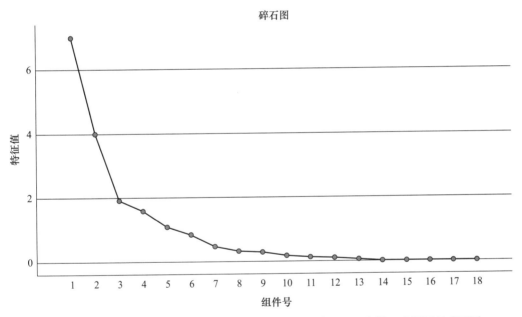

图2　吉仁台沟口组与新疆及其周邻地区青铜—铁器时代对比组全部18 个因子的碎石图

Figure 2　The scree plot of 18 factors comparing the Jirentaigoukou group with the Bronze-Iron Age comparative group from Xinjiang and its surrounding areas

表4 前三个成分矩阵可以看出，第一主成分最大载荷的原变量包括：上面指数、上面高、鼻高、颅骨最大长、垂直颅面指数、鼻指数、总面角、颅宽高指数、颅高、眶高、颅长宽指数、眶指数，基本代表了颅骨面部和脑颅的形态特征。第二主成分最大载荷的原变量包括：面宽、颅骨最大宽、上面指数、颅长宽指数、颅宽高指数、眶指数、眶高，基本代表了颅面部在水平方向上的特征。第三主成分最大载荷的原变量：颅长高指数、颅高和鼻颧角，基本代表了颅型特征。其中有三个因子信息重叠，分别是眶高、

颅长宽和眶指数。使用凯撒正态化最大方差法进行旋转，旋转后可以清晰看出第一主成分最大载荷的原变量剩下 7 项：上面高、鼻高、眶高、垂直颅面指数、上面指数、眶指数、鼻指数，代表了颅骨面部的形态特征。第二主成分最大载荷的原变量剩下 5 项：颅骨最大宽、颅宽高指数、面宽、颅长宽指数、眶宽，基本代表了颅面部在水平方向上的特征。第三主成分最大载荷的原变量：鼻颧角、总面角和颅高，基本代表了颅面部在垂直方向上的特征。

表4　前三个主成分矩阵（旋转前和旋转后）

Table 4　The first three principal component matrices (before and after rotation)

颅骨测量项目	旋转前			旋转后		
	1	2	3	1	2	3
颅长（g-op）	0.767					
颅宽（eu-eu）		0.769			0.899	
颅高（ba-b）	0.662		0.686			0.678
面宽（zy-zy）		0.794			0.855	
上面高（n-sd）	0.900			0.918		
眶宽 mf-ek					0.672	
眶高	0.640	0.588		0.882		
鼻宽						
鼻高	0.821			0.904		
总面角（n-pr-fh）	0.709					0.689
鼻颧角			−0.523			−0.862
颅指数	−0.639	0.674			0.765	
颅长高指数			0.833			
颅宽高指数	0.669	−0.640			−0.881	
垂直颅面指数	0.762			0.875		
上面指数	0.903			0.808		
52∶51 眶指数	0.529	0.622		0.779		
鼻指数	−0.713			−0.710		

注：旋转方法采用凯撒正态化最大方差法。

　　根据主成分分析法得出吉仁台沟口组与新疆及其周邻地区各古代组的前三个主成分值绘制的三维散点图，见图 3。从图 3 可以看出吉仁台沟口组和分布在同一地区的昭苏组、吉林台Ⅱ组空间距离更近，表明这三组在颅骨形态特征上共性最多。与索顿布拉克组、肯科尔匈奴、吉林台Ⅰ组、天山塞克—早期乌孙组、石河子南山组、十户窑早铁组、恰甫其海组等有次一级的紧密关系，这些组都是周邻地区的属于索顿布拉克文化的各

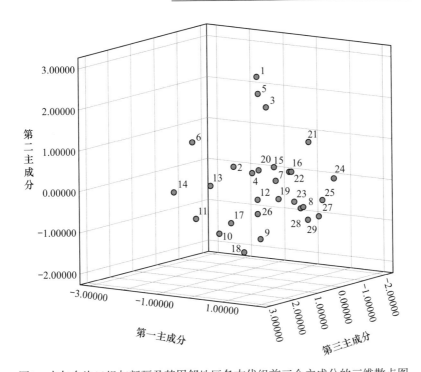

图3　吉仁台沟口组与新疆及其周邻地区各古代组前三个主成分的三维散点图

Figure 3　The three-dimensional scatter plot of the first three principal components of the Jirentaigoukou group and various ancient group in Xinjiang and its surrounding regions

1. 吉仁台沟口组　2. 吉林台Ⅰ组　3. 吉林台Ⅱ组　4. 恰甫其海组　5. 昭苏组　6. 索顿布拉克Ⅰ组　7. 天山北路组
8. 焉不拉克 M 组　9. 焉不拉克 C 组　10. 察吾呼四号墓地组　11. 苏贝希组　12. 阿拉沟Ⅱ&Ⅲ组　13. 小河墓地组
14. 古墓沟组　15. 石河子南山组　16. 十户窑早铁组　17. 察吾呼三号墓地组　18. 楼兰城郊组　19. 营盘组
20. 天山塞克—早期乌孙组　21. 肯科尔匈奴组　22. 天山匈奴组　23. 核桃庄组　24. 青海李家山组
25. 上孙家寨卡约组　26. 甘肃火烧沟组　27. 干骨崖组　28. 阿拉哈特山组　29. 东灰山组

1. Jirentaigoukou group　2. Jilintai group I　3. Jilintai group II　4. Qiafuqihai group　5. Zhaosu group　6. Suodunbulake group I　7. Tianshanbeilu group　8. Yanbulake group M　9. Yanbulake group C　10. Chawuhu Ⅳ cemetery group　11. Subeixi group　12. Alagou group II & III　13. Xiaohe group　14. Gumugou group　15. Shihezinanshan group　16. Shihuyao Early Iron Age group　17. Chawuhu Ⅲ cemetery group　18. Loulan Suburb group　19. Yingpan group　20. Tianshan Saike—Early Wusun group　21. Kenkol Xiongnu group　22. Tianshan Xiongnu group　23. Hetaozhuang group　24. Qinghai Lijiashan group　25. Shangsunjiazhai Kayue group　26. Gansu Huoshaogou group　27. Ganguya group　28. Alahateshan group　29. Donghuishan group

组。甘青地区的各组，如核桃庄组、青海李家山组、上孙家寨卡约组、干骨崖组、阿拉哈特山组、东灰山组等组密集，但同时带有明显"蒙古人种特征"的焉不拉克 M 组、天山北路组也在其中，而具有"高颅"特征的甘肃火烧沟组则与有"一些蒙古人种特征混入"阿拉沟Ⅱ&Ⅲ组、营盘组等处于靠近甘青地区各组与新疆其他地区各组之间的位置。新疆其他地区各组以苏贝希组、小河墓地组、古墓沟组、察吾呼四号墓地组、察吾呼三号墓地组、焉不拉克C组、楼兰城郊组等聚集在一起。

结合前文对吉仁台沟口墓地出土人骨的颅骨测量学及非测量观察的形态学研究，对吉仁台沟口墓地古代人群的体质特征及类型有了一定认识，吉仁台沟口组与周邻地区其他各组的聚类分析结果表明，吉仁台沟口组和新疆及周邻地区索顿布拉克文化的各组，如天山塞克—乌孙组、石河子南山组、十户窑早铁组、吉林台I组、吉林台II组、恰甫其海组、昭苏组、索顿布拉克I组等关系最为密切。对吉仁台沟口墓地颅骨测量数据的多元统计分析——主成分分析结果表明：吉仁台沟口和同一地区的昭苏组、吉林台II组关系最为紧密，这两组都是具有"短颅型"特征，"北亚类型"因素的人群[34]。需要注意的是与其他距离较近的各组相比，吉仁台沟口墓地组的颅骨最大宽、面宽较大，颅宽高指数、颅长宽指数较小，鼻颧角数值较大，这是由于吉仁台沟口在这些项目可测量的个体仅为1例，具有特殊性，在进行以上分析结果可以发现吉仁台沟口组与同地区同文化背景各组距离结果数值都较大，所以此处对吉仁台沟口组的颅骨测量分析结果也仅供参考。总的说来，吉仁台沟口组与索顿布拉克文化的各组关系紧密，与其中同一地区秦汉时期的伊犁昭苏组和吉林台II组最为紧密。

四、古病理研究

吉仁台沟口墓地出土人骨的古病理现象主要集中在颅骨部位，表现为口腔疾病和颅骨变形，另有1例腰骶异化现象，未见创伤。

（一）口腔健康状况

吉仁台沟口墓地的现存个体有8例保存了较为完好的牙齿及附属骨骼部位，对龋齿、根尖脓肿、釉质崩裂、牙结石等现象进行了观察与记录，具体见表5及彩版六。

表5 吉仁台沟口墓地人骨口腔疾病现象统计
Table 5 The statistical analysis of oral health on human remains from the Jirentaigoukou cemetery

标本编号	性别	年龄	龋齿	根尖脓肿	釉质崩裂	牙结石
2015NJM7	M	30～35			√	√
2015NJM21	F	40±		√		
2015NJM22-B	M	40～45	√	√	√	√
2015NJM23	M	18～20	√			√
2015NJM26	F	45～50	√	√	√	√
2015NJM39	F	30～35	√		√	√
2015NJM61	F？	35～40	√		√	
2015NJM4	F	24±1	√			√

结合吉仁台沟口墓地出土人骨的同位素分析结果，吉仁台沟口人群的饮食以羊、

牛等家畜的肉食资源为主，同时也包含了大量的黍和一定的粟、小麦和大麦作物[35]。吉仁台沟口墓地古代人群的牙结石出现较多，患龋也较为普遍，由于吉仁台沟口墓地人骨采集较少，还需更多相关材料进行补充研究。

（二）颅骨变形

2015NJM39，女性，年龄在 30～35 岁左右，为 1 例颅骨人工变形——枕骨扁平变形（彩版七，1）。中国发现的颅骨人工变形按照变形部位大致分为枕骨扁平变形、顶骨带状变形和额枕变形（环状变形）三种形式。枕骨扁平变形是中国境内发现颅骨人工变形中数量最多，分布范围最广，涉及多样的考古学文化背景及人群，目前发现时代最早的枕骨扁平变形是出土山东大汶口文化的墓葬中。新疆地区目前发现的颅骨变形主要是骨环状变形和枕骨扁平变形，颅骨环状变形主要集中出土于伊犁地区的早期铁器时代墓葬，中国新疆境内的察吾乎三号墓地、阿克布早沟墓地、吉林台墓地、山口水库墓地、恰甫其海墓地均发现颅骨环状变形的现象，这些墓葬都出土了与匈奴有关的遗存[36]。从现有材料看来颅骨环状变形这一文化行为似乎和匈奴进入中亚草原有关。在这些墓葬中也有少量的枕骨扁平变形，如恰甫其海墓地、吉林台墓地等，均有零星的 1、2 例出现，目前研究而言，新疆地区的颅骨人工变形，特别是此地区的枕骨扁平变形背后的社会文化背景资料还需要更多的发现来阐释。

（三）腰椎骶化

2015NJM22-B，男性，年龄在 40～45 岁左右，为 1 例腰椎骶化，具体表现为第五腰椎椎体及右侧椎弓与骶椎融合（彩版七，2）。腰椎骶化和骶椎腰化是常见于椎骨上的一种发育异常现象，主要是脊柱边界的异质化。腰椎骶化是第五腰椎边界上移的影响，与骶椎不同程度地融合，被骶化的腰椎形态根据融合情况与骶椎有不同程度的同化[37]。

五、结　论

吉仁台沟口墓地位于新疆伊犁的河谷地区，本文研究使用的人骨材料集中于早期铁器时代，同时期本地区还发现有吉林台水库墓地、恰甫其海水库墓地、山口水库墓地等。通过对吉仁台沟口墓地 2015 年出土人骨研究得出以下结论：

吉仁台沟口墓地古代人群颅骨形态特征为以五角形颅为主，眉间突度和眉弓发育较强，深的鼻根区凹陷，眶型多为长方形及椭圆形，梨状孔多为高而狭的梨型，梨状孔下缘多为锐型，鼻前棘发达，犬齿窝多数为清晰浅凹，鼻梁冠状明显隆起。具有偏长的圆颅型、中等的高颅型和偏宽的阔颅型相结合的颅型。狭额、中面、阔鼻、低眶、阔腭、面部水平方向具有中等偏小的上面部扁平度，垂直方向的突出程度中等偏大。女性颅骨与男性颅骨之间的形态分布大部分基本一致，仅有性别区别。

吉仁台沟口墓地古代人群与周邻地区其他各组古代人群的聚类分析结果表明，吉仁台沟口古代人群和新疆及周邻地区索顿布拉克文化的古代人群关系最为密切。对吉仁台沟口墓地颅骨测量数据的多元统计分析——主成分分析结果表明：吉仁台沟口和同一地区的昭苏组、吉林台Ⅱ组关系最为紧密，这两组都是具有"短颅型"特征，含有"北亚类型"因素的人群。总的说来，吉仁台沟口墓地古代人群与索顿布拉克文化的各古代人群关系紧密，与其中同一地区秦汉时期的伊犁昭苏人群和吉林台Ⅱ组人群最为紧密。

吉仁台沟口墓地人骨的古病理研究结果表明，早期铁器时代的吉仁台沟口人群的口腔疾病现象多为龋齿和牙结石，釉质崩裂也较为普遍。1 例女性颅骨人工变形，为枕骨扁平变形，在伊犁地区较少见，有待更多相关材料发现。

附记：本研究得到中国社会科学院 2024 年度"青启计划""新疆天山中部地区青铜至铁器时代人群交流"项目（项目批准号：2024QQJH065）、2024 年度中国社会科学院创新工程项目"古代人群的人类骨骼考古学研究"（项目批准号：2021KGYJ015）、中国社会科学院研究所实验室综合资助项目"科技考古实验室"（项目批准号：2024SYZH002）、中国社会科学院学科建设"登峰战略"资助计划（项目批准号：DF2023YS13）资助。

注　释

［ 1 ］　邵象清：《人体测量手册》，上海：上海辞书出版社，1985 年，第 34-55 页。

［ 2 ］　朱泓：《体质人类学》，北京：高等教育出版社，2004 年，第 92-106 页。

［ 3 ］　吴新智、席焕久、陈昭：《人体测量方法》，北京：科学出版社，2010 年，第 282-291 页。

［ 4 ］　张继宗：《法医人类学》（第三版），北京：人民卫生出版社，2016 年，第 60-71 页。

［ 5 ］　Jane E B, Douglas H U. 1994. *Standards for Data Collection from Human Skeletal Remains*. Arkansas Archeological Survey. pp. 16-36.

［ 6 ］　Tim W, Pieter F. 2000. *The Human Bone Manual*. Fayetteville, AR: Academic Press. pp.362-398.

［ 7 ］　同［3］。

［ 8 ］　同［1］。

［ 9 ］　同［2］。

［10］　张林虎：《新疆伊犁吉林台库区墓葬人骨研究》，吉林大学博士学位论文，2010 年。

［11］　聂颖：《伊犁恰甫其海水库墓地出土颅骨人类学研究》，吉林大学硕士学位论文，2014。

［12］　韩康信、潘其风：《新疆昭苏土墩墓古人类学材料的研究》，《考古学报》1987 年第 4 期，第 503-523、541-544 页。

［13］　陈靓：《新疆察布查尔县索顿布拉克墓地出土人头骨研究》，《考古》2003 年第 7 期，第 655-670 页。

［14］　魏东、赵永生、常喜恩，等：《哈密天山北路墓地出土颅骨的测量性状》，《人类学学报》2012 年第 4 期，第 395-406 页。

［15］　韩康信：《新疆哈密焉不拉克古墓人骨种系成分研究》，《考古学报》1990 年第 3 期，第 371-390、407-410 页。

［16］　韩康信、张君、赵凌霞：《察吾乎三号、四号墓地入骨的体质人类学研究》，见新疆文物考古研究所编：《新疆——察吾乎大型氏族墓地发掘报告》，北京：东方出版社，1999 年，第 299-337 页。

［17］　同［16］。

［18］　陈靓：《鄯善苏贝希青铜时代墓葬人骨的研究》，见吉林大学考古系编：《青果集——吉林大学考古系建系十周年纪念文集》，北京：知识出版社，1998 年，第 237-254 页。

［19］　韩康信：《阿拉沟古代丛葬墓人骨研究》，《丝绸之路古代种族研究》，乌鲁木齐：新疆人民出版社，2010 年，第 56-100 页。

［20］　聂颖、朱泓、李文瑛，等：《小河墓地古代人群颅骨的人类学特征》，《西域研究》2020 年第 03 期，第 115-125+172 页。

［21］　韩康信：《新疆孔雀河古墓沟墓地人骨研究》，《考古学报》1986 年第 3 期，第 361-384、401-404 页。

［22］　陈靓：《新疆石河子南山石堆墓人骨的种系研究》，《考古与文物》2002 年第 1 期，第 69-80 页。

［23］　聂颖：《新疆石河子十户窑墓群青铜—铁器时代人骨研究》，吉林大学博士学位论文，2022。

［24］　韩康信：《新疆楼兰城郊古墓人骨人类学特征的研究》，《人类学学报》1986 年第 3 期，第 227-242、307-308 页。

［25］　陈靓：《新疆尉犁县营盘墓地古人骨的研究》，见吉林大学边疆考古研究中心编：《边疆考古研究》（第 1 辑），北京：科学出版社，2002 年，第 323-341 页。

［26］　韩康信：《塞、乌孙、匈奴和突厥之种族人类学特征》，《西域研究》1992 年第 2 期，第 3-23 页。

［27］　王明辉、朱泓：《民和核桃庄史前文化墓地人骨研究》，见青海省文物考古研究所、青海省文物管理处、西北大学文博学院编：《民和核桃庄》，北京：科学出版社，2004 年，第 281-320 页。

［28］　张君：《青海李家山卡约文化墓地人骨种系研究》，《考古学报》第 1993 年第 3 期，第 381-413 页。

［29］　韩康信：《青海大通上孙家寨古墓地人骨的研究》，见韩康信、谭婧泽、张帆：《中国西北地区古代居民种族研究》，上海：复旦大学出版社，2005 年，第 1-190 页。

［30］　韩康信：《青海循化阿哈特拉山古墓地人骨研究》，《考古学报》2000 年第 3 期，第 396-420 页。

［31］　韩康信：《甘肃玉门火烧沟古墓地人骨的研究》，见中韩康信、谭婧泽、张帆：《中国西北地区古代居民种族研究》，上海：复旦大学出版社，2005 年，第 191-251 页。

［32］　朱泓：《东灰山墓地人骨的研究》，见甘肃省文物考古研究所、吉林大学北方考古研究室编：《民乐东灰山考古——四坝文化墓地的揭示与研究》，北京：科学出版社，1998 年，第 172-183 页。

［33］　郑晓瑛：《甘肃酒泉青铜时代人类头骨种系类型的研究》，《人类学学报》1993 年第 4 期，第 327-336 页。

［34］　张林虎、朱泓：《基于多元统计分析方法进行古代人群生物学距离研究的初步探索——以新疆地区为例》，见吉林大学边疆考古研究中心编：《边疆考古研究》（第 21 辑），北京：科学出版社，2017 年，第 269-286 页。

［35］　同［23］。

［36］　a. 同［16］。

　　　　b. 郭物：《新疆史前晚期的考古学研究》，上海：上海古籍出版社，2012 年。

［37］　Ethne B. 2012. *Atlas of Developmental Field Anomalies of the Human Skeleton: A Paleopathology Perspective*. New Jersey: John Wiley & Sons. pp. 68-71.

Human Osteoarchaeological Study of the Jirentaigoukou Cemetery in Nileke County, Xinjiang, China

NIE Ying[1], WANG Yong-qiang[2]

(1. Institute of Archaeology, Chinese Academy of Social Sciences; 2. Cultural Relics and Archaeology Institute of Xinjiang Uygur Autonomous Region)

Abstract: This article identifies and analyzes 16 human remains excavated from the 2015 rescue excavation of graves at Jirentaigou in Nileke County, Yili Kazakh Autonomous Prefecture, Xinjiang, focusing on the well-preserved individuals from the Iron Age tombs. The study includes cranial measurements, paleopathology analysis, and finds close relationships between the ancient populations at Jirentaigoukou and various ancient populations of the Suodunbulake culture. The study reveals a particularly close relationship between the Yili Zhaosu population during the Qin and Han dynasties and the Jilintai II group. The paleopathology study of the human remains at Jirentaigoukou indicates a prevalence of oral diseases such as dental caries and dental calculus, with enamel fractures being common. Additionally, one female skull shows artificial cranial deformation, specifically flattening of the occipital bone, a phenomenon less commonly observed in the Yili region.

Key Words: Jirentaigoukou cemetery; Iron Age; osteoarchaeology; suodunbulake culture

天下大同：北魏平城生业经济趋同视角下看民族融合

侯亮亮

（山西大学考古文博学院）

摘要： 拓跋魏定都平城（今大同）前后，当地人口数量剧增，人群成分骤然复杂，生业经济也呈现出多元化的复杂面貌。然而，各类生业经济所占比重如何？到底什么样的生业经济支撑北魏平城大都会的稳定和发展？在多学科研究成果的基础上，本文以稳定同位素研究成果为视角，系统重建了北魏平城地区先民的食物结构，还原了当时的生业经济，揭示了农业经济的比重，讨论了当地的农耕化及民族融合。在年代学研究的基础上，发现粟黍类食物在先民食物结构中的比重不断增加，有效揭示人群食物趋同的状态，进而讨论了民族融合。第一，多数人群的食物结构趋同，农业资源才是大多数人群的选择。第二，农耕化浪潮直接或间接促进了民族的融合。第三，移风易俗不是一蹴而就的事情，游牧民族可能对农耕化或汉化有抵触行为。总之，农耕经济才能真正支撑帝国的稳定和发展。在拓跋魏的努力下，草原民族也被直接或间接地吸纳到农业经济体系之下，实现了食物结构的趋同，部分实现了农耕化。由此，生业经济趋同视角下的民族融合得以逐步实现，这为草原民族的汉化提供了基础，也为中华民族共同体意识的形成提供了鲜活的历史场景。

关键词： 北魏　平城　稳定同位素分析　生业经济　民族融合

一、引　　言

北魏王朝定都平城前后，大规模的移民潮使当地人口数量剧增，人群成分骤然复杂。得益于统治者的相关政策，绝大部分移民快速适应了下来，并对当地经济的大发展做出了突出贡献。同时，平城地区成为多民族融合和交流的集散地，一定程度上实现了拓跋鲜卑及其他少数民族的汉化。

为解决平城劳动力不足问题，北魏统治者实行了大规模的移民政策。系统梳理发现，北魏平城时代移民数量多达 170 万余人[1]。这些人既有从山东六州等地迁徙而来的汉族人口，也有从西北地区和东北地区迁徙来的其他人群；从移民人口的身份来讲，既有皇族、官吏，也有文人、能工巧匠和宗教人士等[2]。同时，体质人类学研究结果也显示，北魏平城地区人群结构呈现出复杂化、多元化的特征。其中，个别北魏墓群还发现有欧罗巴人种，这也可能和大都会商贸及朝贡活动有关[3]。

什么样的生业经济支撑北魏平城大都会的稳定和发展，日益成为学术研究的热点问题。历史文献研究显示，对于移民，拓跋魏不仅实施"以五方之民，各有其性，故修其教不改其俗"，还"各给耕牛，计口授田"等[4]；对于游牧群体，拓跋魏则"离散诸部，分土定居，不听迁徙"[5]。因此，北魏平城地区既存在"畜牧迁徙，射猎为业"[6]的群体，也有"垦辟屯田"[7]、"躬耕籍田"[8]和从事农桑的群体。此外，渔猎也是平城地区重要的辅助性经济[9]。北魏墓葬的陶器及其组合群、殉牲现象、随葬陶俑、各类动物骨质饰品工具的出土以及棺前设奠、壁龛设奠等习俗亦从多个方面反映了北魏先民食物资源利用的多样化。同时，动植物遗存的发现也显示出当时动植物资源利用的多样化。此外，墓葬中的艺术形象（墓室壁画、棺板画、彩绘漆皮画）也生动地再现了先民的生活场景，这为社会生业经济的多样化提供了鲜活的例证。显然，北魏平城地区的生业经济是多样化的。

然而，到底什么样的生业经济支撑北魏平城大都会的稳定和发展？农业经济所占比重如何？农业经济到底发挥了什么样的作用？随着现代科学技术的发展，北魏平城地区人和动物本身的物质载体——骨骼和牙齿等硬组织——日益成为解决相关问题的宝贵研究材料。据"我即我食（you are what you eat）"的原理，生物考古学家发现人骨中的 C、N 稳定同位素比值能够直接而真实地反映北魏平城地区人群的生业经济及各种生业经济的比重。

随着北魏平城地区动植物和先民稳定同位素数据的积累和丰富，稳定同位素视角下该地区先民食物结构的轮廓日益清晰和明确。本文拟以北魏平城地区多个遗址已发表的动植物和先民的 C、N 稳定同位素数据为基础，以期还原北魏平城地区的生业经济，揭示农业经济的比重，讨论当地的农耕化及人群融合，为中华民族共同体意识的形成提供启示。

二、稳定同位素的研究

本文综述 11 个北魏时期遗址或墓葬（图 1）的稳定同位素数据，包括太官粮储遗址、东信广场、御昌佳园、华宇广场、天泰街、水泊寺、金茂府、大同二中、大同南郊、金茂园及星港城北魏墓群发掘出土的炭化粟、人骨及动物骨材料共计 448 例。其中，炭化粟样品 16 例（表 1）、动物骨骼样品 51 例（表 1）、人骨样品 381 例（表 2）。

（一）C、N稳定同位素分析原理

植物固定 CO_2 的途径可分为 C_3 途径（Calvin-Benson 途径）[10]、C_4 途径（Hatch-Slack 途径）[11] 和景天酸代谢途径（Crassulacean Acid Metabolism 途径，简称 CAM 途

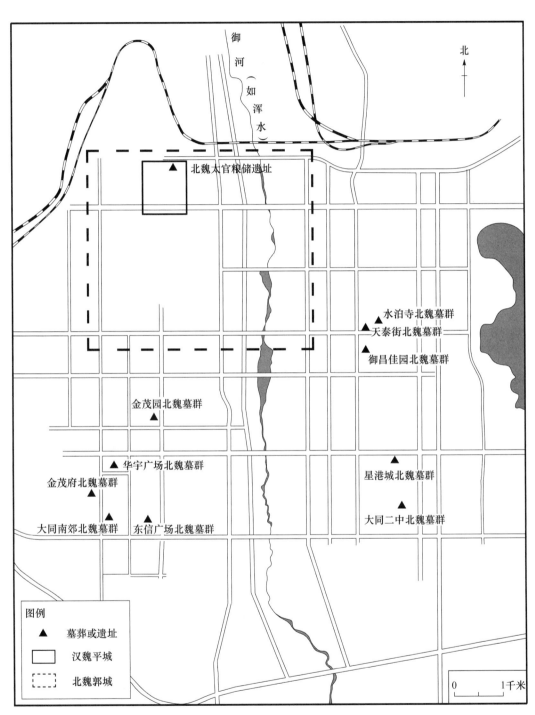

御河（如浑水）

北

北魏太官粮储遗址

水泊寺北魏墓群
天泰街北魏墓群
御昌佳园北魏墓群

金茂园北魏墓群

华宇广场北魏墓群

星港城北魏墓群

金茂府北魏墓群

大同南郊北魏墓群　　东信广场北魏墓群

大同二中北魏墓群

图例
▲　墓葬或遗址
　　汉魏平城
　　北魏郭城

0　　　　　1千米

图1　本研究涉及的北魏平城地区的遗址或墓葬的位置示意图

Figure 1　Location of sites and cemeteries in Pingcheng area of Northern Wei Dynasty involved in this study

径)[12]，分别采用这三种途径的植物称为 C_3 植物、C_4 植物和 CAM 植物。在自然界中最常见的是 C_3 植物，包括乔木、大多数灌木、高海拔或高纬度草本植物，如水稻、小麦、大豆及其他一些双子叶植物，这些植物具有最低的 $\delta^{13}C$ 值，范围是 -30.0‰～-23.0‰（均值为 -26.5‰）[13]；其次为 C_4 植物，主要为热带与亚热带草本植物，如粟、黍及甘蔗等，其 $\delta^{13}C$ 值较高，-16.0‰～-9.0‰（均值为 -12.5‰）[14]。CAM 植物在日常生活中比较少见，主要有仙人掌等。

根据"我即我食"原理[15]，生物组织的化学成分与其所食一一对相应。如果人类以某种植物为食，那么在他（她）的骨骼中就会出现与之对应的 $\delta^{13}C$ 值，一般人和动物的 $\delta^{13}C$ 值比植物 $\delta^{13}C$ 值富集约 5.0‰。若不考虑 C 同位素在营养级之间的分馏效应（约富集 1.0‰～1.5‰，常忽略不计），那么以 100% 的 C_3 或 C_4 食物为食的人和动物，其骨胶原的 $\delta^{13}C$ 值分别为 -21.5‰ 和 -7.5‰。因此，在考古学研究中，通过测定古骨骼骨胶原中的 $\delta^{13}C$ 值就能推测出此人是以 C_3 还是 C_4 植物为主食[16]。

氮稳定同位素在营养级之间存在明显的富集现象[17]，更多地用来确定动物在食物链中的地位。研究发现，营养级每升高一级，生物体内的 $\delta^{15}N$ 值大约富集 3.0‰～5.0‰。通常而言，主要以植物为食的动物其骨胶原的 $\delta^{15}N$ 值的范围约为 3.0‰～7.0‰；杂食类动物骨胶原的 $\delta^{15}N$ 值的范围约为 7.0‰～9.0‰；肉食类动物骨胶原的 $\delta^{15}N$ 值≥9.0‰[18]。当 $\delta^{15}N$ 值大于 12.0‰ 时，结合 $\delta^{13}C$ 值可以考虑动物和人对于淡水鱼类资源的消耗情况[19]。另外，$\delta^{15}N$ 值在营养级之间的富集还受到多种因素的影响，例如，气候的干燥会使每一营养级上生物组织的 $\delta^{15}N$ 值增加[20]；哺乳期婴儿组织的 $\delta^{15}N$ 值高于其断奶后的 $\delta^{15}N$ 值，与其母亲相比，其 $\delta^{15}N$ 值富集 1.0‰～3.0‰[21]等。

中国北方地区的黑碳指标和土壤有机碳的分析显示[22]，北方地区绝大多数（约 80% 以上）的野生植被基本以 C_3 类植物为主。植物考古研究显示中国北方先民自史前仰韶文化时期开始就对粟黍农业表现出极高的依赖性[23]，粟黍类农作物的生产种植是中国北方先民重要的生存之需[24]。相关研究显示[25]，处在以 C_3 类植物为主的生态系统下的人和动物，当他们食用 20% 以上的 C_4 类食物时，其骨胶原可以识别出 C_4 信号。具体而言[26]，以 $\delta^{13}C$ 值为 -18.0‰ 和 -12.0‰ 为分界线，当 $\delta^{13}C$ 值小于 -18.0‰ 时，说明人和动物以 C_3 类食物为生；当 $\delta^{13}C$ 值大于 -12.0‰ 时，说明人和动物以 C_4 类食物为生；当 $\delta^{13}C$ 值处于 -18.0‰～-12.0‰ 之间时，人和动物以 C_3/C_4 混合类食物为生。

（二）动植物稳定同位素的分析

研究显示，中国古代北方的野生植被基本都以 C_3 类植物为主[27]。北魏平城地区食草动物鹿以及野猪的食物结构（表 1）也显示，当地的野生植被以 C_3 类植物为主[28]。因此，北魏平城地区的野生植被以 C_3 类植物为主。

相关研究显示[37]，粟黍农业一直是中国北方的先民最重要的食物来源[38]。北魏时期，粟黍农业依然发挥着举足轻重的作用。太官粮储遗址炭化粟的研究显示（表 1），北魏炭化粟的 $\delta^{15}N$ 值不仅远远高于大同及其周边地区野生植被的相应值，而且远高于已发表的各地的相应值，说明这些炭化粟生前被大量施用了农家肥[39]。参考现代种植实验数据[40]和 Bogaard 等[41]对 C_3 类植物（小麦、大麦等）进行的施肥实验，可知北魏先民长期对粟进行过至少中等程度的施肥。同时，粟黍及其秸秆等可能成为牛、羊、马和家犬的重要饲料[42]。

表1　北魏平城地区动植物稳定同位素分布范围及均值

Table 1　The range and mean value of stable isotopes of animals and plants in Pingcheng area of Northern Wei Dynasty

动植物种属	个体数	$\delta^{13}C$ 分布范围（‰）	$\delta^{13}C$ 均值（‰）	$\delta^{15}N$ 分布范围（‰）	$\delta^{15}N$ 均值（‰）	参考文献
炭化粟	16	−9.5～−8.4	−8.8 ± 0.3	4.0～5.9	4.9 ± 0.5	[29]
野猪	1	−17.5	/	8.5	/	[30]
鹿	1	−19.4	/	2.7	/	[31]
羊	25	−18.8～−12.5	−16.2 ± 1.6	5.1～9.9	6.8 ± 1.3	[32]
牛	12	−19.0～−8.6	−13.3 ± 3.0	5.7～9.8	7.5 ± 1.2	[33]
马	6	−18.9～−9.7	−14.6 ± 3.3	4.5～6.6	5.7 ± 0.7	[34]
狗	2	−11.0～−8.6	−9.8 ± 1.7	3.3～7.4	5.4 ± 2.9	[35]
不明种属	4	−15.1～−11.1	−13.5 ± 1.7	3.2～7.7	5.4 ± 1.9	[36]
合计	67	−19.4～−8.4	−13.5 ± 3.6	2.7～9.9	6.1 ± 1.6	NA

如表1所示，羊的 $\delta^{13}C$ 值（−18.8‰～−12.5‰，−16.2‰ ± 1.6‰，$n=25$）普遍偏低，说明它们主要以 C_3 类野生植被为生，辅以草叶和 C_4 类粟黍秸秆等混合食物，同时也被投喂粟黍等 C_4 类农作物的副产品[43]。然而，根据羊群 $\delta^{15}N$ 值存在的差异，大致可以分为两组，A组2例羊的 $\delta^{15}N$ 值（9.3‰～9.9‰，9.6‰ ± 0.3‰，$n=2$）均大于9.0‰，说明它们的食物结构中包含较多的蛋白质，这可能与母乳喂养[44] 和/或喂养饲料等有关[45]；B组羊的 $\delta^{15}N$ 值（5.1‰～8.6‰，6.6‰ ± 1.0‰，$n=23$）均小于9.0‰，说明它们主要以植物性食物为主，符合草食动物的特征[46]。

牛的 $\delta^{13}C$ 值（−19.0‰～−8.6‰，−13.3‰ ± 3.0‰，$n=12$）明显高于羊的相关值（表1），说明牛群主要以 C_4 类食物为生，但是其数值分布比较离散，说明牛个体内部的食物结构有所差异。$\delta^{13}C$ 值≥−12.0‰ 的A组牛（−11.6‰～−8.6‰，−10.4‰ ± 1.1‰，$n=5$）可能受到先民的特殊照顾，食用了较多的 C_4 类粟黍及其副产品[47]；$\delta^{13}C$ 值<−12.0‰ 的B组牛（−19.0‰～−13.5‰，−15.3‰ ± 1.9‰，$n=7$）主要以野外的 C_3 类草叶为生。同时，所有牛的 $\delta^{15}N$ 值（5.7‰～9.8‰，7.5‰ ± 1.2‰，$n=12$）基本在草食动物的相关值的范围之内，个别牛的 $\delta^{15}N$ 值超过了9.0‰（$n=1$），但牛无上门齿，不能食用野外过矮的植物[48]，需要被投喂大量 C_4 类粟黍秸秆等[49]。需要特别指出的是，牛的食量较大，大约是绵羊的5倍[50]。显然，牛和羊的饲喂方式存在明显的区分，即羊主要在野外放养，牛则主要是舍饲，但它们的食物结构都受到了粟黍旱作农业的明显影响。

马的数据分布较分散（表1），总体上马的 $\delta^{13}C$ 值（−18.9‰～−9.7‰，−14.6‰ ± 3.3‰，$n=6$）与羊的数值（−18.8‰～−12.5‰，−16.2‰ ± 1.6‰，$n=25$）非常接近，说明马和

羊的食物类型比较接近，部分个体食物中明显添加了C_4类粟黍秸秆及其副产品等食物，且马受人工饲喂的程度可能比羊要高。作为草原民族，拓跋魏与马的关系密切，马自然会受到先民的特殊照顾。马的$\delta^{15}N$值（4.5‰~6.6‰，5.7‰±0.7‰，$n=6$）基本符合食草动物的食物特征。

2例狗的$\delta^{13}C$值均大于 −12.0‰（表1），说明其食物结构以C_4类粟黍等食物为主。然而，两例狗的$\delta^{15}N$值差异巨大，这可能和先民对它们的饲喂方式有关[51]。总之，北魏平城地区狗可能为先民看家护院，也可能是先民的朋友，与先民的关系十分密切。

最后，4例无法鉴定种属的哺乳动物与其他动物的相应值呈现出一定相关性（表1）。具体而言，其中3例无法鉴定种属的哺乳动物$\delta^{13}C$值和$\delta^{15}N$值（$\delta^{13}C$：−15.1‰~−13.5‰，−14.2‰±0.8‰；$\delta^{15}N$：3.2‰~5.6‰，4.6‰±1.2‰，$n=3$）与牛、羊和马的相应值接近，说明它们主要以C_3类草叶为食，表现出典型食草类动物的特征。同时，另外1例无法鉴定种属的哺乳动物的$\delta^{13}C$值和$\delta^{15}N$值（−11.1‰，7.6‰）与水泊寺M15出土羊（−12.5‰，8.6‰）的相关值有一定的相关性，说明它的食物中明显添加了更多的C_4类粟黍及其副产品等食物。

综上，北魏平城地区的粟黍农业得到很大发展，不仅存在中度施肥的行为，而且粟黍农业的副产品也成为牛、羊、马和犬的重要食物补充。

（三）平城地区先民的生业经济

为了更好地理解和梳理北魏平城地区先民的饮食结构和生业经济，依据11处北魏遗址（太官粮储遗址、东信广场、御昌佳园、华宇广场、水泊寺、天泰街、大同南郊、金茂园、金茂府、星港城及大同二中）出土的人骨骨骼、动物骨骼以及炭化粟的C、N稳定同位素进行较为全面的分析和比较（表2、图2）。

表2　北魏平城地区先民稳定同位素分布范围和均值及摄入的C_4类食物比例

Table 2　The range and mean value of stable isotopes and proportion of C_4 foods consumed by ancestors in Pingcheng area of Northern Wei Dynasty

遗址名称及分组	时代	个体数	$\delta^{13}C$分布范围（‰）	$\delta^{13}C$均值（‰）	$\delta^{15}N$分布范围（‰）	$\delta^{15}N$均值（‰）	C_4类食物的比例（%）	参考文献
东信广场A	北魏	19	−11.5~−7.8	−10.0±1.1	8.6~10.6	9.3±0.5	71.4	[52]
东信广场B	早期	7	−18.2~−13.5	−15.5±1.5	9.9~13.3	11.2±1.3	32.1	
御昌佳园A	北魏	19	−11.5~−8.4	−9.9±1.0	8.7~11.7	9.5±0.7	72.1	
御昌佳园B	中晚期	2	−17.8~−12.5	−15.2±3.7	9.4~10.5	10.0±0.8	34.3	
华宇广场A	北魏	13	−10.9~−8.5	−9.5±0.7	8.7~10.5	9.7±0.5	75.0	
华宇广场B	中晚期	3	−18.7~−14.2	−16.6±2.3	5.0~14.0	9.4±4.5	24.3	
水泊寺A	北魏	30	−11.3~−5.0	−7.4±1.8	7.9~11.8	9.2±0.9	90.0	[53]
水泊寺B	晚期	4	−16.4~−12.4	−14.4±2.0	8.7~12.6	10.1±1.8	40.0	
天泰街A	NA	17	−11.3~−8.6	−9.7±0.8	8.0~10.2	9.2±0.7	73.6	[54]
天泰街B		3	−14.7~−14.1	−14.4±0.3	10.6~11.3	10.9±0.4	40.0	

续表

遗址名称及分组	时代	个体数	δ^{13}C 分布范围（‰）	δ^{13}C 均值（‰）	δ^{15}N 分布范围（‰）	δ^{15}N 均值（‰）	C₄类食物的比例（%）	参考文献
金茂府 A	NA	26	−12.0～−8.5	−9.7 ± 0.9	8.9～11.4	9.9 ± 0.7	73.6	[55]
金茂府 B		1	/	−13.1	/	9.7	49.3	
大同二中 A	NA	40	−11.8～−8.6	−10.4 ± 0.8	8.6～11.9	9.7 ± 0.7	68.6	[56]
大同二中 B		8	−18.3～−12.3	−14.7 ± 2.4	9.8～13.1	10.9 ± 1.1	37.9	
大同南郊 A	NA	38	−11.1～−8.0	−9.1 ± 0.8	8.3～12.8	9.6 ± 0.9	77.9	[57]
大同南郊 B		3	−17.0～−15.4	−16.1 ± 0.8	10.6～12.1	11.4 ± 0.8	27.9	
金茂园 A	NA	65	−11.3～−7.9	−9.8 ± 0.8	8.2～10.6	9.4 ± 0.5	72.9	[58]
金茂园 B		17	−18.0～−12.1	−14.4 ± 2.2	7.1～13.4	10.7 ± 1.6	40.0	
星港城 A	NA	34	−11.2～−8.3	−10.0 ± 0.7	7.3～10.9	9.6 ± 0.7	71.4	[59]
星港城 B		5	−15.8～−12.2	−13.9 ± 1.5	7.5～11.6	9.2 ± 1.9	43.6	
合计人群 A	NA	301	−12.0～−5.0	−9.6 ± 1.2	7.3～12.8	9.5 ± 0.7	74.3	NA
合计人群 B		53	−18.7～−12.1	−14.8 ± 2.0	5.0～14.0	10.5 ± 1.7	37.1	
合计		354	−18.7～−5.0	−10.3 ± 2.3	5.0～14.0	9.7 ± 1.0	69.3	

注：δ^{13}C 值大于等于 −12.0‰ 的人群为 A 组，小于 −12.0‰ 的为 B 组。C₄ 类食物的比例（%）根据简单二元模式公式 X=（20+δ^{13}C）/14[60] 进行估算。

由表 2 和图 2 可知，北魏先民的 δ^{13}C 和 δ^{15}N 值分布范围较广（−18.7‰～−5.0‰，−10.3‰ ± 2.3‰；5.0‰～14.0‰，9.7‰ ± 1.0‰，$n=354$），表明他们的食物结构存在较大的差异。

整体而言，所有先民（−10.3‰ ± 2.3‰，$n=354$）与牛（−13.3‰ ± 3.0‰，$n=12$）、羊（−16.2‰ ± 1.6‰，$n=25$）、马（−14.6‰ ± 3.3‰，$n=6$）、野猪（−17.5‰，$n=1$）及不明种属动物（−14.5‰ ± 0.8‰，$n=4$）的 δ^{13}C 均值的差值分别达到了 3.0‰、5.9‰、4.3‰、7.2‰、4.2‰，远超随营养级上升的范围（1.0‰～1.5‰）[61]，说明它们与先民的食物类型差异较大；而先民与狗的 δ^{13}C 均值（−9.8‰ ± 1.7‰，$n=2$）的差值为 −0.5‰，在营养级范围（1.0‰～1.5‰）[62] 之下，说明二者的食物类型较为一致。同时，先民（9.7‰ ± 1.0‰，$n=354$）与不明种属动物（4.2‰ ± 1.2‰，$n=4$）的 δ^{15}N 均值差值为 5.5‰，超过了一个营养级的范围（3.0‰～5.0‰）[63]，说明这些不明种属动物应该不是先民的主要肉食来源；而先民与牛（7.5‰ ± 1.2‰，$n=12$）、羊（6.8‰ ± 1.3‰，$n=25$）、马（5.7‰ ± 0.7‰，$n=6$）、狗（5.4‰ ± 2.9‰，$n=2$）和野猪（8.5‰，$n=1$）的 δ^{15}N 均值差值分别为 2.2‰、2.9‰、4.0‰、4.3‰ 和 1.2‰，在一个营养级的范围内或是接近一个营养级的范围（3.0‰～5.0‰）[64]。相关研究显示，大同迎宾大道北魏墓群[65]、大同北魏贾宝墓[66]、大同水泊寺墓群[67]、大同北魏金茂园墓地[68] 出土羊、马、狗等动物的骨骼；大同迎宾大道北魏墓群中的 M16 壁画墓中，可明显辨识有门吏、宴饮、马、车、狩猎等内容。因此，北魏平城先民与羊、马、狗等动物可

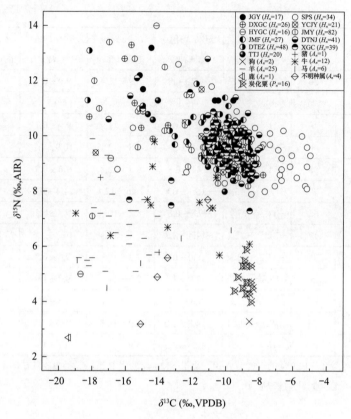

图2 大同地区北魏墓群人骨、动物骨和炭化粟δ^{13}C和δ^{15}N散点图（$n=421$）

Figure 2 Scatter plots of δ^{13}C and δ^{15}N of human bones, animal bones and carbonized millets in the Northern Wei Dynasty cemeteries in Datong area ($n=421$)

JGY 为大同金港园北魏墓群；TTJ 为大同天泰街北魏墓群；SPS 为大同水泊寺北魏墓群；DXGC 为大同东信广场北魏墓群；YCJY 为大同御昌佳园北魏墓群；HYGC 为大同华宇广场北魏墓群；DTNJ 为大同南郊北魏墓群；JMY 为大同金茂园北魏墓群；JMF 为大同金茂府北魏墓群；DTEZ 为大同二中北魏墓群；XGC 为星港城北魏墓群。H_n 为先民数量，A_n 为动物数量，P_n 为粟数量

JGY is the Jingangyuan Cemetery; TTJ is the Tiantaijie Cemetery; SPS is the Shuiposi Cemetery; DXGC is the Dongxinguang-chang Cemetery; YCJY is the Yuchangjiayuan Cemetery; HYGC is the Huayuguangchang Cemetery; DTNJ is the Datongnanjiao Cemetery; JMY is the Jinmaoyuan Cemetery; JMF is the Jinmaofu Cemetery; DTEZ is the Datongerzhong Cemetery; XGC is the Xingangcheng Cemetery. H_n is the quantity of humans, A_n is the quantity of animals, P_n is the quantity of carbonized millet

能保持着相对密切的关系，根据 N 稳定同位素差值可以推测，马和狗可能是先民重要的肉食来源，同时先民也消耗了一定量的牛、羊、猪肉。需要特别指出的是，先民与炭化粟的 δ^{13}C 和 δ^{15}N 均值的差值分别为 1.5‰ 和 4.8‰，均在一个营养级的范围之内（1.0‰～1.5‰、3.0‰～5.0%）[69]，说明粟是先民重要的食物资源。

根据 δ^{13}C 值和 δ^{15}N 值的分布和相关原理[70]，基本可将先民分为两组（A 组和 B 组）。占绝大多数的 A 组先民（δ^{13}C：-12.0‰～-5.0‰，-9.6‰ ± 1.2‰；δ^{15}N：7.3‰～

12.8‰，9.5‰±0.7‰，$n=301$）的 $\delta^{13}C$ 值都大于 $-12.0‰$，$\delta^{15}N$ 值在 7.0‰～12.0‰ 之间，说明他们主要以 C_4 类食物为生，包含粟黍类及以粟黍及其副产品饲喂的动物，这应该与当时发达的粟黍农业及家畜饲喂业相关[71]。具体而言，东信广场 A 组先民（$\delta^{13}C$：$-11.5‰$～$-7.8‰$，均值为 $-10.0‰±1.1‰$；$\delta^{15}N$：8.6‰～10.6‰，均值为 9.3‰±0.5‰；$n=19$）、御昌佳园 A 组先民（$\delta^{13}C$：$-11.5‰$～$-8.4‰$，均值为 $-9.9‰±1.0‰$；$\delta^{15}N$：8.7‰～11.7‰，均值为 9.5‰±0.7‰；$n=19$）、华宇广场 A 组先民（$\delta^{13}C$：$-10.9‰$～$-8.5‰$，均值为 $-9.5‰±0.7‰$；$\delta^{15}N$：8.7‰～10.5‰，均值为 9.7‰±0.5‰；$n=13$）、水泊寺 A 组先民（$\delta^{13}C$：$-11.3‰$～$-5.0‰$，均值为 $-7.4‰±1.8‰$；$\delta^{15}N$：7.9‰～11.8‰，均值为 9.2‰±0.9‰；$n=30$）、天泰街 A 组先民（$\delta^{13}C$：$-11.3‰$～$-8.6‰$，均值为 $-9.7‰±0.8‰$；$\delta^{15}N$：8.0‰～10.2‰，均值为 9.2‰±0.7‰；$n=17$）、金茂府 A 组先民（$\delta^{13}C$：$-12.0‰$～$-8.5‰$，均值为 $-9.7‰±0.9‰$；$\delta^{15}N$：8.9‰～11.4‰，均值为 9.9‰±0.7‰；$n=26$）、大同二中 A 组先民（$\delta^{13}C$：$-11.8‰$～$-8.6‰$，$-10.4‰±0.8‰$，$\delta^{15}N$：8.6‰～11.9‰，9.7‰±0.7‰，$n=40$）、大同南郊[72] A 组先民（$\delta^{13}C$：$-11.1‰$～$-8.0‰$，均值为 $-9.1‰±0.8‰$；$\delta^{15}N$：8.3‰～12.8‰，均值为 9.6‰±0.9‰；$n=38$）、金茂园[73] A 组先民（$\delta^{13}C$：$-11.3‰$～$-7.9‰$，均值为 $-9.8‰±0.8‰$；$\delta^{15}N$：8.2‰～10.6‰，均值为 9.4‰±0.5‰；$n=65$）、星港城[74] A 组先民（$\delta^{13}C$：$-11.2‰$～$-8.3‰$，$-10.0‰±0.7‰$，$\delta^{15}N$：7.3‰～10.9‰，9.6‰±0.7‰，$n=34$）的 $\delta^{13}C$ 信号显示 C_4 类植物（和/或以 C_4 类植物及其副产品为食的动物）作为他们主要的植物性食物来源。同时，结合操场城北魏太官粮储遗址出土的炭化粟的同位素数据（$\delta^{13}C$：$-9.5‰$～$-8.4‰$，均值为 $-8.8‰±0.3‰$；$\delta^{15}N$：4.0‰～5.9‰，均值为 4.8‰±0.5‰；$n=16$），与遗址中人骨 $\delta^{13}C$ 值的差异（0.8‰）基本在随营养级上升的分馏值范围之内（1.0‰～1.5‰），从一定程度上反映出这组先民的食物以粟黍为主，A 组先民可能主要从事粟黍农业。

此外，通过与动物的相关值对比发现，A 组先民与牛（$-13.3‰±3.0‰$，$n=12$）、羊（$-16.2‰±1.6‰$，$n=25$）、马（$-14.6‰±3.3‰$，$n=6$）、狗（$-9.8‰±1.7‰$，$n=2$）、野猪（$-17.5‰$，$n=1$）及不明种属动物（$-14.5‰±0.8‰$，$n=4$）的 $\delta^{13}C$ 均值差值分别为 3.7‰、6.6‰、5.0‰、0.2‰、7.9‰、5.3‰，不在一个营养级的范围内（1.0‰～1.5‰）[75]，说明 A 组先民与这些动物的食物结构不相一致；同时，A 组先民与羊（6.8‰±1.3‰，$n=25$）、马（5.7‰±0.7‰，$n=6$）、狗（5.4‰±2.9‰，$n=2$）的 $\delta^{15}N$ 均值差值分别为 2.7‰、3.8‰、4.1‰，落在一个营养级的范围内（3.0‰～5.0‰）[76]，说明这三类动物可能是 A 组先民主要的肉食来源，而 A 组先民与牛（7.5‰±1.2‰，$n=12$）、野猪（8.5‰，$n=1$）和不明种属动物（4.2‰±1.2‰，$n=4$）的 $\delta^{15}N$ 均值差值分别为 2.0‰、1.0‰、5.3‰，不足或超过一个营养级的范围（3.0‰～5.0‰）[77]，这类动物可能不是 A 组先民的主要肉食来源。

然而，占少部分的 B 组先民（$-18.7‰$～$-12.1‰$，$-14.8‰±2.0‰$；5.0‰～14.0‰，10.5‰±1.7‰，$n=53$）的 $\delta^{13}C$ 值较低，但 $\delta^{15}N$ 值较高，说明 B 组先民主要是以 C_3 和 C_4 混合食物为主，并食用了更多的动物蛋白。同时，结合粮储遗址出土的炭化粟的同位素数据（$\delta^{13}C$：$-9.5‰$～$-8.4‰$，均值为 $-8.8‰±0.3‰$；$\delta^{15}N$：4.0‰～5.9‰，均值为 4.8‰±0.5‰；$n=16$），与遗址中 B 组人骨 $\delta^{13}C$ 值的差值（6.0‰）不在随营养级上

升的分馏值范围之内（1.0‰～1.5‰）[78]，从一定程度上反映出这组先民对粟黍资源的依赖程度较低，这类人群可能主要以畜牧业和 / 或游牧经济为生。此外，通过与动物的相关值对比发现，B 组先民与牛（−13.3‰±3.0‰，$n=12$）和羊（−16.2‰±1.6‰，$n=25$）的 $\delta^{13}C$ 均值差值分别为 1.4‰、1.5‰，在随营养级上升的分馏值范围之内（1.0‰～1.5‰）[79]，与马（−14.6‰±3.3‰，$n=6$）、狗（−9.8‰±1.7‰，$n=2$）、野猪（−17.5‰，$n=1$）和不明种属动物（−14.5‰±0.8‰，$n=4$）$\delta^{13}C$ 均值差值分别为 −0.2‰、−5‰、2.7‰ 和 −0.3‰，不在随营养级上升的范围内，说明 B 组先民与牛、羊的食物结构比较一致；同时，B 组先民与牛（7.5‰±1.2‰，$n=12$）、羊（6.8‰±1.3‰，$n=25$）、马（5.7‰±0.7‰，$n=6$）的 $\delta^{15}N$ 均值差值分别为 3.0‰、3.7‰、4.8‰，落在一个营养级的范围内（3.0‰～5.0‰）[80]，而与狗（5.4‰±2.9‰，$n=2$）、野猪（8.5‰，$n=1$）和不明种属动物（4.2‰±1.2‰，$n=4$）的差值分别为 5.4‰、2.3‰ 和 6.6‰，不在随营养级上升的范围内，因此，牛、羊和马可能是 B 组先民主要的肉食来源。值得一提的是，B 组先民中部分个体的 $\delta^{15}N$ 值高于 12.0‰，说明他们日常生活中消费了一定的淡水鱼类资源，这与金茂府墓群中随葬鱼骨的现象相互印证[81]。

另外，结合北魏平城地区出土的动物骨骼同位素数据：水泊寺（$\delta^{13}C$：−15.4‰～−8.6‰，均值为 −13.2‰±2.0‰；$\delta^{15}N$：3.2‰～8.6‰，均值为 5.6‰±1.6‰；$n=10$）、金茂府（$\delta^{13}C$：−18.0‰～−11.6‰，均值为 −15.8‰±1.9‰；$\delta^{15}N$：6.6‰～9.9‰，均值为 7.7‰±1.2‰；$n=8$）、大同南郊[82]（$\delta^{13}C$：−19.4‰～−8.6‰，均值为 −15.3‰±3.1‰；$\delta^{15}N$：2.7‰～9.8‰，均值为 6.5‰±1.4‰；$n=29$）、金茂园[83]（$\delta^{13}C$：−16.8‰～−14.9‰，均值为 −15.5‰±0.8‰；$\delta^{15}N$：6.3‰～7.9‰，均值为 7.3‰±0.6‰；$n=4$），可以看出先民的肉食消费程度普遍较高。

据图 2，可以看出虽然先民食物结构的离散程度相对来说较高，但仍是以 C_4 类食物（即粟黍和 / 或是以粟黍及其副产品为食的动物）为主，并且饮食结构中基本均显示有消费动物蛋白的信号，多数先民蛋白质消费程度较高。从稳定同位素视角下可以看出农耕经济在大同地区北魏时期经济发展过程中的重要性，畜牧业经济也占有相当一部分的比重。具体而言，北魏平城地区部分先民（$n=53$）可能还保留了草原文化的饮食习俗，主要以畜牧业和 / 或渔猎游牧经济为生；但大部分人（$n=301$）已经完全以粟黍类食物及家畜饲喂业为生，可能生产和生活已经基本完全农耕化。另外，结合遗址的考古出土背景信息（如墓葬形制和随葬品信息等）来看[84]，似乎不存在特定的某种群体保留了本民族特定的饮食传统：部分墓葬特征显示为农耕民族的群体表现出草原文化的饮食习俗；而部分墓葬表现出草原民族特征的群体则有着农耕民族的饮食习俗。这正说明草原游牧与汉农耕民族之间的交融和相互影响之深。总之，北魏平城地区存在多元化的生业经济，但粟黍农业才是当地生业经济的主体。

（四）北魏平城地区的农耕化

为了进一步明确农耕经济在平城时代不同时期内先民生产生活中的地位，对有明确时间早晚关系的四个遗址（东信广场、御昌家园、华宇广场和水泊寺）先民所摄入的 C_4 类食物比例状况进行单独讨论（表 2），并绘制相关墓群不同组别先民 C_4 类食物摄入比例柱状图（图3），以期发现北魏平城地区先民生业经济的历时性变化。

如图3所示，A组先民应该为典型的农耕人群。东信广场A组先民（δ^{13}C：−11.5‰〜−7.8‰，−10.0‰ ± 1.1‰；δ^{15}N：8.6‰〜10.6‰，9.3‰ ± 0.5‰，$n=19$）是平城早期人群，C_4类食物摄入比例为71.4%。到了平城中晚期，C_4类摄入比例增至72.1%和75%（御昌佳园：δ^{13}C：−11.5‰〜−8.4‰，−9.9‰ ± 1.0‰；δ^{15}N：8.7‰〜11.7‰，9.5‰ ± 0.7‰，$n=19$；华宇广场：δ^{13}C：−10.9‰〜−8.5‰，−9.5‰ ± 0.7‰；δ^{15}N：8.7‰〜10.5‰，9.7‰ ± 0.5‰，$n=13$）。至平城晚期，先民所摄C_4类食物比例已经高达90%（水泊寺：−11.3‰〜−5.0‰，−7.4‰ ± 1.8‰，$n=30$）。显然，A组人群在平城早期开始就对C_4类食物的摄入相当高，此后一直稳步增长，到了平城晚期，对于C_4类食物摄入比例极高，达到了90%。

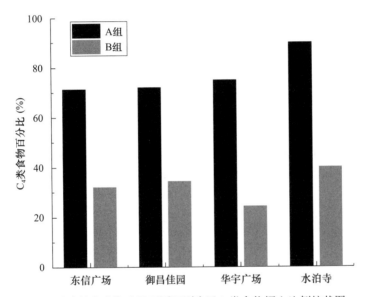

图3　平城早中晚期遗址不同组别先民C_4类食物摄入比例柱状图

Figure 3　Histogram of C_4 food intake ratio of different groups of ancestors in the early, middle and late Pingcheng sites

B组先民可能为活动在平城地区的从事其他生业经济的群体。平城早期东信广场B组先民（δ^{13}C：−18.2‰〜−13.5‰，−15.5‰ ± 1.5‰；δ^{15}N：9.9‰〜13.3‰，11.2‰ ± 1.3‰，$n=7$）C_4类食物摄入比例为32.1%。平城中晚期御昌佳园（δ^{13}C：−17.8‰〜−12.5‰，−15.2‰ ± 3.7‰；δ^{15}N：9.4‰〜10.5‰，10.0‰ ± 0.8‰，$n=2$）和华宇广场（δ^{13}C：−18.7‰〜−14.2‰，−16.6‰ ± 2.3‰；δ^{15}N：5.0‰〜14.0‰，9.4‰ ± 4.5‰，$n=3$）先民的C_4类食物摄入比例分别为34.3%和24.3%。晚期水泊寺（δ^{13}C：−16.4‰〜−12.4‰，−14.4‰ ± 2.0‰；δ^{15}N：8.7‰〜12.6‰，10.1‰ ± 1.8‰，$n=4$）先民的C_4类食物摄入比例为40%。可见，B组先民对C_4类食物的摄入呈总体升高趋势。

同时，平城中晚期的华宇广场B组先民对C_4类食物的摄入比例反而比早期的东信广场同组人群还低，同时这组人的 $\delta^{15}N$ 值（5.0‰～14.0‰，9.4‰±4.5‰，$n=3$）也最低，说明华宇广场 B 组先民主要以 C_3 和 C_4 混合类食物为食，对肉食资源的摄入较少，这可能是部分先民不想改变饮食结构的重要体现。

综上，根据具备明确时间上的早晚关系的四个遗址不同组别先民的 C_4 类食物摄入情况，粟黍类食物在北魏平城地区先民食物结构中的比重在不断增加，也说明从事农耕经济人群的比重不断增加，粟黍农业不断强化，真正成为支撑大都会发展的物质来源。同时，"畜牧迁徙，射猎为业"的生计方式所占比重不断式微。因此，农耕化趋势还推动了人群的融合及草原民族的汉化进程。

（五）北魏平城地区的民族融合

平城作为北魏时期的都城，其社群构成十分复杂。本节拟根据墓葬形制来区分不同文化属性的人群，以从同位素的角度探讨民族融合。需要说明的是，本文所收集的部分墓群存在清晰的墓葬形制信息，因此，将对这些墓群所代表的人群加以区分。

由表 3 可见，根据墓葬形制所区分而来的不同文化属性人群的 C、N 稳定同位素值不存在统计学意义上的差异，他们主要以 C_4 类食物为食，可能为粟黍及以粟黍喂养的家畜为生，且先民对动物蛋白的消费程度接近，所消耗的动物蛋白都较多。由此可见，粟黍农业可能是保证北魏平城地区不同族属先民在此共同生存和发展的基本支撑。

表3　不同文化属性分组人骨的C、N稳定同位素单因素方差分析[85]

Table 3　One-way analysis of variance of C and N stable isotopes of human bones with different cultural attributes

墓葬形制		数量	$\delta^{13}C$（均值 ± 标准差 ‰）	P 值	$\delta^{15}N$（均值 ± 标准差 ‰）	P 值
土坑竖穴墓		52	-10.1 ± 2.2	/	9.4 ± 1.1	/
土坑竖穴墓	土洞墓	5	-9.1 ± 3.6	0.314	9.2 ± 1.0	0.598
	方室墓	20	-10.5 ± 2.0	0.499	9.8 ± 0.6	0.069
	砖室墓	25	-10.5 ± 1.4	0.482	9.7 ± 0.8	0.148
	其他	44	-10.5 ± 2.3	0.415	9.7 ± 0.9	0.075
土洞墓	方室墓	20	-10.5 ± 2.0	0.195	9.8 ± 0.6	0.147
	砖室墓	25	-10.5 ± 1.4	0.190	9.7 ± 0.8	0.222
	其他	44	-10.5 ± 2.3	0.177	9.7 ± 0.9	0.195
方室墓	砖室墓	25	-10.5 ± 1.4	0.981	9.7 ± 0.8	0.670
	其他	44	-10.5 ± 2.3	0.967	9.7 ± 0.9	0.672
砖室墓	其他	44	-10.5 ± 2.3	0.987	9.7 ± 0.9	0.957

注：由于绝大部分北魏墓群的原始资料尚未发表，据已掌握的考古背景资料，并结合对应已获取的稳定同位素数据，梳理总结发现土坑竖穴墓 52 座，土洞墓 5 座，方室墓 20 座，砖室墓 25 座，其他类型墓葬 44 座。在此基础上，对可能代表不同文化属性人群的稳定同位素数据两两分别相互进行单因素方差分析，发现所有 P 值均大于0.05，说明这些人群彼此之间的稳定同位素数据没有统计学意义上的差异，进而说明他们食物结构是趋同接近的。

随着北魏平城地区农耕化的强化，不仅为平城大都会的稳定和发展提供了坚实的物质基础，而且还促进了民族的融合。第一，农耕化直接导致了北魏平城地区相关人群食物结构的趋同。在北魏平城，物质资源来自于国家的调配，不仅有丰富的畜牧业资源，更有大量的农业资源。然而，上述研究显示，农业资源才是北魏平城地区大多数人群的选择，大多人群的食物结构开始趋同。第二，食物结构的趋同，特别是农耕化浪潮逐渐成为北魏平城地区先民生业经济的主导，这直接或间接地促进了民族的融合。具体而言，不同民族开始移风易俗，逐渐改变自己固有的生活习惯。例如，游牧群体开始在自己的食物结构中大量添加农耕产品，农耕人群也可能食用一定量的肉食资源。因此，食物结构的趋同可能是民族融合的重要体现。第三，移风易俗可能不是一蹴而就的事情，农耕化的形成在某些群体可能具有一定的滞后性。这种滞后性可能是民族融合的阻力，也可能是拓跋魏汉化的阻力。但不管如何，平城地区是拓跋魏入主中原的重要缓冲区，成为拓跋魏冲破滞后性和实现汉化的中间地带。

日益丰富的考古发现和研究，也为揭示长时段的民族融合提供了线索。相较"盛乐时代"而言，"平城时代"的考古学文化发生了重大转变，主要表现为广泛吸纳汉文化的礼制元素[86]。具体而言，胡汉礼制元素的糅合不仅体现以拓跋鲜卑族为主体兴建的城市建制（如平城宫城）[87]和墓葬形制（如方山永固陵）[88]，而且还突出表现在拓跋鲜卑族的墓葬资料中（如沙岭壁画墓）[89]。目前，基于壁画、随葬品、墓葬形制的分期和文化因素的研究[90]，北魏平城地区的墓葬形制的演变谱系和墓葬文化特点已经逐步明晰，很大程度上体现了文化上的汉化和民族融合。

总之，随着北魏王朝的强大，拓跋魏发现农耕经济才能真正支撑帝国的稳定和发展，因此开始大力发展农耕经济。不管原来是草原民族还是农耕民族，在拓跋魏的努力下都被吸纳到农业经济体系之下，部分实现了农耕化。然而，可能还有一些顽固分子或是掌权阶层不愿意被同化，但在历史的浪潮下，也被直接或间接地影响，实现了食物结构的趋同。由此，食物结构趋同视角下的民族融合得以逐步实现。

三、小   结

农耕经济是古代中国社会发展的基础，特别是对于北魏平城的发展和北魏王朝的稳定起到了至关重要的作用。在当时，拓跋魏统治者深刻认识到农耕经济的重要性，因此大力发展农耕经济，将其作为维持统治的重点。

通过发展农耕经济，北魏平城地区得以实现粮食的自给自足，人民的生活水平得到提高，社会稳定得到保障。这为北魏王朝的持续发展提供了坚实的物质基础。同时，农耕经济的繁荣也吸引了大量的人口涌入平城地区，促进了各民族间的交流与融合。

在此过程中，平城地区的大部分先民食物结构开始趋同，民族融合现象日益加剧。拓跋魏统治者采取了一系列汉化政策，如推广汉文化、使用汉字、实行汉族的官制等，使得北魏王朝逐渐融入汉族主导的文化体系。这一过程既是拓跋魏汉化的历程，也是多民族统一的历史场景。

此外，这一时期的多民族融合对于中华民族共同体意识的形成具有重要意义。在农耕经济的推动下，各民族共同生活、相互借鉴，形成了紧密的联系。这种联系在很大程度上促进了中华民族共同体意识的形成，为后世中国的民族关系奠定了基础。

总之，农耕经济在支撑北魏平城的发展、保证北魏王朝稳定与发展的过程中发挥了重要作用。大力发展农耕经济，促进民族融合，既是拓跋魏汉化的历程，也是多民族统一的历史场景，更是中华民族共同体意识形成的重要事件。

附记　本文得到 2019 年度国家社科基金一般项目"稳定同位素视角下北魏平城地区的生业变迁及人群融合研究"（项目批准号：19BKG044）、山西大学文瀛青年学者基金资助。

注　释

［1］孟万忠、王尚义：《北魏平城的水环境研究》，《晋阳学刊》2013 年第 3 期，第 17-21 页。

［2］李凭：《拓跋珪与雁北的开发》，《晋阳学刊》1985 年第 3 期，第 71-77 页。

［3］李鹏珍：《山西大同东信广场北魏墓地人骨研究》，吉林大学博士学位论文，2021 年。

［4］魏收：《魏书》卷一百一十，北京：中华书局，1974 年，第 2849-2870 页。

［5］魏收：《魏书》卷八十三，北京：中华书局，1974 年，第 1811-1828 页。

［6］魏收：《魏书》卷一，北京：中华书局，1974 年，第 1 页。

［7］魏收：《魏书》卷二，北京：中华书局，1974 年，第 20 页。

［8］魏收：《魏书》卷三，北京：中华书局，1974 年，第 53 页。

［9］杜士铎、卫广来、张庆捷：《北魏史》，太原：北岳文艺出版社，2011 年，第 169 页。

［10］Calvin M, Benson A A. 1962. The path of carbon in photosynthesis. *Science*, 107(2784): 476-480.

［11］Hatch M D, Slack C R. 1966. Photosynthesis by sugar-cane leaves. A new carboxylation reaction and the pathway of sugar formation. *Biochemical Journal*, 101(1): 103-111.

［12］Osmond C B. 1978. Crassulacean acid metabolism: A curiosity in context. *Annual Review Plant Physiology*, 29(1): 379-414.

［13］O'Leary M H. 1981. Carbon isotope fractionation in plants. *Phytochemistry*, 20(4): 553-567.

［14］Van der Merwe N J. 1982. Carbon Isotopes, Photosynthesis, and Archaeology: Different pathways of photosynthesis cause characteristic changes in carbon isotope ratios that make possible the study of prehistoric human diets. *American Scientist*, 6(70): 596-606.

［15］Kohn M J. 1999. You are what you eat. *Science*, 283(15): 335-336.

［16］王建柱、林光辉、黄建辉，等：《稳定同位素在陆地生态系统动－植物相互关系研究中的应用》，《科学通报》2004 年第 21 期，第 2141-2149 页。

［17］Van der Merwe J N, Roosevelt C A, Vogel C J. 1981. Isotopic evidence for prehistoric subsistence change at Parmana, Venezuela. *Nature*, 292(5823): 536-538.

［18］a. 张雪莲：《碳十三和氮十五分析与古代人类食物结构研究及其新进展》，《考古》2006 年第 7 期，第 50-56 页。

　　b. Ambrose S H. 1990. Preparation and characterization of bone and tooth collagen for isotopic analysis. *Journal of Archaeological Science*, 17(4): 431-451.

［19］ Barrett H J, Richards P M. 2004. Identity, gender, religion and economy: new isotope and radiocarbon evidence for marine resource intensification cation in early historic Orkney, Scotland, UK. *European Journal of Archaeology*, 7(3): 249-271.

［20］ Sealy J C, Van der Merwe N J, Lee Thorp J A, et al. 1987. Nitrogen isotopic ecology in southern Africa: Implications for environmental and dietary tracing. *Geochimica et Cosmochimica Acta*, 51(10): 2707-2717.

［21］ Fuller B T, Fuller J L, Harris D A, et al. 2006. Detection of breastfeeding and weaning in modern human infants with carbon and nitrogen stable isotope ratios. *American Journal of Physical Anthropology*, 129(2): 279-93.

［22］ a. Liu L, Song Y, Cui L L, et al. 2013. Stable carbon isotopic composition of black carbon in surface soil as a proxy for reconstructing vegetation on the Chinese Loess Plateau. *Palaeogeography, Palaeoclimatology, Palaeoecology*, 388: 109-114.

b. 杨英、沈承德、易惟熙，等：《21ka 以来渭南黄土剖面的元素碳记录》，《科学通报》2001 年第 8 期，第 688-690 页。

［23］ a. Wang C, Lu H Y, Zhang J P, et al. 2016. Macro-Process of Past Plant Subsistence from the Upper Paleolithic to Middle Neolithic in China: A Quantitative Analysis of Multi-Archaeobotanical Data. *PLoS One*, (11): 136-148.

b. 屈亚婷、易冰、胡珂，等：《我国古食谱稳定同位素分析的影响因素及其蕴含的考古学信息》，《第四纪研究》2019 年第 6 期，第 1487-1502 页。

［24］ 屈亚婷、胡珂、杨苗苗，等：《新石器时代关中地区人类生业模式演变的生物考古学证据》，《人类学学报》2018 年第 1 期，第 96-109 页。

［25］ Hu Y W, Wang S G, Luan F S, et al. 2008. Stable isotope analysis of humans from Xiaojingshan site: implications for understanding the origin of millet agriculture in China. *Journal of Archaeological Science*, 35(11): 2960-2965.

［26］ a. Lee-Thorp J A. 2008. On isotopes and old bones. *Archaeometry*, 50: 925-950.

b. Hedges R E M. 2003. On bone collagen-apatite-carbonate isotopic relationships. *International Journal of Osteoarchaeology*, 13: 66-79.

c. Barton L, Newsome S D, Chen F H, et al. 2009. Agricultural origins and the isotopic identity of domestication in northern China. *Proceedings of the National Academy of Sciences of the United States of America*, 106: 5523-5528.

d. Atahan P, Dodson J, Li X Q, et al. 2014. Temporal trends in millet consumption in northern China. *Journal of Archaeological Science*, 50: 171-177.

［27］ 刘恋、周鑫、于严严，等：《黄土高原自然植被的土壤有机碳同位素证据》，《第四纪研究》2011 年第 3 期，第 506-513 页。

［28］ Zhang G W, Hu Y W, Wang L M, et al. 2015. A paleodietary and subsistence strategy investigation of the Iron Age Tuoba Xianbei site by stable isotopic analysis: A preliminary study of the role of agriculture played in pastoral nomad societies in northern China. *Journal of Archaeological Science: Reports*, 2: 699-707.

［29］ 刘珊、弓月、张国文，等：《丝绸之路东端大都会粮仓中的谷物：大同操场城北魏太官粮储遗址炭化粟的 C、N 稳定同位素分析》，《第四纪研究》2022 年第 1 期，第 144-157 页。

［30］ 同［28］。

［31］ 同［28］。

［32］ a. Zhang G W, Hou X G, Li S Y, et al. 2020. Agriculturalization of the Nomad-Dominated Empires of the Northern Wei Dynasty in Pingcheng city (398-494 ad): A stable isotopic study on animal and human bones from the Jinmaoyuan cemetery, China. *International Journal of Osteoarchaeology*, 31(1): 38-53.

b. 同［28］。

c. 侯亮亮、古顺芳、苏俊吉，等：《大同水泊寺北魏墓群人和动物骨骼的稳定同位素：试析北魏女性的地位》，见教育部人文社会科学重点研究基地、吉林大学边疆考古研究中心、边疆考古与中国文化认同创新中心编：《边疆考古研究》（第 26 辑），北京：科学出版社，2019 年，第 279-295 页。

d. 周丽琴、吕晓晶、崔贺勋，等：《北魏平城地区的农耕化：山西大同金茂府北魏墓群人和动物的 C、N 稳定同位素分析》，《第四纪研究》，2022 年第 6 期，第 1749-1763 页。

［33］ a. 同［28］。

b. 同［32］d。

［34］ a. 同［28］。

b. 同［32］c。

［35］ a. 同［28］。

b. 同［32］c。

［36］ 同［32］c。

［37］ 同［23］a。

［38］ 同［24］。

［39］ Peri P L, Ladd B, Pepper D, et al. 2012. Carbon (δ^{13}C) and nitrogen (δ^{15}N) stable isotope composition in plant and soil in Southern Patagonia's native forests. *Global Change Biology*, 18(1): 311-321.

［40］ 王欣：《同位素视角下我国黄河中游地区新石器晚期施肥管理研究》，中国科学院大学博士论文，2018 年。

［41］ Bogaard A, Fraser R, Heaton T H E, et al. 2013. Crop manuring and intensive land management by Europe's first farmers. *Proceedings of the National Academy of Sciences of the United States of America*, 110(31): 12589-12594.

［42］ 贾思勰：《齐民要术》，北京：中华书局，1996 年，第 16-22 页。

［43］ Makarewicz C A. 2015. Winter is coming: Seasonality of ancient pastoral nomadic practices revealed in the carbon (δ^{13}C) and nitrogen (δ^{15}N) isotopic record of Xiongnu caprines. *Archaeological and Anthropological Sciences*, 9(3): 405-418.

［44］ 同［21］。

［45］ 尹粟、李恩山、王婷婷：《我即我食 vs 我非我食——稳定同位素示踪人体代谢异常初探》，《第四纪研究》2017 年第 6 期，第 1464-1471 页。

［46］Ambrose S H. 1991. Effects of diet, climate and physiology on nitrogen isotope abundances in terrestrial foodwebs. *Journal of Archaeological Science*, 18(3): 293-317.

［47］同［43］。

［48］昝林森：《牛生产学》，北京：中国农业出版社，1999 年，第 61-99 页。

［49］同［46］。

［50］四川农业大学：《畜牧学》，北京：中国农业出版社，1989 年，第 34-57 页。

［51］同［46］。

［52］侯亮亮、古顺芳：《大同地区北魏时期居民食物结构的转变》，见教育部人文社会科学重点研究基地、吉林大学边疆考古研究中心、边疆考古与中国文化认同创新中心编：《边疆考古研究》（第 23 辑），北京：科学出版社，2018 年，第 297-313 页。

［53］同［32］c。

［54］马晓仪、古顺芳、肖晓鸣，等：《山西大同天泰街北魏墓群人骨的 C、N 稳定同位素分析》，见中国人民大学北方民族考古研究所、中国人民大学历史学院考古文博系编：《北方民族考古》（第 13 辑），北京：科学出版社，2022 年，第 188-207 页。

［55］同［32］d。

［56］Hou L L, Li S Y, Bai H M, et al. 2023. The subsistence economy in the Pingcheng area during the Northern Wei Dynasty: Stable isotope analysis of human bones obtained from the Datong Erzhong cemetery in Shanxi, China. *Journal of Archaeological Science: Reports*, 49: 103946.

［57］张国文、胡耀武、裴德明，等：《大同南郊北魏墓群人骨的稳定同位素分析》，《南方文物》2010 年第 1 期，第 127-131 页。

［58］同［32］a。

［59］Zhang G W, Hou X G, Li C R, et al. 2022. Foodways and social organisation in a Northern Wei dynasty (398-494 CE) cemetery in Pingcheng: Comparison of stable isotopes and mortuary practices. *Journal of Archaeological Science: Reports*, (46): 103718.

［60］a. 蔡莲珍、仇士华：《碳十三测试和古代食谱研究》，《考古》1984 年第 10 期，第 949-955 页。
b. 陈相龙、郭小宁、胡耀武，等：《陕西神木木柱梁遗址先民的食谱分析》，《考古与文物》2015 年第 5 期，第 112-117 页。

［61］Ambrose S H, Norr L. 1993. Isotopic composition of dietary protein and energy versus bone collagen and apatite: Purified diet growth experiments. In: Lambert J B, Grupe G. (eds.) *Molecular Archaeology of Prehistoric Human Bone*. Berlin: Springer. pp. 1-37.

［62］同［61］。

［63］Hedges R E M, Reynard L M. 2007. Nitrogen isotopes and the trophic level of humans in archaeology. *Journal of Archaeological Science*, 34(8): 1240-1251.

［64］同［63］。

［65］大同市考古研究所：《山西大同迎宾大道北魏墓群》，《文物》2006 年第 10 期，第 50-71 页。

［66］大同市考古研究所：《山西大同北魏贾宝墓发掘简报》，《文物》2021 年第 6 期，第 23-37 页。

［67］苏俊吉：《大同水泊寺北魏墓群人和动物骨骼的 C、N 稳定同位素分析》，山西大学历史文化学院硕士学位论文，2018 年。

［68］ 同［32］a。

［69］ a. 同［61］。

b. 同［63］。

［70］ a. 同［19］。

b. 同［26］b。

c. 同［61］。

d. 同［63］。

e. 董豫、胡耀武、张全超，等：《辽宁北票喇嘛洞遗址出土人骨稳定同位素分析》，《人类学学报》2007 年第 1 期，第 77-84 页。

［71］ a. 同［32］a。

b. 同［32］c。

c. 同［52］。

d. 同［57］。

［72］ 同［57］。

［73］ 同［32］a。

［74］ 同［59］。

［75］ 同［61］。

［76］ 同［63］。

［77］ 同［63］。

［78］ 同［61］。

［79］ 同［61］。

［80］ 同［63］。

［81］ 同［32］d。

［82］ 同［28］。

［83］ 同［32］a。

［84］ a. 大同市考古研究所：《大同金茂府北魏墓群》，待刊。

b. 同［28］。

c. 同［32］a。

d. 同［57］。

［85］ a. 同［32］c。

b. 同［54］。

c. 同［59］。

d. 白慧敏：《大同二中南校区北魏墓地人骨 C、N 稳定同位素分析》，山西大学硕士学位论文，2023 年。

［86］ a. 王银田：《北魏平城考古研究：公元五世纪中国都城的演变》，北京：科学出版社，2017 年，第 1-272 页。

b. 李凭：《北魏平城时代》，上海：上海古籍出版社，2014 年，第 1-15 页。

［87］ 韦正：《魏晋南北朝考古》，北京：北京大学出版社，2013 年，第 198-223 页。

［88］　倪润安：《光宅中原：拓跋至北魏的墓葬文化与社会演进》，上海：上海古籍出版社，2017 年，第 223-277 页。

［89］　古顺芳：《大同北魏墓葬图像资料研究》，山西大学硕士学位论文，2006 年。

［90］　张庆捷：《民族汇聚与文明互动：北朝社会的考古学观察》，北京：商务印书馆，2010 年，第 3-282 页。

All People under the Heaven are of One Family: National Integration from the Perspective of Economic Convergence in the Pingcheng City During the Northern Wei Dynasty

HOU LiangLiang

(School of Archaeology, Shanxi University)

Abstract: Before and after the times (398 AD) of Tuoba Wei established their capital in Pincheng (now, Datong city), the number of the local populations increased rapidly, and the composition of the local population suddenly became complex, then there appeared various subsistence economies. However, what's the proportion of these specific subsistence economies? Which is the best subsistence economy for the stability and development of the capital of Pincheng? Based on the results of multi-discipline studies, here we present a review of the results of stable isotopes analysis in the Pincheng area, and reconstruct the dietary patterns and the past populations, and reveal their subsistence, and discuss the proportion of agricultural economy, the extent of agriculturalization of the nomad-dominated populations, and the extent of national integration. Based on the chronological data, we can conclude that the extent of millet-based food constantly increased in humans' diet, and their dietary patterns became similar, and finally the extent of national integration accelerated in Pincheng. Firstly, most of the past populations became shared a similar dietary pattern, and the agriculture became a dominant part of the production economy for the past populations. Secondly, agriculturalization of the nomad-dominated empires had promoted the extent of national integration directly or indirectly. Thirdly, the social reform changing customs and traditions was difficulty, and the nomad-dominated populations might be opposed the agriculturalization or national integration. Overall, agricultural economy was the best subsistence for the stability and development of the capital of Pincheng. With the efforts of Tuoba Wei, nomad-dominated populations adopted agricultural economy directly or indirectly, and they constantly shared a similar dietary pattern, and engaged in the actions of agriculturalization more and more. Then, based on the similar subsistence economy, the extent of national integration and Sinicization increased, which provide a vivid historical context for the sense of community for the Chinese nation.

Key Words: Northern Wei Dynasty; Pingcheng; stable isotope analysis; subsistence economy; national integration

晋南龙山文化时期多品种家畜饲养策略的延续与发展

——以山西绛县周家庄遗址的稳定同位素分析为例

张昕煜[1]　刘文晖[1]　田　伟[1]　陈相龙[2]　戴向明[3]

（1. 中国国家博物馆；2. 中国社会科学院考古研究所；3. 首都师范大学）

摘要： 龙山文化时期是史前晋南地区聚落形态、社会发展最为繁盛的时期之一。这一时期，多品种的家畜饲养策略发展起来，在传统家猪饲养的基础上，新物种绵羊与黄牛的引入为地区的文明演进与早期国家起源提供了坚实的经济基础。但是，目前除陶寺遗址外，晋南地区大型聚落的家畜饲养呈现怎样的模式，仍不清楚。鉴于此，本文以晋南地区的另一处中心聚落——周家庄遗址为研究对象，选取其出土的 37 例动物骨骼开展了骨胶原 C、N 稳定同位素分析。结果表明，周家庄先民分别采用不同的策略管理家猪、黄牛与绵羊。粟作农业的副产品如秸秆、谷糠、谷草等，在家猪、黄牛与绵羊饲料中的添加比例逐渐降低。周家庄黄牛对粟黍秸秆等粮食类饲料的摄入较为充分，这可能是先民重视黄牛的体现。综合对比晋南与中原腹地（豫中）同时期大型聚落的多品种家畜饲养模式后，本文认为晋南地区在家猪与绵羊饲养方面，具有自己的区域特色，而在黄牛饲养方面则与中原腹地相似度更高。这一方面暗示了以黄牛利用为代表的区域间联系的增强，一方面也表明晋南地区的多品种家畜饲养策略在周家庄遗址得到了延续与发展。

关键词： 晋南地区　周家庄遗址　稳定同位素分析　多品种家畜饲养策略

一、引　言

生业经济领域的技术革新与资源强化利用是文明演进与早期国家起源过程中的重要动力[1]。龙山文化至二里头文化时期是我国文明演进格局发生重大变革的关键时期[2]。这一时期，在全球气候波动，跨大陆、跨区域人群文化互动日益频繁的背景下，"古国时代"的多个中心聚落经历了一系列的竞争与重组，最终以二里头都邑遗址的崛起为标志，进入了以中原为核心、辐射四方的三代王朝时期[3]。

多品种家畜饲养策略，即在传统家猪饲养的基础上，引入新物种——绵羊与黄牛，是中原地区生业经济领域技术革新与资源强化利用的代表性事件[4]。一方面，黄牛与绵羊的饲养极大提高了土地利用效率和生业经济的抗风险能力。这两种动物以啃食人类无法直接利用的野生草本植物为生，不仅增加了肉食资源的供应，还额外提供了羊毛、奶制品、畜力等多种次级产品[5]。另一方面，绵羊与黄牛可能在仪式、宴饮、祭祀等方面被赋予了精神层面的用途。这两种动物的骨骼出现了特殊或有意识的埋葬现象，或许是祭祀用牲的雏形，体现了这一时期社会礼制的发展[6]。值得深思的是，黄牛与绵羊，作为新物种的引入，势必引起生产资料、专业化分工等一系列生产关系的重新调整[7]，甚至绵羊的利用方式可能还与人群的阶层、聚落的等级密切相关[8]。因此，以多品种家畜饲养策略为切入点，揭示社会经济的复杂化进程，已成为探索文明演进与早期国家起源机制的重要途径[9]。

晋南地区是广义"中原"的重要组成部分，是探索早期国家起源的核心区域。龙山文化时期是史前晋南地区聚落形态与社会发展最为繁盛的时期之一[10]。早在龙山文化早期（相当于陶寺文化中期），晋南地区的陶寺遗址就已成为具有"雏形国家"特征的超大型聚落[11]。同时，整个晋南的区域聚落形态在聚落数量、规模、密集程度、发展高度等方面也都超过了同时期中原的其他区域[12]。陶寺文化晚期时，陶寺遗址发生剧变，规划有序的城址、等级分化明显的墓葬、大规模的公共建筑等多出现了被毁弃、改建甚至暴力破坏的特殊现象[13]。与之相应。陶寺遗址南部的周家庄聚落开始繁荣。该遗址修建有规模庞大的壕沟，壕内面积可达 300 万平方米，使其成为了继陶寺遗址后兴起的另一个区域中心[14]。此后，伴随着河南二里头文化的兴起与西进，晋南地区本土龙山文化开始被二里头文化东下冯类型所取代，区域发展进入了另一个阶段[15]。

可以看出，龙山文化时期，晋南地区的区域聚落形态和社会复杂化进程发生了多次显著变化。为了理解这些变化发生的原因，对晋南地区开展全方位研究，特别是生业经济层面的深入分析，显然是必要的。但是，目前除陶寺遗址外[16]，晋南大型聚落内的多品种家畜饲养呈现怎样的模式，仍不清楚。鉴于此，本文以陶寺遗址后兴起的另一处大型中心聚落——周家庄遗址为研究对象，对其出土的动物骨骼进行骨胶原 C、N 稳定同位素分析，在揭示其家畜饲养模式的基础上，探讨晋南地区社会复杂化过程中大型聚落生业经济的发展与变迁，为深入理解地区的文明化进程提供新的资料。

二、材料与方法

（一）遗址介绍

周家庄遗址位于山西南部、运城盆地东北部，行政区划属于绛县横水镇周家庄、崔村附近。由历年来发掘简报可知[17]，该遗址以龙山期遗存分布范围最广，堆积最丰厚，遗存面积超过 400 万平方米，是一处与陶寺遗址毗邻的超大型中心聚落。^{14}C 测年显示其龙山期遗存的绝对年代为公元前 2300～前 1700 年，年代下限与中原二里头文化的早期阶段相当。特大型壕沟是该遗址最引人关注的发现，该壕沟开挖于龙山晚期，壕内面积达 300 万平方米，显示了强有力的公共资源调度能力。发掘者认为，周家庄遗址表现出以陶寺文化为主体的特征，鼎盛期晚于陶寺遗址，这可能体现了陶寺文化晚期时，晋南的地区中心出现了南移的趋势[18]。此外，发掘者也指出，周家庄遗址作为地区的大型中心聚落，目前尚未发现如陶寺一般的高等级墓葬，其聚落内涵是否能达到陶寺中期时"雏形国家"的程度，仍有待于更多的考古工作[19]。

（二）样品测试

本次骨胶原实验以周家庄遗址 2007～2017 年发掘出土的动物骨骼为研究材料，共计采样 37 例，其中，取样部位为肢骨或其残片，样品种属等相关背景信息见表 1。

骨胶原制备方法主要根据 Richard 等并略作修改[20]。骨胶原样品制备在中国社会科学院考古研究所碳十四实验室进行。相关测试在中国农业科学院进行，测试仪器为串联 Elementar Vario 元素分析仪的 Isprime 100 稳定同位素质谱仪。C、N 稳定同位素比值，分别以国际标准 IAEA-600、IAEA-CH-6 标定碳钢瓶气（以 VPDB 为基准）和 IAEA-600、IAEA-N-2 标定氮钢瓶气（以 AIR 为基准）为标准，分析精度分别为 ±0.1‰ 和 ±0.2‰。样品的 C、N 含量以及 C、N 稳定同位素比值，见表 1、图 1。

表1　周家庄遗址动物骨考古背景、C、N含量及稳定同位素比值

Table 1　Stable isotope data and the archaeological background of the Zhoujiazhuang faunal bones

编号	种属	出土单位	胶原的率（%）	C（%）	N（%）	C/N	$\delta^{13}C$（‰）	$\delta^{15}N$（‰）
ZJZ-1	马鹿（Cervus canadensis）	G1	6.7	43.0	15.5	3.2	−19.5	3.7
ZJZ-2	梅花鹿（Cervus nippon）	H294	6.9	37.4	13.3	3.3	−19.1	3.0
ZJZ-3	梅花鹿（Cervus nippon）	TG20H416	7.8	43.7	15.8	3.2	−17.0	4.5
ZJZ-4	梅花鹿（Cervus nippon）	TG17H384 ①	1.7	41.2	14.8	3.2	−15.4	4.4
ZJZ-5	梅花鹿（Cervus nippon）	H82	5.8	43.2	15.7	3.2	−16.8	4.9
ZJZ-6	猪（Sus）	G1	6.2	43.1	15.4	3.3	−6.0	6.1
ZJZ-7	猪（Sus）	H294	1.7	42.9	15.3	3.3	−6.6	7.2
ZJZ-8	猪（Sus）	TG20H416	3.3	42.7	15.3	3.3	−5.9	7.5
ZJZ-9	猪（Sus）	TG17H384 ①	3.1	29.6	10.2	3.4	−6.0	7.9
ZJZ-10	猪（Sus）	2012H258	4.1	43.4	15.7	3.2	−6.3	7.4
ZJZ-11	猪（Sus）	H82	5.3	42.7	15.2	3.3	−5.9	7.8
ZJZ-12	黄牛（Bos taurus）	TG20H416	5.7	42.9	15.4	3.3	−12.6	8.5
ZJZ-13	黄牛（Bos taurus）	TG17H384 ①	2.6	38.4	13.7	3.3	−11.8	8.4
ZJZ-14	黄牛（Bos taurus）	TG17H384 ②	9.3	43.5	15.8	3.2	−13.5	8.0
ZJZ-15	黄牛（Bos taurus）	H319	3.8	42.6	15.7	3.2	−13.8	7.4

续表

编号	种属	出土单位	胶原的率（%）	C（%）	N（%）	C/N	$\delta^{13}C$（‰）	$\delta^{15}N$（‰）
ZJZ-16	黄牛（*Bos taurus*）	TG19H354	10.5	42.5	15.3	3.2	−13.2	7.2
ZJZ-17	黄牛（*Bos taurus*）	H493	3.0	40.5	14.5	3.3	−14.2	7.9
ZJZ-18	黄牛（*Bos taurus*）	TG20H331	7.1	41.2	14.8	3.3	−13.3	10.6
ZJZ-19	黄牛（*Bos taurus*）	TG17H396	5.2	42.4	15.3	3.2	−9.8	7.3
ZJZ-20	黄牛（*Bos taurus*）	TG17（10）	6.3	42.9	15.8	3.2	−14.1	8.8
ZJZ-21	黄牛（*Bos taurus*）	TG18G17	9.6	43.6	15.6	3.3	−12.3	9.2
ZJZ-22	绵羊（*Ovis aries*）	G1	3.2	42.9	15.5	3.2	−15.0	7.5
ZJZ-23	绵羊（*Ovis aries*）	G1	4.3	43.2	15.5	3.3	−16.1	8.4
ZJZ-24	绵羊（*Ovis aries*）	H294	8.1	42.4	15.3	3.2	−16.9	7.0
ZJZ-25	绵羊（*Ovis aries*）	TG20H416	1.6	43.0	15.5	3.2	−17.6	7.8
ZJZ-26	绵羊（*Ovis aries*）	TG17H384①	8.2	42.9	15.6	3.2	−16.5	6.1
ZJZ-27	绵羊（*Ovis aries*）	TG17H385	9.2	42.4	15.8	3.1	−14.9	7.9
ZJZ-28	绵羊（*Ovis aries*）	2012H258	7.6	42.7	15.5	3.2	−15.5	7.3
ZJZ-29	绵羊（*Ovis aries*）	TG18H337	7.1	42.3	15.8	3.1	−15.9	7.6
ZJZ-30	绵羊（*Ovis aries*）	TG19H354	10.8	42.5	15.4	3.2	−16.1	6.8
ZJZ-31	绵羊（*Ovis aries*）	H358	4.1	43.6	15.8	3.2	−15.8	6.3
ZJZ-32	绵羊（*Ovis aries*）	TG15H381	4.9	41.7	15.0	3.2	−17.1	8.1
ZJZ-33	绵羊（*Ovis aries*）	H419	9.4	43.1	15.6	3.2	−17.8	10.0
ZJZ-34	绵羊（*Ovis aries*）	TG18H355①	4.7	42.4	15.5	3.2	−17.8	8.6
ZJZ-35	绵羊（*Ovis aries*）	TG20H364	9.7	42.9	15.5	3.2	−16.5	5.9
ZJZ-36	绵羊（*Ovis aries*）	TG18H373	8.0	43.5	15.9	3.2	−16.9	5.3
ZJZ-37	绵羊（*Ovis aries*）	TG17H396	8.8	43.7	16.0	3.2	−15.4	7.1

三、结　果

（一）骨骼污染的鉴别

　　骨骼被掩埋后，成岩作用会导致骨骼化学组成与生物学特性的改变[21]。本文提取的 37 例骨胶原中，骨胶原蛋白含量为 1.6%～10.8%，低于现代骨骼样品（约 20%）[22]，表明本次取样的骨骼在长期的埋藏过程中保存状况不佳。以骨胶原的 C（15.3%～47%）、N（5.5%～17.3%）含量及 C/N 摩尔比值（2.9～3.6）为指标，剔除受污染的样品，是目前国际古食谱分析研究领域进行骨骼污染鉴别的主流方法[23]。本文提取的 37 例骨胶原，均可用于进一步的骨胶原 C、N 稳定同位素分析。

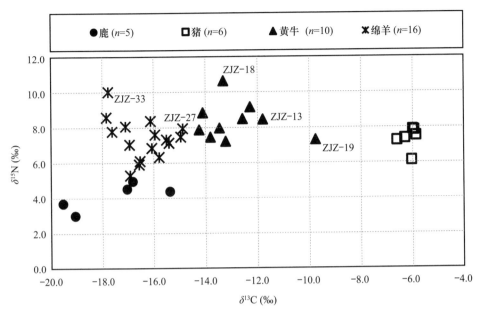

图1　周家庄遗址动物骨胶原碳、氮稳定同位素值散点图

Figure 1　Scatter plot of δ^{13}C and δ^{15}N values of Zhoujiazhuang faunal bones

（二）骨胶原的 δ^{13}C、δ^{15}N 分析

如图 1 所示，从周家庄遗址鹿（马鹿和梅花鹿）的稳定同位素值来看，5 例个体的 δ^{13}C 分布在 −19.5‰～−15.4‰，均值为 −17.6‰±1.7‰；δ^{15}N 分布在 3.0‰～4.9‰，均值为 4.1‰±0.8‰。较低的 δ^{13}C、δ^{15}N 值表明周家庄遗址出土的鹿，其生前以 C₃ 类植物为食，这与鹿的摄食习惯相符，即常以林地、灌木等自然环境中的草叶、嫩芽以及树皮等为食[24]。其中，1 例梅花鹿个体的 δ^{13}C 为 −15.4‰，显示其额外摄入了一定程度的 C₄ 类植物，导致这种现象的原因目前尚不明确，人类的控制与饲养或者机会主义地侵入农田偷食粟黍等庄稼均是可能的因素。

周家庄遗址 6 例猪骨胶原的 δ^{13}C 为 −6.6‰～−5.9‰，均值为 −6.1‰±0.3‰；δ^{15}N 为 6.1‰～7.9‰，均值为 7.3‰±0.6‰（图 1）。猪的稳定同位素值分布集中且具有较高的 δ^{13}C、δ^{15}N 值，表明周家庄遗址出土的猪，其食物结构较为一致，以 C₄ 类食物为食。一般认为，骨胶原的 δ^{15}N 以 3‰～5‰ 为一个营养等级[25]，周家庄猪骨胶原的 δ^{15}N 比同遗址的鹿高约 3.2 个千分点，表明周家庄猪的食物结构中，不仅包括植物性食物，较多的动物蛋白如人类的残羹冷炙等可能都是其食物的重要来源。

如图 1 所示，10 例黄牛骨胶原的稳定同位素值变化范围较大，δ^{13}C 分布在 −14.2‰～−9.8‰，均值为 −12.9‰±1.3‰；δ^{15}N 分布在 7.2‰～10.6‰，均值为 8.3‰±1.0‰，表明黄牛的食物结构中，既有 C₃ 类也有 C₄ 类的消费，不同个体对 C₄ 类食物的摄入程度不尽相同。值得注意的是，周家庄的部分黄牛个体具有较高的 δ^{15}N。特别是黄牛 ZJZ-18，其 δ^{15}N 高达 10.6‰，比同为食草动物鹿的 δ^{15}N 值高出 6 个千分点以上，这种 δ^{15}N 异常偏高的情况，较为少见。

如图 1 所示，周家庄遗址出土的 16 例绵羊，其骨胶原的 $\delta^{13}C$ 介于黄牛与鹿之间，分布范围为 $-17.8‰$～$-14.9‰$，均值为 $-16.4‰ \pm 0.9‰$；$\delta^{15}N$ 分布在 $5.3‰$～$10.0‰$，均值为 $7.4‰ \pm 1.2‰$，表明周家庄绵羊虽然同时摄入了 C_3 类、C_4 类食物，但是其对 C_4 类食物的摄入规模远低于该遗址的黄牛。此外，周家庄部分绵羊的 $\delta^{15}N$ 也较高，如绵羊 ZJZ-33，其 $\delta^{15}N$ 为 $10.0‰$，也超出一般食草动物 $\delta^{15}N$ 的正常范围。

综上所述，鹿作为典型的野生植食性动物，其骨胶原很低的 $\delta^{13}C$ 表明周家庄遗址附近的自然植被以 C_3 类为主。与鹿相较，周家庄遗址出土的其他动物，即猪、黄牛与绵羊的稳定同位素值均高于鹿，且分布各不相同，这是周家庄先民采用不同策略饲喂的结果。其中猪骨胶原的 $\delta^{13}C$ 最高，黄牛次之，绵羊最低，表明这些动物的食物中，存在人工添加的 C_4 类食物，且不同品种的动物对其消费程度各不相同。此外，周家庄部分动物的 $\delta^{15}N$ 较高，其原因仍需在结合其考古学背景的基础上作进一步解读。

四、讨　论

（一）粟作农业对家畜饲料来源的深刻影响

考古资料显示，龙山文化时期，粟黍是晋南地区种植最为普遍的 C_4 类粮食作物[26]。周家庄遗址已开展的植物考古工作表明，粟是先民利用的最主要的农作物类型，其次为黍，水稻（C_3 类粮食作物）也有发现但比例很低[27]，表明周家庄社会的生业经济以发达的粟作农业为主导。

需指出的是，由于骨胶原的分析结果揭示的是个体长期的食物消费水平[28]。因此，周家庄猪与黄牛对 C_4 类食物的大量消费应体现的是一种长期的行为，这只能通过大规模、有计划的饲料供给才能完成。虽然该遗址也发现了较为普遍的藜科植物[29]，部分藜科植物作为 C_4 类植物，极可能被古代先民用作优质牧草[30]。但是，考虑到只有农业才能源源不断地产生大量的副产品（如秸秆、谷糠等）充作饲料，因此，周家庄大多数家养动物对 C_4 类食物长期稳定地摄入，其最主要的来源应是粟作农业副产品的供应。

（二）周家庄遗址家猪、黄牛与绵羊的饲养策略

作为中国最早驯化的家养动物之一，家猪具有生长期短、快速增肥的特点[31]。猪是周家庄遗址中出土数量最多的动物之一，周家庄先民对猪的饲养以获取肉食资源为主要目的，大部分个体的宰杀年龄被控制在 1 岁甚至更早（3～12 个月）[32]。此外，本次开展稳定同位素分析的猪，其食物结构均以人工添加的 C_4 类食物为主导，且动物蛋白的摄入较为充分。综合来看，这些猪应均为人工圈养的家猪[33]，粟作农业的副产品以及人类的残羹冷炙等是家猪饲料的主要来源。此外，周家庄家猪较小的宰杀年龄也是其骨胶原 $\delta^{15}N$ 值较高的原因之一。更重要的是，本次取样的家猪骨骼虽出土于不同的遗迹单位，但稳定同位素值分布十分集中，这是家猪食物结构、管理方式以及开发策略较为统一的体现，由此推断周家庄先民已形成了较为成熟且固定的策略饲养家猪。

由上文可知，周家庄黄牛的食物结构中既包括 C_3 类，也包括较为充分的 C_4 类消费。黄牛，作为大型食草动物，其食量较大。为补充饲料来源的不足，先民可将其有意识地放养至聚落附近的开阔地，使黄牛觅食野生杂草（多为 C_3 类）。但是，周家庄大部分的黄牛，如 ZJZ-13、ZJZ-18、ZJZ-19 等，对 C_4 类粟作农业副产品的摄入相当充分，这表明先民采用了舍饲与野外放养相结合的方式管理黄牛。此外，周家庄遗址还发现了将黄牛骨加工为卜骨的现象，这暗示了周家庄黄牛可能被用于仪式性活动中[34]。由此推断，周家庄先民可能对黄牛较为重视，因此采用了较为强化的方式进行饲养与管理。

与黄牛相比，周家庄遗址 16 例绵羊骨胶原的 $\delta^{13}C$ 偏低，二者具有显著差异（$t=7.629$，$P<0.001$）。这表明，先民在管理绵羊时，采用了与黄牛不同的饲养策略。该遗址的绵羊消费了更多的 C_3 类植物，对粟作农业副产品的摄入程度远低于同遗址的黄牛。这种情况在中原腹地的多个遗址中均有发现[35]，造成这一现象的原因可能较为多样。一方面，绵羊的生物特性如外倾的下颌门齿使其能天然地利用更多种类的野生饲草，加之其善游走、善攀爬的生活习性使其更适于野外放养的管理方式[36]。另一方面，这可能体现了先民对绵羊的重视程度不及黄牛[37]。在后世的祭祀等级中，绵羊的地位不及黄牛，如《大戴礼记·曾子天圆》的记载"诸侯之祭，牲牛，曰太牢；大夫之祭，牲羊，曰少牢；士之祭，牲特豕，曰馈食"。虽然周家庄遗址尚未发现明确的祭祀用牲。但综合来看，先民对绵羊的管控程度低于黄牛，对绵羊采用舍饲与放养相结合的方式进行管理。

较为少见的是，周家庄遗址无论黄牛还是绵羊，其骨胶原的 $\delta^{15}N$ 均呈现出较高的特点。特别是黄牛 ZJZ-18、绵羊 ZJZ-33，其 $\delta^{15}N$ 均超出一般食草动物 $\delta^{15}N$ 的正常范围。目前，造成这种情况的原因仍缺乏直接的证据。对于绵羊而言，周家庄先民以食肉为目的进行饲养，宰杀时死亡年龄较小可能是部分绵羊骨胶原 $\delta^{15}N$ 较高的原因之一。

动物的死亡年龄不仅与动物的利用方式密切相关[38]，还会影响骨胶原 $\delta^{15}N$ 的分布。以绵羊为例，绵羊的死亡年龄模型表明，以获取奶制品为主要目的时，宰杀年龄多在断奶前后的羊羔时期；以获取肉食为主要目的时，宰杀年龄多在产肉量最高的 1.5～2.5 岁之间；以利用羊毛、畜力等次级产品为主要目的时，宰杀年龄往往较大，绵羊多在 6～7 岁被宰杀以避免老年时羊毛质量下降[39]。将这种情况与骨胶原 $\delta^{15}N$ 的变化相联系，可以发现由于哺乳效应的存在[40]以及骨骼较长的新陈代谢周期[41]，对于那些在较小年龄甚至成年不久即被宰杀的个体而言，其骨胶原会具有较高的 $\delta^{15}N$。目前，关于哺乳效应与骨胶原 $\delta^{15}N$ 变化的研究多集中于人类儿童[42]，较少涉及家养动物。因此，可参考人类儿童的研究成果以作启发。一般认为，处于母乳喂养阶段的未成年个体，其 $\delta^{15}N$ 值较其母亲高约 2‰～3‰。随着断奶的开始，未成年个体的 $\delta^{15}N$ 值将相应降低，最终近似于成年个体[43]。周家庄遗址 2007～2013 年度发掘出土的绵羊骨骼年龄鉴定表明，绵羊的宰杀年龄较小，6 个月～2 岁之间宰杀的比例最高[44]，这种更接近获取肉食资源为目标的利用方式可能导致了周家庄部分绵羊骨胶原具有较高的 $\delta^{15}N$。

遗憾的是，相比于周家庄的猪及绵羊，该遗址黄牛的发现数量相对较少，可供开展年龄鉴定的带牙齿的下颌骨以及进行骨骺愈合状况鉴定的肢骨更加有限。目前已开展过年龄鉴定的黄牛多为 2 岁以上的成年个体[45]。因此，除年龄因素外，是否还有其他原因导致周家庄黄牛具有较高的 $\delta^{15}N$，仍需在后续的工作中做针对性的研究。

综上所述，可以看出，周家庄先民已形成了较为成熟的多品种家畜饲养策略，针对家猪、黄牛与绵羊，根据其不同的生活习性，分别采用了不同的方式进行管理。先民采用传统圈养的方式管理家猪，舍饲与放养相结合的方式管理黄牛，野外放养程度更高的方式管理绵羊。针对不同品种的家畜而言，粟作农业的副产品在其饲料中的比例各不相同，家猪最高，黄牛次之，绵羊较少。此外，对于黄牛，周家庄先民应较为重视，其食物结构中粟黍秸秆等粮食类饲料的供应已相当充分。值得留意的是，先民为获取绵羊的肉食资源而在较小的年龄进行宰杀，可能是周家庄部分绵羊骨胶原 $\delta^{15}N$ 值较高的原因之一。但是，除年龄因素外，是否还有其他原因导致周家庄部分黄牛具有较高 $\delta^{15}N$ 值，仍需在日后进一步开展工作。

（三）龙山文化时期晋南与中原腹地家畜饲养策略的比较

为了更全面地揭示晋南地区的多品种家畜饲养策略，本文将龙山文化时期晋南与中原腹地（豫中地区）大型聚落已发表的相关动物骨胶原 C、N 稳定同位素数据进行整合，制成表 2 与图 2，尝试从稳定同位素分析的角度，探索这一阶段晋南大型中心聚落多品种家畜饲养模式的发展规律。

目前，晋南地区开展过动物骨胶原稳定同位素分析的大型中心聚落仅有陶寺[46]与本文中的周家庄遗址。中原腹地年代相近的有禹州瓦店[47]、新密新砦[48]，二者虽然在聚落面积上远不及晋南地区，但是从聚落内涵方面，已经具备了大型中心聚落的特征[49]，因此，也被纳入比较的范围。须指出的是，骨胶原未受污染是开展稳定同位素研究的前提，骨胶原 C/N 是判断骨胶原质量的关键指标[50]，因此本文仅引用了公布过 C/N 且骨胶原未受污染，同时动物种属明确鉴定为猪、黄牛与绵羊的稳定同位素数据。此外，对于部分牙本质胶原蛋白而言，哺乳效应的显著影响使其 $\delta^{15}N$ 常表现出较高的特点[51]，因而本文仅引用来自骨骼的数据。最后，在考古学背景方面，目前对新砦遗址特别是新砦二期、三期的文化归属及年代，仍具有较大争议[52]。发掘者认为新砦三期遗存的地层关系与文化面貌已表现出二里头文化一期的特征[53]。因此，本文未统计出土单位为新砦三期的数据。

表2　晋南与中原腹地龙山文化时期家畜骨胶原C、N稳定同位素数据

Table 2　Stable isotope data of domestic fauna bones from large settlements in Southern Shanxi and core region of Central Plain during Longshan Period

所属地区	遗址名称	考古学文化	聚落面积（m²）①	种属	$\delta^{13}C$ 均值（‰）	$\delta^{15}N$ 均值（‰）	参考文献
晋南	陶寺②	陶寺文化中期—晚期	400 万	猪（n=11）	−7.1 ± 1.6	7.2 ± 0.4	陈相龙，2012
				绵羊（n=5）	−17.2 ± 0.4	6.8 ± 1.0	
				黄牛（n=6）	−11.3 ± 2.2	6.6 ± 1.2	

续表

所属地区	遗址名称	考古学文化	聚落面积（m²）①	种属	δ¹³C 均值（‰）	δ¹⁵N 均值（‰）	参考文献
晋南	周家庄	陶寺文化	400 万	猪（$n=6$）	-6.1 ± 0.3	7.3 ± 0.6	
				绵羊（$n=16$）	-16.4 ± 0.9	7.4 ± 1.2	
				黄牛（$n=12$）	-13.0 ± 1.4	8.3 ± 1.0	
中原腹地	瓦店	王湾三期	100 万	猪（$n=10$）	-11.4 ± 2.4	7.0 ± 1.0	Chen et al.,2015; 陈相龙，2017
				绵羊（$n=1$）③	-16.0	7.7	
				黄牛（$n=7$）④	-12.9 ± 1.8	7.6 ± 0.8	
	新砦	新砦一期—二期	100 万	猪（$n=28$）⑤	-10.1 ± 3.1	6.3 ± 1.4	吴小红，2007；张雪莲，2015；Dai,2016
				绵羊（$n=4$）	-14.9 ± 0.5	5.7 ± 0.4	
				黄牛（$n=7$）	-10.2 ± 1.2	6.5 ± 1.0	

注：① 聚落面积为遗址兴盛期的最大面积。

② "陶寺"原文中部分动物的取样单位尚未发表简报。博凯玲在《中国新石器时代晚期动物利用的变化个案探究——山西省龙山时代晚期陶寺遗址的动物研究》一文中，曾对相关单位的年代进行解释。由该文可知，陶寺遗址开展稳定同位素分析的家猪以陶寺晚期为主，绵羊均为晚期，3 例黄牛为陶寺中期，3 例黄牛为陶寺晚期。

③ "瓦店"原文共公布 2 例绵羊未受污染数据，其中 1 例数据取样于绵羊牙齿（上 M2/ 左）。由于本文仅对骨骼胶原蛋白的 δ¹³C、δ¹⁵N 进行分析，故未引用这例数据。

④ "瓦店"原文共公布黄牛未受污染数据 9 例，其中有 2 例数据取样于黄牛的牙齿（分别为下 P4/ 左、上 M1/ 左）。由于本文仅对骨骼胶原蛋白的 δ¹³C、δ¹⁵N 进行分析，故未引用这 2 例数据。

⑤ 本文在引用新砦猪的数据时，已剔除了在骨骼形态上被作者认为是野猪的个体。

　　如图 2（a）所示，龙山文化时期，晋南与中原腹地具有显著不同的家猪饲养策略，两地家猪的食物结构差异很大。晋南地区绝大多数（陶寺遗址有 1 例极端异常值）家猪骨胶原的 δ¹³C、δ¹⁵N 值分布集中且 δ¹³C 更高，而中原腹地的家猪不仅稳定同位素数据分布离散，且 δ¹³C 明显降低。由此可知，晋南地区在喂养家猪时，其饲料组成较为统一，表现为以 C₄ 类粟作农业副产品为主导。而中原腹地家猪的食物结构则十分多元，瓦店、新砦稻旱混作的生业经济使得比例不低的 C₃ 类食物如水稻的副产品也成为家猪食物结构的重要组成[54]。此外，大型中心聚落的家畜可能存在多个来源，陶寺家猪均为本地饲养[55]，而瓦店与新砦遗址出现了外地输入的家猪，新砦遗址还存在对野猪的利用[56]，这都加剧了中原腹地家猪食物结构愈发多样化的趋势。

　　如图 2（b）所示，与中原腹地相比，晋南地区在绵羊饲养方面，也形成了自己的区域特色。由于目前瓦店仅有 1 例未受污染的绵羊稳定同位素数据，本文主要围绕陶寺、周家庄与新砦遗址展开比较。由于涉及 3 组数据，本文采用单因素方差分析（ANOVA）及 LSD 事后检验进行组间两两比较，结果显示三个遗址绵羊的稳定同位素值具有统计学差异（$P<0.05$）。在 δ¹³C 方面，陶寺、周家庄与新砦绵羊的 δ¹³C 呈不断上升的态势，这表明晋南地区的绵羊整体上更为依赖 C₃ 类野生杂草的摄入，陶寺遗址

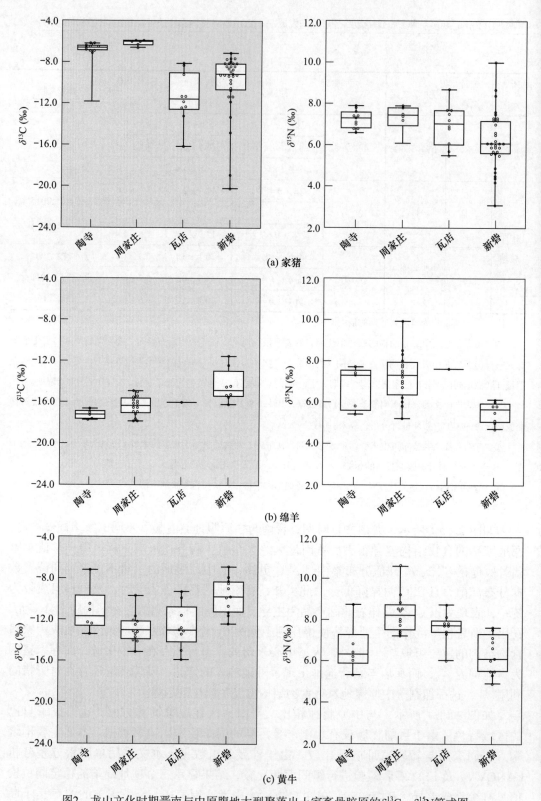

图2 龙山文化时期晋南与中原腹地大型聚落出土家畜骨胶原的δ^{13}C、δ^{15}N箱式图

Figure 2 Box plot of δ^{13}C and δ^{15}N values of domestic faunal bones from large settlements in Southern Shanxi and core region of Central Plain during Longshan Period

的绵羊对粟作农业副产品的消费规模最低，周家庄高于陶寺，而新砦绵羊对粟作农业副产品的消费规模最高。在 $\delta^{15}N$ 方面，周家庄绵羊具有最大的变化范围，而新砦绵羊则明显降低。研究表明，陶寺遗址与新砦遗址的绵羊均以获取羊毛为主要目的，且均存在外地输入个体[57]。周家庄绵羊是否存在外来输入尚不清楚，但存在更多以获取肉食资源为目的而在较小年龄宰杀的个体[58]，这可能是周家庄绵羊部分个体 $\delta^{15}N$ 明显偏高的原因。

如图 2（c）所示，在黄牛的饲养策略方面，除周家庄黄牛的 $\delta^{15}N$ 整体偏高外，晋南地区与中原腹地较为相似。两地黄牛的 $\delta^{13}C$ 虽略有波动，但是整体上 $\delta^{13}C$ 均较高，且高于同遗址的绵羊。这表明，两地先民对黄牛的饲养策略较为相似，都采用了舍饲与放养相结合的模式，C_4 类粟作农业副产品是黄牛食物非常重要的来源[59]。不仅如此，这 4 个遗址中，几乎都出现了仪式性使用黄牛、大量使用黄牛骨骼进行骨器制作、黄牛绝大多数都活过成年的相似的年龄结构等现象[60]。综合上述 4 个遗址黄牛的稳定同位素数据及其考古学背景，可知晋南与中原腹地中心聚落的先民在黄牛的开发利用、饲养管理方式上已形成了较为统一的认识，这有助于进一步理解中国家养黄牛的起源及其背后所蕴含的社会文化动因。黄牛作为大型外来牲畜的典型代表，在肉食、仪式、畜力和骨料等领域均发挥着不可替代的作用，甚至可能成为了龙山文化时期精英阶层彰显财富与权力的重要工具之一[61]，因此先民格外重视黄牛的饲养与管理。此外，这一时期，向大型中心聚落供应家畜以及家畜的贸易交换网络开始形成[62]，黄牛在区域内、区域间的流通进一步促进了先民在饲养与利用黄牛方面形成共识。晋南与中原腹地的中心聚落是探讨早期国家起源的关键地区，两地先民在黄牛饲养与利用方面的共性进一步表明，中原地区不断深化的社会复杂化进程可能是黄牛在该地区传播与利用的重要动力。

综上所述，可以看出，在多品种家畜饲养策略方面，周家庄与陶寺相似度很高，周家庄先民基本延续了陶寺的家畜饲养模式。在家猪与绵羊的饲养方面，晋南地区显示出较强的区域特色。与中原腹地相比，晋南地区陶寺与周家庄先民似乎更偏好将 C_4 类粟作农业副产品饲喂家猪，让绵羊更多地利用野生的 C_3 类杂草。这种较为互补的家畜饲喂模式，一方面缓解了大型聚落日趋紧张的人地关系、保障了食物供应与人口规模，另一方面也显示了晋南地区发达的粟作农业及其在生业经济中的主导地位[63]。引人深思的是，在黄牛饲养方面，特别是黄牛对粟作农业副产品的利用程度上，周家庄先民不仅继承了陶寺的饲养模式，还表现出与中原腹地较为相似的态势。晋南地区多品种家畜饲养策略的延续与发展，不仅是区域内生业经济、聚落形态持续繁荣的体现，晋南丰富的战略资源——盐池与铜矿也是这里被持续开发与重视的深层原因[64]。

五、结 论

由周家庄遗址鹿、家猪、黄牛与绵羊骨胶原的 C、N 稳定同位素分析，可得出如下结论：

第一，周家庄家猪骨胶原的 $\delta^{13}C$ 最高，其次为黄牛、最低者为绵羊，表明先民分别采用不同的饲养策略管理猪、黄牛与绵羊，粟作农业的副产品如秸秆、谷糠、谷草等在猪、黄牛与绵羊食物结构中的比例逐渐降低。此外，猪较高的 $\delta^{15}N$ 值与摄入人类的残羹冷炙以及较小的死亡年龄有关，而黄牛与绵羊较高的 $\delta^{15}N$ 值则较为少见，以获取肉食为目而在较小的年龄进行屠宰是可能的原因之一，但仍需做进一步研究。

第二，结合陶寺、周家庄、瓦店、新砦遗址出土猪、黄牛、绵羊骨胶原的 C、N 稳定同位素数据，对龙山文化时期大型聚落的多品种家畜饲养模式进行比较，结果表明，粟作农业的发展深刻影响了晋南与中原腹地的家畜饲养业，粟作农业的副产品已成为家猪、黄牛与绵羊共同的饲料来源。

第三，稳定同位素分析表明，晋南地区在黄牛饲养方面与中原腹地具有较强的共性，而在家猪与绵羊饲养方面，则显示出明显的区域特色。这不仅体现以黄牛利用为代表的区域间联系的增强，也显示了晋南地区多品种家畜饲养模式的持续发展。

最后，需要指出的是，目前对周家庄黄牛较高的 $\delta^{15}N$ 值仍缺乏确切的诠释。晋南地区多品种家畜饲养策略的研究仍较为有限，可供对比的遗址点数量较少。这都进一步限制了对晋南地区多品种家畜饲养策略与社会复杂化进程互动的深入探讨。这需要在以后的研究工作中加以完善。

附记：本研究得到 2019 年度国家社科基金重大项目"山西绛县周家庄遗址考古发掘资料的整理与研究"（项目批准号：19ZDA232）、国家重点研发计划"中华文明起源进程中的生业、资源与技术研究"（课题编号：2020YFC1521606）资助。

注　释

[1]　a. 戴向明：《黄河中游史前经济概论》，《华夏考古》2016 年第 4 期。

　　　　b. 戴向明：《晋南盐业资源与中原早期文明的生长：问题与假说》，《中原文物》2021 年第 4 期。

[2]　严文明：《龙山文化和龙山时代》，《文物》1981 年第 6 期。

[3]　a. 戴向明：《中国史前社会的阶段性变化及早期国家的形成》，《考古学报》2020 年第 3 期。

　　　　b. 赵辉：《认识中国文明的起源和早期发展》，《江汉考古》2022 年第 5 期。

[4]　a. 袁靖：《中华文明探源工程十年回顾：中华文明起源与早期发展过程中的技术与生业研究》，《南方文物》2012 年第 4 期。

　　　　b. 陈相龙、方燕明、胡耀武，等：《稳定同位素分析对史前生业经济复杂化的启示：以河南禹州瓦店遗址为例》，《华夏考古》2017 年第 4 期。

　　　　c. 吕鹏、袁靖、李志鹏：《再论中国家养黄牛的起源——商榷〈中国东北地区全新世早期管理黄牛的形态学和基因学证据〉一文》，《南方文物》2014 年第 3 期。

　　　　d. 杨益民：《黄牛之路：从伏尔加河流域到黄河流域》，《中国农史》2024 年第 1 期。

[5]　a. 同 [4] d.

　　　　b. Sebastian Payne. 1973. Kill-off patterns in sheep and goats: the mandibles from Asvan Kale. *Anatolian Studies*, 23(1): 23-45.

　　　　c. 李志鹏、Katherine Brunson、戴玲玲：《中原地区新石器时代到青铜时代早期羊毛开发的动物考古学研究》，《第四纪研究》2014 年第 1 期。

　　　　d. 左豪瑞：《黄河流域先秦时期以养羊业为中心的生业经济初探》，《南方文物》2023 年第 5 期。

［6］　a. 袁靖：《动物考古学研究的新发现与新进展》,《考古》2004 年第 7 期。

　　　　b. 刘一婷：《商周祭祀动物遗存研究综述》,《南方文物》2014 年第 1 期。

　　　　c. 左豪瑞：《新石器时代至先秦时期家羊的仪式性使用初探》,《南方文物》2018 年第 2 期。

［7］　同［4］。

［8］　同［5］c。

［9］　a. 陈相龙：《碳、氮稳定同位素分析方法与农业考古研究新进展》,《农业考古》2017 年第 6 期。

　　　　b. 胡耀武：《稳定同位素生物考古学的概念，简史，原理和目标》,《人类学学报》2021 年第 3 期。

　　　　c. 吕鹏：《中国动物考古学新常态暨 2020 年学科发展综述》,《东亚文明》2021 年第 1 期。

［10］　a. 张弛：《龙山—二里头——中国史前文化格局的改变与青铜时代全球化的形成》,《文物》2017 年第 6 期。

　　　　b. 田伟：《晋南地区龙山至西周区域聚落形态及相关问题研究》,《南方文物》2023 年第 3 期。

［11］　a. 高江涛：《陶寺遗址聚落形态的初步考察》,《中原文物》2007 年第 3 期。

　　　　b. 戴向明：《中原地区龙山时代社会复杂化的进程》,《考古学研究》2013 年第 1 期。

　　　　c. 王小娟：《晋南地区新石器末期考古学文化》,《中原文物》2017 年第 2 期。

［12］　同［10］。

［13］　同［11］。

［14］　戴向明、田伟：《绛县周家庄遗址聚落考古的主要收获》，见张弛、陈星灿、邓振华编：《区域、社会与中国文明起源：国家科技支撑计划课题“中华文明起源过程中区域聚落与居民研究”成果集》，北京：科学出版社，2019 年，第 88-99 页。

［15］　a. 同［10］b。

　　　　b. 同［11］b。

［16］　陈相龙、袁靖、胡耀武，等：《陶寺遗址家畜饲养策略初探：来自碳，氮稳定同位素的证据》,《考古》2012 年第 9 期。

［17］　a. 王力之、洪梅、王立忠：《山西绛县周家庄遗址第一次发掘报告》,《中国国家博物馆馆刊》2012 年第 12 期。

　　　　b. 中国国家博物馆田野考古研究中心、山西省考古研究所、运城市文物保护研究所：《山西绛县周家庄遗址居址与墓地 2007～2012 年的发掘》,《考古》2015 年第 5 期。

　　　　c. 田伟、戴向明：《山西绛县周家庄遗址 2013 年发掘简报》,《考古》2018 年第 1 期。

　　　　d. 中国国家博物馆、山西省考古研究院、运城市文物保护研究所：《山西绛县周家庄遗址 2015 年春季发掘简报》,《中国国家博物馆馆刊》2021 年第 8 期。

　　　　e. 中国国家博物馆、山西省考古研究院、运城市文物保护研究所：《山西绛县周家庄遗址 2017 年秋季东区发掘简报》,《中国历史文物》2020 年第 8 期。

［18］　同［14］。

［19］　a. 同［3］a。

　　　　b. 同［14］。

　　　　c. 同［17］。

［20］　Richards M P, Hedges R E M. 1999. Stable isotope evidence for similarities in the types of marine foods used by late mesolithic humans at sites along the Atlantic coast of Europe. *Journal of*

Archaeological Science, 26(6): 717-722.

［21］ Hedges R E. M. Bone diagenesis. 2002. An overview of processes. *Archaeometry*, (44): 11-23.

［22］ Ambrose S H. 1990. Preparation and characterization of bone and tooth collagen for isotopic analysis. *Journal of Archaeological Science*, (17): 43-56.

［23］ DeNiro M J. 1985. Postmortem preservation and alteration of in vivo bone collagen isotope ratios in relation to palaeodietary reconstruction. *Nature*, (317): 19-23.

［24］ 陆长坤、卢汰春：《鹿科》，见寿振黄主编：《中国经济动物志·兽类》，北京：科学出版社，1962年，第439-479页。

［25］ Hedges R E M, Reynard L M. 2007. Nitrogen isotopes and the trophic level of humans in archaeology. *Journal of Archaeological Science*, (34): 1240-1251.

［26］ 赵志军：《中华文明形成时期的农业经济发展特点》，《中国国家博物馆馆刊》2011年第1期。

［27］ 蒋宇超：《龙山时代北方地区的农业与社会》，北京大学博士学位论文，2017年，第61-63页。

［28］ Hedges R E, Clement J G, Thomas C D, et al. 2007. Collagen turnover in the adult femoral mid-shaft: modeled from anthropogenic radiocarbon tracer measurements. *American Journal of Physical Anthropology*, (2): 808-816.

［29］ 同［27］。

［30］ a. 常经宇：《榆林地区新石器时代晚期杂草的利用及碳、氮稳定同位素研究的反思》，《文博》2021年第4期。

b. 唐海萍、刘书润：《内蒙古地区的 C_4 植物名录》，《内蒙古大学学报》（自然科学版）2001年第3期，第431-438页。

c. 李明财、易现峰、张晓爱，等：《青海高原高寒地区 C_4 植物名录》，《西北植物学报》2005年第5期，第5页。

［31］ 杨公社：《猪生产学》，北京：中国农业出版社，2012年，第11-48页。

［32］ Brunson K, He N, Dai X. 2016. Sheep, cattle, and specialization: new zooarchaeological perspectives on the Taosi Longshan. *International Journal of Osteoarchaeology*, 26(3): 460-475.

［33］ a. 胡耀武、栾丰实、王守功，等：《利用C，N稳定同位素分析法鉴别家猪与野猪的初步尝试》，《中国科学D辑：地球科学》2008年第6期。

b. 罗运兵：《中国古代猪类驯化、饲养与仪式性使用》，北京：科学出版社，2012年，第35-67页。

［34］ 同［32］。

［35］ a. 同［5］d。

b. 陈相龙：《中原地区新石器时代生业经济的发展与社会变迁：基于河南境内碳、氮稳定同位素研究成果的思考》，《南方文物》2021年第1期。

c. 陈相龙：《中原地区夏商时期社会变迁的生业经济基础》，《南方文物》2022年第6期。

［36］ 山西农业大学：《养羊学》，北京：农业出版社，1999年，第45-78页。

［37］ Dai L. L Li, Zhao Z P, et al.2016. An isotopic perspective on animal husbandry at the Xinzhai site during the initial stage of the legendary Xia Dynasty (2070-1600 BC). *International Journal of Osteoarchaeology*, 26(5): 33-45.

[38] a. 同［5］。

b. 马萧林：《灵宝西坡遗址家猪的年龄结构及相关问题》,《华夏考古》2007 年第 1 期。

[39] 同［5］b。

[40] a. Fuller B T, Richards M P, Mays S A. 2003. Stable carbon and nitrogen isotope variations in tooth dentine serial sections from Wharram Percy. *Journal of Archaeological Science*, 30(12): 1673-1684.

b. Fuller B T, Fuller J L, Harris D A, et al. 2006. Detection of breastfeeding and weaning in modern human infants with carbon and nitrogen stable isotope ratios. *American Journal of Physical Anthropology*, 129(2): 279-293.

[41] 同［28］。

[42] 同［40］。

[43] 同［40］。

[44] 同［32］。

[45] 同［32］。

[46] 同［16］。

[47] 同［4］b。

[48] a. 同［37］。

b. 吴小红、肖怀德、魏彩云，等：《河南新砦遗址人、猪食物结构与农业形态和家猪驯养的稳定同位素证据》，见中国社会科学院考古研究所考古科技中心编：《科技考古》（第 2 辑），北京：科学出版社，2007 年，第 49-58 页。

c. 张雪莲、赵春青：《新砦遗址出土部分动物骨的碳氮稳定同位素分析》,《南方文物》2015 年第 4 期。

[49] a. 贾洲杰、匡瑜、姜涛：《禹县瓦店遗址发掘简报》,《文物》1983 年第 3 期。

b. 张金凤：《河南禹州瓦店遗址及其相关问题》,《中原文物》2015 年第 4 期。

c. 北京大学震旦古代文明研究中心：《新密新砦：1999-2000 年田野发掘报告》，北京：文物出版社，2008，第 1-12 页。

d. 赵春青、张松林、谢肃，等：《河南新密市新砦遗址浅穴式大型建筑基址的发掘》,《考古》2009 年第 2 期。

[50] 同［23］。

[51] a. 同［40］。

b. Richards M P, Mays S, Fuller B T. 2002. Stable carbon and nitrogen isotope values of bone and teeth reflect weaning age at the Medieval Wharram Percy site, Yorkshire, UK. *American Journal of Physical Anthropology*, 119(3): 205-210.

[52] a. 邹衡：《关于探讨夏文化的几个问题》,《文物》1979 年第 3 期。

b. 赵芝荃：《试论二里头文化的源流》,《考古学报》1986 年第 1 期。

c. 魏继印：《论新砦文化与王湾三期文化的关系》,《考古学报》2019 年第 3 期。

d. 李景山：《浅析新砦期与新砦文化》,《中国国家博物馆馆刊》2023 年第 11 期。

[53] 同［49］c。

[54] a. 同［4］b。

b. 同［48］。

［55］ 赵春燕、何驽：《陶寺遗址中晚期出土部分人类牙釉质的锶同位素比值分析》，《第四纪研究》2014 年第 1 期。

［56］ a. 赵春燕、吕鹏、袁靖，等：《河南禹州市瓦店遗址出土动物遗存的元素和锶同位素比值分析》，《考古》2012 年第 11 期。

b. 李倩：《新砦遗址 2014 年出土动物遗存研究》，河北师范大学硕士学位论文，2024 年。

［57］ a. 同［55］。

b. 同［56］b。

c. 戴玲玲、李志鹏、胡耀武，等：《新砦遗址出土羊的死亡年龄及畜产品开发策略》，《考古》2014 年第 1 期。

d. 博凯龄：《中国新石器时代晚期动物利用的变化个案探究——山西省龙山时代晚期陶寺遗址的动物研究》，《三代考古》2011 年第 1 期。

［58］ 同［32］。

［59］ a. 同［4］b。

b. 同［16］。

c. 同［37］。

［60］ a. 同［32］。

b. 同［37］。

c. 同［57］d。

［61］ a. 同［4］。

b. 同［35］b。

［62］ a. 同［55］。

b. 赵春燕：《嵩山地区二里头文化时期牛和羊来源蠡测——以二里头遗址与望京楼遗址为例》，《华夏考古》2018 年第 6 期。

c. Wang X, Roberts P, Tang Z, et al. 2021. The circulation of ancient animal resources across the Yellow River Basin: a preliminary Bayesian Re-evaluation of Sr Isotope Data From the Early Neolithic to the Western Zhou Dynasty. *Frontiers in Ecology and Evolution*, (9): 301.

［63］ 同［27］。

［64］ 同［10］b。

The Development of Animal Husbandry in Southern Shanxi During Longshan Period: An Isotopic Reconstruction of Zhoujiazhuang Site, Jiangxian County, Shanxi

ZHANG Xin-yu[1], LIU Wen-hui[1], TIAN Wei[1], CHEN Xiang-long[2], DAI Xiang-ming[3]

(1. National Museum of China, Beijing; 2. Institute of Archaeology, Chinese Academy of Social Science; 3. Capital Normal University)

Abstract: Southern part of Shanxi underwent the highly development of social complication and settlement landscape during the Longshan period, when the introduction of cattle and sheep combined with the traditional pig domestication, intensified the domesticated animal utilization and the economic growth. However, the subsistence strategy of domesticated animal has rarely been evaluated in Southern Shanxi except Taosi Site. In this paper, totally 37 pig, cattle and sheep from Zhoujiazhuang site, another center of Southern Shanxi after Taosi site, have been selected to analysis the Carbon and Nitrogen stable isotope of bone collagen. Firstly, the animal $\delta^{13}C$ and $\delta^{15}N$ values are clustered into three distinct groups according to the different species suggested the complex dietary and the diverse husbandry practices. The proportion of straw and chaff, as the residue of millet agriculture, provided to pig, cattle and sheep gradually decreased. Besides, the elevated $\delta^{13}C$ of cattle bone collagen reflected the significant consumption of millet grain-based feeds, indicating the emphasis on cattle management. Further compared with other published animal isotopic data of center sites in Central Henan during the same period, the inter-regional similaritons exiting in cattle management, result from the increasingly interaction between Southern Shani and Central Henan. However, in terms of pig and sheep breeding, local characteristic is kept and extended from Taosi to Zhoujiazhuang community in Southern Shanxi during Longshan period.

Key Words: Southern Shanxi; Zhoujiazhuang site; stable isotope analysis; multi-variety husbandry strategy

鉴龙在田：关于龙的动物考古解读

吕　鹏

（中国社会科学院考古研究所）

摘要：龙是中国人民创造的"神奇动物"，就考古实证而言，中国龙有其起源和发展的历程。动物考古在解读动物形遗存方面具有学术优势和学科意义。本文从动物考古研究出发，认为中国龙是多种动物的复合体，其中，与猪、蛇、鱼、鳄、蚌等动物的关系密切。笔者应用动物考古方法对考古遗址出土有关龙的遗存进行解读，认为猪是中国先民创造龙的最初动物原型。就考古看，各族群有其动物图腾或信仰，这与各地自然地理、风土人情、生业方式和宗教信仰密切相关。中华古代各族群在突破血缘、不断融合过程中，将自身信仰之物投诸于龙的身上，从而发展和完美了龙的形象。

关键词：龙　动物考古　仪式　动物原型

我国历史文献中多有对龙的描述。《说文解字·龙部》载："龙，鳞虫之长。能幽，能明，能细，能巨，能短，能长；春分而登天，秋分而潜渊。"在中国传统文化中，龙为五灵（龙、虎、凤、龟、麟）、四灵（龙、凤、龟、鳞）和四象（苍龙、朱雀、白虎、玄武）之一；龙为东方之象，五行属水，负责行云布雨，四季主春，五色呈青，十二地支为辰；二十八星宿中东方七宿星为：角、亢、氐、房、心、尾、箕，它们组成一个龙的形象，春分时节出现在东部的天空，故称东方青龙七宿。

历史文献中的龙神秘莫测，让人难辨其形。中国考古遗址中出土有龙的遗存，我们可以通过考古去发掘出中国龙的悠久历史。中国史前先民创造、发展和丰富了中国龙的形象，走过多元一体的路径后，中国龙的内涵日渐明确，形象日渐统一，成为东方独特的文化遗产。

从龙的形成和发展过程、从龙的身体部位来看，中国先民创造龙的源泉主要包括以下三个方面。

一是动物原型。包括陆生家养哺乳纲动物（猪、狗、牛、马/驴、驼、兔）、野生哺乳纲动物（鹿、狮、虎、象）、陆生家养鸟纲动物（鸡）、野生鸟纲动物（鹰、鹫）、爬行纲动物（鳄、蛇、蜥蜴、龟、鳖、恐龙）、鱼纲动物（鲤鱼、鲟鱼、金鱼、泥鳅）、两栖纲动物（大鲵）、软甲纲动物（龙虾）、瓣鳃纲动物（蛤）等。

二是动物胚胎。象征生命流转、物阜民康、子孙繁盛。

三是自然现象。包括风云闪电、雨霁彩虹、树影虹枝、龙卷风、泥石流、星象等。其中星象最为重要，冯时认为龙崇拜源自古代先民对东方星宿的崇拜[1]。

中国龙为我国先民创造，由动物考古而言，它是多种动物的复合体。就龙的起源看，尤与猪、蛇、鱼、鳄、蚌等动物关系密切，或言之，它们是龙的动物原型。笔者将在阐述动物考古解读动物形遗存的学术优势和学科意义的基础上，依次阐述龙与这 5 种动物的密切关系。

一、动物考古解读动物形遗存的学术优势和学科意义

动物造型或主题的遗存（以下简称动物形遗存）在考古中非常常见，由美术考古角度开展的研究不胜枚举。从动物考古角度解读此类遗存，既有其学术优势，又有重要的学科意义。

（一）从动物考古角度解读动物形遗存的学术优势

狭义上的动物考古是研究动物形态的学问，动物考古学者深谙动物的形态和习性，他们通过"观其形"，从动物形态学角度鉴定和分析此类遗存中的动物形象，能够得出该动物造型或主题的动物种属、性别、年龄、性质、品种、行为和习性等方面的信息，能够分辨出该动物造型或主题当中人为创造和客观形态的区别。

（二）从动物考古角度解读动物形遗存的学科意义

动物考古可以深入到历史场景中，借助于动物考古及相关领域的研究，能够更为深刻地对此类遗物"解其意"，可以探讨人类对此类遗物的制作工艺和使用方式，探讨人类获取和利用动物资源的方式乃至生产力发展水平，探讨人类的精神和社会诉求乃至生产关系和古代社会，探讨人类与动物相伴相行的历史乃至动物绝灭和物种多样性等学术问题。

由此，以动物考古理论和方法为指导，笔者将就考古遗址出土的一些龙形遗存进行解读。

二、龙　与　猪

就目前考古证据而言，最早的龙是猪龙，猪是中国先民创造龙的最初动物原型。

早在距今 8000 年前西辽河流域的兴隆洼文化中已出现猪龙形象。内蒙古敖汉兴隆沟遗址的 H35（兴隆洼文化，距今约 8000～7500 年）中发现了猪首蛇身摆塑龙形象，该坑位于发掘区东南部，是最大的一座圆形灰坑，在其周围环绕着 6 座稍小的圆形灰坑；该坑最大口径 4.22 米，坑底中部相对放置 2 个猪头骨，西侧猪头骨破损严重，躯

体由陶片和自然石块摆放而成，略弯曲，头部朝向东南，尾部朝向西北，通长约 0.72 米，东侧猪头骨较为完整，吻部朝向西北，额顶正中有一圆形钻孔，躯体由陶片、自然石块和残石器摆放而成，大体呈 S 形，头部朝向西南，尾部朝向东北，通长 1.92 米[2]。兴隆沟遗址出土动物遗存经过鉴定和研究，结果表明：家养动物包括猪和狗，获取动物资源的方式以狩猎为主，但家畜饲养业也占有较高的比例，就可鉴定标本数的统计结果看，猪在哺乳动物群中所占的比例达 34.67%，猪的种群以家猪为主、也有少量野猪，猪主要以野生的 C_3 类植物为食，反映了兴隆洼文化史前先民对猪群的管理主要采取了放养的方式[3]；居室墓葬当中仅见猪、而不见马鹿等鹿科动物随葬，这表明兴隆沟史前先民与猪有一种特殊的亲密关系[4]，兴隆沟遗址 H35 中出土猪头似为野猪，具有图腾崇拜的含义[5]。

猪龙的形象在西辽河流域赵宝沟文化和红山文化中得到了传承和发展。内蒙古敖汉小山遗址出土 1 件尊形陶器（赵宝沟文化，距今约 6200 年）上刻画有猪首蛇身龙形象，该尊形陶器出土于 F2 第 2 层，其腹部刻划有完整的鹿、猪和鸟形象，其中，猪的头部经写实处理，细眼长吻，鼻端上翘，犬齿长而略弯，蛇形的躯体呈 S 形蜷曲，刻划网纹与磨光两部分错落有致，呈现为鳞纹[6]。红山文化晚期（距今约 5300～4800 年）出土有玉猪龙，其中，正式发掘出土的有 3 件，分别出自辽宁朝阳牛河梁遗址的第二地点 M4（2 件）和第十六地点的积石冢石棺墓内（1 件）（均为边缘墓，并非高等级墓葬的标志性器类，但具有专属性和普遍性）[7]。此外，各博物馆还收藏有 20 余件玉猪龙，其造型特征有强烈的共性：精细雕琢，头部较大，双耳竖立，双目圆整，吻部前凸、多数褶皱明显，身体蜷曲如环，中部较大圆孔多由两面对钻而成，首尾相连或分开，颈部有 1 个自两面对钻而成的小圆孔，少数颈部有 2 个小圆孔，玉猪龙出土时多成对放置于死者的胸前，可能是用作佩饰[8]。西辽河流域崇龙习俗的核心内涵是求雨祈求旱作农业（以种植粟和黍为主[9]）丰收[10]，这是西辽河流域在距今 5300～4800 年红山文化晚期进入初级文明社会[11]的重要标志之一。刘国祥指出："红山文化玉猪龙对商、西周、东周时期蜷体玉龙的造型产生了直接的影响，应为中华龙的本源，是中华五千年文明形成的重要标志之一。"[12]

西辽河流域是中国北方旱作农业起源的核心区域之一，兴隆洼文化先民已经开启了种植小米、饲养家猪的生业方式。此外，他们还狩猎包括野猪在内的各种野生动物，先民将猪塑造成龙的形象，期盼风雨调和、农丰畜旺，反映了农业与龙之间源远流长的密切关系。

黄河中游和长江下游地区的猪龙形象深受西辽河流域的影响。在黄河中游地区，陕西西安姜寨遗址出土 1 件细颈壶上刻画有变体猪纹，该细颈壶出土于 M312（史家类型，距今 6000～5800 年），器表用黑彩装饰有连体的猪纹，以猪的正面刻画为主，重点突出其鼻部，简练生动，造型可爱[13]。有学者认为该变形猪纹实为猪龙[14]。姜寨史前先民从事较为发达的粟作农业以及家畜饲养活动[15]，粟和黍是主要的食物来源。先民还用小口尖底瓶作为酿酒容器（便于酿造发酵），以黍为主原料（辅以粟、小麦族、水稻、豆类和块根类植物）来酿酒[16]。家养动物包括猪和狗（家养黄牛出现的时期较晚），发展出圈舍养猪的新技术。野生动物以梅花鹿等各种鹿科动物为主[17]。家猪在哺乳动物群中所占比例呈逐渐减少的趋势，可鉴定标本数比例由半坡类型（距今6900～6000年）的42%，到史家类型（距今6000～5800年）的25%，再到西王村类型（距今5500～4900年）的21%和客省庄二期（距今4600～4000年）的17%[18]，造成家猪所占相对比例下降的背后原因可能与家养黄牛饲养规模扩大有关。由此可见，家猪是姜寨史前先民极为熟悉的家养动物，该遗址出土猪龙形象脱胎于姜寨先民所习见的家猪，神性减弱，呈现出鲜明世俗化的特点。在长江下游地区，安徽含山凌家滩遗址1998年发掘M16中出土有玉龙（凌家滩文化，距今5600～5300年），其短径3.9厘米，厚度0.2厘米，玉色灰白色泛青，整体扁圆形，首尾相连，吻部突出，头顶雕刻两角，阴线刻出嘴和鼻，阴刻圆点为眼，脸部阴刻线条表现折皱和龙须，龙身脊背阴刻规整的圆弧线，连着弧线阴刻条斜线并两侧面对称，似龙身鳞片，靠近尾部实心对钻一圆孔[19]。凌家滩史前先民在很大程度上依赖于野生的动植物资源，他们开始从事对猪和狗所进行的家畜饲养活动，但对于淡水贝类和鱼类资源进行的渔捞方式和对以鹿科动物为主的野生哺乳动物所进行的狩猎方式仍占据重要地位。他们用野生植物来喂养家猪（可能采用放养方式养猪），家猪的饲养和消费以本地为主，家猪的饲养规模非常有限[20]。除玉龙之外，凌家滩遗址还出土有玉豕和玉石猪，从动物考古角度来对这些猪形象的性质进行认定的话，可能是野猪的物化再现。

三、龙　与　蛇

猪龙的身体似蛇，直至距今5300年，蛇成为龙的主要动物原型。考古遗址出土蛇类遗存的数量极少，这跟蛇类与古人的生活不甚密切有关，也跟采样方法的局限导致细小的蛇类骨骼遗存未被获取有关[21]。

浙江杭州良渚遗址（距今约5300～4300年）出土玉雕龙和陶器上有龙纹形象。玉雕龙主要有龙首玉镯、龙首玉珠、龙首玉璜、龙首玉牌饰等，属于良渚文化早、中期。以瑶山M1出土龙首玉镯为例，该玉镯外直径8.2厘米，孔径6.1厘米，高2.65厘米，在圆弧外表上等距离分布4个凸出的弧面，其上分别雕刻方向和形态相同的龙首，龙首有着露齿的宽扁嘴、圆形突起的鼻孔、大而圆凸的眼球、圆形眼圈、阴刻的短角（耳），在眼鼻之间刻有双线菱形图案、图案中心有小椭圆形[22]。陶器上龙纹属于良渚文化晚期，以葡萄畈遗址出土陶盉腹部的龙图案为例，龙头部位尖牙利齿、双目圆睁，龙尾部位细尖内卷[23]。该龙纹与山西襄汾陶寺遗址出土彩绘蟠龙纹陶盘上龙的特征非常接近，说明陶寺彩绘蟠龙是在良渚文化龙形态的基础上进一步演化而成的[24]。

山西襄汾陶寺遗址出土彩绘蟠龙纹陶盘。彩绘蟠龙纹陶盘共有4件，都出自早期王墓（距今4300～4100年），且每座墓仅有1件，分别出自M2001、M3016、M3072和M3073。绘于黑色磨光陶衣上的朱红色龙纹，在陶盘的内壁和盘心作盘曲状。龙纹蛇躯麟身，方首圆目，巨口长舌，无角无爪，整体形象为蛇[25]。关于其巨口中是长舌还是致幻类植物，又或是农作物穗粒的问题，学者们有不同的认知。从生业考古的角度来看，笔者认为，陶寺遗址处于比较发达的史前农业阶段，农作物包括粟、黍、稻和"大麦"[26]，蟠龙口中之物应为农作物的穗粒，隐含着陶寺先民期盼农业丰收、人口增长的愿望。陶盘本是盛食器或水器，但这类彩绘陶盘火候很低，烧成后涂饰的彩绘也极易剥落，所以应是祭器而非实用器。在陶寺早期墓地中，稍大的中型墓虽有绘朱彩的陶盘，但其上绝无蟠龙图像，这表明龙盘的规格很高，蟠龙图像也似乎有特殊的含义，而非一般纹饰，有学者推测它很可能是族属的标志，如同后来商周铜器上的族徽一样[27]。

陕西神木石峁遗址出土有龙纹石雕。石峁遗址皇城台大台基附近及南护墙上发现有精美石雕，其年代为距今 4000～3800 年，可分为平面型、塑像型和立柱型等不同的形态。8 号石雕雕刻内容为龙纹，该石雕横砌于大台基南护墙中部偏下，呈窄长条形，青灰色砂岩，长 130 厘米，高 17 厘米。其龙纹呈 S 形，两尾相抵、头朝外，对称分布，减地浮雕，雕纹高 0.57～0.67 厘米；龙为弧方盾形大头，梭形眼，吻部弧凸，鼻梁细长，细长躯体雕鳞状纹，弧尾上翘[28]。该龙纹与二里头文化绿松石龙形器有较大相似性。

河南新密新砦遗址的陶器上有龙首纹。该陶器残片出土于 1999T1H24（新砦文化第二期遗存，距今约 3800～3700 年），该龙首纹样以阴线刻出，面额近圆角方形，蒜头鼻，两组平行线把鼻梁分为 3 节，臣字形目，弯月眉，两腮外有须髯[29]，与二里头遗址出土绿松石龙有相似之处，应为绿松石龙形器最直接的渊源或祖型[30]。此外，新砦遗址在第二期还出土有夔龙纹[31]。

河南偃师二里头遗址出土龙形包括绿松石龙形器、嵌绿松石兽面纹铜牌饰、陶塑龙、刻画在陶器上的龙（蛇）图像、陶器上图案化的龙（蛇）纹装饰等。这些装饰有龙形象的器物，都发现于二里头遗址的宫殿区或其周围的重要地点，如祭祀遗存区、贵族墓地和官营作坊区等，表明龙形象器物是为社会上层所专有的、地位较高。其中，最富盛名的就是绿松石龙形器，该龙形器用工之巨、制作之精、体量之大，在中国早期龙形象文物中十分罕见，具有极高的历史、艺术与科学价值。该龙形器出土于 2002VM3（二里头文化第二期，距今 3700～3600 年），该墓长 2.2 米，宽 1.1 米以上，残存深度0.5 米多，它是目前发掘二里头贵族墓葬中位置最接近宫室中轴线的一座，也是目前发现的最高等级的墓葬。墓主为一位 30～35 岁的成年男性。绿松石龙形器放置在墓主人的身上，由墓主的肩部至盆骨，墓主人用右臂将其拥揽入怀。绿松石龙形器体型巨大，龙身长 64.5 厘米，中部最宽 4 厘米，全身由 2000 多片绿松石品组成，每片绿松石尺寸仅有 2～9 毫米，厚度 1 毫米左右。龙头略呈浅浮雕状，为扁圆形巨首，吻部略突出，额面中脊和鼻梁由 3 节青、白玉柱组成，蒜头鼻，臣字目。该龙头被粘合在由绿松石品粘嵌而成的近梯形托座上，托座表面由绿松石拼合出有层次的图案，像是在表现龙须或髯。龙身呈波状曲伏，中间出脊线，向两侧下斜，由绿松石片组成的菱形主纹象征鳞片，连续分布于全体。距绿松石龙尾端 3 厘米处，还有一条绿松石条形饰，与龙体近于垂直；龙身上有一铜铃[32]。就功能而言，绿松石龙形器属于旌旗或牌饰：若为旌旗，则应和了《诗经》中周王祭祀于宗庙时"龙旗阳阳，和铃央央"的场景[33]；若为牌饰，则与兽面纹青铜牌饰的形制和功能保持一致。兽面纹青铜牌饰出现的时间要晚于绿松石龙形器，铜牌饰正面均呈圆角长方形，也有呈亚腰形，长约 15 厘米，宽度一般不足 10 厘米。铜牌饰作为随葬品出土于贵族墓葬中，一般出土于墓主人胸前或腕部附近，两条长边外侧各有两个穿孔的纽，可能是缝缀在衣物或其他介质上的，铜牌饰上的兽面应为绿松石龙牌饰尤其是其头部的简化或抽象表现，由此，二里头遗址出土绿松石龙形器应为 M3 的墓主在宗庙祭祀时所持的道具，而绿松石铜牌饰最终取代了绿松石龙形器[34]。

四、龙 与 鱼

鱼龙转化在传说和考古材料上都有记录。鱼跃龙门最早被记载在汉魏时期的《三秦记》（原书已佚）中："龙门山在河东界，禹凿山断门，阔一里余，黄河自中流下，两岸不通车马。每暮春之际，有黄鲤鱼逆流而上，得者便化为龙。"鱼跃龙门意味着通过考试从而事业成功或地位高升，那些可以顺利通过激流、越过龙门的鱼就被奖励变成龙。然而，那些跳不过去者额头上便会留下一道黑疤，故而李白在《赠崔侍郎》一诗中云："黄河三尺鲤，本在孟津居，点额不成龙，归来伴凡鱼。"

跃龙门的鱼是哪种鱼类？多有认为是鲤鱼（*Cyprinus carpio*）者，南北朝陶弘景记载："鲤为诸鱼之长，形既可爱，又能神变，乃至飞越江湖，所以仙人琴高乘之也。"但鲤鱼并无洄游产卵的习性，该认识存疑。笔者认为可能为鲟鱼，诸如达氏鲟（*Acipenser dabryanus*），原因有二：一是体型"似龙"，达氏鲟的头呈尖锥状，头部有粗骨板状硬鳞，吻部长有须，身体较长；二是具有洄游的习性，能够逆水而行，晋代陆机和明代李时珍等都有"鳣（即鲟）三月逆水而生"等记载[35]，唐代陈藏器在《本草拾遗》中更有直接表述"（鳣）既长二三丈……体有三层甲，上龙门化为龙也"[36]。

在考古遗址中，发现有展现龙或鱼助墓主登天升仙的遗存。河南濮阳西水坡遗址 M45 及周边出土有距今 6400 年的蚌塑龙等遗迹，形象地展现了墓主升入天界御龙遨游的场景[37]。大溪文化是长江中游地区新石器时代文化，其年代为距今 6400～5300 年，在重庆巫山大溪遗址的墓葬中出土有用完整鱼随葬的考古现象[38]。此外，三峡地区在周代还盛行用鱼鳃盖骨制作卜骨的考古现象，据武仙竹统计，遗址包括重庆秭归卜庄河、石门嘴、宜昌朱家台等[39]。重庆秭归石门嘴遗址出土鱼鳃盖骨制作卜骨的数量最多，共计有 15 件[40]，曹文宣通过对鱼卜骨进行鉴定，认为多用鲢鱼和草鱼的鳃盖骨制成[41]。在湖南长沙子弹库战国中期楚墓的椁盖板下隔板的上面出土有一幅"人物御龙帛画"，该帛画呈长方形，长 37.5 厘米，宽 28 厘米，画上绘制有一名手执缰绳驾驭巨龙的侧身男子，上有华盖，右有直立高昂的鹤，左下有鲤，帛画上的龙、鹤、鲤鱼是助墓主登天成仙的动物[42]。汉画像中有以鱼车为母题的图像，称为"鱼车图"，在山东、江苏、安徽、陕西、河南、山西等地出土画像石和壁画中都有发现，学者多认为这是河伯出行图，也有学者认为这是模仿琴高骑鲤鱼升仙的故事、实为墓主人驾鱼车升仙。以鱼拉车，鱼为畜力，鱼是可以化为龙的，之所以用鱼替代龙，是为了避免僭越之责[43]。

距今 5200 年前，鱼龙形象已经出现于关中和陇东地区。河南汝州阎村收集 1 件绘制有鹳鱼石斧图的陶缸（仰韶文化，距今约 6000 年），内容为以鸟为图腾的部族打败了以鱼为图腾的部族，并以石斧（类似于石钺）来宣示胜利[44]。分布于关中、河南和山西地区的庙底沟文化盛行鱼纹，最富盛名的是陕西西安半坡遗址出土的人面鱼纹盆[45]。

有学者认为庙底沟文化流行的叶片纹、花瓣纹、"西阴纹"、菱形纹、圆盘型纹和带点圆圈纹大多是由鱼纹拆解或转化而成[46]。甘肃甘谷西坪、种谷台和傅家门遗址出土有腹部绘制有鲵龙纹的彩陶瓶（仰韶文化，距今约5800～5200年）[47]，鲵鱼是现存最大的两栖类动物，古人未能分辨鱼类和两栖类动物，从而创造出非常另类的玉龙形象。

五、龙 与 鳄

中国龙的体型和习性与鳄有许多相似之处。就体型看，龙和鳄均为四足、长尾、巨口獠牙，体表覆盖鳞片，同为凶猛的动物，老年鳄鱼头上鳞棘凸出，常被误认为角。就习性看，龙和鳄均为栖息于水边的爬行动物，爪子锋利，善于掘洞，卵生，有休眠的习性[48]。

距今6400年前，中原和长江中游地区的先民就创造出鳄龙形象。河南濮阳西水坡遗址出土蚌塑龙共有3组，均为第二期遗存（距今6400年）：第一组编号为B1，位于M45墓室中部、墓主人身侧，蚌塑龙位于墓主右侧，头朝北、背朝西，身长1.78米，高0.67米，昂首，曲颈，弓身，长尾，前爪扒、后爪蹬，状似腾飞，另有蚌塑虎等图形；第二组编号B2，位于M45南面20米处，蚌塑图案包括龙、虎、鸟、鹿和蜘蛛等，图案南北长2.43米，东西宽2.15米，龙头朝南，背朝东，龙虎蝉联为一体；第三组编号B3，位于第二组龙虎图案南侧25米处，图案有人骑龙和奔虎等，其中，人骑龙摆塑于灰沟的中部偏南，龙头朝东，背朝北，昂首，长颈，舒身，高足，背上一人两腿跨在龙背上，一手在前，一手在后，做回首状[49]。湖北黄梅焦墩遗址出土有用河卵石摆塑而成的鳄龙（大溪文化，距今6000年），龙身全长4.45米，通高2.26米，头南足北、面西尾东，龙角后指，龙头上昂，张口吐舌，腹下三足，呈昂首爬行状[50]。

中国古代有畜龙的记载，在夏商周时期尤为兴盛。畜龙，又称蓄龙、扰龙、御龙，据李零考证，龙即鳄，之所以饲养鳄，一是为其肉，二是为其皮[51]。

六、龙 与 蚌

龙与蚌的密切关系主要体现在两点：一是蚌塑龙和蚌龙，二是龙的腹部与蚌类似。

距今6400～6300年前，中原地区和西辽河流域的先民创造了蚌塑龙和蚌龙形象。河南濮阳西水坡遗址出土用贝类堆塑龙的形象上文已述，西水坡遗址出土软体动物多达44种，主要是以瓣鳃纲珠蚌科动物为主，珠蚌科包括珠蚌、尖嵴蚌、楔蚌、帆蚌、矛蚌、裂脊蚌和珠蚌等7属。此外，瓣鳃纲还包括少量的无齿蚌亚科和兰蚬科动物，腹足纲动物种属较少[52]。西水坡蚌塑龙多用珠蚌科贝类，并根据不同的身体部位而选用不同的贝类，如龙爪部位选用尖长的矛蚌等。内蒙古赤峰彩陶坡遗址出土有1件蚌龙（红山文化早期，距今约6300年），整体分布范围约20厘米，该龙形身体舒展，由头、身和尾部组成，短吻，张口，突出的圆额下有表现眼部的圆形镂孔，镂孔外围有一圈凹槽，推测眼部可能原来有镶嵌，尾翼上扬，尾翼与身体相连的一端可见4个圆形钻孔，可能用以与身体部位穿系连接[53]。据笔者鉴定，该蚌龙及其蚌料组件选用蚌料为三角帆蚌（具体研究另文发表）。

近年来，考古工作者在南京高淳薛城遗址发现有距今 5400 年的蚬壳堆塑龙。该龙由水生贝类堆塑而成，蚌料来源主体为河蚬。堆塑呈东－西方向布列，外形酷似鳄龙，其头部有两颗大蚌壳，用以表现眼睛；吻部也以蚌壳呈现，颈部位置被基槽打破，仅余少量蚬壳痕迹，尾部也有多枚大蚌壳点缀铺垫。此次发现的蚬壳堆塑龙位于墓地中，相当于墓地中的一个纪念性遗存，对于讨论墓地葬仪和精神文化信仰很有学术价值[54]。

龙的腹部呈现如年轮般同心环结构，这与某些蚌壳表面的同心环状生长轮脉相似。据后汉王符《中国画论》、宋代罗愿《尔雅翼·释龙》、明代李时珍《本草纲目》、明代谢肇淛《五杂组》记载，龙"腹似蜃"，所谓蜃，就是大型瓣鳃纲动物的贝壳。

七、结　语

中国是龙之国度，中国人是龙的传人。当我们俯瞰中华大地时，龙之地形风貌便会映入眼帘：长城是崇山峻岭间飞舞的一条巨龙，它是一条农区和牧区的分界线，也是游牧和农耕族群交往和融合的象征；黄河和长江是两条巨龙，中国文明也是大江大河文明，北方旱作农业和南方稻作农业为各地先民的生存和发展提供了生业基础；四海之内皆有龙王，海底蕴含着无垠的宝藏，海面上扬帆远航的巨轮将和平的信息带向海外。

宅兹中国，万物生华。就考古看，各族群有其动物图腾或信仰，包括猪、鹿、蛇、鱼、鳄、蚌等动物形象，这与各地自然地理、风土人情、生业方式和宗教信仰密切相关。中华各族群在突破地域和血缘、不断融合过程中，将自身信仰之物投诸于龙的身上，从而创造、发展和完美了龙的形象。

民以食为天，农为邦本。中国古代社会是农业社会，渔业和畜牧业也很发达，国人拜龙敬龙，是因为龙具有行云布雨的能力，这是我国古代先民期盼风调雨顺、风平浪静、五谷丰登、六畜兴旺、安居乐业和一帆风顺的反映，这是我们向往美好生活和追求小康社会的心灵投射。

附记　本研究得到国家重点研发计划"中国北方旱作农业起源、形成与发展研究"（项目编号：2022YFF0903500）、2021 年度国家社科基金一般项目"郑州地区仰韶文化中晚期畜牧业的动物考古学研究"（项目批准号：21BKG041）、2023 年度国家社科基金重大项目"红山文化与西辽河流域文化进程综合研究"（项目批准号：23VLS006）、2022年度国家社科基金重大项目"陶寺遗址考古发掘研究报告（2012-2021）"（项目批准号：22&ZD242）、中国社会科学院青年人才培远计划"中国海滨贝丘的发现和研究"、国家文化英才培养工程专项资助项目"遗贝寻踪：中国贝丘的故事"、科技考古实验室"古代动物的驯养与开发利用——动物考古的多学科研究"（编号：2024SYZH002）资助。

注　释

[1] 冯时：《龙的来源——一个古老文化现象的考古学观察》，《濮阳职业技术学院学报》2011 年第 5 期，第 1-4、21 页。

［2］ 中国社会科学院考古研究所内蒙古第一工作队：《内蒙古赤峰市兴隆沟聚落遗址2002～2003年
的发掘》，《考古》2004年第7期，第3-8、97-98页。

［3］ Liu X, Jones M K, Zhao Z, et al. 2012. The earliest evidence of millet as a staple crop: New light on
Neolithic foodways in North China. *American Journal of Physical Anthropology*, 149(2): 283-290.

［4］ 吕鹏、袁靖、杨梦菲：《兴隆沟遗址动物遗存的鉴定和研究》，待刊。

［5］ 同［2］。

［6］ 中国社会科学院考古研究所内蒙古工作队：《内蒙古敖汉旗小山遗址》，《考古》1987年第6期，
第481-506、577-580页。

［7］ 辽宁省文物考古研究所：《牛河梁——红山文化遗址发掘报告（1983～2003年度）》，北京：文
物出版社，2012年，第79-82页。

［8］ 刘国祥：《红山文化研究》，北京：科学出版社，2015年，第538-542页。

［9］ a. 赵志军：《从兴隆沟遗址浮选结果谈中国北方旱作农业起源问题》，见南京师范大学文博系
编：《东亚古物（A卷）》，第188-199页，北京：文物出版社，2004年。
b. 刘歆益、赵志军、刘国祥：《中国兴隆沟》，见内蒙古红山文化学会、赤峰学院红山文化研究
院编：《红山文化研究》（第六辑 科技考古专号），北京：文物出版社，2019年，第42-54页。
c. 孙永刚：《辽西地区新石器时代植物考古研究》，上海：上海古籍出版社，2021年。
d. 张雪莲、刘国祥、王明辉，等：《兴隆沟遗址出土人骨的碳氮稳定同位素分析》，《南方文物》
2017年第4期，第185-195页。

［10］ a. 江伊莉：《红山文化猪龙形玉器分析》，见席永杰、刘国祥主编：《红山文化研究：2004年红
山文化国际学术研讨会论文集》，北京：文物出版社，2006年，第290-298页。
b. 张国强、赵爱民：《红山文化猪龙形玉器形制及其源流分析》，见席永杰、刘国祥主编：《红
山文化研究：2004年红山文化国际学术研讨会论文集》，北京：文物出版社，2006年，第308-
314页。

［11］ 刘国祥：《红山文化与西辽河流域文明起源探索》，见席永杰、刘国祥主编：《红山文化研究：
2004年红山文化国际学术研讨会论文集》，北京：文物出版社，2006年，第62-104页。

［12］ 同［8］，第767-771页。

［13］ 半坡博物馆、陕西省考古研究所、临潼县博物馆：《姜寨——新石器时代遗址发掘报告》，北
京：文物出版社，1988年，第255页。

［14］ 袁广阔：《龙图腾：考古学视野下中华龙的起源、认同与传承》，见全国哲学社会科学工作办公
室编：《从考古看中国》，北京：中华书局，2022年，第133-144页。

［15］ 郭怡、胡耀武、高强，等：《姜寨遗址先民食谱分析》，《人类学学报》2011年第30卷第2期，
第149-157页。

［16］ 刘莉、王佳静、刘慧芳：《半坡和姜寨出土仰韶文化早期尖底瓶的酿酒功能》，《考古与文物》
2021年第2期，第110-122、128页。

［17］ 祁国琴：《姜寨新石器时期遗址动物群的分析》，见西安半坡博物馆、陕西省考古研究所、临
潼县博物馆：《姜寨——新石器时期遗址发掘报告》，北京：文物出版社，1988年，第504-
538页。

［18］ 袁靖：《中国动物考古学》，北京：文物出版社，2015年，第129-130页。

[19] 安徽省文物考古研究所编著：《凌家滩——田野考古发掘报告之一》，北京：文物出版社，2006年，第196-197页。

[20] a. 吕鹏、戴玲玲、吴卫红：《由动物遗存探讨凌家滩文化的史前生业》，《南方文物》2020年第3期，第172-178页。

b. 吕鹏、吴卫红：《长江下游和淮河中下游地区史前生业格局下的凌家滩文化》，《南方文物》2020年第2期，第119-125页。

c. 赵春燕、吕鹏、朔知：《安徽含山凌家滩与韦岗遗址出土部分动物遗骸的锶同位素比值分析》，《南方文物》2019年第2期，第184-190页。

d. 赵春燕、吕鹏、吴卫红：《凌家滩与韦岗遗址出土猪牙结石的碳稳定同位素分析》，《南方文物》2020年第3期，第170-171页。

e. 孙青丽、朔知、吴妍，等：《安徽含山凌家滩遗址出土刻槽盆的淀粉粒分析》，《人类学学报》2019年第38卷第1期，第132-147页。

[21] 袁靖：《动物寻古：在生肖中发现中国》，桂林：广西师范大学出版社，2023年，第172-173页。

[22] 浙江省文物考古研究所：《瑶山》，北京：文物出版社，2003年，第28页。

[23] 黄华强、黄华明、田红：《良渚文化重要玉器造型与纹饰的创作原型及演化》，见中山大学艺术史研究中心编：《艺术史研究》（第十五辑），广州：中山大学出版社，2013年，第1-27页。

[24] 朱乃诚：《良渚龙与中华龙》，《中国社会科学报》2024年1月5日第A06版。

[25] 中国社会科学院考古研究所、山西省临汾市文物局：《襄汾陶寺：1978-1985年发掘报告》，北京：文物出版社，2015年，第440-462页。

[26] a. 赵志军、何驽：《陶寺城址2002年度浮选结果及分析》，《考古》2006年第5期，第77-86、104页。

b. 姚政权、吴妍、王昌燧，等：《山西襄汾陶寺遗址的植硅石分析》，《农业考古》2006年第4期，第19-26页。

[27] 何驽：《蟠龙根脉——中华精神"图腾"的面世》，见中国历史研究院主编：《十件文物里的中国故事》，北京：中国社会科学出版社，2022年，第4-31页。

[28] 陕西省考古研究院、榆林市文物考古勘探工作队、神木市石峁遗址管理处：《陕西神木市石峁遗址皇城台大台基遗迹》，《考古》2020年第7期，第34-47页。

[29] 北京大学震旦古代文明研究中心、郑州市文物考古研究院：《新密新砦——1999—2000年田野考古发掘报告》，北京：文物出版社，2009年，第236、239页。

[30] 许宏：《碧龙耀世——"超级国宝"的前世今生》，见中国历史研究院主编：《十件文物里的中国故事》，北京：中国社会科学出版社，2022年，第36-63页。

[31] 同[29]，第237、239页。

[32] 中国社会科学院考古研究所编著：《二里头（1999-2006）》，北京：文物出版社，2014年，第998-1006页。

[33] 冯时：《文明以止：上古的天文、思想与制度》，北京：中国社会科学出版社，2018年，第357-424页。

[34] a. 何驽：《二里头绿松石龙牌、铜牌与夏禹、萬舞的关系》，《中原文化研究》2018年第4期，第31-39页。

　　　b. 杜金鹏：《中国龙，华夏魂——试论偃师二里头遗址"龙文物"》，见杜金鹏、许宏主编：《二里头遗址与二里头文化研究：中国·二里头遗址与二里头文化国际学术研讨会论文集》，北京：科学出版社：2006 年，第 96-120 页。

［35］ 李思忠：《黄河鱼类志》，青岛：中国海洋大学出版社，2017 年，第 52-53、112-115 页。

［36］ 陈藏器撰，尚志钧辑释：《〈本草拾遗〉辑释》，合肥：安徽科学技术出版社，2002 年，第 227 页。

［37］ 冯时：《中国天文考古学》，北京：社会科学文献出版社，2007 年，第 299-301 页。

［38］ 四川省博物馆：《巫山大溪遗址第三次发掘》，《考古学报》1981 年第 4 期，第 461-490、551-558 页。

［39］ 武仙竹：《长江三峡动物考古学研究》，重庆：重庆出版社，2007 年，第 184 页。

［40］ 吉林大学边疆考古研究中心、湖北省文物考古研究所：《湖北秭归石门嘴遗址发掘》，《考古学报》2004 年第 4 期，第 419-450 页。

［41］ 曹文宣：《三峡库区秭归石门嘴遗址出土鱼卜骨鉴定报告》，《考古学报》2004 年第 4 期，第 449 页。

［42］ a. 湖南省博物馆：《新发现的长沙战国楚墓帛画》，《文物》1973 年第 7 期，第 3-4、83 页。

　　　b. 湖南省博物馆：《长沙子弹库战国木椁墓》，《文物》1974 年第 2 期，第 36-43 页。

［43］ a. 陕西省考古研究院、榆林市文物管理委员会：《陕西定边县郝滩发现东汉壁画墓》，《考古与文物》2004 年第 5 期，第 20-21、97 页．

　　　b. 宋艳萍：《汉画像石中的"鱼车图"》，《四川文物》2010 年第 6 期，第 51-56 页。

［44］ 严文明：《〈鹳鱼石斧图〉跋》，《文物》1981 年第 12 期，第 79-82 页。

［45］ 中国科学考古研究所、陕西省西安半坡博物馆编：《西安半坡：原始氏族公社聚落遗址》，北京：文物出版社，1963 年，第 180 页、彩色图版壹（Ⅰ）。

［46］ a. 王仁湘：《鱼龙百变》，见《动物有灵：艺术考古随笔之二》，上海：上海古籍出版社，2023 年，第 126-191 页。

　　　b. 王仁湘：《庙底沟文化鱼纹彩陶论（上）》，《四川文物》2009 年第 2 期，第 22-31 页。

　　　c. 王仁湘：《庙底沟文化鱼纹彩陶论（下）》，《四川文物》2009 年第 3 期，第 32-40 页。

［47］ a. 甘肃省博物馆编：《甘肃彩陶》，北京：科学出版社，2008 年，第 31 页。

　　　b. 陈星灿主编：《中国出土彩陶全集·甘肃上》，北京：龙门书局，2021 年，第 52-53 页。

［48］ a. 景以恩：《龙的原型为扬子鳄考辨》，《民俗研究》1988 年第 1 期，第 69-74 页。

　　　b. 陈壁辉：《扬子鳄与"龙"》，《生物学杂志》1986 年第 4 期，第 14-15 页。

　　　c. 王华、崔多英、王小明：《扬子鳄——中国"龙"图腾溯源》，《野生动物》2005 年第 3 期，第 7-8 页。

［49］ 河南省文物考古研究所、濮阳市文物保护管理所、南海森主编：《濮阳西水坡》，郑州：中州古籍出版社，2012 年，第 112-117 页。

［50］ 胡雅丽：《卵石摆塑龙》，《江汉考古》2001 年第 2 期，第 96 页。

［51］ 李零：《说龙，兼及饕餮纹》，《中国国家博物馆馆刊》2017 年第 3 期，第 53-71 页。

［52］ a. 郭书元：《西水坡遗址软体动物遗存》，见河南省文物考古研究所、濮阳市文物保护管理所、南海森主编：《濮阳西水坡》，郑州：中州古籍出版社，2012 年，第 571-658 页。

　　　b. 郭书元、孙长虹：《河南濮阳西水坡新石器时代遗址瓣鳃类动物群的生态环境分析》，《古地理学报》2003 年第 5 卷第 4 期，第 450-460 页。

[53] 冯雪玉：《填补红山文化早期龙形象空白："玉龙故乡"发现更早的"龙"》，《内蒙古日报》2023 年 8 月 21 日第 1、3 版。

[54] 徐峰：《薛城"龙"丰富多元一体龙形象》，《南京日报》，2024 年 2 月 23 日第 B4 版。

Zooarchaeological Research on the Chinese Loong

LYU Peng

(Institute of Archaeology, Chinese Academy of Social Science)

Abstract: Loong is a "magical animal" created by Chinese ancestors. According to archaeological evidence, Chinese Loong has its origin and development course. Zooarchaeology has academic advantages and significance in the interpretation of animal-shaped remains. Based on zooarchaeological research, this paper considers that Chinese Loong is a complex of many animals, among which it is closely related to pig, snake, fish, crocodile, mussel and other animals. The author uses the zooarchaeological methods to interpret the remains of the Loong unearthed in archaeological sites, and concludes that the pig is the first animal prototype of the Loong created by Chinese ancestors. From the archaeological view, ancient population had their own animal totems or beliefs, which were closely related to natural geography, local customs, subsistence methods and religious beliefs. In the process of breaking through blood ties and constantly integrating, Chinese ethnic groups devoted their own beliefs into the Loong, thus developing and perfecting the image of the Loong.

Key Words: Loong; zooarchaeology; animal resource; ritual use

动物考古视野下的鼠

杨轶妮[1]　吕　鹏[2]

（1. 中国社会科学院大学；2. 中国社会科学院考古研究所）

摘要：鼠类动物在人类的生产生活中占据一种较为特殊的地位。它为人类带来祸患，被人类厌恶；又具有古代人类向往的繁殖力和生命力，为人类敬仰。但无论如何，鼠都是在研究古代人类社会生活时不可绕去的一环。本文从鼠患和鼠利两个方面入手，探讨人类对鼠类动物的复杂心理。此外还结合遗迹的发掘和研究资料，尝试考虑了在动物考古学中该如何研究鼠类遗存。

关键词：鼠　啮齿动物　考古学研究

鼠类动物与人类的关系密切。数万年前，随着定居程度的不断深化，部分野生的鼠类侵入到古人类的生活中，逐渐适应与人类的共居生活，并对这种生存环境产生依赖，由此成为人类的"共栖者"[1]。在全国各地的遗址中常发现有鼠类动物的遗存，如广东阳春独石仔遗址出土有鼹鼠、家鼠、板齿鼠等鼠类骨骼[2]；云南元谋大墩子遗址出土有松鼠、竹鼠等鼠类骨骼[3]；陕西神木石峁遗址出土有褐家鼠骨骼[4]；等等。然而，目前学界对动物遗存的研究更多集中于家养动物，对体格较小的哺乳动物，尤其是鼠类动物的研究还不够充分。遗址中发现的鼠类动物的骨骼往往尺寸微小，极容易被忽略，对鼠类遗存的研究也造成了一定的阻碍。因此，本文在分析鼠与人类的关系的同时，对在动物考古学中研究鼠类遗存这一问题进行了探讨，以供各位参考批评。

本文所谈论的鼠类动物主要指部分与人类关系较为密切的啮齿目动物。啮齿目动物种类繁多，数量庞大，分布范围广泛，但其中河狸科、豪猪科的动物更偏向于野生，且体格较大，较易于辨认。故本文所提到的鼠类动物主要是指与人类接触较密切的鼠科动物，如褐家鼠、小家鼠等传统意义上的"家鼠"，也会提及竹鼠、田鼠、鼹鼠等常出现于遗址中的啮齿类动物[5]。鼠类遗存主要指遗址中出土发现的鼠类动物骨骼、皮毛、粪便、洞穴、啃咬痕迹，以及具有鼠类形象的陶器、玉器等古代艺术作品。

一、鼠与人类的关系

鼠类动物与其他和人类关系较密切的猪、狗等家养动物不同，并非人类主动选择接受的动物。它似乎很难对人类带来有益的帮助，又常常会造成一些不太好的影响。因此很多时候，人们都将其视作为祸患灾难，对其避之不及。但出于各种原因的考虑，人们对鼠类动物的情感并非是纯粹的厌恶或恐惧，反而呈现一种较为复杂的状态。下文将对鼠与人类之间的关系进行简单的探讨。

（一）鼠患

1. 影响农业

早在新石器时代，人类开始广泛种植农作物，并储存植物的果实、种子，逐步走向定居生活。而鼠类动物属于杂食性动物，常以农作物及其种子为食。人类的聚居地为其提供了充足的食物来源，部分鼠类动物就逐渐告别了野生生活，成为人类的共栖者[6]，甚至演化出褐家鼠、小家鼠等家鼠品种，与人类的关系愈发紧密起来。考古证据表明，距今5000~4800年的陕西五庄果墚遗址出土有褐家鼠、三趾跳鼠、中华鼢鼠等哺乳动物。经过碳氮同位素分析，发现褐家鼠以C_4植物为主食，与该遗址出土的家猪及狗的食谱相近，因此在该遗址中，褐家鼠或许就扮演了偷食者的角色[7]，从人类的聚居地获取食物。

如果仅是偷取粮食，人类对鼠的厌恶可能还不是特别严重。然而。鼠类动物不仅盗取种子粮食，其中田鼠、沙鼠等种鼠还会啃食作物幼苗及根茎，严重影响了种植业的发展。况且鼠类动物繁殖力极强，以褐家鼠为例，褐家鼠全年繁殖，每年产6~10胎，每胎5~14仔，这意味着一只母鼠一年能繁殖几十只后代，如果不加以遏制，很容易造成"鼠灾"。《诗经·魏风·硕鼠》就有"硕鼠硕鼠，无食我黍……硕鼠硕鼠，无食我苗"[8]之句，可见当时的人类已深受鼠害之患。历史时期，鼠灾更是多次影响到百姓生活，1170年、1178年淮南的楚州、高邮两地先后发生鼠灾[9]，1596年云南大理府云龙州的鼠灾更致使庄稼被尽数鼠群吃光[10]。即使是技术手段愈发先进的今天，全球每年因老鼠吃掉和污染粮食造成的损失也高达数十亿美元[11]。由此可见，鼠类动物严重影响了人类的农业生产活动，给人类造成了极大的经济损失。

2. 破坏物品

由于鼠类动物属于啮齿目动物，其门齿终生不断生长，因此需要经常磨短生长的牙齿。鼠牙齿坚硬、啃咬频率快、啃咬力度大、啃咬面小，极善于打洞且破坏力极强，经常咬坏生活和生产物品及设施。《国风·召南·行露》中有"谁谓鼠无牙，何以穿我墉"[12]的记载，可见人们在当时就已意识到了老鼠打洞、破坏房屋的习性。鼠类的这一习性也常影响到文物遗迹的发现和保存。西安水陆庵的泥质壁塑因鼠洞产生断裂和脱落[13]；敦煌遗书和各类古籍字画等纸木质文物常因鼠啮产生严重的破坏。具体到考古而言，在田野发掘的过程中，鼠洞等也常影响到发掘者对遗迹现象的判断。总之，鼠类破坏农林草原、房屋建筑、衣物家具，严重影响了人类生活，成为人类之患。

3. 传播疾病

除了影响农业生产和破坏财物，鼠类动物还会给人类带来疾病。鼠类尤其是与人类接触密切的家鼠类动物，经常处于潮湿阴暗、污秽肮脏的环境中，身体上携带有大量的病毒、病菌和寄生虫。如果与人类直接接触或是接触到人类的食物，就会把疾病传染给人类。在这些疾病中最有名的是"鼠疫"。鼠疫又被称为"黑死病"，是由鼠疫杆菌引起的一种烈性传染病[14]，由于其传染性强、危害巨大，给人类造成了巨大的灾难。经考古证据表明，新石器时代的内蒙古哈林忙哈遗址就曾暴发鼠疫，为了阻断瘟疫的传播，大批居民被烧死在居所中，境况惨烈[15]。清代诗人师道南在1796年云南鼠疫流行时写下《鼠死行》一诗，其中有"东死鼠，西死鼠，人见死鼠如见虎"的句子，深刻反映了时人对鼠疫的恐惧[16]。

鼠疫曾在世界范围内发生过三次大规模的流行。第一次是起源于542年地中海沿岸的"查士丁尼瘟疫"，约造成1亿人死亡；第二次开始于14世纪20年代，流行于亚非欧三洲，造成了欧洲三分之一人口的死亡；第三次开始于19世纪末，这次鼠疫较之前规模更大、力度更强，虽然本时期医疗卫生技术已有了很大的进步，但仍造成了千万人的死亡[17]。由此可见，鼠疫对人类的危害极大。然而，鼠类动物不仅仅带来了鼠疫这一种疾病，它还会造成立克次体病、斑疹伤寒、传播轮状病毒等[18]，因此鼠类动物给人类造成了极大的威胁。

4. 治理鼠患

无论从经济还是健康的角度看，鼠类动物都给人类造成了巨大的麻烦和灾难。为了保护生命及财产安全，人类不断使用各种方法来解决鼠类动物带来的问题。人类采取的方法大致可分为两种，一是防鼠，二是灭鼠。

防鼠主要体现在人类利用各种手段防止鼠破坏财物及健康。为了防止老鼠偷窃粮食，早在新石器时代早期，先民们就专门制作了盛放粮食的陶器[19]。陕西泉护村遗址、高陵杨官寨遗址的先民更是制作了一种折肩小底大瓮（图1）[20]。这种陶器不仅防潮通风利于储存粮食，而且器壁的倾斜度极大，使得鼠类难以攀爬，能够有效起到保护粮食作物安全的作用。对于老鼠带来的疫病，先民极力在传播阶段将其遏止。中国各个朝代都重视城市卫生安全，极力避免城市内出现污水横流的情况[21]。到了近代，1911年，医生伍连德发明了被称为"伍氏口罩"的面纱口罩[22]，极有效地抑制了疫病传播，达到了对疫病进行防治的目的。

图1　华县泉护村出土的折肩小底大瓮
（编号H202：8）

Figure1　Hua County Quanhu village unearthed folded shoulder small bottom large urn

灭鼠是指灭除危害人类生产生活的鼠类动物，从根源上解决鼠患问题。湖南出土的里耶秦简[23]和广州出土的南越国木简中均记载有有关捕鼠的文字，如"仓厨捕鼠十，婴（9-1128）"（图2）[24]，"大奴虏，不得鼠，当笞五十（简105）"[25]（图3）[26]等。可见当时官方不仅要求百姓奴隶捕鼠，南越国还对未捕到一定数量的人进行处罚。由此可见，中国先民的灭鼠行为由来已久。

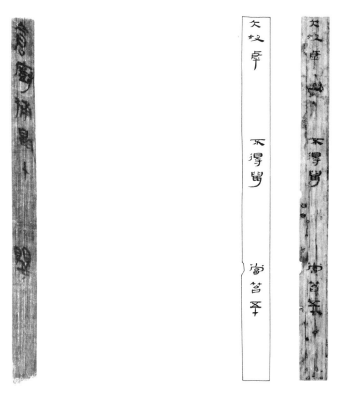

图2　里耶秦简中载有捕鼠文字的简册（9-1128）　图3　南越国木简中载有捕鼠文字的简册（简105）

Figure 2　The wooden slips of rodent catching characters in Liye qinjian　Figure 3　The wooden slips of rodent catching characters in Nanyue kingdom

　　灭鼠的主要手段有四种。一是人力除鼠，主要使用烟熏水灌的方式，将鼠从洞穴中逼出，再行抓捕。《诗经·豳风·七月》中有"穹窒熏鼠，塞向墐户"[27]的记载。二是利用弓箭、弹丸等工具捕鼠灭鼠。西汉焦赣的《易林》载："炙鱼椱斗，张伺夜鼠，不忍香味，机发为祟，柞不得去。"可见汉代先民们就发明了类似捕鼠夹的工具，并在其中放置诱饵以灭鼠。三是用毒药灭鼠。《山海经》有"有白石焉，其名曰礜，可以毒鼠；有草焉……名曰无条，可以毒鼠"的文字，记载了两种可以毒鼠的物产[28]。湖北周家台出土的秦简上也发现记载有用以灭鼠的"巳鼠方"，正是以白礜为主要原料。四是以老鼠天敌灭鼠。主要用到猫、狗、鼬、鸮、蛇等动物。需要注意的是，尽管史前的泉护村遗址就出土了猫科动物骨骼，但在猫未被彻底驯化之前，狗更多地承担了捕鼠的任务。《吕氏春秋·士容》有"齐有善相狗者，其邻假以买取鼠之狗"的记载，四川三台郪江崖墓出土有"狗咬耗子"画像石（图4）[29]。这可反映出至少在秦汉时期，用狗来捕鼠的现象还十分盛行[30]。根据史料记载,这一时期甚至还存在官方蓄犬以治理鼠患的行为,其制度、管理均较为完善[31]。直至唐宋时期,猫才逐渐战胜狗,成为捕鼠的主力军。

(二)鼠利

作为哺乳动物中种类最多,种群数量极大,与人类关系极密切的动物,鼠类不仅仅为人类带来了破坏和灾难,还是古代人类可以利用的自然资源。

1. 食鼠

相较于大型的熊、虎、豹等食肉类动物,数量庞大的鼠类动物更易于猎取,风险也小得多,因此鼠类动物是处于采集狩猎时代的先民们重要的食物来源。早在旧石器时代,如在年代为距今数十万年前的周口店北京人遗址中,就发现有被烧过且有被拆散痕迹的鼠类化石,这些化石中可鉴别的种类有田鼠、仓鼠、林姬鼠等多达25种[32],反映了早期先民对鼠类动物作为肉食资源的充分认识和利用。而对于食鼠行为最早的文字记载可见于商周时期。《战国策》卷五载"周人谓鼠未腊者为朴"[33],可见时人不仅有食鼠的风气,对鼠肉的处理方式也不止一种。西汉时期,部分贵族仍继承了食鼠的习俗。汉景帝阳陵中出土有褐家鼠的遗骸,河北满城汉墓中也发现有岩松鼠、社鼠、褐家鼠、大仓鼠等鼠类动物的骨骼(图5)[34]。根据鼠类动物的能力习性,这些动物属后期侵入的可能性较小,应是作为食物陪葬所用[35]。其中在河北满城汉墓中,中山靖王刘胜墓出土的鼠类以岩松鼠为主,其妻窦绾墓出土的以社鼠为主,可能反映了该时期鼠类动物不仅是皇室贵族食物来源的组成部分,在具体利用上可能还存在等级差异[36]。

到了东汉时期,畜养技术进一步发展,人们可食用的肉类增多,鼠肉已不再是一种日常食物,而成了极端情况下迫不得已的选择。《汉书》记载,苏武在北海牧羊时因

图4　四川三台郪江崖墓出土"狗咬耗子"
画像石

Figure 4　The han-dynasty stone of
"a dog bites a rat" in Sichuan province

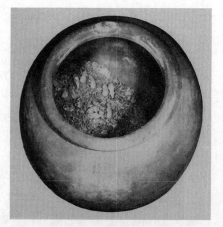

图5　满城汉墓出土陶罐(编号2∶2205)
中的鼠骨

Figure 5　Rats in a pottery pot unearthed
from the Han Dynasty Tomb in Mancheng

缺乏食物，"掘野鼠去草实而食之"[37]。魏晋时期，由于战乱和自然灾害，食鼠现象增加。《晋书》记载在徐龛、石勒交侵兖州时，"百姓饥馑，或掘野鼠蛰燕而食之"[38]。北齐时北方地区霜旱灾频发，"降户掘黄鼠而食之，面无谷色"[39]。由此可见，该时期食鼠仍未被普遍认同，鼠类动物只是人类的饥寒时期的补充食物。

唐代以后，食鼠的风气又发生改变。虽仍不是被普遍认同的食物，但许多人把鼠肉当作一种珍奇异品，尤以岭南一带为最。该地区人民喜食田鼠、竹鼠，且称其为"蜜唧""家鹿"。至明代，岭南的"蜜唧"甚至被作为祭祀的贡品使用[40]。直到今天，岭南一带的广东、云南等地仍有食鼠的习俗，甚至还创造出如"井窝"、"害勃侠拉"、红兰焚竹鼠等多种吃法[41]。由此可见，食鼠的习俗在中国由来已久，且延续深远。

2. 用鼠的皮毛制作衣物

史前时期，人类就开始利用动物皮毛制作衣物鞋帽。部分鼠类动物的皮毛光洁，毛发长，是较好的制作衣裳的材料。新石器时代晚期的重庆大河口遗址出土有鼯鼠类动物的骨骼，根据这些骨骼缺少捕食者的消化痕迹以及遗址出土有石刮刀等制革工具，可知该遗址先民利用鼯鼠的皮毛来制作物品，且已具有较成熟的毛皮处理技术[42]。李时珍《本草纲目》中记载："黄鼠出太原……而脆皮可为裘领……北胡又有青鼠，皮亦可用。"[43]清代《红楼梦》中的人物也多次出现穿着鼠皮毛所制成的衣物，如王熙凤所穿"五彩刻丝石青银鼠褂"[44]、贾母所穿"灰鼠暖兜"[45]、袭人所穿"青缎灰鼠褂"[46]等。可见先民对鼠类动物皮毛的利用已有了充分认识。

此外，鼠类皮毛也是古代国家地域之间文化物资交流的载体。《隋书》记载隋炀帝时，使臣从史国"得十舞女、狮子皮、火鼠毛而还"。《辽史》记载，在雄州、高昌、渤海设立的互市中，边疆各部落"以蛤珠、青鼠、貂鼠、胶鱼之皮"和辽民进行交易。因此，鼠类皮毛在古代具有极其珍贵的作用。

3. 制药

传统中医学常利用各种自然资源充作药材以治疗疾病，鼠类动物也不例外。以鼠入药的记载最早可见于湖南马王堆汉墓出土的汉代帛书《五十二病方》，其中记载鼢鼠可治伤口疼痛、牡鼠可治痔疮。唐代《千金方》中也记载鼺鼠（即鼯鼠）"主堕胎，令人产易"[47]、鼹鼠"主痈疽诸瘘蚀恶疮，阴烂疮"[48]。到了明代，《本草纲目》用较长的篇幅介绍了鼠类动物的肉、肝、胆、脑等各处部位的功用[49]，其中鼯鼠的粪便更是被称作五灵脂[50]，被视为珍贵的药材。即使是今天，广东仍有用刚出生的小鼠泡制而成的"胎鼠酒"，被认为可以"祛风寒、治头痛、产后风"[51]。

4. 其他

除上述功用外，人类还在生产生活实践中开发出了鼠类动物更多的功用：鼠类动物的毛发可以用于制作毛笔；[52]由小家鼠和褐家鼠培育而成的小白鼠、大白鼠可用于医学实验；经特殊选育的鼠类还可以作为宠物陪伴人类；等等。此外，鼠类动物也可在矿石开采中发挥作用。矿井中情况复杂，极易发生地质灾害等事故，威胁到矿工的安全，而鼠类动物具有极强的嗅觉和听觉，可以感知矿井中各种气体微小的浓度变化，尤其是一氧化碳、二氧化碳和硫化氢等有毒有害气体。鼠类动物还可以通过声波反射，更早察觉到矿井中可能出现的地质问题[53]。因此，鼠类动物能够及时避开灾难，给矿井中的人以警醒，在保护矿工的生命安全上起到了极大作用。

（三）鼠的文化内涵

鼠类动物的对人类的生产生活造成了破坏和威胁，但由于它拥有古人类向往的极强的繁殖能力和生命力，且在实际生活中能成为人类利用的资源，因此人类常常对鼠类动物抱有复杂的矛盾心理：一方面对鼠极为厌恶，恨不得将其赶尽杀绝；一方面对其敬畏，崇拜信仰。

1. 鼠神信仰

鼠类动物具有锋利的牙齿和较强大的咬合力，擅于啃食物品，在很多地区都有"鼠咬天开"的传说。四川虎头湾崖墓中发现有"老鼠啃瓜"图像的汉画像石（图6）[54]，有学者认为，图像中的瓜是混沌的象征，鼠啃瓜就是鼠咬天开的形象表述[55]。明代《松霞馆赘言》也有"子神鼠破混玄，天开"的记载[56]。因此，鼠常被奉做创世神。

此外，在众多少数民族的神话体系中，鼠常被奉为祖神。拉祜族传说天神厄莎在创造天地之后，将十三个孩子分别交给十二个动物抚养，其中鼠养大了扎发和娜发，即鼠和人的祖先，因此拉祜族有将鼠作为祖神的信仰[57]。在

图6　四川虎头湾崖墓出土"老鼠啃瓜"汉画像石

Figure 6　The Han-Dynasty stone of "mouse gnawing melon" in the cliff tomb in Hutou Bay, Sichuan Province

土家族，鼠同样被视为祖神，他们认为穴居的鼠和洞葬的土家族人类似，或许拥有相同的起源[58]。

鼠类多以作物种子为食，善于储存粮食，而且经常出现于粮食丰富的地方。鼠的叫声类似数钱声[59]。出于对粮仓充溢、富裕丰饶的向往，人们将鼠奉为仓神、财神。在民俗文化中，正月常有祭祀仓神"大耗星君"的"填仓节"，《燕京旧俗志·岁令篇》载"大耗星君，所以配享此君者，传系掌管仓中之耗子"，"大耗星君"指的就是鼠[60]。

鼠类动物具有惊人的繁殖能力，且鼠在地支中与"子"相配，"子鼠"谐音"子孙"[61]，这符合了倡导多子多福的古代农耕社会的生育观。因此，鼠也被封为多子神。古代遗物中常见各种与鼠有关的艺术图案。天津博物馆收藏有一件雍正款松鼠葡萄纹大盘，画中松鼠与多籽的葡萄组合成多子的吉祥图案[62]。除葡萄外，鼠也常与石榴、白菜、瓜等蔬果构成多子的意象，反映了古代人民瓜瓞绵绵、子孙昌盛的愿望。

前文曾提到鼠在矿石开采中能够有效预警灾害的发生，保护矿工的安全。因此，在山西、河北这样的煤矿主产区具有鼠神的信仰。他们认为产地的矿产是太上老君化作老鼠散播开来的，便将鼠奉作窑神。北京门头沟民间曾贴有鼠形象的窑神版画，并设有窑神庙[63]。每年农历的腊月十八，矿工们也都会举行盛大的"窑神诞"，祈求神明的庇

佑和祝福。

此外，鼠也被奉为星神。满族神话中有鼠星，被称为"兴克里"或"兴恶里乌西哈"，能计时定位。北方谚语有"鼠星见耳，风冻水儿"，即是满族先民利用鼠星来卜测雪量、风力的体现[64]。中国传统的二十八星宿中也有"虚日鼠"这一星神形象，代表秋天，主肃杀[65]。

或许正是因为人们对鼠的敬仰，在十二生肖中才会将老鼠排为首位。金鼠、白鼠常有祥瑞之意。古人又将生肖足数的奇偶与阴阳相对。明代郎瑛在《七修类稿》中提到"如子虽属阳，上四刻乃昨夜之阴，下四刻今日之阳，鼠前足四爪，象阴，后足五爪，象阳故也"，认为鼠足兼具阴阳、奇偶同体，恰与"子"时的内涵相应，所以将鼠排于"子"位。无论鼠为十二生肖之首的原因是什么，鼠类动物在古代生活中的作用都可见一斑。

2. 防鼠敬鼠

传统习俗中常有针对老鼠的忌讳。上海称老鼠觅食时失足落地为"老鼠落空"，认为看到该情形不吉利，见之则非病即灾，因而对其十分避讳。该地区还忌听"老鼠数钱"、忌说老鼠坏话[66]。土家族人在进入山洞时要用明烛、纸钱祭拜祖神，遇到老鼠要避让等[67]。这些对老鼠的忌讳包含了对鼠的崇敬、服从、畏惧、害怕的复杂情绪，在具体表现上就是一种敬而远之的态度。

中国民间还常流传有"老鼠嫁女"的传说，并因此衍生出正月"祀鼠"的习俗（图7）[68]。在被认为是老鼠嫁娶的日子，人们将食物供于老鼠经常活动的厨房、墙角，以备老鼠之用。当天晚上，家家户户都不点灯，既不做工也不高声喧哗，以免惊扰老鼠娶亲，给来年招致祸患[69]。在该习俗中，人们尊重老鼠的习性。但在原本的故事，老鼠为其女择定的女婿是一只猫，并因此酿成全家被猫吃掉的惨剧[70]。在"老鼠嫁女"故事和习俗中，人们将鼠日、鼠忌等结合在一起。一方面，人们对鼠患无力控制，从而对其心生敬畏，甚至采取"嫁"走鼠的方式来消极避祸；另一方面，人们用猫来克制鼠患，在与鼠的交锋中最终获得了胜利[71]。"老鼠嫁女"包含了诸如生殖崇拜、渴求富贵和忌鼠、媚鼠的心理等文化意蕴[72]，是先民防鼠敬鼠行为的体现。

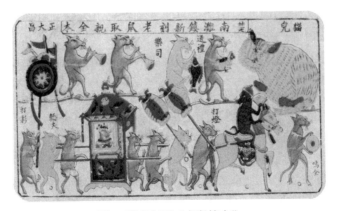

图7　湖南年画"老鼠嫁女"

Figure 8　Hunan new year picture "A Mouse Marriage"

3. 以鼠类人

鼠与人类关系密切，因而在各种意象中常将鼠与人联系在一起。如"首鼠两端""鼠目寸光""胆小如鼠"等。《本草纲目》中提到"鼸鼠，即黄鼠，晴暖则出坐穴口，见人则交前两足于颈，拱而如揖"，有人据此认为"圣人……师拱鼠制礼"，将鼠视作人类礼仪之师。先民们或许也是看到鼠类动物遵守礼法的行为[73]，才发出《诗经》中"相鼠有皮，人而无仪"的感叹。

先民不仅从鼠类动物的行动中学到礼法，更有人以鼠为榜样，并因此改变一生。秦丞相李斯年少时作为乡间小吏，看到"厕中鼠"饮食不洁、生活不定，"仓中鼠"则饱食终日，由此发出"人之贤不肖譬如鼠矣，在所自处耳"的感叹。他由鼠思及自身，产生了向上奋斗的动力，决定追随荀卿学习"帝王之术"，由此走上辅佐秦王安定天下的道路。

晋简文帝司马昱"见鼠行迹，视之为佳"，并因为有人将鼠杀死而"意色不悦"[74]。有学者认为，司马昱之所以对鼠如此痴迷，一是因为鼠后足五爪，以"鼠迹之五"观照"吾之自身"；二是以鼠迹关注朝臣行迹；三是以鼠行暗示桓温之祸[75]。司马昱做皇帝时，权臣当道，皇权式微。他被桓温压抑，不能一展抱负，只能在观鼠这一行为上宣泄自己的想法。鼠就成为他精神的载体，因而对鼠极为重视。

二、遗址中出现鼠类遗存可能反映的情况

鼠类动物与人类的关系密切，如果对其进行了充分研究，就可以从遗址现象中释读出更全面的信息。

鼠类动物的遗存，一是可以反映当时的生态环境。以竹鼠为例，竹鼠通常栖息于山区的竹林、竹阔混交林、稀树草坡和菁草丛生处[76]，因此竹鼠遗存的发现常视为遗址气候暖湿的证据。学者们就曾从殷墟[77]、陶寺[78]、姜寨[79]等遗址出土的竹鼠骨骼判断出遗址所处时期的气候较今日更为暖湿。有学者还从竹鼠分布的北界向南移这一现象论证了中国气候的干冷化进程[80]。鼠类动物分布广泛，种类较多，不同种类分布的气候环境存在一定差异。因此在用遗址出土的动物骨骼推断遗址所处时期的生态环境时，可以用鼠类动物作为补充。

二是可以反映时人的生业方式。鼠类动物尤其是褐家鼠、小家鼠常以作物种子为食。经研究发现，在人居住一年以上的房屋内，黑线姬鼠会侵入房屋，如果居住的时间更久，小家鼠和褐家鼠会取代黑线姬鼠成为房屋内的优势种[81]。虽然这是由现代数据得出的结论，但遗址中出土的鼠类动物仍可作为推测人类是否定居的证据。此外，由于"食鼠"行为的存在，部分鼠类动物的遗骸或许也可反映先民的食物构成。因此，通过对鼠类遗存的研究可以了解先民的生业方式，从而推测农业起源与人类定居的进程。

三是可以反映种群的迁徙和交流。各种动物经过食物的摄取，将锶同位素保存在牙齿和骨骼上，并从中体现出 $^{87}Sr/^{86}Sr$ 比值的差别。不同地区具有不同的 $^{87}Sr/^{86}Sr$ 比值，不同地区长成的动物在牙齿和骨骼的锶同位素上也存在差别。将遗址中出土骨骼的锶同

位素比值与遗址当地的锶同位素标准进行对比，即可判断出这些种群在生长过程中是否发生过迁移和变化。鼠类动物寿命较短，大多是本地长成，遗址中出土的鼠类动物的遗骸就成了建立当地锶同位素标准的最理想标本。因此，通过和鼠类遗骸的锶同位素比值对比，就可以反映出遗址中出土的动物是否有过迁徙，先民们是否有过交流等问题[82]。

四是可以反映时人的精神诉求。鼠类动物具有丰富的文化内涵，通过对鼠类遗存的解读，或许能窥得先民们的所思所想。例如，兴建于唐代的榆林石窟第 25 窟中，绘有一只呈缓步行进状、神态悠然的白鼠，有学者认为它是天帝的化身，反映了时人的天人观念；大连博物馆藏有一件老鼠葡萄纹枕顶，其间绣有一只褐色老鼠偷吃葡萄的场景，老鼠和葡萄都有多子多福的意象，这件文物即反映出时人对子孙满堂的向往。

三、动物考古学应当如何研究鼠类遗存

综上所述，鼠类遗存在考古学上具有重要的意义。但该类遗存在遗址中分布较为分散，形态较小，如果辨识得不够认真或分析得不够全面，就很容易出现失误，必须采取合适的研究方法，才能更好地释读它。

（一）辨别是否为被扰动或破坏的遗存

由于鼠类动物具有打洞的习性，其洞穴经常会破坏遗迹现象，对遗址的迹象判断造成困扰，因此在实际发掘和鉴定时，一定要先分清发现的鼠类遗存是否属于遗址所处的历史时期，是否是后期造成的扰乱。在发现鼠类动物的遗骸时，要辨别清楚它是出土于遗迹、地层、还是后期打破地层的鼠洞中。如果有可能的话，最好还要对这些动物骨骼进行 ^{14}C 测年以确定其年代[83]，避免造成遗迹现象的错误释读。

（二）尽可能对鼠类遗骸进行全面的筛选采集

由于鼠类动物的骨骼通常尺寸较小且容易破碎，难以在发掘的过程中被很好的区分出来，故鼠类骨骼常被人们忽视。但鼠类动物遗存可以反映出众多历史现象，可起到的作用较大，应尽量全面采集。在实际发掘中，可采用水洗筛选的方法[84]，采集肉眼难以发现的骨骼和牙齿，有效避免疏漏。鼠类动物骨骼细小，在开展鉴定工作时，可以利用显微镜来辅助工作[85]，避免鉴定造成的失误。

（三）合理利用各种方法和手段

在研究鼠类遗存时要充分利用各种科技手段，如锶同位素、碳氮同位素、古 DNA 分析等。上文中提到，鼠类骨骼是建立遗址当地锶同位素的理想标本，可以反映遗址中动物的迁徙状况。遗址中出土的鼠类动物骨骼也可以进行碳氮同位素分析，将其与家养动物的碳氮同位素对比，就可以推测该遗址鼠与人类的关系。利用古 DNA 分析能够确定样本的遗传特征，推测鼠类动物的起源和扩散。

除了利用科技手段，在研究动物时还要考虑文献学和民族学等学科的材料。汉景帝阳陵最初发现褐家鼠的骨骼时，就有学者排除将其作为肉食资源的可能，认为汉景帝不可能吃鼠肉，这些褐家鼠的骨骼是后期侵入的结果[86]。然而古代人类的食鼠行为，在文献中多有记载，如今在岭南地区也仍可发现。由此可见，如果不充分考虑各学科的知识，就极有可能陷入惯性思维[87]，在遗迹现象的释读上存在局限。

（四）要结合情境分析鼠类遗存

考古学研究中的情境分析，指的是利用考古遗存之间的关系和特点分析遗存的性质和功能，并进而实现根据考古遗存重建历史过程这一目的的研究手段[88]。重庆巫山蓝家寨遗址的鼠类遗存研究中就运用了这一方法。研究者根据室内栖居的小家鼠喜欢硬地面、褐家鼠喜欢软地面这一鼠类的栖居喜好，推测蓝家寨遗址的先民居住的房屋地面可能未经烧结或铺有地面砖，是以软地面为主的[89]。在鼠类遗存的研究中利用情境分析法分析问题，能够更好地重建古代人类的生产生活场景。

鼠类动物深刻影响了人类的社会生活实践和精神文化面貌。由于它为人类带来影响农业、破坏物品和传播疾病的灾祸，也为人类提供肉食、皮毛、药材等各项资源。同时，古人类还对鼠类动物极强的繁殖力、破坏力和生命力充满忌惮和向往。这些因素共同构成了人类对鼠类动物的复杂态度。人们将鼠奉为神，将鼠比作人，对其敬之远之，和鼠类动物形成了独特的"共栖关系"，因而在考古学上具有较高的研究价值。

本文认为，鼠类遗存可以反映遗址的生态环境、先民的生业方式和精神诉求、种群的迁徙和交流多种因素。在研究该类遗存时，应当在判明其是否属于该历史时期的基础上，尽可能对遗存进行全面的采集，并合理利用各种手段，结合情境分析法，对鼠类遗存进行分析研究。本文仅是对已有材料和理论的简单释读和梳理，如有疏漏，还请对本文进行批评指正。

附记　本研究得到国家重点研发计划"中国北方旱作农业起源、形成与发展研究"（项目编号：2022YFF0903500）、2021年度国家社科基金一般项目"郑州地区仰韶文化中晚期畜牧业的动物考古学研究"（项目批准号：21BKG041）、2023年度国家社科基金重大项目"红山文化与西辽河流域文化进程综合研究"（项目批准号：23VLS006）、2022年度国家社科基金重大项目"陶寺遗址考古发掘研究报告（2012-2021）"（项目批准号：22&ZD242）、中国社会科学院青年人才培远计划"中国海滨贝丘的发现和研究"、国家文化英才培养工程专项资助项目"遗贝寻踪：中国贝丘的故事"、科技考古实验室"古代动物的驯养与开发利用——动物考古的多学科研究"（编号：2024SYZH002）资助。

注　释

[1] 王运辅：《啮齿类的动物考古学研究探索》，《南方文物》2016年第2期，第110页。

[2] 广东省博物馆、中国科学院古脊椎动物与古人类研究所：《广东阳春独石仔新石器时代洞穴遗存发掘》，《考古》1982年第5期，第459页。

[3] 云南省博物馆：《元谋大墩子新石器时代遗址》，《考古学报》1977年第1期，第71-72页。

[4] 胡松梅、杨苗苗、孙周勇，等：《2012-2013年度陕西神木石峁遗址出土动物遗存研究》，《考古

与文物》2016 第 4 期，第 113 页。

［5］ a. 魏辅文、杨奇森、吴毅，等：《中国兽类名录（2021 版）》，《兽类学报》2021 年第 5 期，第 490-494 页。

b. 余翀：《关于考古遗址出土动物骨骼鉴定结果所使用拉丁名的思考》，《南方文物》2018 年第 1 期，第 140-141 页。

［6］ 同［1］。

［7］ 管理、胡耀武、胡松梅，等：《陕北靖边五庄果墚动物骨的 C 和 N 稳定同位素分析》，《第四纪研究》2008 年第 28 卷第 6 期，第 1160-1165 页。

［8］ 程俊英译注：《诗经》，上海：上海古籍出版社，2006 年，第 159 页。

［9］ a. 秦国攀、王丽歌：《两宋淮南地区自然灾害考论》，《宋史研究论丛》2018 年第 1 期，第 161 页。

b. 徐松辑，刘琳、刁忠民、舒大刚，等校点：《宋会要辑稿》，上海：上海古籍出版社，2014 年，第 7988 页。

c. 马端临著，上海师范学院古籍研究所、华东师范大学古籍研究所点校：《文献通考》，北京：中华书局，2011 年，第 8513 页。

［10］ a. 何云江：《明代云南灾荒研究》，云南大学硕士学位论文，2021 年，第 47 页。

b. 鄂尔泰，等监修：《云南通志》卷二十八《祥异》，乾隆元年（1736）刻本。

［11］ 同［10］a，第 65 页。

［12］ 同［8］，第 24 页。

［13］ 樊娟：《水陆庵泥塑土的性质及其修复材料研究》，《考古与文物》1994 年第 6 期，第 1 页。

［14］ 孟庆云：《"人见死鼠如见虎"——鼠疫的三次世界性大流行》，《中国中医基础医学杂志》2003 年第 8 期，第 42 页。

［15］ 朱永刚、吉平：《内蒙古哈民忙哈遗址房址内大批人骨遗骸死因蠡测——关于史前灾难事件的探索与思考》，《考古与文物》2016 年第 5 期，第 80 页。

［16］ a. 同［14］。

b. 魏巍：《从〈鼠死行〉浅议清代不可磨灭的疫疾记忆》，《今古文创》2022 年第 11 期，第 16 页。

［17］ 同［14］，第 42-43 页。

［18］ 丘柳玉：《2020 年世界害虫日公益活动主题：鼠年·鼠害·鼠病》，《中国媒介生物学及控制杂志》2020 第 3 期，第 306 页。

［19］ 王炜林：《猫、鼠与人类的定居生活——从泉护村遗址出土的猫骨谈起》，《考古与文物》2010 年第 1 期，第 23 页。

［20］ 北京大学考古学系著，中国社会科学院考古研究所编：《华县泉护村·黄河水库考古报告之六》，北京：科学出版社，2003 年，图版十。

［21］ 同［16］b，第 17 页。

［22］ 袁靖：《动物寻古——在生肖中发现中国》，桂林：广西师范大学出版社，2023 年，第 54 页。

［23］ a，谢坤：《里耶秦简所见"鼠券"及相关问题》，《简帛》2020 年第 2 期，第 58 页。

b，张瑞：《里耶秦简"鼠券"再研究》，《秦汉研究》2022 年第 1 期，第 245 页。

［24］ 湖南省文物考古研究所：《里耶秦简（贰）》，北京：文物出版社，2017 年，第 138 页。

［25］ 黄展岳：《先秦两汉考古论丛》，北京：科学出版社，2008 年，第 448-455 页。

［26］ 广州市文物考古研究院、中国社会科学院考古研究所、南越王博物院：《南越木简》，北京：文物出版社，2022 年，图版一○八。

［27］ 同［8］，第 217 页。

［28］ 同［24］。

［29］ 俞伟超主编：《四川汉画像石》，河南：河南美术出版社，2000 年，第 31 页。

［30］ 郑先兴：《论汉代民间的鼠信仰——兼谈"老鼠嫁女"的原型及其旨趣》，《宁夏师范学院学报》2011 年第 2 期，第 61 页。

［31］ 李建雄：《秦汉时期官方蓄犬现象研究》，《农业考古》2019 年第 1 期，第 164 页。

［32］ 吴汝康、任美锷、朱显谟，等：《北京猿人遗址综合研究》，北京：科学出版社，1985 年，第 105、108 页。

［33］ 刘向集录：《战国策》，上海：上海古籍出版社，1988 年，第 202 页。

［34］ 中国社会科学院考古研究所、河北省文物管理处编：《满城汉墓发掘报告》（下），北京：文物出版社，1980 年，图版八一。

［35］ a. 张琦、侯旭东：《汉景帝不吃老鼠吗？——我们如何看待过去》，《史学月刊》2019 年第 10 期，第 47 页。

　　　 b. 同［34］，第 403-404 页。

［36］ 高耀亭、叶宗耀：《满城汉墓出土兽类骨骼的研究及古代食鼠的论证》，《兽类学报》1984 年第 3 期，第 240 页。

［37］ 班固：《汉书》，北京：中华书局，1962 年，第 2463 页。

［38］ 房玄龄：《晋书》，北京：中华书局，1974 年，第 1797 页。

［39］ 李百药：《北齐书》，北京：中华书局，1972 年，第 5 页。

［40］ 李珊珊：《中国古代食鼠现象的时空演进与影响因素研究》，《贵州文史丛刊》2021 年第 3 期，第 32-33 页。

［41］ 和晓蓉：《浅谈云南的食鼠文化》，《中南民族大学学报》（人文社会科学版）2003 年第 1 期，第 111-112 页。

［42］ 王运辅、杨华、李大地：《重庆大河口遗址出土鼯鼠骨骼及意义》，《第四纪研究》2021 年第 41 卷第 1 期，第 224 页。

［43］ 曾诚：《香鼠筒子、豆鼠皮——清代皇室贵族的皮草嗜好与毛皮消费》，《紫禁城》2020 年第 1 期，第 65 页。

［44］ 曹雪芹、高鹗：《红楼梦》（上），北京：人民文学出版社，2008 年，第 40 页。

［45］ 同［43］，第 679 页。

［46］ 同［43］，第 691 页。

［47］ 孙思邈：《千金翼方校注》，上海：上海古籍出版社，1999 年，第 101 页。

［48］ 同［47］。

［49］ 邢湘臣：《变鼠患为鼠利——食鼠肉古今谈》，《农业考古》1988 年第 1 期，第 231 期。

［50］ 向凌云、向前：《鼯鼠的开发利用》，《河南农业科学》2002 年第 10 期，第 45 页。

［51］ 姚学正：《舌尖上的广东》，湖北：武汉大学出版社，2015 年，第 65 页。

［52］ 黄交军、李国英：《中国早期鼠文化考索》，《国学》2021 年，第 404 页。

［53］　宋德胤：《矿工的礼俗、禁忌和预兆》，《民俗研究》1986 年第 1 期，第 53 页。

［54］　同［29］，第 10 页。

［55］　同［31］，第 63 页。

［56］　姚玥：《从考古角度看中国古代对鼠的爱恨》，《大众考古》2020 年第 3 期，第 48 页。

［57］　马昌仪：《鼠咬天开》，西安：陕西人民出版社，2008 年，第 36 页。

［58］　同［58］。

［59］　同［30］，第 62 页。

［60］　同［56］。

［61］　吴诗池、黄桂蓉：《漫话鼠文物》，《南方文物》1997 年第 1 期，第 121 页。

［62］　同［30］，第 48 页。

［63］　同［53］。

［64］　杨春风：《满族"星神"神话及其文化阐释》，《吉林师范大学学报》（人文社会科学版）2022 年第 2 期，第 7-8 页。

［65］　同［56］，第 49 页。

［66］　赵峰：《中国传统民俗民艺中的鼠文化》，《兰州大学学报》（社会科学版）2014 年第 6 期，第 167 页。

［67］　同［66］。

［68］　中国美术全集编委会编：《中国美术全集·22·绘画编：民间年画》.北京：人民美术出版社，2015 年，第 186 页。

［69］　刘华伟：《鼠年论鼠》，《文物鉴定与鉴赏》2020 年第 2 期，第 9 页。

［70］　张道一：《老鼠嫁女——鼠民俗及其相关艺术》，济南：山东美术出版社，2009 年，第 78 页。

［71］　朱婧薇：《论中国传统鼠故事的传承与演变》，华中师范大学硕士学位论文，2017 年，第 20 页。

［72］　同［68］，第 166 页。

［73］　同［52］。

［74］　余嘉锡：《世说新语笺疏》，北京：中华书局，1983 年，第 38 页。

［75］　刘康德：《简文与鼠迹》，《中华文史论丛》2015 年第 2 期，第 68-74 页。

［76］　潘清华、王应祥、岩崑主编：《中国哺乳动物彩色图鉴》，北京：中国林业出版社，2007 年，第 311-314 页。

［77］　郭睿姬：《殷墟的自然环境及其与人类社会的关系试探》，《中州学刊》1998 年第 2 期，第 121 页。

［78］　孟鑫：《有关陶寺遗址竹鼠遗存的若干问题》，《三代考古》2021 年第 1 期，第 209 页。

［79］　David G A, Kirk A M, Daniel H S. 2007. *Climate Change and Cultural Dynamics: A Global Perspective on Mid-Holocene Transitions*. New York: Academic Press, p.311.

［80］　何业恒：《中国竹鼠分布的变迁》，《湘潭大学学报》（哲学社会科学版）1980 年第 3 期，第 32 页。

［81］　夏武平：《大兴安岭森林采伐地区人房内鼠类区系的演替现象》，《动物学报》1962 年第 2 期，第 52 页。

［82］　同［22］，第 20 页。

［83］　同［22］，第 34 页。

［84］　同［22］，第 36 页。

［85］ 同［1］，第 112-113 页。

［86］ 胡松海、杨武站：《汉阳陵帝陵陵园外藏坑出土的动物骨骼及其意义》，《考古与文物》2010 年第 5 期，第 108-109 页。

［87］ 同［35］a，第 55-56 页。

［88］ 许永杰：《中国考古学研究中的情境分析》，《考古与文物》2011 年第 1 期，第 92 页。

［89］ 武仙竹、邹后曦、滕明金：《巫山蓝家寨遗址啮齿目动物研究报告》，见吉林大学边疆考古研究中心编：《边疆考古研究》（第 17 辑），北京：科学出版社，2015 年，第 356-357 页。

Rodents in the Zooarchaeological View

YANG Yi-ni[1], LYU Peng[2]

(1. University of Chinese Academy of Social Science; 2. Institute of Archaeology, Chinese Academy of Social Science)

Abstract: Rodents occupy a special position in human production and life. Rodents is hated by human because they brings human disasters. However, rodents is respected by human because they have the reproduction and vitality of ancient human yearning. But in any case, rodent is the unavoidable part of the study of ancient human social life. From the harm and benefit of rodents to humant, this paper discusses the complex psychology of human to the roden. In addition, combined with the excavation and research data, we try to consider how to study rodent remains in zooarchaeology.

Key Words: mouse; rodent; archaeological research

偃师商城出土铜器的铸造工艺

张　颖[1]　刘　煜[2]　陈国梁[2]　曹慧奇[2]

（1. 中国社会科学院大学考古系；2. 中国社会科学院考古研究所）

摘要： 本文通过对偃师商城出土的 9 件较完整的铜器进行外观特征和铸造痕迹的观察，对其铸造技术进行研究，重点探讨其铸型设置和分范技术，尽可能地复原器物的分范方式、纹饰制作、后期处理等铸铜工艺。研究显示偃师商城出土青铜器的铸型分范技术与二里岗文化其他遗址所出青铜器基本相同，均继承自二里头时期青铜器的分范技术，并得到进一步的发展。铜容器皆为浑铸成形，尚未见在郑州商城及盘龙城遗址青铜器中所见的分铸技术。

关键词： 偃师商城　青铜器　铸造工艺　分范方式

一、引　　言

偃师商城遗址（公元前 16 世纪～前 14 世纪）是早商时期的重要遗址，其年代上承二里头文化，下启中晚商文化。其西距二里头遗址仅 6 千米的特殊地理位置，使得偃师商城遗址在夏商文化的研究中具有非常重要的地位。偃师商城铜器及冶铸遗物的分析研究对于探索夏商青铜文明的技术传承有着重要的意义，同时也对探讨偃师商城遗址的性质和二里岗文化各遗址之间资源的流通问题有着重要作用。早期铜器铸造技术，以二里头文化为代表，铜器器形与纹饰较单一，分范技术较为简单，合金配比技术也属于初创时期。从初期简单的铸铜技术发展成为晚商殷墟时期精湛的铜器制作工艺，其间技术演进的细节，是值得仔细推敲的。近年来对夏商时期出土青铜器的研究很多，诸如二里头、郑州商城、盘龙城等重要遗址都有较为全面的铜器群铸造技术研究，但偃师商城作为早商时期的代表性遗址，铸造技术研究领域的研究几乎为空白，其中原因也与偃师商城出土铜器，尤其是铜容器数量较少有关。本文在对部分偃师商城出土铜器实物，特别是铜容器进行外观特征和铸造痕迹观察的基础上，尝试对其铸造技术进行初步研究，重点探讨其铸型设置和分范技术。

二、铜器成分的无损检测

偃师商城出土铜器主要以铜镞和铜簪为大宗，另有少量的铜刀、铜凿和铜锥等。出土的容器数量较少，主要种类有斝、爵、觚、尊。本研究针对偃师商城出土的 9 件较完整的铜器，其中包括 3 件铜爵、2 件铜斝、1 件铜觚、2 件铜刀和 1 件铜铃。首先使用美国尼通 XL3t950 手持式便携式 X 射线荧光光谱（portable X-ray fluorescence spectroscopy，pXRF）仪对其不同部位进行成分检测，以期了解这些铜器的合金材质。为保护文物面貌，直接在铜器表面检测，结果可作合金成分定性参考。

表 1 所示的铜器主量成分数据总和均在 81%～92% 之间，是因为便携式 X 射线荧光光谱仪检测的是未经处理的表面，故而成分里会有氧，还会有一些土壤里的元素成分，铜器本身也会有一些微量元素，但因为这个结果仅作为定性的判断，故而无需罗列所有元素。由表 1 可见，偃师商城出土的这 9 件铜器以锡铅青铜为主，共有 7 件，另 2 件为锡青铜，分别是 1 件爵和 1 把刀。容器大部分都是锡铅青铜，说明偃师商城时期的工匠已经熟知锡、铅加入对于铜液铸造性能的影响。而不同部位的成分差异，则与成分偏析有关，也与浇注时对应的铸型位置有关，本文据此尝试探讨每一件青铜器的浇注方式和浇口位置的设置。

表1　偃师商城铜器成分表

Table 1　Composition of unearthed bronze from Yanshi Shang City site

序号	器物编号	器物名	部位	元素成分（wt%）			合金成分总量（wt%）	合金类型
				Cu	Sn	Pb		
1	1996YSⅡT11M22：1	爵	颈部	76.3	13.4		90.4	Cu-Sn
			上腹	78.4	10.4			
			下腹	80.5	12.1			
			平均	78.4	12.0			
2	2019YSⅢT16M15：2	青铜爵	柱帽	69.2	7.3	15.5	86.3	Cu-Sn-Pb
			流	54.2	12.2	12.3		
			尾	53.1	8.2	21.0		
			鋬	64.7	11.3	14.8		
			腹部	60.1	10.3	14.7		
			足	59.7	11.8	16.8		
			平均	60.2	10.2	15.9		
3	2019YSⅢT16M12：1	爵	流	58.0	14.6	9.5	81.6	Cu-Sn-Pb
			尾	34.6	9.2	36.6		
			鋬	55.7	10.0	7.6		
			腹部	48.9	27.9	19.1		
			足	50.2	5.3	20.6		
			平均	49.5	13.4	18.7		

序号	器物编号	器物名	部位	元素成分（wt%）			合金成分总量（wt%）	合金类型
				Cu	Sn	Pb		
4	1989YSⅣ M13：3	铜斝	口沿	85.1	0.1	0.6	90.3	Cu-Sn-Pb
			口沿（修补处）	42.5	1.6	38.6		
			颈部	45.6	8.0	41.6		
			腹部	54.7	5.8	28.7		
			足部	65.6	5.6	21.9		
			器底	61.9	7.8	17.1		
			鋬	59.6	6.5	25.7		
			平均	62.1	5.6	22.6		
5	2019YSⅢ T16M15：1	青铜斝	立柱	65.0	12.7	12.7	91.6	Cu-Sn-Pb
			腹部（兽面纹下）	44.0	23.8	27.2		
			腹部（鋬下）	57.2	14.6	18.3		
			鋬	58.6	10.9	19.5		
			足1（本体）	44.4	18.1	31.5		
			足1（补铸）	65.0	14.9	5.6		
			足2（本体）	54.3	15.1	24.5		
			足2（补铸）	75.2	5.9	13.4		
			足3	50.7	18.2	19.7		
			平均	53.5	16.2	21.9		
6	2019YSⅣ T16M15：3	青铜瓠	口沿	60.8	10.5	27.4	91.5	Cu-Sn-Pb
			颈部	64.4	10.6	20.3		
			腹部	61.0	10.3	21.7		
			圈足	58.8	10.4	22.9		
			纹饰带分割线（粗）	57.1	9.1	16.8		
			纹饰带分割线（细）	61.3	9.2	16.4		
			平均	60.6	10.0	20.9		
7	2007YSⅤ T5④：8	铜刀	柄	60.5	21.7	1.2	86.6	Cu-Sn
			刀身	68.8	18.8	1.2		
			刀尖	66.4	20.3	1.0		
			平均	65.2	20.3	1.1		

续表

序号	器物编号	器物名	部位	元素成分（wt%）			合金成分总量（wt%）	合金类型
				Cu	Sn	Pb		
8	1997YSJ1D2 T0211H21：01	铜刀	柄	77.5	3.6	3.4	85.3	Cu-Sn-Pb
			刀身	65.2	4.2	6.0		
			刀尖	77.0	9.0	10.2		
			平均	73.2	5.6	6.5		
9	1988YSⅣT6 M1：2	铜铃	上（无扉棱侧）	63.9	11.5	10.8	81.8	Cu-Sn-Pb
			中部	71.5	14.2	7.2		
			下（扉棱侧）	50.3	8.4	7.5		
			平均	61.9	11.4	8.5		

三、铜器的铸造工艺考察

对这 9 件铜器通过观察其铸造痕迹，研究器物的分范方式、纹饰制作、后期处理等铸铜工艺，并探讨其浇注方式。这 9 件铜器基本可分为三大类，容器、工具和乐器，以下分别讨论其铸造工艺。

（一）容器

1. 爵

铜爵（1996YSⅡT11M22：1）[1]：偃师商城 4 段，气泡严重，膨胀，完全矿化（彩版一〇，1），流下沿着范线的位置开裂，三足均有开裂，可能有青铜病。长尾短流，流根有一对带着小伞形柱帽的矮柱，口沿部位有加厚，浅腹，下部外鼓。侧面有略微呈亚腰形的鋬，鋬下相应位置对应一足，流尾下分别对应两足。三棱锥状足，外撇。平底，器底可见 Y 形范线（彩版一〇，2）。颈腹部应有纹饰，因保存状况太差，只能分辨分颈部的几道弦纹和部分斜线网格纹。

铜爵（2019YSⅢT16M15：2）[2]：偃师商城 5 段，凹槽状流，尖尾，流下有一圆孔，无明显唇边加厚（彩版一〇，3）。流腹交接处有下端分叉的菌状钮单柱，器体横截面近椭圆形，下部与底连接处有一圈内折。器身右侧附一鋬，鋬略微呈亚腰形，鋬与下部锥足处于一条直线上，另两锥足对向均分底部，三锥足细长、外撇，三足上有明显的范线。单柱菌状钮上饰漩涡纹，腹中部前、后各饰一组夔龙纹。鋬周围纹饰线延长至鋬下（彩版一〇，4）。流尾上部两分范线经过处理，没有足部范线明显。

铜爵（2019YSⅢT16M12：1）[3]：偃师商城 4 段，槽流尖尾，尾较短，流两侧近腹处有两圆形小柱，柱顶扁平。器体较粗，腰部稍细，腹部近底处外凸，平底。腰腹部饰带状饕餮纹（彩版一〇，5）。器身呈橄榄形截面，器身前后范线明显（彩版一〇，6），右手鋬与一锥足在同一直线上，另两锥足对向，位于均分底部的位置。

从观察结果可以看出，3 件铜爵的分范铸型一致，都是从腹底水平分范，上部从流—尾中间两分范，下部从三足中间三分范，器底 Y 形范线的相交点更靠近鋬下对应的一足，而并不在器底的中心点，这与铜爵底部的横截面是椭圆形有关，而随着铜爵底部趋近于圆形，Y 形范线的相交点也趋近于中点。1996YSⅡT11M22：1 与 2019YSⅢT16M12：1 两爵的这种不规则小柱帽，做法是直接在范芯上挖出型腔即可。鋬中间窄两头宽的形态，已有学者做过讨论[4]，是因为爵的形态与其他圆形规整的器物不同，尤其是早期爵的形状多为橄榄形，上部两分范，多数情况下，鋬是由鋬芯与一侧外范连接形成空腔，与器身浑铸而成。可能为方便固定，鋬芯为底部愈窄的形状，二里头期的爵鋬这种特点更加明显，且上下多有因设置泥芯撑形成的三角形镂孔，二里岗时期的爵鋬镂孔逐渐消失。这种鋬芯撑的设置也能在偃师商城遗址出土的这几件铜爵中找到痕迹，鋬下腹部无纹饰，未经打磨抛光，且能看见长方形的芯撑痕迹。编号为 2019YSⅢT16M15：2 的单柱爵鋬下有一条顺着腹部纹饰带延长的线，且左右都延长了一段至鋬下（彩版一〇，4），观察痕迹来看，应该是鋬芯的定位线。这只爵与另 2 件爵相比，明显具有更晚一点的形貌，截面开始从橄榄形趋近圆形。其腹下部与底连接处有一圈内折，可能是为了方便水平分范的固定，三足的外撇是为了增加爵这种特殊器形的稳定性。二里头时期的爵三足较为短直或是轻微外撇，稳定性较差。二里岗时期的爵器身截面不再像二里头时期那么细长，器身逐渐朝晚商时期的圆形截面发展，且三足愈加外撇，以此逐渐增加器物的稳定性，这种趋势在这 3 件爵上有比较明显的表现。

表 1 显示第 1 件爵为锡青铜材质，其余 2 件均为锡铅青铜，且这 2 件爵基本都是尾部富集铅，流部铅较少，存在明显的铅偏析。华觉明等曾利用能谱仪检测足部的合金成分讨论妇好墓出土斝（781）的浇注方式，其根据的主要原理就是铅偏析[5]。由于铅与铜互不固溶，而且铅的密度较大，铅青铜铸件容易产生铅的偏析，即浇铸过程中，铅向铜器低端富集。铜爵的流尾位于相对位置，或许浇口位于流部，从流部测浇，尾部即处在最低位置，从而出现铅偏析的现象。由于器物本身无明显的浇口痕迹，本文仅从 pXRF 检测的数据提出一种可能。

2. 斝

铜斝（1989YSⅣM13：3）[6]：偃师商城 6 段，侈口，口沿加厚。束颈，腹较直（彩版一一，1），平底，三棱锥状透底空足，器底可见明显的 Y 形范线（彩版一一，2）。与爵的器底范线略有不同的是，斝的范线相交于器底中部，而爵的器底范线更靠近其中一足。颈部饰二周单圈联珠纹夹一周带状兽面纹。从口沿到足尖有 3 条三分范线，穿过颈部花纹，分割 3 组兽面纹，这是因为范块本身就是按照花纹的分组设置的。器身有 2 块修补痕迹，腹部为工地后期修复，口沿处有一处补铸。单鋬，鋬下有一条与鋬同宽的长方形素面区域，这是鋬空腔部位的泥芯的痕迹。鋬下正对一足，鋬中间保留的范线与足范线成一直线。

铜斝（2019YSⅢT16M15：1）[7]：偃师商城 5 段，喇叭口，口沿加厚。沿上有扁平立柱，沿内壁下端显折棱。上腹稍内收。下腹外鼓，素面。平底，底部有 Y 形范线存留。腰部有纹饰带一周，上部为一组弦纹夹连珠纹，其下饰饕餮纹（彩版一一，3）。三空心锥足，均已脱落，可以看见器底相应位置有空洞（彩版一一，4）。单鋬断落，鋬下有一条与錾同宽的长方形素面区域，錾左右纹饰带有明显错位（彩版一一，5）。三足中有一足外侧可看到明显的范线，另两足有明显补铸痕迹，断面能看出明显的两层铜，内为原器足，外为补铸层（彩版一一，6）。器身范线不明显，但两立柱和一錾分别对应三足，并且两立柱往下对应了纹饰带的边界线。

从观察结果可以看出，两件铜斝的分范铸型一致，均是三分外范通包斝底，无底范的铸型。上部两立柱和錾至下部三足中线为三范的分割线。錾的制作与上文所述的爵錾做法类似，都是设置一块錾芯与外范形成錾的空腔。由于斝的整体三分范做法较爵的制作简单，錾在两外范中间，錾芯的固定也相对简单，只需要两侧设置榫卯与外范固定即可，所以錾的形制为上下等长的条形，无需设置成两头宽中间窄的形状来加强固定。立柱在外范上留出空腔即可。pXRF 无损检测数据结果为 2 件锡铅青铜。铜斝（2019YSⅢT16M15：1）青褐色土锈下器壁呈黑色，应该是实用器。该斝两足补铸处所检测的数据，一足为高铅低锡，一足为高锡低铅，说明是不同的两次补铸行为。

3. 瓿

瓿（2019YSⅣT16M15：3）[8]：偃师商城 5 段，喇叭口，体形瘦长，小圈足稍内收。瓿身纹饰上、下两端饰几周细凸弦纹，中部饰兽面纹，圈足上部饰十字形镂孔（彩版一三，1）。两条对称的分界线把纹饰带分成两组，分界线一粗一细。镂孔边缘向内部微微凸起（彩版一三，2），十字镂孔下有一圈弦纹，弦纹有轻微错位，该错位正对着十字镂孔的中线和纹饰带的分界线，说明这里是分范的地方，两块外范扣合形成的轻微错位。

从观察结果可以看出，这件瓿的铸型由两块外范、一块底范和内芯组成，通常这个时期的瓿不使用水平分范。有许多学者曾讨论过镂孔的问题[9]，早期镂孔的形成，是在铸型的芯范之间使用泥芯撑，浇注后留下的痕迹。泥芯撑不仅可以固定范芯和控制器物壁厚，也能起到定位作用。正因如此，偃师商城这件铜瓿的十字镂孔较大，其中线也对应于范线。这种范线正对镂孔中心的做法，也被视作二里岗期青铜器的特征之一。到铸造技术更加成熟的晚商时期，镂孔的位置不再对应于范线，而且除了实用性而外，还增加了装饰作用。偃师商城这件青铜瓿镂孔边缘内凸的原因有两种可能：其一，泥芯撑不是和芯一体，而是榫卯式嵌入芯内，导致有一圈缝隙；其二，泥芯撑与芯是一体，但是在芯撑边缘刻划了一圈凹痕。这两种方式都会在浇注后形成相应的凸起。根据以往对早中商出土青铜器浇注方式的研究[10]，浇口推测位于较粗的范线处，侧浇而成。

（二）工具

本次分析的 2 件工具均为刀。

铜刀（2007YSVT5 ④：8，原编号 2007YSVT5 ⑤：14）[11]：直背平首，背较厚，刀身呈半柳叶形，刀柄较短（彩版一二，1）。在刀背中间处可见清晰范线，刃部锋利（彩版一二，2）。

铜刀（1997YSJ1D2T0211H21：01）：偃师商城 6 段，环首刀，环为椭圆形，环前有两个镂孔，前方孔圆形较规则，后方孔不规则圆，翘尖，刀身呈微弧的 S 形（彩版一二，

3），刃部较锋利，靠近环部分边缘宽，中间窄。

从观察结果可以看出，两件铜刀的铸型均由两块对开的双外范组成[12]。2007YSVT5④：8铜刀背部中部有明显范线，1997YSJ1D2T0211H21：01铜刀范线虽不明显（彩版一二，4），但由尾部形态可推测出也属于以上铸型。二者形状差异较大，合金类型也不同。由pXRF无损检测可知，2007YSVT5④：8铜刀为锡青铜，且锡含量较高。1997YSJ1D2T0211H21：01铜刀为锡铅青铜，且存在明显的铅偏析，从环首至刀尖铅含量递增，可能是从环首处做浇口。石峁遗址曾出土过一件环首刀石范[13]，只残留尾部，残留部分型腔与偃师商城这件环首刀非常相似，且范上可见浇口就在环首处，二里头出土的环首刀[14]也有同样的浇口。2007YSVT5④：8铜刀的铅含量本身较少，器物不同部位铅含量差异较小，难以利用成分差异判断浇口位置，但是由于刀尖部分较为尖锐，对形状和功能的要求可能都要高一些，推测在尾部设置浇口进行浇注的可能性较大。

（三）乐器

对一件铜铃进行了表面观察。

这件铜铃的铸型由一个顶范（彩版一三，4）、两个外范和内芯构成。有许多学者都推测过铜铃的浇口在扉棱处，甚至扉棱的存在就是因为浇口的设置，后期难以全部处理干净，仅打掉浇口杯，留下浇道成为扉棱。由于扉棱较窄（彩版一三，3），且出于对铜铃的保护，很难单独对扉棱进行无损成分检测。表1所测铜铃上中下的部分其实是左上部（无扉棱侧）、中部和右下部（扉棱侧）。从铅含量看，也存在一定的铅偏析，距离扉棱近的部位铅含量较低，远处铅含量较高。所以推测偃师商城这件铜器浇口设置在扉棱处。

四、讨　　论

（一）分范技术

从二里头时期到早商时期，工具、兵器类等平板形的铜器如铜刀，圈足器如铜斝，制作方法较为简单。铜刀一般如上文所述由两对开的双合范组合而成，也即使用了双面范技术；铜斝的铸型一般为两外范、一底范与内芯构成。这一时期各个遗址对此类器物的分范模式相对固定，因此讨论较少。

爵的分范方式相对复杂，二里头时期铜爵有许多学者做过相关研究，主要的争议在于是否存在水平分范。李京华[15]认为二里头铜爵上下两段整体造型较难，应存在水平分范，由上腹部水平两分范和下足部三分范以及内芯组成。Barnard[16]也认为存在水平分范，同样是上部两分外范和下部三分外范，不同的是他认为爵鋬系先铸，爵身与爵鋬分铸而成。难波纯子[17]也曾指出二里头时期爵的铸型分为两种，一种为两分外范，而另一种是上部两分外范，下部三分外范并且带底范，二里岗时期则演变为上部三分外范，下部三分外范但没有底范的铸型。赞同无水平分范的学者主要有华觉明[18]、苏荣誉等[19]。苏荣誉认为二里头铜爵存在以流尾为中线的通体两分法和以流尾鋬为分割线的通体三分法两种铸型设计。楚小龙[20]同样认为二里头时期的铜爵是以流和尾中线对分的通体两分法铸成，但在爵鋬的铸法上，他认为爵鋬是在鋬处的爵腹外范上又置一爵鋬的外范。若这样设置可能会导致爵鋬上下存在两条横向的合范范线，但这并未在二里头时期的爵鋬上出现。同时考虑到二里头爵鋬与其他器物鋬不同的亚腰形设计，本文认为内置鋬芯的可能性更高。廉海萍等[21]通过对 7 件出土的二里头铜爵进行观察，认为以上两种分范模式皆存在，她所观察的 7 件铜爵中有 6 件为通体两分外范铸造，1 件为上部两分外范和下部三分外范的方式铸造。

二里岗时期的铜爵的铸型，苏荣誉等[22]认为是由三分外范组成。田建花[23]在对郑州商城出土铜爵进行观察后认为其存在水平分范，上部两分外范和下部三分外范的形式。胡家喜等[24]在对盘龙城出土铜爵进行观察后，也得到了相同的结论。楚小龙[25]同样持此观点，并认为爵鋬的设置存在上文提及的爵鋬外范设置和内置鋬芯设置两种做法。

宫本一夫[26]把二里岗期铜爵分为有底范和无底范两式，且认为后者较前者更为进步。目前看来，两分外范是二里头较为常见的铸型，而上部两分外范，下部三分外范并且带底范的铸型在二里头晚期和二里岗时期都存在，而且是二里岗时期铜爵的主要铸型。

通过上文对偃师商城出土铜爵的分析，由于爵鋬上均无范线痕迹，且爵鋬均为亚腰形，结合上文对爵鋬铸造的分析，我们认为偃师商城的爵鋬处并无分范。上文提及两件铜爵底部均存在 Y 形范线，另一件由于土锈较重，尚不能分辨。可以确定偃师商城出土铜爵的分范铸型与上述文章中的郑州商城铜爵、盘龙城铜爵的铸型一致，即腹上部两块对分外范、足下部三块外范、一块腹芯与鋬芯组合而成的无底范水平分范形式。

有关铜斝的铸型，学界观点基本一致，苏荣誉[27]、李京华[28]等学者均认为二里头时期的铜斝为三块外范通包斝底与腹芯结合构成。宫本一夫[29]则认为还存在两范加底范与腹芯构成的形式。胡家喜等[30]所观察的盘龙城铜斝中也有一斝的铸型似与宫本一夫所述两范铸型相同，余下盘龙城铜斝与田建花[31]所观察郑州商城铜斝皆与本文偃师商城铜斝的铸型相同，继承了二里头时期铜斝的铸型，均有明显的通体范线与底部的 Y 形范线，为三块外范通包斝底与腹芯结合构成。

宫本一夫[32]曾讨论过二里头至二里岗时期铜容器的分型变化，认为二里头至二里岗时期铜容器的铸造从两分外范发展为三分外范，三分范即意味着商文化的到来，这种变化伴随着夏商王朝的更替。这一观点试图将青铜器铸造工艺的变化与时代变迁相连，并且试图寻找界标，无疑是非常值得努力的方向。但是具体而言，需要谨慎的讨论，因为技术的变迁与社会政治的更替，并不见得是完全同步的，李清临等曾认为二里头三、四期之间的矿料来源变化，就可能意味着夏商之间的政权更迭[33]，但这却与考古学主流的认知不大一致。

从目前学界对夏商时期青铜容器的铸造技术研究来看，铜容器的确总体而言经历了两分外范到三分外范的技术演进，但这种变化并不存在绝对的转变点，比如二里头时期的铜斝就有两件为三分范的，仅有一件为二分范。二里头遗址的 1987VM1 铜鼎，因为经大量修补，已经很难从表面痕迹来观察到范线等有效信息，宫本一夫在文中提出的该鼎特殊的三范铸型方式高度依赖于一条存疑的范线（另一条应无争议），而在以往的研究中，这件鼎都被认为是二分范的[34]。在笔者看来，从二分范到三分范这一变化的主体是在二里头至二里岗时期的过渡阶段产生，究其进步的原因，更多的可能还是铜器铸型结构设计的技术需求造成的，不同器形需要有不同的铸型设计，也正是由此推动着铸型技术的进步，同时铸型技术的进步又为铜器形制的创新带来活力。伴随着这一过程，以前由于技术原因形成的部分铜器造型特征又会因为传统或是审美导向而滞留，如本文中提及的非技术必要的容器口沿加厚。

（二）补铸技术

前文观察的铜器中，有补铸行为的只有两件铜斝。1989YSⅣM13：3 铜斝补铸处在口沿，2019YSⅢT16M15：1 铜斝在两足处，他们都有一个共同的特点，补铸部分较粗糙，无论器内部分还是外部均未精细打磨，补铸处明显会高于器身，从 pXRF 无损检测数据看，修补使用的金属溶液基本都是铜锡铅三元合金。二里头时期铜器就出现了补铸现象，二里岗时期的各个遗址中，补铸也非常常见，盘龙城遗址的一件锥足鼎也存在偃师商城铜斝的两足包裹式的补铸[35]，这种较为粗糙的补铸技术应是这一时期铜器的共同特点。

（三）口沿加厚

偃师商城的 2 件铜斝都有口沿加厚的现象，铜爵中仅 1996YSⅡT11M22：1 铜爵有明显的口沿加厚状，另两个铜爵无明显痕迹，铜斝均无口沿加厚现象。一般认为早期铜器器壁较薄，口沿加厚能起到加固口沿的作用。张昌平[36]曾提出口沿加厚的器物基本为斝、爵、鼎等器物，多带有柱、耳等附件，且口沿加厚宽度与附件相符，所以口沿加厚应该是为了加固附件连接。田建花[37]对郑州商城的观察中，考察器壁厚度和器物所带附件情况，认为以上两种说法均成立。偃师商城的这几件铜器器壁厚度整体相差不多，较厚的是铜斝和 1989YSⅣM13：3 铜斝（无柱），2019YSⅢT16M15：1 铜斝（两柱）器壁相对较薄。铜爵中由于存在口沿加厚的 1996YSⅡT11M22：1 铜爵（双柱）青铜病较严重，有起泡酥松的情况，难以观察原本厚度。2019YSⅢT16M15：2 铜爵（独柱）器壁相对较厚，2019YSⅢT16M12：1 铜爵（双柱）器壁较薄。可以看出，就本文所观察的这几件铜容器而言，并无薄器就会口沿加厚或是有附件器物就会口沿加厚的现象。尤其是有无柱的铜斝均有口沿加厚，有同样双柱形制的 1996YSⅡT11M22：1 铜爵与 2019YSⅢT16M12：1 铜爵，一个有明显口沿加厚，一个没有。似乎这一时期铸铜技术进一步发展后，已无需使用口沿加厚来帮助加固附件。所以笔者认为口沿加厚在二里头时期，正如上述文章中的观点一样，是一种技术需求。到了二里岗时期，由于铸铜技术的进步，口沿加厚已经不是必需的设置，更多情况下是源于风格的延续或是铸工的设计习惯所主导。

（四）浇口设计

二里岗时期，专门讨论浇口问题的文章较少，多数文章是讨论铸造工艺的同时，提及对浇口的推测。二里岗时期的斝，比如登封袁桥[38]、清江吴城[39]、藁城台西[40]、灵宝东桥[41]、肥西塘坊①所出铜斝，鋬部都有疑为浇口的遗痕，甚至殷墟M232的一件斝，也有可能是鋬部浇注的[42]，郑州南关外铸铜遗址曾出土浇口设在器腹侧部的斝范[43]，为此浇注位置的猜测提供了佐证。因此，设置在鋬部的这种浇注方式，有可能是早中商时期比较常见的浇注方式。

　　但是更多的时候没有太多的痕迹可循，也没有合适的陶范材料作为参考，很多时候只能从铜器表面痕迹和铸造逻辑来推测浇口设置。对二里头爵的浇口设置有三种不同看法，华觉明[44]认为浇口在鋬或立柱处，胡家喜等[45]认为浇口在流下或尾下腹部中段，廉海萍等[46]认为浇口在腹部两块外范的合范处或腹底部底范与外范的合范处。至于斝的浇口设置，Barnard和Tamotsu[47]认为设置在立柱处，苏荣誉等[48]认为设置在鋬处，胡家喜等[49]认为有的在鋬上，有的在腹部范缝间。目前来看，由于对浇口位置的观察非常依赖于表面痕迹，而很多时候，浇口处打磨较好，基本上看不到多少痕迹，所以我们借助于铅偏析来推断各个器物的浇口位置，其实这也只是一个尝试的方向，也存在诸多问题：首先，pXRF无损检测数据更多测试的是表面矿物成分，并不完全代表合金成分；其次，若是测浇，其铅偏析就不容易体现，因此前文的探讨代表了一种可能性的尝试。

（五）纹饰制作

　　这一时期的纹饰制作，一般认为有范上直接制作（减地法）和翻模制作两种方法。万家保[50]曾就纹饰的制作问题做过讨论，从制作不同纹饰的难易程度出发，认为早期出现的弦纹、圆圈纹和阳线的兽面纹都是范上制作，宽阳线条纹为模上制作。张昌平[51]认为当时带状纹风格一致，且古代工匠不会摇摆不定地采用两种方式，所以范制纹饰与模制纹饰不会同时并存。他通过观察盘龙城出土的一件铜罍腹部兽面纹带与范缝连接，认为范制不会出现这种剔除不完全现象，所以模制纹饰后再翻到范上的可能性更大。田建花[52]从制作的难易程度出发，同样认为是带状兽面纹为模制纹饰，是用花纹模翻印带状兽面纹，而简单的弦纹和联珠纹为范上压刻形成。常怀颖[53]也认同宽带兽面阳文的制作兼有模印和刻划修整的制作方式。

　　偃师商城的这几件铜容器中，2019YSⅢT16M12：1爵为细阳线兽面纹，2019YSⅢT16M15：2爵和铜斝和两件铜斝均为宽带兽面纹，稍有不同的是1989YSⅣM13：3铜斝上下各有一圈联珠纹，2019YSⅢT16M15：1铜斝仅上部有一圈联珠纹，仔细观察2019YSⅢT16M15：1铜斝鋬左右的宽带兽面纹，左右并没有对齐，左边的纹饰靠下，已经无法预留出下部联珠纹的空间。当然其一的可能是工匠有意只设置一圈联珠纹，并不刻意追求纹饰上下的对称。因为这件铜斝仅纹饰带错位，器身没有明显的合范错位。另一可能就是纹饰制作的失误，如果是这种情况，模上整体直接制作所有纹饰的可能性就较小，模上制作最便于观察整体纹饰情况，很难出现这样明显的错位现象。范上制作

---

① 肥西塘坊出土铜斝现藏于安徽博物院。

和花纹模翻印纹饰的可能性均存在，工匠在范上制作纹饰或是用花纹模翻印时略微歪斜导致这种情况。而在范上剔除宽带纹的制作方法的确要比花纹模翻印制作更加困难，花纹模翻印虽然增加了一道工序，但失误率较小，也更为方便，所以本文倾向于上文田建花与常怀颖等学者的观点，偃师商城的这批铜器应该是花纹模翻印与范上刻划修整相结合的制作方式。

五、总　结

由上文的分析可以看出，偃师商城的铜容器均为浑铸成形，尚未见在郑州商城及盘龙城遗址出土青铜器中所见的分铸技术。工具兵器类的铜器继承二里头时期的双面范技术。铜爵、铜斝和铜斝的分范铸型与郑州商城、盘龙城的铸型基本一致，这些分范技术均继承自二里头时期的分范技术，并在早商时期得到进一步的发展。偃师商城铜器的纹饰带应是花纹模翻印与范上刻划修整相结合的制作方式。偃师商城同样继承了二里头时期的泥芯撑技术和部分铜容器口沿加厚的技术传统，此时的泥芯撑技术已经得到进一步发展，口沿加厚已经不是必要的技术设置。

附记　本文系科技部国家重点研发计划资助课题"公元前 1500 年至公元前 1000 年中华文明早期发展关键阶段核心聚落综合研究·商代都邑的资源与技术"（课题编号：2022YFF0903604）阶段性成果。

注　释

[1]　中国社会科学院考古研究所：《偃师商城》（第 1 卷），北京：科学出版社，2013 年，第 653 页。

[2]　中国社会科学院考古研究所河南第二工作队：《河南省洛阳市偃师商城遗址 2018～2020 年墓葬发掘简报》，《考古》2022 年第 6 期。

[3]　同［2］。

[4]　张昌平：《二里头文化至殷墟文化时期青铜器器鋬的铸造技术及其发展》，《文物》2016 年第 9 期。

[5]　华觉明、冯富根、王振江，等：《妇好墓青铜器群铸造技术的研究》，见中国社会科学院考古研究所编：《考古学集刊》（第 1 集），北京：中国社会科学出版社，1981 年，第 244-273 页。

[6]　同［1］，第 652 页。

[7]　同［2］。

[8]　同［2］。

[9]　a. 刘煜：《圈足上的镂孔：试论商代青铜器的泥芯撑技术》，《南方文物》2014 年第 3 期。

　　b. 苏荣誉、胡东波：《商周铸吉金中垫片的使用和滥用》，《饶宗颐国学院院刊》创刊号，2014 年，第 101-134 页。

[10]　a. 华觉明：《中国古代金属技术：铜和铁造就的文明》，郑州：大象出版社，1999 年，第 94 页。

　　b. 胡家喜、李桃元、李秀辉，等：《盘龙城遗址青铜器铸造工艺探讨》，见湖北省文物考古研究所编著《盘龙城——1963～1994 年考古发掘报告》附录七，北京：文物出版社，2001 年，第 576-598 页。

［11］ 中国社会科学院考古研究所河南第二工作队：《河南偃师商城西城墙 2007 与 2008 年勘探发掘报告》，《考古学报》2011 年第 3 期。

［12］ 张昌平：《从三棱锥形器足看中国青铜时代块范法铸造技术特质的形成》，《考古》2022 年第 3 期。文中详述了这种双开范型的具体分类，以往这种铸型多被称为双面范。

［13］ 孙周勇、邵晶、邸楠，等：《陕西神木县石峁城址皇城台地点》，《考古》2017 年第 7 期。

［14］ 廉海萍、谭德睿、郑光：《二里头遗址铸铜技术研究》，《考古学报》2011 年第 4 期。

［15］ 李京华：《〈偃师二里头〉有关铸铜技术的探讨——兼谈报告存在的几点问题》，《中原文物》2004 年第 3 期。

［16］ Barnard N. 1993. Thought on the emergence of metallurgy in pre-Shang and early Shang China, and a technical appraise of relevant bronze artifact of the time. *Bulletin of the Metals Museum*, 19: 3-48.

［17］ 难波纯子：《初现期の青铜彝器》，《史林》1989 年第 72 卷第 2 期。

［18］ 同［10］a，第 88 页。

［19］ 苏荣誉、华觉明、李克敏，等：《中国上古金属技术》，济南：山东科学技术出版社，1995 年，第 97 页。

［20］ 楚小龙：《二里头文化至西周文化时期青铜爵铸型分范技术的演进》，《华夏考古》2017 年第 1 期。

［21］ 同［14］。

［22］ 同［19］，第 105 页。

［23］ 田建花：《郑州地区出土二里岗期铜器研究》，中国科学技术大学博士学位论文，2013 年。

［24］ 同［10］b。

［25］ 同［20］。

［26］ 宫本一夫：《二里头遗址二里头文化至二里岗文化过渡期的青铜器生产》，《南方文物》2019 年第 2 期。

［27］ 同［19］，第 105 页。

［28］ 同［15］。

［29］ 同［26］。

［30］ 同［10］b。

［31］ 同［23］。

［32］ 同［26］。

［33］ 李清临、朱君孝：《二里头文化研究的新视角——从青铜器的铅同位素比值看二里头四期的文化性质》，《江汉考古》2007 年第 4 期。

［34］ 同［19］，第 98 页。

［35］ 同［10］b。

［36］ 张昌平：《盘龙城商代青铜容器的初步考察》，《江汉考古》2003 年第 1 期。

［37］ 同［23］。

［38］ 同［10］a。

［39］ 彭适凡：《江西古代青铜器的冶铸技术》，见自然科学史研究所技术史组编《技术史文集》，上海：上海科学技术出版社，1982 年，第 38-47 页。

［40］ 河北省博物馆、文物管理所：《河北藁城县商代遗址和墓葬的调查》，《考古》1973 年第 1 期。

［41］ 河南省博物馆、灵宝县文化馆：《河南灵宝出土一批商代青铜器》，《考古》1979 年第 1 期。

［42］ 同［10］a。

［43］ 河南省文物考古研究所：《郑州商城——1953 年～1985 年考古发掘报告》，北京：文物出版社，2001 年，第 357-358 页。

［44］ 同［10］a，第 88 页。

［45］ 同［10］b。

［46］ 同［14］。

［47］ Barnard N, Tamotsu S. 1975. Origins of bronze casting in ancient China. In: Barnard N, Tamotsu S(eds.). *Metallurgical Remains of Ancient China*. Tokyo: Nichiosha. pp. 7-9.

［48］ 同［19］，第 98 页。

［49］ 同［10］b。

［50］ 万家保：《铸造技术对中国古代青铜器纹饰的若干影响》，《"中研院"国际汉学会议论文集（历史考古组）》（上册），台北："中研院"历史语言研究所，1981 年，第 105-118 页。

［51］ 张昌平：《中国青铜时代青铜器装饰艺术与生产技术的交互影响》，见陈建立、刘煜编《商周青铜器的陶范技术研究》，北京：文物出版社，2011 年，第 1-22 页。

［52］ 同［23］。

［53］ 常怀颖：《二里岗铜容器的"一带双纹"现象》，《文物》2010 年第 6 期。

Study on the Casting Technology of Bronzes from Yanshi Shang City site

ZHANG Ying[1]　LIU Yu[2]　CHEN Guo-liang[2]　CAO Hui-qi[2]

(1. Department of Archaeology, University of Chinese Academy of Social Sciences;

2. Institute of Archaeology, Chinese Academy of Social Sciences)

Abstract: This paper attempts to conduct a preliminary study on the casting technology of nine bronze wares unearthed from Yanshi Shang City site (BC16th-14th), Henan province, based on the observation of their appearance characteristics and casting traces. The focus of this paper is to explore the mould design, and to recover the ornament production, post-processing and other bronze casting processes of the objects. The analysis of casting technology shows that the mould design of Yanshi is basically the same as other sites of Erligang culture, and the mould design of Yanshi is inherited from Erlitou period and has been further developed. The bronze vessels were all cast integrally, and the separate casting technology in Zhengzhou and Panlong is not found in Yanshi.

Key Words: Yanshi Shang City site; bronzes; casting technology

荆门龙王山墓地出土陶纺轮和陶罐的科学研究

容　波[1, 2]　王　鹏[3]　邬　涵[4]　周　伟[4]　党小娟[5]
黄　晓[1]　李　强[1]　马艺蓉[6]

（1. 上海大学文化遗产保护基础科学研究院；2. 秦始皇帝陵博物院；
3. 陕西科技大学材料学院；4. 荆门市博物馆；5. 陕西省文物保护研究院；
6. 陕西历史博物馆）

摘要： 本研究对位于湖北省荆门市的龙王山墓地出土的陶器进行了详细研究和分析。通过超景深显微镜、XRF、拉曼光谱等技术手段，对陶器的原料成分、显微结构、彩绘和渗碳工艺进行了探讨。结果显示，龙王山墓地出土的陶纺轮形制多样，陶罐尺寸较小，表面呈黑色且光滑。大部分陶器的原料为当地普通易熔粘土，部分样品含有较高铝质粘土。因子分析显示，陶器的原料来源相似。黑陶的制作工艺包括磨光整形和窑内渗碳，渗碳程度不同影响了陶器的颜色和性能。彩绘陶器中含有朱砂和黑锰矿等颜料。本研究还探讨了黑陶在长江流域的分布和制作工艺发展情况。综上所述，龙王山墓地出土的陶器反映了当地古代陶器制作工艺和文化特征，对研究新石器时代的陶器制作和社会文化具有重要价值。

关键词： 龙王山墓地　陶纺轮　陶罐　考古发掘　文物保护

一、引　言

　　龙王山遗址位于荆门市子陵铺镇南桥村与美满村交界处（图 1），距荆门市城区北约 15 千米，地理坐标为北纬 31° 10′ 6″，东经 112° 12′ 57″，海拔 27.8 米。该遗址地处汉水西岸 26 千米，属秦岭大巴山余脉向江汉平原过渡的丘陵地带，由东西向岗地及与之相连的南北向岗地组成，总面积约 10 万平方米。遗址北部边缘的南桥河由东向西流经子陵万家坪后进入钟祥市境内，最终注入汉江。龙王山遗址于 1998 年被列为荆门市文物保护单位，2008 年被列为湖北省文物保护单位，2013 年被列为全国重点文物保护单

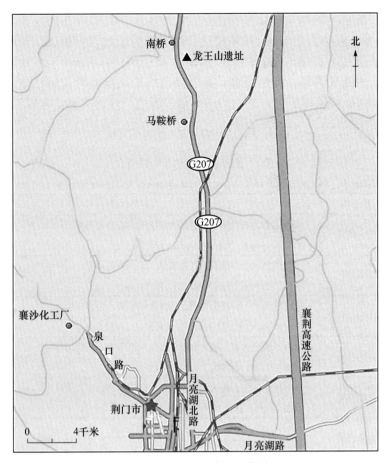

图1　龙王山遗址位置示意图

Figure 1　The geographical location of the Longwangshan site

位。2007年6月至11月，为配合基本建设，湖北省文物考古研究所、荆门市博物馆、荆门市文物考古研究所联合对龙王山遗址墓葬区进行考古发掘，出土大量新石器时代陶器。这些陶器种类包括鼎、罐、豆、缸、曲腹杯、细颈壶、纺轮等[1]。其中，最常见陶器组合是鼎、罐、豆。在陪葬品中，有三分之一的墓中陪葬夹砂红陶缸，有四分之一的墓中陪葬陶纺轮。大部分陶器为泥质陶，少数为夹砂陶。荆门市文物考古研究所委托陶质彩绘文物保护国家文物局重点科研基地——秦始皇帝陵博物院，对龙王山墓地出土陶器进行了科学研究。

二、实　　验

（一）实验样品介绍

本次实验样品来自荆门市博物馆，均为陶器，共计14件，包括纺轮9件、盖纽1

件、罐 4 件（表 1）。陶纺轮整体呈圆饼形，尺寸不一，大部分直径在 4cm 以下，其中 M170：38 最小，直径为 2.5cm。纺轮棱边有弧边和折棱边，折棱边纺轮厚度大于弧边纺轮。纺轮最厚可达 1.6cm，最薄处为 0.7cm，孔径均约 0.4cm。大多数纺轮表面为黑色，少量纺轮表面有黑彩、红彩装饰，部分黑色纺轮表面光滑，而红色纺轮表面无装饰。陶盖纽和陶罐均通体黑色，其中罐内部也为黑色，表面光滑。陶罐器形小巧精致，罐口胎体最薄，大约在 1～2mm 之间。

表1　龙王山陶纺轮和陶罐简介

Table 1　Introduction to Longwangshan pottery spinning wheels and jars

样品编号	样品名	样品描述
M28：21	黑色纺轮	双面黑色，棱为黑色，整体为圆饼形，边缘为折棱边。 直径约 3.4cm，孔径约 0.4cm，厚 0.7cm
M29：11	黑彩纺轮	一面黑色，一面红色，棱为黑色，整体为圆饼形，边缘为折棱边。 直径 3.7cm，孔径 0.4cm，厚 1.6cm
M91：9	黑彩纺轮	双面皆为黑色，棱为黑色，整体为圆饼形，边缘为弧边。 直径 4.4cm，孔径 0.4cm，厚 0.9cm
M126：98	彩陶纺轮	双面有黑色残留，棱为红色，彩绘脱落严重，整体为圆饼形，边缘为折棱边。 直径约 4cm，孔径约 0.4cm，厚 1.5cm
M141：7	红色纺轮	双面皆为红色，棱为红色，整体为圆饼形，边缘为折棱边。 直径 3.2cm，孔径 0.4cm，厚 0.9cm
M148：28	黑彩纺轮	双面皆为红色，表面有黑色彩绘，棱为黑色，整体为圆饼形，边缘为弧边。 直径 3.5cm，孔径 0.5cm，厚 1.3cm
M151：45	红色纺轮	双面皆为红色，棱为红色，整体为圆饼形，边缘为弧边。 直径 3.6cm，孔径 0.4cm，厚 0.7cm
M160：16	黑色纺轮	双面为黑色，棱为黑色，整体为圆饼形，边缘为弧形。 直径 3.6cm，孔径 0.4cm，厚 1cm
M170：38	黑色纺轮	双面皆为黑色，整体为圆饼形，边缘为弧边。 直径 2.5cm，孔径约 0.4cm，厚 0.7cm
M152：1	黑色盖纽	陶器为盖纽，通体为黑色，陶质为灰陶。 直径 5cm，高 2.2cm
M42：102	黑色陶罐	陶器为小罐，通体为黑色，陶质为灰陶。 口径 5cm，口沿厚约 2mm，高 4cm
M42：150	黑色陶罐	陶器为小罐，通体为黑色，陶罐底有红色彩绘，陶质为灰陶。 口径 5cm，口沿厚约 2mm，高 5cm
M130：64	黑色陶罐	陶器为小罐，通体为黑色，陶质为灰陶。 口径 4.6cm，口沿厚约 2mm，高 3.4cm
M130：68	黑色陶罐	陶器为小罐，通体为黑色，表面有红色彩绘，陶质为灰陶。 口径 4.5cm，口沿厚约 2mm，高 4cm

（二）实验样品制备

用软毛刷在陶纺轮和陶罐表面轻轻刷去尘土。用无水酒精浸湿无菌棉，在龙王山陶纺轮和陶罐表面不断擦拭，将表面浮土清理干净，重复多次，直到露出纺轮和陶罐的原本颜色，等待样品干燥。

（三）测试仪器及测试条件

① 使用超景深显微镜（VHX-7000，日本基恩士）观察陶纺轮和陶罐表面和断面形貌。

② 使用线性标准曲线 X 射线荧光光谱仪（EDXRF，XGT-7200V）测试陶纺轮和陶罐成分。测试参数：铑（Rh）靶，30kV 电压下，电流是 1mA，测试时间为 120s，真空环境。

③ 使用激光显微共聚焦拉曼光谱仪（Renishaw-invia，英国）测试陶纺轮表面黑色彩绘和红色彩绘及陶罐表面的黑色物质的成分。实验参数：He-Ne 激光器发出的波段为 532nm，光学频谱分辨率高达 10%，物镜焦距为 50x，信息采集时限为 20 秒。

三、实验结果分析

（一）主成分分析

表 2 是龙王山陶纺轮和陶罐原料成分表。龙王山陶器 SiO_2 含量在 60.24%～71.72% 之间，Al_2O_3 的含量在 17.95%～25.16% 之间，部分样品的 Al_2O_3 含量偏高，超过 22%，属于高铝范围[2]。古代陶器中 Al_2O_3 是一种重要的成分，对陶器的性能起着关键作用。当 Al_2O_3 的含量超过 22% 时，陶器的耐火性和耐磨性较强，增加了陶器的化学稳定性，提高其抗腐蚀性能，较高的 Al_2O_3 含量增加了陶器硬度和强度，提高其机械性能，使陶器更加坚固耐用。因此，当 Al_2O_3 的含量达到或超过 22% 时，陶器通常具有较高的性能指标，被称为高铝助熔剂。其大部分原料符合低氧化硅、高助熔剂的普通易熔粘土特征。

表2　龙王山陶纺轮和陶罐的原料成分（wt%）

Table 2　Raw material composition of Longwangshan pottery spinning wheels and jars (wt%)

文物样品	Na_2O	MgO	Al_2O_3	SiO_2	K_2O	CaO	TiO_2	MnO_2	Fe_2O_3
M28：21	2.43	1.85	20.47	69.32	0.95	0.32	0.68	0.01	3.96
M29：11	1.42	3.59	19.18	67.27	1.19	1.47	0.65	0.74	4.48
M91：9	0.52	3.86	22.80	60.24	1.29	1.05	0.70	3.09	6.45
M126：98	1.31	3.09	18.28	69.81	0.96	0.59	0.52	0.06	5.38
M141：7	1.38	3.44	19.53	68.68	1.07	0.78	0.55	0.05	4.52
M148：28	0.35	2.76	23.42	64.73	0.95	0.46	0.60	1.25	5.48

续表

文物样品	Na$_2$O	MgO	Al$_2$O$_3$	SiO$_2$	K$_2$O	CaO	TiO$_2$	MnO$_2$	Fe$_2$O$_3$
M151：45	2.95	2.76	20.97	67.80	1.13	0.50	0.60	0.02	3.27
M160：16	1.62	2.50	24.17	64.71	1.06	0.65	0.56	0.03	4.70
M170：38	0.76	2.60	17.95	71.72	0.95	1.10	0.64	0.02	4.26
M152：1	1.10	3.24	19.14	70.29	1.08	0.87	0.60	0.02	3.68
M130：64	1.10	3.07	20.41	67.24	1.15	0.71	0.67	0.05	5.61
M42：102	1.98	2.54	18.32	70.19	1.02	0.51	0.55	0.03	4.85
M42：150	1.73	2.59	25.16	63.88	1.19	0.42	0.58	0.03	4.44
M130：68	2.21	3.43	18.86	68.68	1.05	0.53	0.53	0.06	4.65

纺轮 M29：11、M91：9、M148：28 为黑色彩陶，其陶器表面检测出 MnO$_2$、Fe$_2$O$_3$ 的含量较高，推测黑彩颜料为含铁锰元素的矿物。其他黑色彩陶纺轮、陶罐表面 MnO$_2$ 的含量相对较低，符合陶器胎体元素含量，其黑色来源需进一步测试断面确定其成分。

（二）微观结构分析

彩版一四是龙王山墓地出土纺轮的表面的 100× 超景深显微镜图。M28：21、M160：16、M170：38 表面有细腻的黑色颜料，从颜料脱落处看到陶胎为褐色。M29：11、M91：9、M151：45 表面有黑色颜料，颗粒较粗，胎体为褐色。M126：98 表面有细腻的红色颜料，胎体为褐色。M141：7、M148：28 表面无颜料，胎体为红色。纺轮胎体主要为红色和褐色，纺轮在氧化气氛下烧成，进行渗碳时改变烧成气氛。黑彩表面较粗糙，其余黑陶纺轮表面较光滑，说明黑陶纺轮是经过磨光处理的。

彩版一五是龙王山墓地出土陶罐表面、剖面的超景深显微镜图。M42：150、M130：68、M152：1 样品胎体呈褐色，表面有细腻黑色颜料，越向胎体内部黑色逐渐变浅，直到黑色消失。M42：102、M130：64 样品是陶罐口沿部分，胎体较薄为 1～2mm。M42：102 罐口剖面整体为褐色，表面为黑色，其渗碳时间较短。M130：64 罐口剖面整体为黑色，颜色均匀且光亮，渗碳时间较长。陶罐渗碳有浅黑、半黑、全黑的分别，说明陶器渗碳程度与时间有关，也与烧结条件、胎体厚度等因素有关。通常来说，浅黑表示表面碳化较浅，半黑表示表面碳化适中，全黑表示表面碳化最深。这种现象主要是由于烧制过程中氧气进入窑内的情况不同所造成的。具体来说，烧制时氧气量不足或者通风不良会导致陶罐表面出现碳化现象[3]。总的来说，陶罐渗碳的不同程度反映了烧制过程中的氧气供应情况，也间接反映了烧制技术的水平和工艺控制的精细程度。黑陶罐表面光滑，说明经过磨光处理，其方法为在陶坯半干时，用鹅卵石等钝器按压打磨，使陶器表面光滑。由于在渗碳过程中炭黑进入陶胎的孔隙中并逐渐填满，使黑陶的孔隙率减少，吸水性降低，增强了陶器物理性能。

龙王山墓地出土陶器分为红陶、黑陶和彩陶，红陶在氧化气氛下烧成呈现红色，黑陶胎体为红色，推断其先在氧化气氛下烧成，后期转变为还原气氛，其表面经过磨光处理。彩陶表面有红彩和黑彩。

（三）成分数据因子分析

通过对龙王山墓地出土陶器样品中 Al_2O_3、SiO_2、CaO、MnO_2、Fe_2O_3、K_2O 的 XRF 数据开展因子分析[4]，结果显示龙王山墓地出土陶器的 KMO 值是 0.384，这表明样品之间的相关性较弱，具有一定的差异。效度检验通过巴特利特球形度检验，表明样品相互之间仍然具有关联性，因此能采用因子分析研究龙王山陶器的内在关系。通过因子分析将陶器 6 种组成成分分为两个因子，将第一主成分因子作为 X 轴，第二主成分因子作为 Y 轴，做龙王山墓地出土陶器 XRF 数据的主成分因子分析散点图。

彩版一六是龙王山陶器的 XRF 数据的主成分因子分析散点图。蓝色圈代表陶纺轮，黄色圈代表陶罐，绿色圈代表盖纽。大部分陶纺轮和陶器都聚集在同一区域，说明陶器原料来自相同地方，其原料为当地取土的普通易熔粘土。M42：150、M160：16、M148：28 与其他陶器距离较远，这三件器物的 Al_2O_3 含量均远高于23%，明显偏高，推测这三件器物可能是来自其他地方取土制作或在制作中添加了高铝原料。

（四）拉曼光谱分析

图 2 是龙王山墓地出土陶纺轮黑色颜料的拉曼光谱图。M28：21 纺轮样品的拉曼峰分为 $1370cm^{-1}$、$1602cm^{-1}$，M160：16 纺轮样品的拉曼峰为 $1376cm^{-1}$、$1607cm^{-1}$，与炭黑的拉曼特征峰类似，此次推断黑色颜料为炭黑。M170：38 纺轮样品的拉曼峰在 $209cm^{-1}$、$468cm^{-1}$ 与二氧化硅的拉曼特征峰相似，在 $1381cm^{-1}$、$1616cm^{-1}$ 与炭黑的拉曼特征峰相似，因此推断含有二氧化硅和炭黑。M170：38 纺轮样品与其它黑陶纺轮样品相比，其颜色较浅，颜料表面有明显脱落。

图 3 是龙王山墓地出土陶罐黑色颜料的拉曼光谱图。M42：150 陶罐样品拉曼峰为 $1367cm^{-1}$、$1599cm^{-1}$，M130：64 陶罐样品的拉曼峰是 $1366cm^{-1}$、$1601cm^{-1}$，与炭黑的拉曼峰相似，因此推断陶罐上的黑色颜料是炭黑。李文杰和黄素英[5]研究发现渗碳工艺分为两种，一种是窑内渗碳，在陶器烧制过程中，在窑内添加含碳物质使其在高温下分解产生的碳气体与陶器表面发生化学反应，使得陶器表面富含碳元素，让窑内燃料不充分燃烧产生黑烟，使黑烟渗入陶器。形成黑色或灰黑色的斑纹或装饰；另一种是窑外渗碳，将已经烧制完成的陶器放入含碳物质的容器中再次高温加热，使得容器中的碳气体渗透进入陶器表面，从而改变陶器表面颜色。通过将渗碳剂在烧红的陶器表面不断擦拭，通过陶器余温使渗碳剂生成黑烟渗入陶器。两种方法烧制的陶器在形貌上有明显区别。窑内渗碳烧制的陶器表面多呈现出灰黑色的斑纹或花纹，颜色较为均匀，而窑外渗碳烧制的陶器表面则呈现出均匀的黑色或灰黑色，整体颜色较为一致。此外，窑内渗碳烧制的陶器表面常常具有一种独特的光泽感，而窑外渗碳烧制的陶器表面则相对较为粗糙。

总的来说，窑内渗碳和窑外渗碳在陶器烧制过程中的碳化方式和效果不同，因此制作出的陶器在形貌上也会有明显的区别。陶罐内外表面都有细腻均匀的炭黑，因此龙王山黑陶渗碳方法为窑内渗碳。

图 4 是龙王山墓地出土陶纺轮彩绘颜料拉曼光谱图。纺轮上的彩绘有黑彩和红彩，

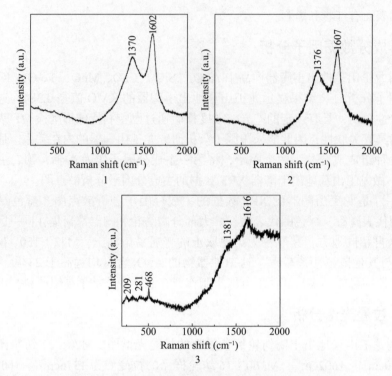

图2 龙王山墓地出土陶纺轮黑色颜料的拉曼光谱图

Figure 2 Raman spectra of black pigments of pottery spinning wheels
unearthed from Longwangshan cemetery

1. 纺轮（M28：21） 2. 纺轮（M160：16） 3. 纺轮（M170：38）

1. Spinning wheel (M28：21) 2. Spinning wheel (M160：16) 3. Spinning wheel (M170：38)

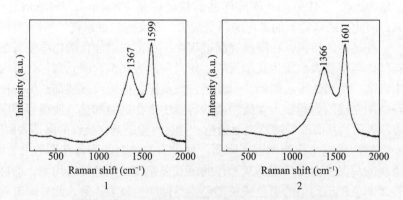

图3 龙王山墓地出土陶罐黑色颜料的拉曼光谱图

Figure 3 Raman spectra of black pigment samples of pottery jars
unearthed from Longwangshan cemetery

1. 罐（M42：150） 2. 罐（M130：64）

1. Jar (M42：150) 2. Jar (M130：64)

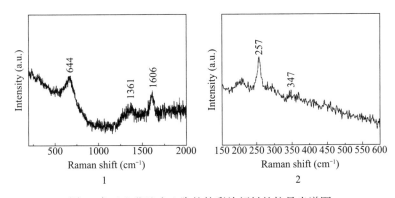

图4　龙王山墓地出土陶纺轮彩绘颜料的拉曼光谱图

Figure 4　Raman spectra of painted pigments of pottery spinning

wheels unearthed from Longwangshan cemetery

1. M29：11 黑彩　2. M126：98 红彩

1. M29：11 black color　2. M126：98 red color

M29：11 上的彩绘是黑色，其拉曼峰为 644cm^{-1}、1361cm^{-1}、1606cm^{-1}，644cm^{-1} 与黑锰矿（Mn_3O_4）的拉曼特征峰相似[6]，1361cm^{-1}、1606cm^{-1} 与炭黑拉曼特征峰相同，其黑彩是由黑锰矿和炭黑组成。M129：98 上是红彩，其拉曼峰为 257cm^{-1}、347cm^{-1}，与朱砂（HgS）的拉曼特征峰相同[7]，红彩成分为朱砂。

　　黑陶是古人使用长江或黄河流域的粘土烧制的黑色陶器，属于我国古代重要的陶系之一。黑陶分布广泛，在新石器时代中期的河姆渡文化、仰韶文化、大汶口文化和新石器时期后期的龙山文化、大溪文化、屈家岭文化、良渚文化等遗址均有出土。浙江余姚河姆渡遗址出土大量精美的黑陶，有夹炭黑陶和夹砂黑陶两种，采用绢云母质粘土在还原气氛下烧成，夹炭黑陶中人为掺和经过炭化的植物茎叶和稻壳[8]。长江中游的大溪文化遗址和屈家岭文化遗址，长江下游的良渚文化遗址都发现了经过磨光和渗碳处理的黑陶[9]。新石器时代后期大溪文化发展出了蛋壳彩陶，到屈家岭时期，黑陶渗碳工艺发展到了顶峰，出现近乎黑色陶衣，表面光滑，制备工艺高超的黑陶。大溪文化时期黑陶以素面为主，极少量朱绘黑陶。屈家岭文化时期黑陶大部分为朱绘黑陶。朱绘黑陶色彩艳丽，图案丰富，具有极高艺术审美。朱绘黑陶广泛分布于大溪文化和屈家岭文化遗址中，说明古人将朱砂作为颜料的历史悠久且应用普遍。

　　新石器时代黑彩颜料主要是含铁、锰矿物颜料，其主要有软锰矿、黑锰矿、磁铁矿、锌铁尖晶石等，大多为混合物[10]。在湖北地区大溪文化中堡岛遗址出土彩陶的黑彩成分是生赭（$Fe_2O_3·nMnO_2$）[11]。龙王山墓地年代在大溪文化之后，其黑彩成分与中堡岛黑彩成分不同，显示了不同时代古人对黑彩原料的选择不同。龙王山墓地出土陶器黑彩中锰的来源可能与中堡岛遗址、关庙山遗址出土陶器的黑彩一样，都来自当地的"铁锰结核"[12]。龙王山黑彩还含有炭黑，在制作黑彩原料时有意添加炭黑。

四、结　论

龙王山墓地出土陶器主要包括纺轮和罐。陶纺轮形制为圆饼形，棱边为弧边和折棱边。纺轮尺寸、厚度不一，孔径一致。陶罐尺寸较小，口沿部分厚 1～2mm，内外面呈黑色，较光滑。陶器的原料大部分为普通易熔粘土，Fe_2O_3 含量较高，部分样品 Al_2O_3 含量较高属于高铝质粘土。通过主成分因子分析，龙王山墓地出土陶器的原料来源相同。陶纺轮有红彩和黑彩，红彩成分是朱砂，黑彩成分是黑锰矿和炭黑。M29：11、M91：9 两件陶纺轮表面含有黑彩，黑彩含有较多锰元素，导致偏离成分范围。

龙王山墓地出土红陶纺轮的制作工艺可能是选择淘洗后的当地粘土为原料，采用轮制和手制成型，使用刮削等方式整形，部分陶器表面使用朱砂和含锰矿作为彩绘装饰，在氧化气氛下低温烧成。黑陶的制作工艺可能为选取淘洗后的当地粘土，通过轮制和手制成型，对黑陶表面进行磨光整形，在氧化气氛下烧成，烧制后期改变为还原气氛并进行窑内渗碳，黑陶渗碳程度不同，部分样品达到"黑胎心"，证明龙王山墓地渗碳水平较高，可以通过延长渗碳时间来提升渗碳效果。

龙王山墓地年代为大溪文化晚期到屈家岭文化时期，是长江中下游新石器中晚期的重要遗存。新石器时代龙王山墓地出土陶器的原料是低硅、低铝、高助熔剂的普通易熔粘土，部分陶器原料中添加其他原料变为高铝质粘土，都来源于当地；成型方式为手制和轮制，整形方式为磨光和切削；通过低温氧化气氛烧成；黑陶在烧成后期改变为还原气氛，并进行窑内渗碳，通过控制渗碳时间来制作渗碳黑陶；彩绘陶分别用朱砂和黑锰矿作装饰。

附记　本研究得到国家文物局文物科技保护优秀青年研究计划项目（项目编号：2015-257）及利荣森基金 2017/2018 资助。

注　释

［1］湖北省文物考古研究所、荆门市文物考古研究所：《湖北荆门龙王山新石器时代墓地发掘简报》，《江汉考古》2008 年第 4 期，第 23-30 页。
［2］李家治、张志刚、邓泽群，等：《新石器时代早期陶器的研究——兼论中国陶器起源》，《考古》1996 年第 5 期，第 83-91 页。
［3］沈建兴、翟纪伟、李传山，等：《龙山黑陶显微结构分析和渗碳工艺研究》，《中国陶瓷》2008 年第 3 期，第 43-45 页。
［4］王建平、陈铁梅、程玉冰：《广东博罗先秦硬陶的 XRF 和 INAA 研究》，《文物保护与考古科学》2004 年第 4 期，第 43-49 页。
［5］李文杰、黄素英：《浅说大溪文化陶器的渗碳工艺》，《江汉考古》1985 年第 4 期，第 46-51 页。
［6］杨真真、夏寅、王丽琴，等：《青海民和县出土马家窑文化彩陶的科学分析研究》，《文物保护与考古科学》2021 年第 3 期，第 81-92 页。
［7］王继英、魏凌、刘照军：《中国古代艺术品常用矿物颜料的拉曼光谱》，《光散射学报》2012 年

第 1 期，第 86-91 页。

[8]　李家治、陈显求、邓泽群，等：《河姆渡遗址陶器的研究》，《硅酸盐学报》1979 年第 2 期，第 105-112 页。

[9]　鲁晓珂、李伟东、刘斌，等：《良渚古城遗址陶器的分析研究》，《中国科学：技术科学》2013 年第 4 期。

[10]　a. 严小琴、刘逸堃、刘成，等：《新石器时期半坡遗址鱼纹彩陶的科技分析》，《硅酸盐通报》2014 年第 6 期。

b. 崔天兴、杨红艳、张贤蕊，等：《河南淅川沟湾遗址史前彩陶工艺研究》，《中原文物》2019 年第 4 期。

c. 陈晓峰、马清林、宋大康，等：《马家窑类型彩陶黑、白颜料的 X- 射线衍射分析》，《兰州大学学报》2000 年第 2 期。

d. 钟黎、肖永明、王涛，等：《化隆县纳卡遗址彩陶颜料的拉曼光谱分析》，《南方文物》2013 年第 3 期。

[11]　郁永彬、吴小红、崔剑锋，等：《宜昌中堡岛新石器遗址彩陶的初步分析研究》，《中原文物》2016 年第 3 期。

[12]　a. 李文杰、黄素英：《大溪文化的制陶工艺》，见田昌五、石兴邦主编：《中国原始文化论集——纪念尹达八十诞辰》，北京：文物出版社，1989 年，第 400-427 页。

b. 李文杰：《中国古代制陶工艺研究》，北京：科学出版社，1996 年。

The Scientific Study of Pottery Spinning Wheels and Jars Unearthed from the Longwangshan Cemetery in Jingmen

RONG Bo[1,2]　　WANG Peng[3]　　WU Han[4]　　ZHOU Wei[4]
DANG Xiao-juan[5]　　HUANG Xiao[1]　　LI Qiang[1]　　MA Yi-rong[6]

(1. Shanghai University Basic Science Research Institute for Cultural Heritage Conservation; 2. Emperor Qin Shihuang's Site Museum; 3. Shaanxi University of Science and Technology, School of Material Science and Engineer; 4. Jingmen Museum; 5. Shaanxi Institute for Preservation Cultural Heritage; 6. Shaanxi History Museum)

Abstract: This study conducted a detailed investigation and analysis of the pottery unearthed from the Longwangshan cemetery in Jingmen City, Hubei Province. Through techniques such as deep-focus microscopy, XRF, and Raman spectroscopy, the composition, microstructure, painting techniques, and carbonization process of the samples were explored. The results show that the spinning wheels from the Longwangshan cemetery had various types, and the jars were small and had smooth black surfaces. Most of the potteries were made from local fusible clay, but some of them contained higher alumina. The Factor analysis revealed the similarity of raw materials of the pottery. The production process of black pottery involved polishing and carbonization in the kiln, with variations in carbonization affecting the color and properties of the pottery. Painted pottery contained red and black pigments which were made of cinnabar and black manganese ore respectively. we also discussed the distribution and production techniques of black pottery in the Yangtze River Basin. In conclusion, the pottery unearthed from the Longwangshan cemetery reflects the ancient pottery-making techniques and cultural characteristics of this region, contributing valuable insights into the study of Neolithic pottery production and societal culture.

Key Words: Longwangshan cemetery; pottery spinning wheels; pottery jars; archaeological excavation; cultural heritage conservation

邺城遗址核桃园1号佛塔基址石函内出土遗物的检测与分析

赵春燕　　沈丽华　　朱岩石

（中国社会科学院考古研究所）

摘要： 采用多种技术手段对邺城遗址核桃园 1 号佛塔基址石函内出土遗物进行了检测与分析。检测结果为研究中国早期佛塔埋藏制度提供了有价值的信息。

关键词： 邺城遗址　文物　科学分析

一、引　　言

邺城遗址位于河北省临漳县西南，历史上曾是曹魏、后赵、冉魏、前燕、东魏、北齐六个王朝的国都。中国社会科学院考古研究所的邺城考古队，自 20 世纪八十年代起持续在邺城遗址进行考古勘探、调查和发掘工作。在发掘过程中，于核桃园 1 号佛塔基址发现一个石函，出土了许多遗物。鉴于之前发现的北朝佛塔塔基相关的石函，有的虽未被盗掘，但石函与塔基营造之间的关系并不明确；有的则因盗掘破坏，出土遗物寥寥，难以了解瘗埋与营造关系、瘗埋内涵等信息。此次发掘的核桃园一号建筑基址，明确显示出在方形木塔基础的施工过程中，瘗埋石函、青釉罐、铜钱等遗物是十分重要的营造环节，且出土的石函等未被盗扰破坏，获得了完整的实物资料，凸显了其重要性[1]。因此，对石函出土的遗物样品进行检测与分析，将为研究中国早期佛塔埋藏制度提供有价值的信息。这里仅就出土的部分样品的检测分析结果报告如下。

二、材料与方法

（一）出土背景情况与样品选择

本次检测样品共计 4 个，外观形貌观察情况列于表 1。

表1　邺城遗址核桃园1号佛塔基址石函内出土遗物

Table 1　Sample details from Yecheng site

样品编号	名称	形态	颜色	出土地点
样品 5	白色未知物	固体，不均匀颗粒	黄白色	石函内
样品 10	蓝色未知物	固体，块状	灰蓝色	石函内
样品 11	红色未知物	固体，圆球状	深红色	石函底部
样品 14	白色未知物	固体，块状	黄白色	T223 解 2：37 号瓷罐内

（二）扫描电子显微镜观察与检测

采用扫描电子显微镜加能谱仪对样品的微观形态、粒度及微区成分进行了检测。显微分析是用于观察、分析细小物体（<100μm）的技术，目的是寻找微观结构和宏观性能之间的关系。电子显微分析是利用高能电子束与物体的表面相互作用而获取微区信息的技术，与光学显微镜相比，电子显微镜具有更高的分辨率、更大的放大倍数。扫描式电子显微镜主要用于观察固体表面的形貌，与电子能谱仪相结合，可用于物质成分分析。该技术可以在不损坏样品的情况下对样品的微观形貌进行观察并同时进行化学成分测定[2]。

在显微镜下对石函出土的这批未知物样品进行了多点观察和检测，同时拍摄了照片，采用能谱对样品局部进行元素定性分析，以确定物质的主要组成元素。现一一加以说明。

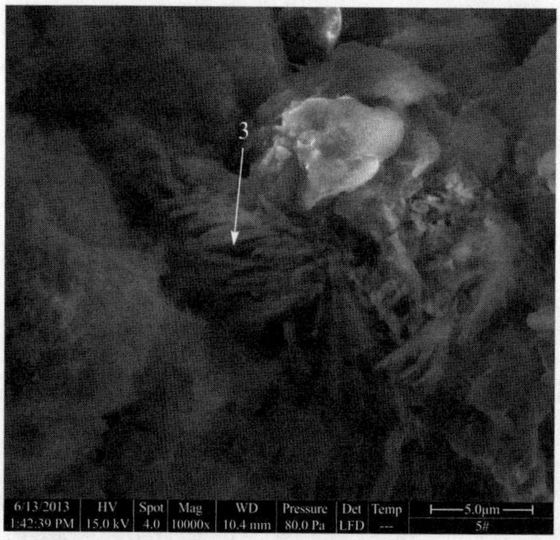

在扫描电镜下可观察到 5 号样品表面为不均匀晶态结构（图1），能谱图显示其主要组成元素为碳、氧、钙（图2），据此推测该样品可能是碳酸钙（$CaCO_3$）。自然界中方解石、白垩、石灰岩、大理石等主要成分均为碳酸钙，还有珍珠、珊瑚等主要无机成分也是碳酸钙。

10 号样品在扫描电镜下可观察到层状结构（图3），能谱图显示其主要组成元素为氧、锡、铅、钙、硅、铝等元素（图4）。该样品通过肉眼即可观察到蓝色，且蓝色部分与灰色很明显分为不同层。据文献记载[3-4]，中国古代蓝色颜料大多为青金石，其化学式为 $(Na, Ca)_8(AlSiO_4)_6(SO_4, Cl, S)_2$，

图1　5号样品显微照片

Figure 1　SEM image of sample 5

是由多种矿物组成的宝石。从能谱图上可以看出，该蓝色未知物含有几乎所有青金石的主要元素，因此青金石的可能性比较大。灰色部分由锡和铅构成，据此，可以推测该未知物原来可能是在锡或铅或锡铅合金的基质上镶嵌青金石或某种蓝色矿物而成。

在扫描电镜下可观察到 11 号样品大体为球状（图5），能谱图显示其主要组成元素为硫和汞元素，还有微量的碳、氧、硅、铝、锡、钙等元素，应该是杂质（图6）。据

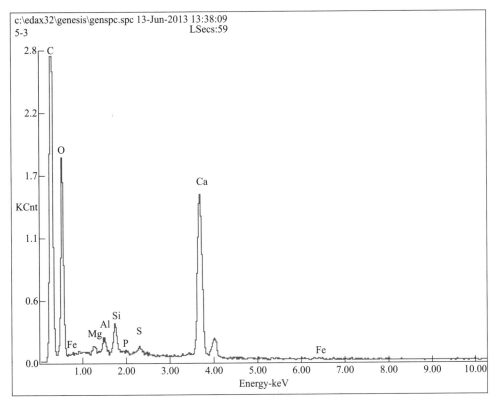

图2　5号样品能谱图

Figure 2　The EDS spectrum of sample 5

图3　10号样品显微照片

Figure 3　SEM image of sample 10

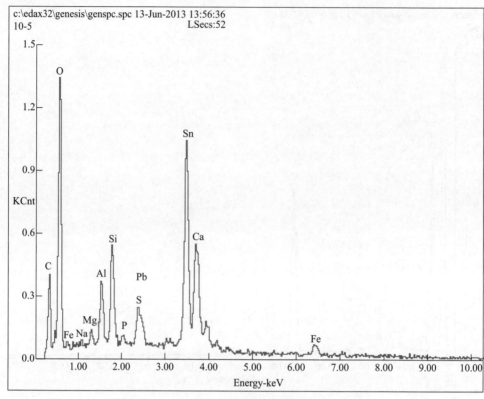

图4　10号样品能谱图

Figure 4　The EDS spectrum of sample 10

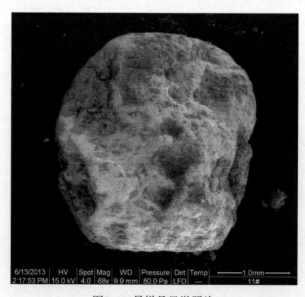

图5　11号样品显微照片

Figure 5　SEM image of sample 11

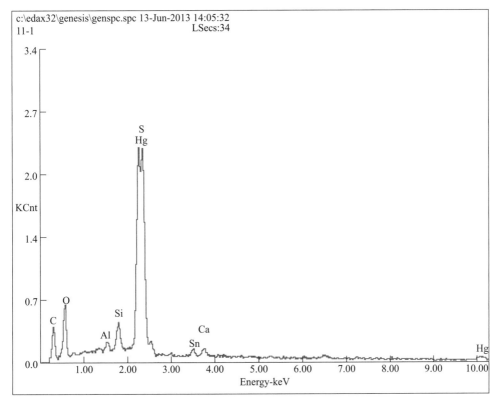

c:\edax32\genesis\genspc.spc 13-Jun-2013 14:05:32
11-1　　　　　　　　　　　　　　LSecs:34

图6　11号样品能谱图

Figure 6　The EDS spectrum of sample 11

此可以判断 11 号样品应是朱砂（硫化汞）无疑。

在扫描电镜下观察 14 号样品呈现蜂窝状结构（图7），元素分析结果表明，该样品中含有大量的碳、氧，不含氮（图8）。但因仪器本身不能检测出原子序数为5以下的元素，故分析结果不能说明样品中不含氢元素。推测其可能为有机质。

（三）稳定同位素检测

因 14 号样品出土于佛塔基址石函内，故推测与佛经中所记载"七宝"相关。据中国古代不同的经书所译的"七宝"不尽相同，大体上包括金、银、琉璃、水晶、砗磲、珊瑚、琥珀、绿松石、青金石、黄玛

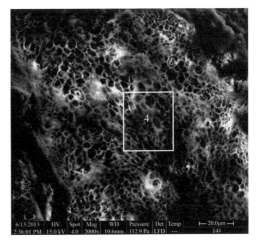

图7　14号样品显微照片

Figure 7　SEM image of sample 14

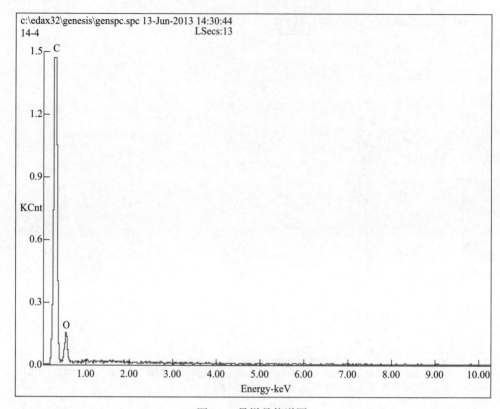

c:\edax32\genesis\genspc.spc 13-Jun-2013 14:30:44
14-4   LSecs:13

图8　14号样品能谱图

Figure 8　The EDS spectrum of sample 14

瑙、红珊瑚等。在辽宁省朝阳市北塔（重建于公元 1044 年）的地宫中，也立有通座高达 428 厘米的石经幢，以及石函和瓷器等。在该塔的天宫中，则满积各种珍贵文物，其质料有金、银、玻璃、水晶、长石、珍珠、琥珀、珊瑚等 10 余种[5]。这些珍宝里面除琥珀外，其余物质的化学成分基本是无机材料，比如水晶主要化学成分是二氧化硅，砗磲、珊瑚、珍珠的主要化学成分是碳酸钙。但琥珀的主要化学成分为具有共轭双键的树脂酸，并含少量的琥珀酯醇、琥珀油等，属典型的多组分混合且不易分解的有机化合物，一般是指中生代白垩纪至新生代第三纪松柏科植物的树脂经各种地质作用后形成的一种天然树脂化石[6]。由于 14 号样品含有大量的碳和氧，推测其可能为琥珀类有机物质。而琥珀源于古代松科松属植物的树脂，因此采用植物稳定同位素技术进行进一步检测。

首先，清洁样品并研磨至 200 目的均匀粉末状，预处理后的样品采用 DELTA^{plus} XP 外加元素分析仪 Falsh EA1112 进行检测，精度 $\delta^{13}C<0.1$‰。检测结果列于表 2 中。

据王雅玫等人的研究结果[7]，琥珀与柯巴树脂的碳稳定同位素数值范围不同。不同产地琥珀的 $\delta^{13}C$ 值分布范围为 −19.38‰～−26.63‰；而柯巴树脂的 $\delta^{13}C$ 值为 −26.82‰～−29.94‰，平均为 −28.55‰，比琥珀明显贫 $\delta^{13}C$，依据实验测试统计数据，推荐参考临界值为 −27.00‰（+0.18，−3.00），这为界定琥珀与柯巴树脂提供了稳定同位素量化依据。邺城遗址石函内出土的 14 号样品的 $\delta^{13}C$ 值在柯巴树脂的碳稳定同位素数值范围内，推测其为柯巴树脂的可能性比较大。

表2　样品的稳定同位素检测结果

Table 2　Stable carbon values of samples from Yecheng site

样品编号	出土地点	C（%）	$\delta^{13}C_{V\text{-}PDB}$ ‰
14 号样品	邺城遗址	72.14	−27.52

三、结果与讨论

通过扫描电子显微镜加能谱仪对石函出土样品的微观形态和微区成分进行检测的结果，已大体推断出 5 号样品可能是碳酸钙（$CaCO_3$）。自然界中方解石、石灰岩、大理石等主要成分均为碳酸钙，还有珍珠、珊瑚等主要无机成分也是碳酸钙。5 号样品外观为细小颗粒，在石函内大量存在。笔者初始也为在石函内发现如此多量的碳酸钙而困惑不解，因而大量查阅了有关中国古代佛寺的文献资料，至看到南京大报恩寺遗址塔基与地宫发掘简报中地宫"四壁之间的空隙塞以小石条，并用石灰、麻絮的混合物填充"时[8]，联想到石灰有生石灰和熟石灰之分。生石灰的主要成分是氧化钙（CaO），有吸水性，可用作干燥剂，与水反应（同时放出大量的热），或吸收潮湿空气中的水分，即成熟石灰也即氢氧化钙 [$Ca(OH)_2$]。熟石灰呈碱性，在空气中吸收二氧化碳而成碳酸钙沉淀，在我国民间常用以防止杂物回潮。据此推测核桃园 1 号佛塔基址石函内碳酸钙原来可能是由生石灰转化而来。

石函内 10 号样品蓝色部分与灰色部分很明显分为不同层，原来可能是在锡或铅或锡铅合金的基质上镶嵌青金石或某种蓝色矿物而成。因该物质已成粉末状，特别是蓝色颗粒，无法进行进一步检测。11 号样品是朱砂，主含硫化汞（HgS）。而 14 号样品可能为天然树脂类物质，推测其为柯巴树脂的可能性比较大。琥珀与柯巴树脂都属于石化的天然树脂，是天然树脂在不同地质条件与阶段下的产物，也是在地质作用过程中的中间体，所以两者的化学成分、物理特征具有相似性与过渡性，通俗地讲，柯巴树脂是"年轻"时的琥珀，是琥珀的前身，属于半石化的树脂，其形成年代远远低于琥珀，只有几百万年，质地较松散，水分散失的速度比琥珀快，表面容易出现龟裂，成分不稳定，可以部分溶解于有机溶剂中[9]。综合上述结果，可以认为邺城遗址核桃园 1 号佛塔基址石函内出土遗物的检测与分析，为研究中国早期佛塔埋藏制度提供了有价值的信息。

附记　根据考古多学科合作研究的需要，笔者于 2013 年 5 月赴邺城遗址进行了现场采样，并对相关样品进行了分析检测。本研究得到中国社会科学院知识创新工程项目"现代分析测试技术在考古学中的应用"（项目批准号：2023KGYJ018）、中国社会科学院研究所实验室综合资助项目"科技考古实验室"（项目批准号：2024SYZH002）资助。

注 释

［1］ 中国社会科学院考古研究所邺城考古队、河北省文物研究所：《河北临漳邺城遗址核桃园一号建筑基址发掘报告》，《考古学报》2016 年第 4 期，第 563-591 页。

［2］ 周玉：《材料分析方法》，北京：机械工业出版社，2011 年，第 231-248 页。

［3］ 纪娟、张家峰：《中国古代几种蓝色颜料的起源及发展历史》，《敦煌研究》2011 年第 6 期，第 109-114 页。

［4］ 王进玉：《中国古代青金石颜料的电镜分析》，《文物保护与考古科学》1997 年第 1 期，第 25-32 页。

［5］ 董高、张洪波：《辽宁朝阳北塔天宫地宫清理简报》，《文物》1992 年第 7 期，第 1-28 页。

［6］ 亓利剑、袁心强、陈铭，等：《处理琥珀和树脂的 ESR 行为及 ^{13}C NMR 表征》，《宝石和宝石学杂志》2003 年第 2 期，第 1-6 页。

［7］ 王雅玫、牛盼、谢璐华：《应用稳定同位素示踪琥珀的产地》，《宝石和宝石学杂志》2013 年第 3 期，9-17 页。

［8］ 南京市考古研究所：《南京大报恩寺遗址塔基与地宫发掘简报》，《文物》2015 年第 5 期，第 4-52 页。

［9］ 赵增宝、薛光和、肖继谦，等：《琥珀与柯巴树脂的鉴定》，《中国宝玉石》2015 年第 6 期，第 154-159 页。

The Scientific Analysis of Relics in Stone Box from Pogoda 1 in Hetaoyuan, Yecheng Site

ZHAO chun-yan   SHEN li-hua   ZHU yan-shi

(Institute of Archeology, Chinese Academy of Social Sciences)

Abstract: A variety of technical methods were used to detect and analyze the relics at Yecheng Site. The results provide valuable information for the study of the early Chinese pagodas burial system.

Key Words: Yecheng site; relics; scientific analysis

新疆阿拉沟墓地出土玻璃珠的
工艺及产地分析

刘　念

（中国社会科学院考古研究所）

摘要： 新疆阿拉沟墓地出土了大量春秋战国至西汉时期的玻璃珠饰，类型丰富多样。本文从中选取 17 件典型玻璃珠饰，使用激光剥蚀电感耦合等离子发射光谱（LA-ICP-AES）对其化学成分开展分析。分析结果表明，这批玻璃珠按照主量元素成分可分为三类：铅钡玻璃（$PbO\text{-}BaO\text{-}SiO_2$）、植物灰型钠钙玻璃（$v\text{-}Na_2O\text{-}CaO\text{-}SiO_2$）和钾玻璃（$K_2O\text{-}SiO_2$）。其中，大量出现的铅钡玻璃，是战国时期中原与新疆地区之间存在物质文化交流的重要证据；高钾型植物灰型钠钙玻璃在反映西方影响的同时，也体现着更近的中亚地区或新疆本地生产玻璃的可能性。此外，钾玻璃和高铝型植物灰型钠钙玻璃的发现，似乎暗示与南亚地区存在着某种联系。

关键词： 玻璃珠　新疆　阿拉沟墓地　化学成分分析

阿拉沟墓地位于新疆维吾尔自治区乌鲁木齐市南山矿区，地处艾维尔沟和阿拉沟交汇处，这里自古以来就是丝绸之路"天山道"沟通南北疆的重要通道，具有十分重要的军事战略地位。从已有发掘资料看，该墓地属苏贝希文化遗存，墓地年代主要集中在春秋晚期至战国时期，部分墓葬年代可至西汉[1]。

阿拉沟墓地出土大量玻璃珠饰，包含单色珠及蜻蜓眼式玻璃珠，珠饰形制类型丰富。对该批玻璃珠进行科学检测分析，揭示其工艺并追溯其源流，可以为研究这一时期天山中部地区的文化与贸易交流提供更多新的证据。鉴于此，本文选取阿拉沟墓地出土的 17 枚玻璃珠进行化学成分分析，检测样品涵盖不同器型和颜色的玻璃珠，以期通过其化学成分特征探讨不同玻璃珠饰的配方工艺及产地来源问题。

一、样　　品

本文共分析玻璃珠样品 17 件（表 1），包含不同颜色的单色珠及蜻蜓眼式玻璃珠。

表1　阿拉沟墓地玻璃珠分析样品清单

Table 1　List of glass bead analysis samples from the Alagou cemetery

样品编号	样品原始号	样品描述
YEG-G1	78wym42	深蓝色球形玻璃珠
YEG-G2	78wym42	深蓝色球形玻璃珠
YEG-G3	78wym72：16	绿色环状玻璃珠
YEG-G4	78wym80：35	绿色环状玻璃珠
YEG-G5	78wym58：2	蓝色玻璃珠，表面有黑色条纹装饰
YEG-G6	78wym28：39	蓝绿色管形玻璃珠
YEG-G7	77wym37：4	蓝色管状玻璃珠
YEG-G8	78wym54：13	蜻蜓眼玻璃珠，基体黄色，眼珠部分绿色
YEG-G9	78wym72：23	深蓝色环状玻璃珠
YEG-G10	78wym57：29	扁圆形蓝色玻璃珠
YEG-G11	78wym57：29	深蓝色小玻璃珠
YEG-G12	78wym45：27	深蓝色环状玻璃珠
YEG-G13	78wym45：27	深蓝色环状玻璃珠
YEG-G14	78wym45：27	浅蓝色环状玻璃珠
YEG-G15	77wym21：114	蓝色玻璃珠
YEG-G16	77wym37：83	绿色管状玻璃珠
YEG-G17	77wym36：6	蓝色管状玻璃珠，断成两截

二、实 验 方 法

本文玻璃珠样品均使用激光剥蚀电感耦合等离子发射光谱（LA-ICP-AES）分析其化学成分，每件样品均经激光剥蚀多次至数据稳定以避免风化影响。

激光剥蚀电感耦合等离子发射光谱分析在北京大学考古文博学院科技考古实验室开展。其中激光剥蚀系统为 NEW-WAVE 公司的 UP-266 型激光器，ICP-AES 为 LEEMAN 公司的 Prodigy 型全谱直读等离子发射光谱。实验利用单标样归一法进行数据处理，采用标准为 Corning D。经过对标准玻璃样品 Corning B 和 Corning C 的多次测量，结果显示大多数主量元素相对标准偏差小于 1%，微量元素相对标准偏差不高于 5%。

三、结果与讨论

玻璃珠 LA-ICP-AES 化学成分分析结果见表 2。从表 2 可知，阿拉沟墓地出土玻璃珠按照主量元素成分可将其分为三类：铅钡玻璃（$PbO\text{-}BaO\text{-}SiO_2$）、植物灰型钠钙玻璃（$v\text{-}Na_2O\text{-}CaO\text{-}SiO_2$）和钾玻璃（$K_2O\text{-}SiO_2$）。下面分别通过这三类玻璃的成分特征讨论其配方工艺和产地来源。

表2　阿拉沟墓地出土玻璃珠LA-ICP-AES分析数据（wt%）

Table 2　LA-ICP-AES analysis data of glass beads unearthed from the Alagou cemetery（wt%）

样品类型	样品编号	SiO_2	Al_2O_3	Fe_2O_3	MgO	CaO	Na_2O	K_2O	MnO	P_2O_5	TiO_2	Sb_2O_3	CuO	PbO	CoO	BaO	SnO_2	SrO	ZnO	B_2O_3	V_2O_3	NiO	ZrO
铅钡玻璃	YEG-G1	32.04	0.59	0.53	1.62	2.14	5.42	0.012	0.014	0.11	0.033	0.11	0.023	46.19	0.049	10.87	0.101	0.11	0.003	0.017	0.016	0.0092	0
	YEG-G2	31.45	0.59	0.53	1.64	2.11	5.41	0.02	0.014	0.1	0.032	0.11	0.02	47.24	0.053	10.45	0.097	0.095	0.003	0.016	0.011	0.0097	0
	YEG-G3	20.34	1.4	0.15	0.22	0.49	2.56	0.37	0.005	0.061	0.036	0.11	0.77	62.26	0	11.08	0.013	0.1	0.004	0.007	0.008	0.0064	0.0003
	YEG-G4	20.16	1.52	0.14	0.22	0.45	2.61	0.4	0.0049	0.03	0.035	0.11	0.8	63.15	0	10.24	0.006	0.1	0.004	0.005	0.006	0.0048	0.0012
	YEG-G5（蓝色）	18.69	0.36	0.1	0.11	0.23	2.91	0.18	0.0028	0.11	0.017	0.09	0.45	65.33	0	11.27	0.014	0.1	0.003	0.009	0.012	0.012	0
	YEG-G5（黑色）	13.2	0.57	0.23	0.14	0.48	0.99	0.31	0.0052	0.073	0.029	0.16	0.29	75.75	0	7.62	0.012	0.087	0.015	0.009	0.009	0.0092	0
	YEG-G6	41.93	1.3	0.41	0.41	0.95	3.89	0.38	0.0093	0.58	0.047	0.15	0.5	28.03	0	20.11	0.04	1.17	0.024	0.025	0.024	0.023	0
	YEG-G7	35.5	1.3	0.29	0.82	0.54	6.62	0.08	0.0036	0	0.03	0.05	1.15	50.43	0	3.05	0.023	0.054	0.02	0.006	0.008	0.0064	0
植物灰型钠钙玻璃	YEG-G8（蓝色）	63	2.22	0.91	3.61	6.83	15.62	4.88	0.044	0.37	0.079	0.21	1.74	0.28	0.003	0.011	0.075	0.043	0.006	0.037	0.033	0.0029	0
	YEG-G8（黄色）	67.8	2.18	0.88	5.17	5.57	11.59	4.04	0.043	0.45	0.087	0.66	1.1	0.17	0	0.009	0.077	0.037	0.016	0.055	0.045	0.014	0
	YEG-G9	61.83	6.16	1.28	1.62	3.78	16.97	6.75	0.043	0.81	0.2		0.14	0	0.17	0.035	0.056	0.035	0.009	0.045	0.034	0.035	0.0011
	YEG-G10	54.25	2.81	0.8	4.12	5.55	22.41	7.41	0.077	0.56	0.18		1.57	0.01		0.026	0.036	0.037	0.007	0.089	0.025	0.022	0.0078
	YEG-G11	56.77	3.87	0.95	5.58	5.01	17.68	8.5	0.087	0.9	0.22		0.13	0	0.08	0.026	0.03	0.042	0.008	0.075	0.022	0.019	0.011
	YEG-G12	55.04	6.78	1.15	4.18	5.71	17.21	7.74	0.061	0.89	0.16		0.59	0	0.2	0.039	0.052	0.046	0.016	0.074	0.026	0.023	0.026
	YEG-G13	51.87	6.49	1.21	3.9	5.76	20.6	8.43	0.059	0.79	0.16	0	0.39	0.007	0.13	0.038	0.024	0.045	0.009	0.059	0.013	0.017	0.0035
	YEG-G14	58.37	3.69	0.78	3.74	4.28	17.48	7.77	0.043	0.73	0.13	1.78	0.92	0.042	0	0.028	0.053	0.043	0.011	0.057	0.021	0.013	0
	YEG-G15	63.67	1.23	0.56	4.6	7.05	17.31	3.64	0.079	0.39	0.1	0.004	1.02	0.028	0	0.022	0.061	0.06	0.043	0.063	0.046	0.029	0
钾玻璃	YEG-G16	67.92	1.99	0.33	0.69	2.01	0.86	14.36	0.035	0.64	0.1	0.015	3.03	0.032	0	0.065	7.81	0.01	0.005	0.047	0.028	0.026	0
	YEG-G17	58.15	3.09	0.44	0.41	1.83	0.48	29.26	0.015	0.69	0.085	0.02	2.44	0.023	0	0.025	2.97	0.005	0.007	0.025	0.018	0.022	0

（一）铅钡玻璃

1. 配方工艺

从表 2 可知，阿拉沟墓地共出土铅钡玻璃 7 件，PbO 和 BaO 作为其助熔剂，与 SiO_2 一起成为铅钡玻璃中含量最高的三类主要原料。其中 PbO 和 BaO 分别来自含铅矿物（方铅矿）或含钡矿物（重晶石或毒重石），SiO_2 则来自沙子。从成分分析数据可知，该批铅钡玻璃中，PbO 含量在 28%～76% 之间，整体含量偏高，仅样品 YEG-G6 中 PbO 在 45% 以下，其余样品均在 45% 以上。SiO_2 含量在 13%～42% 之间，不同样品 SiO_2 含量波动较大。BaO 含量在 3%～21% 之间，除个别样品外，绝大部分样品 BaO 含量在 10% 左右，不同样品的 BaO 含量比较稳定。从图 1 和图 2 可知，PbO 和 SiO_2、PbO 和 BaO 均存在一定的线性负相关关系，说明这三类主要成分具有其各自相对独立的来源。除 PbO 和 BaO 外，该批铅钡玻璃也含有一定量的 Na_2O，除样品 YEG-G5 黑色区域外，其余样品 Na_2O 含量均在 2% 以上。并且从图 3 中可以看出，除样品 YEG-G6 外，其余样品的 Na_2O 和 SiO_2 含量存在一定的线性正相关关系，二者有可能同源。

对于该批铅钡玻璃的着色剂而言，阿拉沟出土的铅钡玻璃样品颜色主要以蓝色和绿色为主。除 YEG-G1 和 YEG-G2 两件样品外，其余样品或样品中的蓝色或绿色部分均为 CuO 着色，CuO 含量在 0.45%～1.15%。YEG-G1 和 YEG-G2 中 CuO 含量较低，低于 0.1%，CoO 含量在 0.05% 左右，为典型的 CoO 着色玻璃。

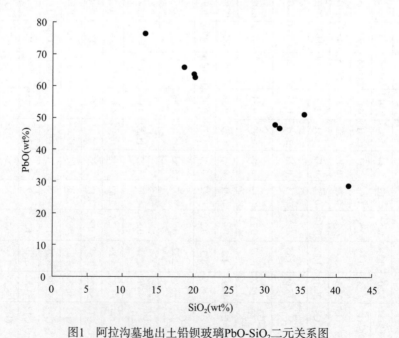

图1　阿拉沟墓地出土铅钡玻璃PbO-SiO_2二元关系图

Figure 1　PbO-SiO_2 binary relationship scatter plot of lead-barium

glass unearthed from the Alagou cemetery

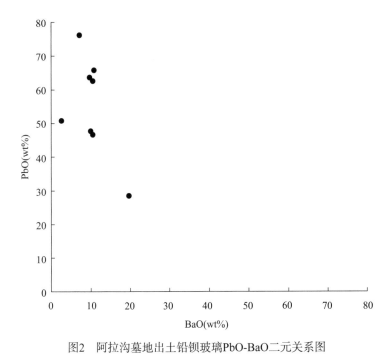

图2　阿拉沟墓地出土铅钡玻璃PbO-BaO二元关系图

Figure 2　PbO-BaO binary relationship scatter plot of lead-barium

glass unearthed from the Alagou cemetery

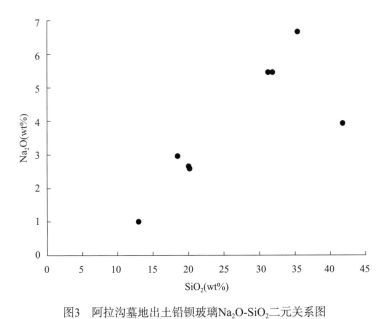

图3　阿拉沟墓地出土铅钡玻璃Na$_2$O-SiO$_2$二元关系图

Figure 3　Na$_2$O-SiO$_2$ binary relationship scatter plot of lead-barium

glass unearthed from the Alagou cemetery

2. 产地来源

目前，新疆地区发现战国时期的铅钡玻璃主要集中于塔里木盆地以北、天山沿线遗址，至汉晋时期在塔里木盆地南缘亦有发现。表3列举了新疆地区出土战国时期铅钡玻璃的几处遗址及相关成分分析数据。从表3可以看出，新疆地区出土战国时期铅钡玻璃存在向西南传播的趋势，由东天山哈密地区进入新疆，至西传至中天山南麓的察吾乎文化分布区，而阿拉沟墓地因其特殊的地理位置，似乎可以作为铅钡玻璃从新疆东部向西南传播的中间站。

表3　新疆地区出土战国时期铅钡玻璃化学成分分析数据（wt%）

Table 3　Chemical composition data of lead-barium glass unearthed from the Warring States Period in Xinjiang, China（wt%）

遗址名称	SiO_2	Al_2O_3	Fe_2O_3	PbO	BaO	CaO	MgO	K_2O	Na_2O
阿拉沟墓地	26.66 ± 9.29	0.95 ± 0.44	0.3 ± 0.16	54.8 ± 13.88	10.59 ± 4.43	0.92 ± 0.72	0.65 ± 0.61	0.22 ± 0.16	3.8 ± 1.76
和硕乌兰托里盖墓地[2]	39.15	0.7	0.14	45.73	6.81	0.53	0.93	0.02	5.23
哈密战国墓地[3]	20.18	1	12.03	47.14	14.62	1.9	0.28	0.36	2.2
巴里坤石人子沟遗址[4]	33.05 ± 3.17	0.95 ± 0.53	0.21 ± 1.52	49.63 ± 2.70	7.63 ± 2.98	0.66 ± 0.17	0.48 ± 0.28	0.11	5.37 ± 0.40

关于新疆地区铅钡玻璃的产地来源问题，笔者曾对其进行铅同位素分析，相关研究另撰文讨论，从研究结果看，这批铅钡玻璃使用的铅料以北方矿源为主，其产地来源可能与过去学者所认为的楚国一带有所不同[5]。

（二）植物灰型钠钙玻璃

1. 配方工艺

由表2可知，阿拉沟墓地共出土8件钠钙玻璃，MgO 和 K_2O 含量均在 1.5% 以上，为典型植物灰型钠钙玻璃。以沙子和植物灰作为其主要配方原料。其中 SiO_2 主要来自沙子，CaO、MgO 和 K_2O 主要来自植物灰。从成分分析数据看，该批植物灰型钠钙玻璃具有明显高钾的特点，K_2O 含量平均值高达 6.57%，其中部分样品 Al_2O_3 含量偏高（YEG-G9、YEG-G12、YEG-G13），高达 6% 以上。

对于着色剂而言，除样品 YEG-G8 以外，其余样品均为蓝色，其中，样品 YEG-G9、YEG-G11、YEG-G12 和 YEG-G13 为 Co^{2+} 着色，Cu^{2+} 含量较低，其余蓝色玻璃则均为 Cu^{2+} 着色。

2. 产地来源

目前新疆地区天山沿线已有多处早期铁器时代的遗址出土植物灰型钠钙玻璃，其年代上限可至公元前 1000 年前后，最早见于西天山南麓拜城克孜尔水库墓地（公元前 1000～前 600 年）[6]，这是目前所知新疆地区出土植物灰型钠钙玻璃年代最早的地点，也是目前国内发现玻璃年代最早的地点。其余墓葬年代较晚，大致在春秋战国时期。其中，位于天山山脉以北的额敏一碗泉墓地年代偏早，在公元前 700～前 500 年[7]，其余墓地（和硕红山墓群[8]、阿拉沟墓地、巴里坤西沟遗址[9]）均位于天山中、东部地区，年代主要在战国－西汉时期。

从这些遗址出土植物灰型钠钙玻璃的成分分析数据来看，这些玻璃可根据 K_2O-Al_2O_3 二元关系（图 4）分为三组：低钾低铝组、高钾低铝组及高钾高铝组。其中，拜城克孜尔墓地和一碗泉墓地全部样品、红山墓群少部分样品归于低钾低铝组；红山墓群大部分样品、阿拉沟墓地以及巴里坤西沟遗址部分样品归于高钾低铝组；阿拉沟墓地、巴里坤西沟遗址小部分样品归于高钾高铝组。化学成分上的显著差异或可指征这些植物灰型钠钙玻璃配方工艺及产地来源上的差异。

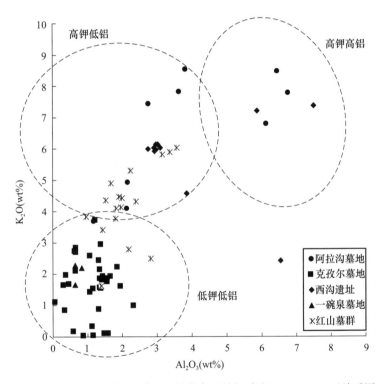

图4　新疆地区早期铁器时代出土植物灰型钠钙玻璃K_2O-Al_2O_3二元关系图

Figure 4　K_2O-Al_2O_3 binary relationship scatter plot of plant ash soda-lime glass unearthed from the Early Iron Age sites in Xinjiang, China

表 4 列举了世界上其他地区出土植物灰型钠钙玻璃典型数据平均值，表中所列数据样品年代均早于或约等于本文所讨论样品的年代。根据现有研究，植物灰型钠钙玻璃是世界上最早的玻璃类型，最早出现于美索不达米亚及埃及地区青铜时代墓葬。结合图 4

和表 4 数据可知，新疆拜城克孜尔墓地、额敏—碗泉墓地及红山墓群出土的低钾低铝组植物灰型钠钙玻璃数据与埃及、美索不达米亚地区植物灰型钠钙玻璃数据相接近，相关研究者结合微量元素数据认为其可能来自埃及或地中海东部地区[13]。

表4 埃及、美索不达米亚及南亚Bara遗址出土植物灰型钠钙玻璃七类主要成分平均数据（wt%）

Table 4 Average data of seven main components of plant ash soda-lime glass unearthed from sites in Egypt, Mesopotamia, and the Bara site in South Asia（wt%）

产地	SiO_2	Na_2O	CaO	K_2O	MgO	Al_2O_3	Fe_2O_3
埃及[10]	65.49 ± 3.90	18.27 ± 3.68	7.84 ± 1.74	1.84 ± 0.67	4.08 ± 0.89	1.49 ± 2.04	0.96 ± 1.05
美索不达米亚[11]	68.79 ± 0	16.14 ± 2.55	6.85 ± 2.64	1.83 ± 0.92	3.56 ± 1.51	1.70 ± 1.60	1.06 ± 1.75
南亚（Bara遗址）[12]	58.18 ± 2.77	15.48 ± 1.71	7.11 ± 0.59	4.12 ± 0.56	3.94 ± 0.48	4.97 ± 0.7	1.71 ± 1.58

然而，新疆阿拉沟墓地、红山墓群及西沟遗址发现了大量高钾低铝组植物灰型钠钙玻璃。据已有研究，钾含量在 4% 以上是中亚地区植物灰型钠钙玻璃的重要特征[14]，但是目前中亚地区经分析的植物灰型钠钙玻璃年代均偏晚，其年代多在汉晋之后，晚于本文涉及样品所属年代下限。但是新疆地区早期铁器时代多处遗址出土高钾特征的植物灰型钠钙玻璃绝非偶然，这些材料的发现有可能是中亚地区生产玻璃的早期证据。此外几处遗址均见铅锑黄着色玻璃出土，可见西方玻璃工艺的显著影响，新疆地区出土这一时期的高钾植物灰型钠钙玻璃，很可能是在西方此类玻璃技术的影响下，在邻近的中亚地区生产并传入的，这些珠子工艺较为粗糙，形制简单，亦不排除新疆本地生产的可能性。

此外，在新疆阿拉沟墓地和巴里坤西沟遗址发现了高钾高铝型植物灰型钠钙玻璃，此类玻璃数量较少，但特征明显。从已有研究来看，此类高钾高铝型植物灰型钠钙玻璃主要发现于古印度 Bara 遗址（位于今巴基斯坦西北部）及其周边，印度北部 Rupar 等遗址也有零星发现，相关研究者认为此类玻璃应是当地生产[15]。因此，新疆天山地区出土的高钾高铝植物灰型钠钙玻璃或许与南亚存在一定关联。

（三）钾玻璃

1. 配方工艺

阿拉沟墓地共出土两枚钾玻璃珠，K_2O 含量较高，其中样品 YEG-17 的 K_2O 含量高达 29.26%。从 CaO 和 Al_2O_3 含量看，二者均属于中等钙铝型钾玻璃。MgO 含量较低，应采用了富钾矿物作为助熔剂原料，如硝石。两枚玻璃呈蓝色，其中 YEG-G16 样品表面部分区域呈绿色，可能是风化所致。两件样品均为 CuO 着色，CuO 含量较其他两种类型玻璃偏高，含量在 2% 以上。

2. 产地来源

目前新疆地区天山沿线早期铁器时代出土钾玻璃的遗址为拜城克孜尔水库墓地和

吐鲁番洋海墓地[16]。此外，位于塔里木盆地南缘的温宿、新河以及库车等地亦有钾玻璃发现，但年代较天山地区偏晚，以汉晋时期居多[17]。

表5列举了当前已发表的新疆天山地区出土钾玻璃的成分分析数据，从表中可知除样品YEG-G17外，其余钾玻璃K_2O含量在15%左右。另外，阿拉沟与克孜尔水库墓地出土的钾玻璃有一个共同的特征，就是都含有较高含量的SnO_2，李青会等曾利用拉曼光谱分析确定了克孜尔墓地出土钾玻璃中含有锡石，应是起乳浊剂作用，阿拉沟墓地出土玻璃珠与其颜色、器型都非常相似，推测这些样品应也加入了锡石作为乳浊剂[20]。而观察洋海墓地及塔里木盆地南缘几处遗址出土钾玻璃的数据，则未见锡石做乳浊剂的情况。据此，笔者推测阿拉沟墓地和克孜尔水库墓地出土以锡石作乳浊剂的钾玻璃可能具有同一产地来源，并且与洋海墓地及塔里木盆地南缘出土钾玻璃来源不同。

表5　新疆天山地区早期铁器时代出土钾玻璃数据（wt%）

Table 5　Potash glass data unearthed from the Early Iron Age in the Tianshan mountain Region of Xinjiang, China（wt%）

样品编号	SiO_2	Al_2O_3	Fe_2O_3	MgO	CaO	Na_2O	K_2O	CuO	SnO_2
YEG-G16	67.92	1.99	0.33	0.69	2.01	0.86	14.36	3.03	7.81
YEG-G17	58.15	3.09	0.44	0.41	1.83	0.48	29.26	2.44	2.97
克孜尔 1[18]	71.72	1.36	0.34	0.37	1.73	1.32	14.31	1.92	6.56
克孜尔 2[19]	73.51	2.13	0.38	0.55	1.62	0.9	12.84	1.78	5.82

从成分分析数据上看，天山沿线几处遗址出土钾玻璃与战国时期我国南方出土的K_2O-CaO-SiO_2玻璃明显不同，不具有K_2O-CaO-SiO_2玻璃高钙高锶的特点，其CaO、SrO数据落入K_2O-SiO_2玻璃范畴[21]。李青会等提出克孜尔墓地出土钾玻璃可能源自印度南部。从已有研究看，印度地区的钾玻璃生产中心——阿里卡梅度遗址中，中等钙铝的钾玻璃是出土钾玻璃里占比最高的一类[22]。此外，印度阿里卡梅度遗址出土的K_2O-SiO_2玻璃中亦存在着使用锡基乳浊剂（铅锡黄）的情况[23]。因此，新疆天山沿线这几处遗址出土的钾玻璃可能与南亚存在一定的联系。但是，印度地区出土的中等钙铝型钾玻璃中绝大部分为钴蓝玻璃，铜蓝玻璃占少数，而新疆地区天山地区出土钾玻璃则以铜蓝玻璃为主。因此，对于新疆天山沿线出土的早期铁器时代钾玻璃产地问题还需依靠今后更多研究才能得到更为可靠的答案。

四、结　　论

本文对新疆阿拉沟墓地出土17件玻璃珠饰进行LA-ICP-AES分析，通过化学成分判断玻璃珠样品的配方工艺及产地来源。从分析结果看，阿拉沟墓地出土玻璃包括铅钡玻璃、植物灰型钠钙玻璃和钾玻璃三类，其中，植物灰型钠钙玻璃又分为高钾低铝组和高钾高铝组两个亚类，不同成分体系的玻璃珠饰代表着来自不同区域的人群或文化对早期铁器时代天山中部地区存在的影响。其中，大量出现的铅钡玻璃证实了丝绸之路开辟之前中原文化对新疆天山地区存在广泛而深刻的影响。高钾型植物灰型钠钙玻璃在反映西方影响的同时，也体现着更近的中亚地区或新疆本地生产玻璃的可能性。此外，钾玻璃和高铝型植物灰型钠钙玻璃的发现，似乎与南亚地区存在着某种联系，但是这两类玻璃相较前两类发现较少，成分数据在体现与南亚玻璃数据存在相似性的同时，亦存在着一些特殊现象，需要今后采取其他科技分析手段、更多积累相关数据并与考古学背景深入结合，方能拨开迷雾，得出更加令人信服的答案。

附记　本研究得到中国社会科学院"青启"计划"新疆天山地区青铜—早期铁器时代玻璃技术和产地研究"（项目批准号：2024QQJH064）、中国社会科学院考古研究所实验室综合性资助项目"科技考古实验室"（项目批准号：2024SYZH002）资助。本文分析样品及其出土背景资料得到新疆维吾尔自治区文物考古研究所支持帮助，谨致谢忱。

注　释

［ 1 ］　新疆社会科学院考古研究所：《新疆阿拉沟竖穴木椁墓发掘简报》，《文物》1981 年第 1 期。

［ 2 ］　刘念：《新疆东天山地区早期铁器时代釉砂和玻璃珠的科学研究》，中国科学院大学硕士学位论文，2018 年。

［ 3 ］　李青会、黄教珍、李飞，等：《中国出土的一批战国古玻璃样品化学成分的检测》，《文物保护与考古科学》2006 年第 2 期。

［ 4 ］　温睿、赵志强、马健，等：《新疆巴里坤石人子沟遗址群出土玻璃珠的成分分析》，《光谱学与光谱分析》2016 年第 9 期。

［ 5 ］　姜晓晨阳、刘念、崔剑锋，等：《新疆乌鲁木齐市阿拉沟墓地出土战国至西汉铅钡玻璃及釉砂珠的科学分析及相关问题》，《考古》2024 年第 4 期。

［ 6 ］　Li Q H, Liu S, Zhao H X, et al. 2014. Characterization of some ancient glass beads unearthed from the Kizil reservoir and Wanquan cemeteries in Xinjiang, China. *Archaeometry*, 56(4): 601-624.

［ 7 ］　同 ［ 6 ］。

［ 8 ］　同 ［ 2 ］。

［ 9 ］　同 ［ 4 ］。

［10］　Brill R H. 1999. *Chemical analyses of early glasses*. Corning Museum of Glass.

［11］　同 ［10］。

［12］　Dussubieux L, Gratuze B. 2003. Nature et origine des objets en verre retrouvés à Begram (Afghanistan) et à Bara (Pakistan). *De l'Indus a l'Oxus. Archeologie de l'Asie Centrale*, 15-323.

［13］　同 ［ 6 ］。

［14］　同 ［10］。

［15］　Lankton J, Dussubieux L. 2006. Early glass in Asian maritime trade: a review and an interpretation of compositional analyses. *Journal of Glass Studies*, 48(1): 121-144.

［16］　朱瑛培：《新疆鄯善县洋海墓地出土玻璃珠的成分体系和制作工艺研究》，西北大学硕士学位论

文，2018 年。

［17］ Liu S, Li Q H, Gan F, et al. 2012. Silk Road glass in Xinjiang, China: chemical compositional analysis and interpretation using a high-resolution portable XRF spectrometer. *Journal of Archaeological Science*, 39(7): 2128-2142.

［18］ 同［6］。

［19］ 同［6］。

［20］ 同［6］。

［21］ Liu S, Li Q, Gan F. 2015. Chemical analyses of potash-lime silicate glass artifacts from the Warring States period in China. *Spectroscopy Letters*, 48(4): 302-309.

［22］ 同［15］。

［23］ 同［10］。

Study on Technology and Provenance of Glass Beads Unearthed from Alagou Cemetery in Xinjiang

LIU Nian

(Institute of Archaeology, Chinese Academy of Social Sciences)

Abstract: Hundreds of glass beads of various types were unearthed from the Alagou Cemetery in Xinjiang. Seventeen typical glass beads have been selected to analyze their chemical composition by laser ablation inductively coupled plasma atomic emission spectroscopy (LA-ICP-AES). The analysis results show that these glass beads can be divided into three types according to their major element composition: lead barium glass (PbO-BaO-SiO$_2$), plant ash soda-lime glass (v-Na$_2$O-CaO-SiO$_2$) and potassium glass (K$_2$O-SiO$_2$). Among them, the large quantity of lead-barium glass beads is the important evidence of material and cultural exchanges between the Central China and Xinjiang during the Warring States Period; the high-potassium plant ash soda-lime glass not only reflects influence from the West, but also embodies more the possibility of glass production in closer regions such as the Central Asia or Xinjiang. Besides, the potassium glass and high-aluminum plant ash glass seems to be related to the South Asia.

Key Words: glass beads; Xinjiang; Alagou cemetery; chemical composition analysis

西藏洛布措环湖遗址夹心玻璃珠
来源再考
——古代西南丝绸之路的证据

陈安琪　　崔剑锋

（北京大学考古文博学院）

摘要： 西藏洛布措环湖遗址的祭祀坑中出土 19 颗金色夹心玻璃珠。考证洛布措玻璃珠的来源对研究我国西南地区早期对外贸易有重要意义。本文使用数理统计中单样本 t 检验的方法，将洛布措玻璃与目前印度洋-太平洋地区多个玻璃生产中心遗址公布的样本化学成分特征进行对比，发现这批洛布措玻璃最有可能产自越南奥沃遗址，结合对古代文献的考证，我们认为这些夹心玻璃珠可能是早期我国西南地区与东南亚地区进行贸易时沿着南亚廊道传入的，年代范围大约在公元 3～6 世纪。

关键词： 洛布措环湖遗址　夹金玻璃珠　单样本 t 检验　南亚廊道　越南奥沃遗址

一、样品简介

西藏阿里洛布措环湖遗址位于海拔 4000 米左右的湖滨和坡地，分为果热、聂诺、莫日、拉格色布四个遗址区。聂诺区的 1 号祭祀坑位于洛布措南岸的聂诺山坡中部，由不规则石块围成，坑的西北角出土了 58 颗玻璃珠。其中，有 19 颗金黄色半透明玻璃珠和 39 颗红褐色不透明玻璃珠[1]。这批金黄色夹心玻璃珠包括 4 颗完整单珠，8 颗双联珠，6 颗三联珠和 1 颗四联珠（彩版一七）。

这种金黄色半透明玻璃珠属于夹心玻璃珠的一种。夹心玻璃珠，又名 sandwiched glass，gold/silver-in-glass bead，指在两层玻璃之间夹有一层金箔或者银箔的珠子。通常，采用吹制的方法制作内芯，表面放上金属箔片后在外部用缠绕法制作外层玻璃，然后使用模具切割为玻璃珠。

这种夹心玻璃珠在世界各地广泛分布。在我国主要分布在东北和西部地区，包括内蒙古蘑菇山墓地[2]、内蒙古化德县陈武沟鲜卑墓[3]、青海大通上孙家寨汉晋墓地[4]、新疆尉犁县营盘墓地[5]以及西藏洛布措环湖遗址（图1）。在东亚地区，日本和朝鲜半岛共有8处遗址出土有夹金玻璃珠，年代集中在公元5～6世纪[6]。在地中海沿岸如希腊、罗马、努比亚都有发现，在亚洲的白沙瓦Bara遗址[7]、越南奥沃遗址（Oc Eo）[8]和印度都有发现[9]。这种玻璃工艺复杂、原料珍贵、尺寸小、重量轻，便于携带并且可以长期使用，可能是某种奢侈品。它在亚洲、地中海沿岸广泛出现，是研究古代贸易和交通往来的重要切入点。

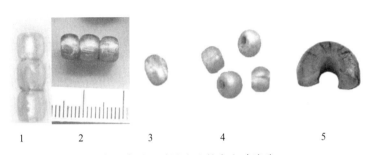

图1　各地区遗址出土的夹金玻璃珠

Figure 1　Gold-in-glass beads unearthed from sites in various regions

1. 中东地区　2. 马来西亚 Sungamai 遗址　3. 中国内蒙古扎赉诺尔墓地

4. 中国内蒙古蘑菇山墓地　5. 中国新疆尉犁县营盘墓地

1. Middle East　2. Sungamai site, Malaysia　3. Zhalainuoer Cemetery, Inner Mongolia, China

4. Mushroom Mountain Cemetery, Inner Mongolia, China　5. Yingpan Cemetery, Yuli County, Xinjiang, China

2013年成倩等学者在这批金黄色半透明玻璃珠中选择了2颗残损单珠和2颗双联珠，利用激光剥蚀电感耦合等离子体发射光谱仪（LA-ICP-AES）进行检测，她的文章仅公布了一组关于金黄色半透明玻璃珠的成分数据（表1）。分析表明，洛布措出土的金黄色半透明玻璃珠的 Na_2O 含量为19.12%，而 CaO 含量只有1.95%，这说明它属于印巴北部地区以及东南亚等地生产的铝钠玻璃，而 K_2O、MgO 含量高，则说明其采用草木灰为助熔剂。由于该玻璃珠 Al_2O_3 含量高达6.72%，这一特点与印度北部和巴基斯坦东北部地区古玻璃高铝的特点一致，特别和巴基斯坦 Bara 遗址的夹金玻璃珠成分特点相似，因此认为它产自印巴地区北部的 Bara 遗址，年代大约是公元前2世纪～公元2世纪。她们认为这批金黄色半透明玻璃的发现暗示着西藏阿里地区与印度北部和巴基斯坦西北部存在直接交流[10]。

表1　洛布措环湖遗址玻璃珠的元素百分含量（%）

Table 1　Element percentage of the gold-in-glass beads from Luobucuo site, Xizang, China (%)

样本号	玻璃珠颜色	SiO_2	Na_2O	Al_2O_3	MgO	K_2O	CaO	Fe_2O_3
1	金黄色半透明	61.65	19.12	6.72	1.53	3.39	1.95	4.28

　　然而，我们在观察了所发表的数据后，认为这批玻璃的化学组成与印巴北部地区的高铝玻璃仍有一定的差距，因此有必要通过对这些玻璃珠的化学成分重新进行统计，进而深入探究其可能来源。

二、玻璃产地再分析

　　根据这批洛布措玻璃珠的 Al_2O_3 含量高于 4%，K_2O 和 MgO 含量较高，可以判断其属于 Dussubieux 等学者归纳的草木灰铝钠玻璃（v-Na-Al glass）[11]。同时因为草木灰作为助熔剂的主要表现是玻璃有较高的 K_2O 或 MgO 含量[12]，所以可以对玻璃根据 MgO 和 K_2O 含量进行分组研究，而根据制备草木灰的植物种类以及生长地区的差异，玻璃的 MgO 和 K_2O 含量会有差别。因此根据这两种氧化物的含量，玻璃被分为 HMHK（高镁高钾）、HMLK（高镁低钾）、LMHK（低镁高钾）、LMLK（低镁低钾）四类[13]，其中前三种都是草木灰型的钠钙玻璃，而 LMLK 对应的一般是以泡碱为助熔剂的矿物碱型钠钙玻璃（m-Na-Al glass）。通常情况下判断 MgO、K_2O 高低的界限为 1.5%，据此洛布措出土的这几件夹心洛布措玻璃应该属于 HMHK 的草木灰铝钠玻璃，南亚、东南亚等有多个玻璃产地都生产这类 HMHK 的草木灰铝钠玻璃，因此有必要重新将选取各遗址出土的这类玻璃与其进行比对分析。需要说明的是，学界目前对 MgO 和 K_2O 含量的分界没有公认的标准，本文结合大部分论文的分类标准和涉及的遗址数据特点[14]，将区分 MgO 含量高低的分界线设为 1%，K_2O 含量的分界线设为 1.5%。

三、与 Bara 遗址出土玻璃成分的再比较

　　Bara 遗址位于巴基斯坦北部，距离犍陀罗首都白沙瓦（Peshawar）大约 7 千米，当地出土了大量的玻璃器，包括玻璃单珠、玻璃联珠和玻璃碎片，发掘人员据此认为当地可能是当时的玻璃生产中心。法国学者 Laure Dussubieux 在 2003 年采用 LA-ICP-MS 的方法对 57 件玻璃进行分析，并且分别公布了 9 种不同颜色的玻璃的化学成分平均值（表 2），从数据看它们均属于 HMHK 的草木灰铝钠玻璃。笔者根据这 9 组数据，对 Bara 地区生产的玻璃的各项化学成分占比的总体平均值进行区间估计。计算的具体过程如下。

　　① 对每个化学元素的 9 组数据绘制 P-P 图，结果显示样本数据接近正态分布，因此可以使用 t 分布 / 正态分布函数进行估计。

　　② 目前只公布了 9 组数据，属于小样本，因此选择 t 分布函数进行总体均值的区间估计。

　　③ 选择显著性水平 $\alpha = 0.05$。计算出样本中各个化学成分含量的样本平均值和样本标准误。将数据代入 $\bar{x} \pm t_{\frac{\alpha}{2}} \frac{s}{\sqrt{n}}$ 即可求得 Bara 遗址的玻璃珠总体该化学成分含量的 95% 置信区间（95% CI）。并与西藏地区出土的金黄色玻璃珠比较。

表2 Bara遗址玻璃珠的元素百分含量（%）与总体均值区间估计（%）

Table 2 Element percentage of the glass beads from Bara site, Pakistan (%) and 95% confidence interval estimates for population means(%)

样本号	玻璃珠颜色	SiO_2	Na_2O	Al_2O_3	MgO	K_2O	CaO	Fe_2O_3
1	半透明	60.40	14.90	5.40	3.70	3.90	8.00	1.00
2	浅琥珀色	56.50	19.00	3.50	4.30	3.80	7.70	2.70
3	深琥珀色	54.10	16.70	4.40	4.20	3.90	7.90	5.90
4	黄色	54.50	12.70	5.40	3.60	4.20	6.70	1.00
5	红色	60.80	14.60	4.90	3.90	4.70	6.80	0.80
6	绿色	57.20	14.00	4.80	3.80	3.80	6.70	0.80
7	白色	57.10	16.70	4.70	5.00	5.60	7.30	0.90
8	蓝色	61.90	15.30	6.00	3.20	3.90	6.40	0.90
9	黑色	61.10	15.40	5.60	3.80	4.40	6.50	1.40
样本平均值		58.18	15.48	4.97	3.94	4.24	7.11	1.71
样本标准差		2.94	1.82	0.74	0.51	0.59	0.62	1.68
95%CI 下限		55.92	14.08	4.40	3.55	3.79	6.63	0.42
95%CI 上限		60.44	16.88	5.54	4.34	4.70	7.59	3.00

在 $\alpha = 0.05$ 的显著性水平上，洛布措玻璃 MgO 含量 1.53%，显著低于 Bara 玻璃 MgO 含量的 95% 置信区间［3.55，4.34］，说明所用草木灰的种类有所不同。洛布措玻璃的 Al_2O_3 含量高达 6.72%，这远远超出了 Bara 玻璃 Al_2O_3 含量的置信区间［4.40，5.54］。玻璃珠的 Al_2O_3 含量，往往与其所用沙料的产地有关。从 Al_2O_3 和 MgO 含量可以看出洛布措玻璃珠的沙料和草木灰选择都与 Bara 玻璃有显著差别，因此这些夹金玻璃珠大概率并非来自巴基斯坦地区的 Bara 遗址。

四、与其他铝钠玻璃生产中心遗址出土玻璃成分的比较

实际上不止 Bara 遗址的玻璃有 Al_2O_3 含量高的特点。根据此前的大量化学分析，印度洋－太平洋地区有较多遗址生产高铝玻璃，目前报道的印度地区就有百余件玻璃的铝含量在 4%～10%。Dussubieux 等人认为高铝含量的存在是因为沙子不够纯净而引入的[15]，因此 Al_2O_3 含量可以视作玻璃沙料的指示数据，反映玻璃的产地。

由此我们将洛布措夹金洛布措玻璃与目前能搜集到的印度洋－太平洋地区所有已公开的玻璃数据进行比较。讨论的方法仍为小样本总体平均值的区间估计，分别将洛布措玻璃的各项化学成分含量与各个遗址的 95% 置信区间进行比较，从而找出与之化学成分最接近的遗址。

目前，印度洋－太平洋地区已发现出 10 个已知的玻璃生产中心，它们或是出土了玻璃的一次生产和二次加工的遗物（如坩炉、与陶土模具共存的玻璃珠），或是在

化学成分上有明显的独特性，证实了当地曾经是区域性玻璃生产中心。其中，有8个遗址发布了具体的分析结果：他们分别是印度南部的 Arikamedu 和 Karaikadu，越南的 Oc Eo，泰国的 Khlong Thom（又名 Khuan Lukpad）和 Takua Pa，马来西亚的 Sungai Mas 和 Kuala Selinsing（又名 Pulau Kalumpang），以及苏门答腊岛的 Vijaya。只有印度 Papanaidupet 和斯里兰卡 Mantai 遗址的玻璃珠目前未见公开发表的成分数据，因此这2个遗址的玻璃不在本次讨论的范围内[16]。

（一）南亚最早的玻璃生产中心：Arikamedu与Karaikadu

Arikamedu 位于印度次大陆的东南部，东临孟加拉湾，大约在公元前2世纪就有人类定居，在公元2世纪末期已经与西方存在贸易往来，出土有双耳罐和 Arizzo 特有陶器。Arikamedu 早期遗址中即发现有玻璃和石制的珠子，但是具体年代不可考。Karaikadu 是位于它的南部40千米的卫星城市，兴盛时期稍晚于 Arikamedu。Karaikadu 发表的样本数量仅两个，且 Al_2O_3 含量均低于4%，很可能不是印度本土沙料生产，因此不做更多讨论。

Arikamedu 地区的玻璃成分多样，包括草木灰玻璃、低铝钠钙玻璃和草木灰铝钠玻璃等多种类型。其中，共8件 HMHK 草木灰铝钠玻璃（表3）。它们的 Al_2O_3 含量高于4%，K_2O 和 MgO 的含量都高于1.5%[17]。这8件玻璃的各元素含量基本符合正态分布，因此可以通过 t 分布函数对 Arikamedu 本土玻璃的各元素含量进行区间估计。根据分析，洛布措玻璃珠的 Al_2O_3、K_2O、Na_2O 含量都落在该组玻璃的置信区间内，只有 MgO 含量落在置信区间 [1.77，2.59] 以外，这可能是草木灰的种类不同或者选取的植物生长地不同导致的。

表3　Arikamedu遗址玻璃的元素百分含量与总体均值区间估计（%）

Table 3　Element percentage of the glass beads from Arikamedu site, India (%) and 95% confidence interval estimates for population means(%)

样本号	原标号	描述	Si_2O	Na_2O	Al_2O_3	MgO	K_2O	CaO	Fe_2O_3
1	1	红色珠子	64.81	11.35	3.41	2.25	4.32	4.81	1.20
2	2	红色玻璃块	64.64	17.00	5.80	1.60	3.50	4.00	1.20
3	3	红色长珠	66.45	13.50	5.10	2.10	3.90	5.00	1.50
4	4	红色短珠	66.69	14.30	4.50	2.00	4.00	4.60	1.30
5	8	红色玻璃块	N/A	12.80	5.10	2.00	3.00	4.60	1.60
6	6310	黑色拉制玻璃条	59.20	12.80	10.00	3.17	4.86	4.49	3.70
7	6317	红色玻璃拉管碎片	67.87	12.40	4.84	1.79	3.23	4.86	1.79
8	6318	红色玻璃废料	63.99	15.20	4.21	2.54	4.93	4.13	1.85
样本平均值			64.81	13.67	5.37	2.18	3.97	4.56	1.77
样本标准差			2.82	1.79	2.00	0.49	0.71	0.35	0.82
95%CI 下限			62.45	12.17	3.70	1.77	3.37	4.27	1.08
95%CI 上限			67.17	15.16	7.04	2.59	4.56	4.85	2.45

从形态上看，Arikamedu 大部分 HMHK 草木灰铝钠玻璃都是红色的铜红玻璃珠，而没有洛布措这类夹金珠。通过概率计算，在 $\alpha = 0.05$ 的显著性上，该遗址玻璃的颜色与 MgO、K_2O 含量的化学特征有相关性[①]。考虑到洛布措玻璃的 MgO 含量和颜色特征都与其不同，很可能不是来自 Arikamedu。

（二）公元7世纪前的东南亚玻璃生产中心：越南奥沃遗址

在公元前 1 世纪末到公元前 2 世纪初，玻璃珠生产从印度大陆的南部向东传播，在斯里兰卡、越南奥沃遗址（Oc Eo）、泰国和马来西亚出现多个生产中心。

其中越南最为重要的玻璃生产中心是安江省的奥沃遗址（Oc Eo），它是扶南时期重要的港口城市，考古发现当地有金器和玻璃生产，并且是重要的贸易中心。已出土玻璃珠种类多样，包括蓝色、粉色、黄色、绿色等单色玻璃珠和多色玻璃珠[18]，其中有19 件夹金玻璃珠（图 2）[19]。该遗址出土有彩色的玻璃碎片、水滴型、液体飞溅形状的玻璃熔料、各类生产失败的玻璃成品，说明其玻璃生产中心的地位[20]。有关扶南最早的文献记载见于史书《三国志》中："又遣从事（吕岱）南宣国化，暨徼外扶南……各遣使奉贡。"[21] 从公元 3 世纪中期扶南与当时的孙吴多次遣使往来，这种交往一直持续到唐代贞观年间，直至公元 7 世纪扶南被其属国真腊取代。

1235　　　　　　　1236
(MBB,4107)　(Q 12/b^1)

图2　越南奥沃遗址出土的夹金玻璃珠[22]

Figure 2　Gold-in-glass beads from Oc Eo site, Pakistan

20 世纪中期 Malleret 出版了一组奥沃遗址玻璃成分分析的数据，但是由于未检测 K_2O 元素含量，重要数据缺失，本文不考虑该组数据[23]。Brill 编撰的玻璃成分数据库中另有 16 组关于奥沃遗址玻璃的数据，样本包括若干个彩色玻璃珠、彩色玻璃碎片和玻璃废品[24]。16 件样本中有 2 件低铝玻璃，其他 14 件均为铝钠玻璃。其中有1 件 HMLK 玻璃，有 5 件 HMHK 玻璃，8 件 LMHK 玻璃。通过 t 分布对奥沃的 5 件HMHK 玻璃各个元素的含量占比进行总体平均值的区间估计，并与洛布措玻璃进行比较（表 4）。

在 $\alpha = 0.05$ 水平上，洛布措玻璃除 Fe_2O_3 以外的所有元素都与奥沃遗址的 HMHK 玻璃没有显著差异，因此洛布措玻璃很可能来自奥沃遗址。Al_2O_3 含量的相似反映出沙料选择的相同，而 K_2O 和 MgO 含量的相似反映出它们使用的草木灰助熔剂种类相同或者

---

① 统计检验如下：8 件 Arikamedu 的 HMHK 草木灰铝钠玻璃中有 7 件都是红色的。该遗址出土的玻璃颜色主要包括绿色、蓝色、黄色、红色、黑色、紫色，在 38 件公开的 Arikamedu 玻璃中，有12 件是红色的。原假设为 Arikamedu 玻璃中"玻璃属于草木灰铝钠玻璃"与"玻璃颜色为红色"是独立事件，则 8 件样本中出现 7 件为红色的概率为 0.0017（$P = 8 \times (12/38)^7 \times 26/38$）。若选择显著度 $\alpha = 0.05$，P 值 < 0.05，因此原假设不成立，Arikamedu 玻璃的 MgO、K_2O 含量高的特点与它的红色颜色有相关性。

表4　奥沃遗址玻璃的元素百分含量（%）与总体均值区间估计（%）

Table 4　Element percentage of the glass beads from Oc Eo site, Vietnam (%) and 95% confidence interval estimates for population means(%)

样本号	原标号	描述	SiO_2	Na_2O	Al_2O_3	MgO	K_2O	CaO	Fe_2O_3
1	6425	红色珠子	69.83	13.60	6.02	1.12	1.84	2.20	1.60
2	6426	6 颗红色珠子	65.52	16. 20	7.39	1.06	1.96	2.39	1.76
3	6427	6 颗红色珠子	65.51	15.50	7.84	1.02	2.34	2.57	1.68
4	6431	5 颗黑子珠子	65.61	15.70	7.58	1.56	3.87	3.14	1.25
5	6448	切槽瓜珠（melon bead）	49.73	22.50	9.47	1.86	4.55	5.88	1.97
样本平均值			63.24	16.83	7.66	1.32	2.91	3.24	1.65
样本标准差			7.78	3.90	1.23	0.37	1.22	1.52	0.26
95%CI 下限			53.58	11.98	6.13	0.86	1.39	1.35	1.32
95%CI 上限			72.90	21.67	9.19	1.78	4.43	5.12	1.98

植物的生长地相同。Ca 在玻璃制造中是否是工匠有意添加的，目前尚未可知[25]。从结果上看，石灰可以作为稳定剂降低玻璃的风化效应。有学者认为是 Ca 含量较高是工匠为了让玻璃制品更耐用而可以添加的结果，有学者认为它是伴随着助熔剂和沙料进入的结果。笔者认为这里 Na_2O，CaO 含量的相似可能表示洛布措玻璃和奥沃遗址的玻璃选择了相似的配方。

洛布措金黄色半透明玻璃珠的 Fe 含量显著较高，是因为该珠两层玻璃内镶嵌的并非金箔，而是银箔。制作时为了让珠子呈现出金色的效果，在外层玻璃中添加了较多的 Fe^{3+} 离子作为着色剂，从而使其金黄。这一元素含量的异常是由该夹金玻璃珠的制作工艺决定的，因此不能作为判断产地不同的依据[26]。

洛布措夹金玻璃珠在化学成分上与奥沃遗址的玻璃有高度相似性（图3），这说明越南奥沃遗址有可能就是该批玻璃珠的产地。虽然本次贸易的具体时间和路线不确定，但是通过对南朝以来中国文献中扶南国记载的考证，说明最迟在公元 3 世纪左右，越南南部和我国南方的海上贸易已经相当发达，从当地过来的货物主要包括金、银、琉璃、香料等物品。

（三）公元7世纪前东南地区的其他玻璃生产中心：Khlong Thom与Kuala Selinsing

同一时期，斯里兰卡西北部的 Mantai 也是重要的玻璃生产中心，并且它是当地的重要港口城市。目前 Mantai 玻璃珠子的化学分析还在进行中，尚未发表，不能排除金珠来自斯里兰卡的可能。

泰国 Khlong Thom 遗址也发现大量玻璃生产的废弃物，暗示它曾是区域性的玻璃生产地。该遗址的名字意为"珠子丘"，位于泰国甲米。1996 年考古发掘时收集了

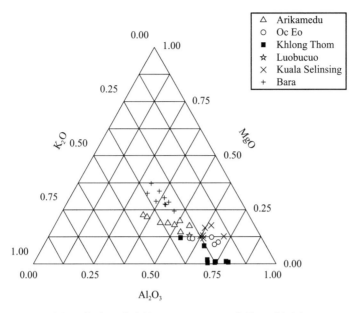

图3　各遗址玻璃的Al₂O₃-MgO-K₂O含量三元相图

Figure 3　Tenary Plot of Al₂O₃-MgO-K₂O content of glass from various sites

15件玻璃样本，年代大约在公元一千纪中后期[27]。这些玻璃主要分为钠钙玻璃（Na₂O含量大体高于10%，CaO含量高于5%，Al₂O₃含量基本低于4%）和草木灰铝钠玻璃两组。本文仅讨论该遗址的草木灰铝钠玻璃组，该组共9件样本（表5），主要包括玻璃碎片和玻璃珠，颜色包括透明的琥珀色与不透明的红色、黄色等。整体Al₂O₃含量在4%～10%之间，所有K₂O含量高于1.5%而大部分MgO含量低于0.5%，属于HKLM玻璃。洛布措玻璃的属于HKHM玻璃，因此不太可能产自此地。

表5　Khlong Thom遗址玻璃的元素百分含量（%）与总体均值区间估计（%）

Table 5　Element percentage of the glass beads from Khlong Thom site, Thailand (%) and 95% confidence interval estimates for population means(%)

样本号	原标号	描述	SiO₂	Na₂O	Al₂O₃	MgO	K₂O	CaO	Fe₂O₃
1	29	拉制珠子，方形，不透明红色	64.83	12	6.36	1.42	3.88	3.01	3.12
2	30	废料碎片，不透明白色	68.3	12.36	10.78	<0.1	4.21	1.43	0.56
3	31	破碎珠子，半透明蜜色	70.06	13.18	8.74	<0.1	2.87	2.22	1.12
4	32	熔合珠组，黄色、绿松石色和深钴蓝色	71.55	11.28	8.26	<0.1	2	2.49	1.12
5	33	废料碎片，不透明绿松石色	66.78	12.18	6.11	0.18	2.37	1.84	1.25
6	36	拉制珠子，方形，不透明红色	71.89	12.08	4.28	0.55	1.65	1.89	1.25
7	37	方形部分，不透明黄色	65.37	11.99	10.05	<0.1	3.36	2.3	1.1

样本号	原标号	描述	SiO₂	Na₂O	Al₂O₃	MgO	K₂O	CaO	Fe₂O₃
8	39	穆蒂萨拉珠子（Mutisalah bead），不透明红色	66.21	12.53	10.18	0.16	2.6	2.59	1.28
9	40	桶形珠子，红黑白条纹混色	68.69	12.63	10.16	<0.1	3.99	1.58	0.59
		样本平均值	68.19	12.25	8.32	N/A	2.99	2.15	1.27
		样本标准差	2.60	0.52	2.27	N/A	0.92	0.51	0.75
		95%CI 下限	66.19	11.84	6.58	N/A	2.29	1.76	0.69
		95%CI 上限	70.18	12.65	10.07	N/A	3.70	2.54	1.84

　　Kuala Selinsing 遗址位于马来西亚的西部，主要活动年代在公元 3~8 世纪，出土有印度与奥沃地区的制品，推测其可能是扶南的小型港口城市。目前公布有共计 24 组样本数据，早期 Harrison 检测的 7 组样品风化作用严重，从数据看 Na₂O 严重偏低（多低于 5%），因此本文不做考虑[28]。在 2017 年 Ramli 公布的 17 组数据中，有 6 件样本属于 HMHK 的草木灰铝钠玻璃（表 6），经计算其洛布措玻璃的 K₂O 元素含量落在 Kuala Selinsing 玻璃的 95% 置信区间外，因此很可能不是来自该地[29]。

表6　Kuala Selinsing遗址玻璃的元素百分含量（%）与总体均值区间估计（%）

Table 6　Element percentage of the glass beads from Kuala Selinsing site, Malaysia (%) and 95% confidence interval estimates for population means(%)

样本号	描述	Na₂O	Al₂O₃	MgO	K₂O	CaO	Fe₂O₃
1	不透明红色	14.8	5.57	1.04	2.09	2.49	1.26
2	橙色	10.12	8.89	1.57	1.88	4.67	1.79
3	深绿色	12.04	4.77	1.32	1.33	2.06	1.21
4	深蓝色	9.13	5.32	1.12	2.09	2.70	1.27
5	浅蓝色	13.9	5.94	1.59	2.00	3.38	1.09
6	不透明红色	13.38	5.08	1.04	1.9	2.04	1.27
	样本平均值	12.23	5.93	1.28	1.88	2.89	1.32
	样本标准差	2.23	1.51	0.25	0.28	1.00	0.24
	95%CI 下限	9.89	4.35	1.01	1.58	1.84	1.06
	95%CI 上限	14.57	7.51	1.55	2.18	3.94	1.57

（四）公元7世纪后东南亚的玻璃生产中心：Takua Pa，Sungai Mas，Vijaya

　　公元 7 世纪东南亚扶南国衰落，被真腊（Chenla）取代。中印贸易的中间点转移到南部的三佛齐（Scrivijaya）。三佛齐在公元 7～12 世纪主要控制了苏门答腊，并且成为东南亚海上贸易的主导者，取代了公元 3～6 世纪时扶南的地位。目前发现的公元 9～11 世纪左右的生产遗址，包括泰国的 Takua Pa 遗址（公元 9 世纪早期开始活跃），马来西亚的 Sungai Mas 遗址，苏门答腊岛上的 Vijaya 遗址都处在三佛齐的影响范围之内。

泰国 Takua Pa 遗址主要在公元 9 世纪有活跃的生产，共公布了 5 件玻璃的测量结果（表 7），其中 1 件 Al_2O_3 含量低于 1%，怀疑非东南亚本土产，另外 4 件均为 LMHK 的草木灰玻璃，MgO 含量低于 0.5%，与洛布措玻璃特征相差较大。苏门答腊岛上的 Vijaya 遗址与 Sungai Mas 遗址的玻璃珠 MgO 含量基本小于 0.6%，而洛布措玻璃 MgO 含量为 1.53%，也可以排除这些来源的可能。

表7　Takua Pa，Sungai Mas和Vijaya等遗址玻璃的元素百分含量（%）

Table 7　Element percentage of the glass beads from Takua Pa, Sungai Mas and Vijaya (%)

样本号	遗址地点	描述	SiO_2	Na_2O	Al_2O_3	MgO	K_2O	CaO
1	Vijaya	红色珠子	N/A	9.44	5.1	<0.15	1.07	2.49
2	Vijaya	深蓝色珠子	N/A	13.2	2.41	<0.48	<0.64	1.32
3	Vijaya	绿蓝玻璃块（chunk）	N/A	12.9	4.68	<0.26	1.35	3.75
4	Sungai Mas	红色珠子	N/A	9.71	5.5	<0.08	1.34	2.3
5	Sungai Mas	深蓝色珠子	N/A	10.7	2.58	<0.59	3.13	2.88
6	Takua Pa	红色珠子	N/A	11	5.44	<0.12	1.37	2.57
7	Takua Pa	深蓝色珠子	76.9	9.6	4.2	0.25	1.5	6
8	Takua Pa	深蓝色珠子	N/A	10.7	0.81	3.7	1.56	3.72
9	Takua Pa	黄色珠子	72.6	12.6	5.6	0.37	1.5	5.2
10	Takua Pa	浅蓝色珠子	71.1	7	10.1	0.02	1.5	9.3

总的来说，洛布措玻璃珠与全部公元 7 世纪以后东南亚地区出土的玻璃成分有明显的区别，这可以表明这件玻璃珠的年代下限应不晚于公元 7 世纪。

五、文献考证

结合以上关于东南亚地区各个玻璃生产中心的数据，西藏洛布措环湖遗址出土的夹心玻璃珠最有可能产自扶南（今越南南部）的奥沃遗址。扶南是公元 1～7 世纪活跃于湄公河三角洲的古国，在公元 3 世纪时即被史书记载与我国有贸易往来。同时奥沃遗址出土有罗马铜币、波斯灯具和汉代的铜镜与魏晋时期的佛教雕塑、东汉和隋唐时期的陶器[30]，说明其古代是海上贸易的重要港口。公元 7 世纪该地区被真腊征服。

从考古资料看，古人定居在扶南的年代上限最早可达公元 1 世纪。我国文献史料中关于扶南最早的记载是《三国志·吴书十五·吕岱传》："遣人从事南宣国化，暨徼外扶南、林邑、堂明诸王各遣使奉贡。"《三国志·吴书二·吴主传》中记赤乌六年十二月（公元244年），"扶南王范旃遣使献乐人及方物"[31]，说明公元3世纪上半叶，扶南已经与吴国有正式的往来。

根据《梁书》记载，扶南除了出产"金、银、铜、锡、沉水香、象牙、孔翠、五色鹦鹉"[32]，也生产玻璃。如《南齐书》记载，扶南王侨陈如·阇邪跋摩曾向齐武帝进贡"琉璃苏钰二口"[33]。《吴历》载黄武四年（225年）"扶南诸外国来献琉璃"[34]。这里的"琉璃"应就是现代材料学上的玻璃。这些有关扶南当地特产的记载与考古学家在越南奥沃遗址发现的玻璃生产中心相对应。

另外，文献中有记载当时扶南航海业的兴盛与当时东南亚诸国海上贸易的激烈竞争。《太平御览》中引《吴时外国传》："扶南国伐木为船，长者十二寻，广肘六尺，头尾似鱼，皆以铁镊露装。大者载百人，人有长短桡及篙各一。从头至尾，面有五十人作，或四十二人，随船大小。立则用长桡，坐则用短桡，水浅乃用篙。皆当上应声如一。"[35]可见当时扶南造船业的繁荣。《南齐书》中记"扶南人黠惠知巧……货易金银彩帛"[36]，由此推断扶南在公元5世纪左右已经有比较发达的海上贸易。

《南齐书》中详细记载了公元5世纪末，扶南与中国通使的情况，并且提到了邻国林邑的叛乱，反映出当时海南诸国之间争斗的局面。"宋末，扶南王姓侨陈如，名阇邪跋摩，遣商货至广州。"印度僧人想同扶南王一起乘船回国，但是路上"遭风至林邑，掠其财物皆尽"。永明二年，扶南王派这位僧人到中国拜见武帝，"阇邪跋摩遣天竺道人释那伽仙上表称扶南国王臣侨陈如阇邪跋摩叩头启曰"，其中，着重讨论了邻国林邑的叛乱，"伏闻林邑顷年表献简绝，便欲永隔朝廷。岂有师子坐而安大鼠。伏愿遣军将伐凶逆，臣亦自效微诚，助朝廷剪扑，使边海诸国，一时归伏"。此行的贡品包括"金缕龙王坐像一躯，白檀像一躯，牙塔二躯，古贝二双，琉璃苏钰二口，玳瑁槟榔柈一枚"[37]，贡品中的"琉璃苏钰"可能是某种玻璃器，器形可能是碗。由此看出，公元5世纪时扶南已经与广州发生直接的海上贸易往来，并且规模可观。而当时的林邑和扶南两国可能存在贸易上的竞争关系，说明当时东南亚的海上贸易相当繁荣。

以上的文献证明，奥沃遗址作为古玻璃的生产中心，至迟公元3世纪就为中国所熟知，因此西藏洛布措环湖遗址出土的金色夹心玻璃珠有可能产自越南奥沃。而其进入路线有可能是沿着西南丝绸之路—南亚廊道[38]进入西藏地区。

六、结　论

本文采用单样本 t 检验的方法将西藏洛布措环湖遗址玻璃珠的化学分析结果与南亚和东南亚的8个玻璃生产中心出土玻璃的化学的成分特征进行比较，认为洛布措玻璃珠有很大的可能来自越南奥沃遗址，其生产年代大约在公元3～6世纪，这反映了我国的西南地区与东南亚和南亚地区在古代就存在贸易往来，拓宽了我们对早期南亚廊道的认识。

附记　本研究得到"北京大学钟夏校际科研资助基金"资助。

注　释

［1］ 成倩、于春、席琳，等：《西藏阿里洛布措环湖遗址出土玻璃成分检测与初步研究——兼论丝绸之路西藏西部阿里段》，《藏学学刊》2017 年第 2 期，第 264-274 页。

［2］ 赵东海：《浅析内蒙古地区出土的夹金箔层玻璃珠》，《边疆考古研究》2023 年第 2 期，第 132～145 页。

［3］ a. 内蒙古自治区文物考古研究所、乌兰察布市博物馆、化德县文物管理所：《化德县陈武沟鲜卑墓地发掘简报》，《草原文物》2014 年第 1 期，第 45-62 页。

b. Zhou X, Rehren T, Chen A, et al. 2024. Soda-lime glass trade across the Eurasian Steppe during the 4th to 5th century CE: evidence from a Xianbei cemetery in Inner Mongolia. *Journal of Archaeological Science: Reports(57)*.

［4］ 青海省文物考古研究所：《上孙家寨汉晋墓》，北京：文物出版社，1993 年，第 164-165 页。

［5］ 王栋、温睿、朱瑛培，等：《新疆尉犁县营盘墓地出土夹金属箔层玻璃珠研究》，《考古与文物》2022 年第 4 期，第 117-122 页。

［6］ 安家瑶：《夹金箔层的玻璃》，见《宿白先生八秩华诞纪念文集》编辑委员会编：《宿白先生八秩华诞纪念文集》，北京：文物出版社，2002 年，第 307-314 页。

［7］ Dussubieux L, Gratuze B. 2003. Nature et origine des objets en verre retrouvés à Begram (Afghanistan) et à Bara (Pakistan). 315-323.

［8］ Malleret L. 1962. *L'archeologie du Delta du Mekong*. Paris: École Française d'Extrême-Orient.

［9］ Francis P. 2002. *Asia's Maritime Bead Trade: 300 B. C. to the present*. Honolulu: University of Hawai'i Press. pp. 28, 92-93, 213, Appendix B.

［10］ 同［1］。

［11］ Dussubieux L, Gratuze B, Blet-Lemarquand M. 2010. Mineral soda alumina glass: occurence and meaning. *Journal of Archaeological Science*, 37(7): 1646-1647.

［12］ Sayre E, Smith W. 1961. Compositional categories of ancient glass. *Science*, 133: 1824-1826.

［13］ Henderson J. 1988. Electron probe microanalysis of mixed-alkali glasses. *Archaeometry*, 30(1): 77-91.

［14］ a. Kemp V, Schmidt K, Brownscombe W, et al. 2020. Dating and provenance of glass artefacts excavated from the ancient city of tall zirāʿa, Jordan. *Archaeometry*, 62(6): 1164-1181.

b. Ferri L, Mezzadri F, Falcone R, et al. 2020. A non-destructive approach for the characterization of glass artifacts: the case of glass beads from the iron age picene necropolises of Novilara and Crocefisso-Matelica (Italy). *Journal of Archaeological Science: Reports*, 29: 1-16.

［15］ 同［11］。

［16］ 同［9］。

［17］ a. 同［9］。

b. Brill R H. 1999. *Chemical Analyses of Early Glasses. Volume 1: The Catalogue*. New York: The Corning Museum of Glass. pp. 141, 173.

c. Brill R H. 1999. *Chemical Analyses of early glasses. Volume 2: The Tables*. New York: The Corning Museum of Glass. pp. 337-338, 396-397.

［18］ Bérénice B, Aude F, Laure D, et al. 2023. Óc Eo and the Thai-Malay Peninsula early trading polities links between the last centuries BC-early centuries CE based on archaeological material evidence. Oc Eo culture in the context of Asian culture, *Vietnam Academy of Social Science*: 8-9.

[19] Ambra C, Peter B, James L, et al. 2020. Trans-Asiatic exchange of glass, gold and bronze: analysis of finds from the late prehistoric Pangkung Paruk site, Bali. *Antiquity*, 94(373): 114.

[20] 同[9]。

[21] 陈寿：《三国志》卷四十七，卷六十，北京：中华书局，1959年，第1123，第1385页。

[22] 同[18]。

[23] 同[8]。

[24] a. 同[9]。

　　 b. 同[17]b。

[25] Reade W. 2021. The First Thousand Years of Glass-Making in the Ancient Near East: Compositional Analyses of Late Bronze and Iron Age Glasses. *Archaeopress*, 11.

[26] 同[7]。

[27] Salisbury A, Glover I. 1997. New analyses of early glass from Thailand and Vietnam. *Bead Study Trust Newslett*, 30: 7-14.

[28] Harrison T. 1964. Monochrome Glass Beads from Malaysia and Elsewhere. *Materials Science*, 38.

[29] Ramli Z, Rahman A, Hussin A, et al. 2017. Compositional analysis of sungai mas, kuala selinsing and santubong glass beads. *Mediterranean Archaeology and Archaeometry*, 17(2): 126.

[30] Bùi M. 2022. Đồ gốm nước ngoài trong văn hóa Óc Eo: Nhận thức mới từ tiếp cận nghiên cứu so sánh [Bui M. Foreign ceramics in Oc Eo culture: New perception from comparative research approach]. Tạp chí Khoa học xã hội Việt Nam, số 1, tr.17-43. (In Vietnamese) In: Bui M. 2023. Memory of Oc Eo ancient city and Funan Kingdom in light of recent archaeological discoveries. *The Russian Journal of Vietnamese Studies*. 7(1): 53-67.

[31] 同[21]。

[32] 姚思廉：《梁书》卷五十四·列传第四十八·诸夷·扶南国，北京：中华书局，2000年，第546页。

[33] 萧子显：《南齐书》卷五十八·列传第三十九·蛮·东南夷，北京：中华书局，2000年，第690页。

[34] 欧阳询：《艺文类聚》卷八十四·宝玉部下·琉璃，嘉靖年间天水胡缵宗刊本，东京：东京大学东阳文化研究所所藏汉籍善本全文影像资料库，第1162页。

[35] 李昉著，韩泰华校释：《太平御览》舟部二·叙舟中，中国国家图书馆，中华古籍资源库数字古籍，第104册，第73页。

[36] 同[33]。

[37] 同[44]。

[38] a. 孙华、闵锐、王雨晨：《丝绸之路南亚廊道东线初论——遗产范围、开辟过程、重要路段和价值意义》，《考古学研究》2019年，第338-378页。

　　 b. 李帅：《我国西藏与南亚交流的重要通道丝绸之路南亚廊道西藏段管见》，《中国民族》2023年第4期，第91-92页。

Re-examination of the Origin of Gold-in-glass Beads from the Luobucuo Lake Site: Evidence of the Ancient Southwest Silk Road

CHEN An-qi, CUI Jian-feng

(School of Archaeology and Museology, Peking University)

Abstract: 19 gold-in-glass beads were unearthed from the sacrificial pit at the Luobucuo Lake site in Xizang. Verifying the origin of the Luobucuo glass beads is of great significance to the study of early foreign trade in southwest my country. This paper compares the chemical composition characteristics of samples published by multiple glass production center sites in the Indo-Pacific region through the single sample t-test in mathematical statistics, and finds that this batch of Luobucuo glass is most likely produced in the Aowo site in Vietnam. Combined with the verification of ancient documents, we believe that these sandwich glass beads may have been introduced along the South Asian corridor when southwest my country and Southeast Asia were trading in the early days, and the age range is about the 3rd to 6th century AD.

Key Words: Luobucuo Lake site; gold-in-glass beads; single sample t-test; Silk Road in South Asia; Oc Eo, Vietnam

理论方法

浅谈古病理学研究中的"诊断"

张　旭

（中国社会科学院考古研究所）

摘要： 古病理学是一门应用现代病理学研究理论于古代人类遗骸的跨学科的综合研究，旨在揭示古代人类的健康状况、所患疾病以及其与社会、文化的关联。本文系统梳理了古病理学研究中三种主要诊断方法：鉴别诊断、阈值诊断和概率诊断。鉴别诊断通过排除不可能的疾病，逐步确定最可信的诊断结果；阈值诊断则利用特定病理现象针对疾病的强特异性，设定诊断阈值以提高诊断可信度；概率诊断通过检验病理现象的敏感性和特异性，以及应用贝叶斯定理，为诊断提供量化依据。这些方法各具特色，相互补充。同时，本文认为对疾病发病机制和病理生理学深入解析是古病理学研究的重要基础，使用统一且准确的术语进行数据描述和诊断表述，可提高古病理学诊断的可信度。

关键词： 古病理学　鉴别诊断　阈值诊断　概率诊断

一、引　言

古病理学是一门将现代病理学研究理论应用于古代人类遗骸（或其他病理学信息载体）的学科，通过观察描述、检测分析等手段有效提取相关病理学信息[1]。这门学科不仅能够帮助我们推测古人生前所患的疾病，还能够估算出特定疾病在古代社会中的患病率，从而在群体层面上进行研究。作为人类骨骼考古学研究的重要组成部分，古病理学是一门综合了自然科学、社会科学、人文科学的跨学科研究。

古病理学作为一门舶来学科，在我国的发展经历了漫长的历程。自 20 世纪 50 年代起，我国学者开始独立开展古病理学研究[2]，经过几代人的努力，已经取得了显著的成果，这些成果主要集中在对考古出土古代人类遗骸的口腔疾病、关节疾病、骨骼创伤、传染性疾病、骨骼发育异常等病理现象的诊断与出现情况的记录。通过这些病理现象，我们可以了解古代人类的健康状况、饮食习惯、劳动方式等方面的信息。同时，结合遗址所处的自然环境以及相关的考古学、民族学背景，还可以对古代人群的生活环境、生业模式、迁徙融合以及信仰习俗等方面获得更加全面的认知。相较之下，古病理学在国外的发展历史更为悠久，研究内容也更为广泛。研究者不仅关注出土人骨标本上病理现象的诊断，还深入探讨了疾病发生与人类历史上重要社会变革之间的复杂关系，以及人类与疾病在进化过程中的相互作用。这些研究不仅在揭示人类历史和文化方面发挥了重要的作用，也为我们理解人类健康和疾病提供了更深入的视角。正如西方医学奠基人希波克拉底所言："了解什么样的人得病比知道一个人得什么样的病更为重要。"

在古病理学研究中，准确且合理的疾病诊断是所有研究者的共同前提。然而，由于古代遗骸保存状况的复杂性和疾病的多样性，诊断往往存在一定的难度。在 1989 年至 1992 年连续四届美国古病理学年会上，一项关于骨骼疾病诊断准确性的测试结果显示，特殊疾病的识别准确率仅为 28.6%，一般疾病的识别准确率为 42.9%。这一结果揭示了诊断过程中存在的复杂因素，不仅受到观察者知识储备和经验的影响，还因为不同疾病之间可能存在相似的病理现象[3]。三十多年来，国际学术界在古病理学诊断流程、标准等方面进行了广泛的探讨和研究[4]。这些研究不仅为我们的诊断过程提供了重要的参考依据，还进一步推动了古病理学学科的发展。然而，在国内，关于这方面的介绍相对较少，一定程度上限制了我国古病理学研究的深入开展。因此，本文旨在简要梳理国外学者在古病理学诊断方面的主要观点，以期为国内的古病理学研究提供参考和讨论的基础。

二、鉴 别 诊 断

诊断是指运用各种医疗器械或非器械手法对人体生理状态作出分析判断，临床医学中的诊断分为正常或非正常两种，前者如妊娠判定、血缘关系鉴定等，后者则为疾病诊断[5]。在进行疾病诊断时，医生不仅要判断就诊者是否患有某种已发病的实体性疾病，还需洞察那些潜在的、尚未显露的生理状态，即疾病的前兆[6-7]。因此，疾病诊断是医生对就诊者进行全面检查后科学的逻辑思考过程，更是确保就诊者得到精准治疗的前提。疾病诊断的手段多种多样，其中鉴别诊断占据着至关重要的地位，鉴别诊断是指对就诊者症状、体征、病史等信息进行综合分析，通过与不同疾病进行比较，最终确定最可能的病因，具有一定的假设性检验的特征。鉴别诊断的具体步骤包括采集病史资料（如问诊、体格检查）、诊断性检验（如实验室检查、影像学检查）、推理判断、验证诊断等。真实全面的临床资料、科学严谨的逻辑思维是鉴别诊断的关键。以骨髓炎为例，因其症状体征与骨关节炎、类风湿性关节炎等疾病相似，极易被误诊。通过 X 射线成像技术，可以观察到具体的病理现象，但还不足以确诊，只有结合组织病理学的化验结果，医生综合运用诊断学知识，通过分析推理对可能性疾病进行取舍，才能确诊[8]。

在古病理学的研究中，鉴别诊断是一项精细且复杂的任务。这项工作遵循着与临床医学类似的假设检验逻辑框架：首先，研究人员需要对所有病理现象进行观察，将异常骨骼与正常骨骼区分开，并排除所有埋藏过程中造成的骨骼变化；其次，精确记录病变情况，排除那些最不可能的疾病；最后，基于观察到的病理现象，选择最符合的疾病作为初步假设进行验证，最终做出"诊断"。与临床医学不同的是，古病理学研究没有办法通过问诊和体格检查提取被观察者的详细病史资料，因此，研究人员只能依靠对骨骼上病理现象的细致观察，包括其微观和宏观结构，并结合显像技术等先进的科学检测方法，来搜集相关证据。这些证据被用来更为准确地评估被观察者是否可能患有某种疾病，但这种评估并非传统意义上的"诊断"，而是对疾病可能性的一种科学推测。对于常见的病理现象，多数研究者都具备独立诊断的能力；然而，面对罕见病症或常见病症的罕见表现形式时，则需要运用多学科、跨学科合作研究来进行更全面的诊断。值得注意的是，一些复杂的病理现象，或许无法做到百分之百准确诊断，那么为了保障诊断结果的可信性，更应该注重对病理现象及其具体发生部位的客观、真实记录与描述，而非盲目作出诊断。因为科学、严谨的态度是一切科研工作基石。例如，当 Lewis 对未成年人的长骨进行 X 射线检查时，他观察到干骺端存在明显的致密带，这一特征可能有多种潜在病因，包括但不限于佝偻病、坏血病、白血病以及重金属中毒等。然而，仅凭肉眼观察到的结果，她无法确切地诊断出被观察者具体患有何种疾病[9]。

古病理学研究中的鉴别诊断主要包括四种方法[10]：类比法、病理生理学法、诊断参数测量法、致病微生物鉴定法（针对感染性疾病）。长期以来，类比法一直占据主导地位，该方法是将临床医学上已知疾病个体的病理现象与考古发掘出土人骨上的病变进行对比分析。该方法的局限性在于当被观察者的病变与已知疾病的病理现象对应关系不明确时，则可能误诊。同时，由于该方法并不要求研究者了解病变的病理过程，所以一定程度上也会影响诊断的可信度。近年来，病理生理学法逐渐受到研究者青睐。该方法强调将病变与病理生理学过程紧密关联，使研究者通过识别已知疾病过程来判断疾病，一定程度上提高了诊断的可信度。另外，随着临床医学分析技术在古病理学研究中的广泛应用，针对一些特定疾病，依靠提取诊断参数、鉴定致病微生物均可以为研究者提供科学的诊断依据。

综上所述，古病理学研究与临床医学中的鉴别诊断存在着一定的区别。在古病理学研究领域里，鉴别诊断并非是直接指向某一特定疾病的明确诊断，而是通过逐一排除最不可能的疾病选项，逐步做出最具有可信度的判断。以骨膜炎为例，既是一种在骨骼上广泛存在的非特异性感染疾病，同时也可能是其他疾病所引发的一种病理表现，通常被称为骨膜反应。而骨膜反应的病因可归纳为四大类：一是发育障碍，这包括营养状况不佳和发育异常；二是炎症性疾病；三是创伤；四是肿瘤。当被观察者出现骨膜反应时，直接将其诊断为骨膜炎，还是选择深入探究是否为其他疾病造成的病理现象，这关系到诊断结果的准确性和可信度。以 Cook 的研究为例[11]，她在分析生活在美国伊利诺伊州森林的古代人群骨骼标本时，发现该人群长骨骨膜反应高发。她并未草率地将其直接诊断为骨膜炎，而是进一步对比了那些容易造成骨膜反应的疾病与好发人群年龄段、整体发病率等因素。经过深入分析和对比，Cook 推测该人群的骨膜反应极可能是由雅司病和地方性梅毒这两种疾病引起。这种严谨的研究方法，不仅提高了诊断的准确性和可信度，也为后续的古病理学研究提供了宝贵的参考。近年来，随着我国古病理学研究的深入开展，学者们对于诊断可信度问题也日益重视。山西大学侯侃副教授在对山西榆次高校区周代墓葬出土的人骨标本进行分析时，发现 55 例人骨标本中有 7 例呈现出骨膜反应的特征。其中，有 1 例个体下肢多处存在骨膜反应的现象，而全身其他骨骼经仔细检查后并未发现其他疾病的迹象，他认为该个体的骨膜反应可能仅仅是由骨膜炎引起，排除了其他疾病的可能[12]。

三、阈 值 诊 断

在临床医学领域，当就诊者经过一系列检查仍无法确诊是否患有特定疾病时，医生常采用阈值分析法来辅助临床决策。该方法的核心思想是，当某就诊者的患病概率超过治疗阈值时，则应该给予治疗。近十年来，古病理学研究领域也引入了类似的概念——阈值诊断法[13]，特别是通过加权诊断标准来确诊。这种方法的理论基础在于某些特定的病理现象对于某一疾病来说具有高度的特异性，这些现象在诊断过程中被赋予最高的权重[14]。阈值诊断法已被广泛应用于骨骼病理现象的精确判定，这种方法与传统鉴别诊断方法存在显著区别，其关键在于利用病理现象对特定疾病的强特异性，并通过量化分析来设定明确的诊断阈值。具体而言，阈值诊断法首先针对特定疾病的病理现象进行深入分析，明确其特异性，并据此设定一个诊断阈值。当研究者观察到骨骼标本上的病理现象达到或超过这一阈值时，便可直接诊断为该疾病。简言之，阈值诊断法就像是为疾病诊断设定了一个"最低门槛"。当观察到的病理现象所指向的疾病可能性超过了这个"门槛"时，即可较为可靠地作出诊断，这一流程简化了诊断的复杂性，同时提高了诊断的效率和可信度。例如，2020 年，Baker 等人提出了一套密螺旋体感染疾病阈值鉴定标准，这些标准依据对密螺旋体感染疾病的特异性进行了细致的排序。其中，6～8 期的哈克特氏干性骨疽（Hackett's caries sicca）因其对密螺旋体感染诊断的极高特异性而被赋予了最高的权重。相对而言，其他病理现象如鼻、上颌骨被侵蚀，虽然可能是密螺旋体感染所致，但也可能是麻风或坏血病等其他疾病的表征，因此在阈值诊断体系中，这些病理现象的权重较低。这种方法显著提升了古病理学在密螺旋体感染疾病诊断上的准确性和可靠性[15]。

适用于阈值诊断法的疾病具有一系列明确的特性。首先，这些疾病在临床医学实践中应有详尽的描述，涵盖疾病的临床表现、病程进展等关键信息。其次，拥有丰富的文献资料，详细阐述疾病的发病机制和病理生理学过程，为阈值诊断法的应用提供坚实的理论基础。再次，这些疾病在病理上通常表现出多种类型的病变，且这些病变在诊断中的权重各异。最后，这些疾病的病理现象特异性较大。目前，学界已总结出多类适用于阈值诊断法的疾病，包括代谢性疾病（如坏血病、佝偻病等）、传染性疾病（如结核病、麻风病等）、遗传性疾病（如地中海贫血症）、肿瘤（如软骨肉瘤）以及病理性关节疾病（如痛风性关节炎）等。这些疾病的特性使得阈值诊断法成为一种有效、可靠的诊断手段。

尽管阈值诊断法在古病理学的骨骼病理现象判定中显示出显著的优势，但其在应用过程中也存在一定的误用和局限性。首先，阈值诊断法的核心在于利用病理现象对特定疾病的强特异性进行诊断，因此，在缺乏对被诊断疾病的发病机制和病理生理学充分了解的情况下，不加选择地制定权重，可能会导致误诊。这要求研究者在应用阈值诊断法时，必须确保对疾病的病理机制有深入的了解，并基于这些了解来设定合理的诊断阈值。其次，阈值诊断法并不适用于所有疾病。一些疾病，如先天性骨骼发育不良，其病理现象与许多其他疾病的病理现象相似，难以通过特定的病理现象进行区分。在这种情况下，阈值诊断法可能无法提供准确的诊断结果。此外，一些疾病（如真菌感染）在临床医学研究中缺乏明确的诊断依据，因此也难以应用阈值诊断法[16]。相较之下，传统的古病理学鉴别诊断法则更为谨慎，在发现骨骼标本的病理现象后，研究者需综合考虑所有可能导致这些病理现象的疾病，进行逐一排查，最终确定一个或多个可能的原因。这种方法强调了对多种可能性的综合考虑，确保诊断结果更加全面和准确[17]。

四、概 率 诊 断

近年来，除鉴别诊断和阈值诊断外，概率诊断法作为一种新兴的诊断方法逐渐展现出其独特的价值。其中有一种分析手段是通过检验骨骼特定区域中病理现象的敏感性和特异性来进行诊断。它借鉴了流行病学研究中的特异性和敏感性统计学计算公式，并被古病理学研究者应用于麻风、疟疾后遗症和结核病等疾病的诊断[18]。以 Lukashal 的研究为例[19]，她发现某些骨骼病理现象的出现频率具有特殊性，并且常常与其他骨骼异常相伴生。因此，通过利用概率计算分析这些特定病理特征的特异性和敏感性，为古病理学研究者提供有力的诊断依据。概率诊断法的另一种应用是通过贝叶斯定理来推算被观察者患某种疾病的概率[20]，在临床医学诊断领域，贝叶斯网络模型巧妙地运用先验概率知识来精确计算未知事件——患病可能性的概率，进而揭示疾病与症状之间的复杂关联。具体而言，通过构建一个详尽的贝叶斯网络模型，能够系统性地描绘某种疾病与典型症状之间的内在联系，基于被观察者的具体病理现象，模型能够迅速计算出其罹患该疾病的概率。以 Byers 的研究为例[21]，他应用了贝叶斯定理对路易斯安那州南部 Little Woods 遗址（年代约公元前 500～前 250 年）中发掘出的人骨标本进行了概率诊断。经概率计算得出结论，这些标本中骨质疏松的肋骨残片并非由肺部疾病引起。基于这一发现，他进一步推测，尽管肺结核在美洲史前时期的存在被广泛推测，但 Little Woods 遗址的原住民并未罹患此疾。

然而，骨骼保存状况是影响概率诊断法准确性的重要因素。例如，在坏血病的诊断中，颅骨上呈现的病理现象是主要的诊断依据。如果颅骨缺失，而长骨没有表现出坏血病的病理现象，那么就无法进行准确的概率诊断[22]。因此，在使用概率诊断法时，研究者需要充分考虑骨骼保存状况对诊断结果的影响。同时，与阈值诊断法相似，概率诊断法也需要在充分了解疾病的发病机制、病理生理和考古背景的基础上进行应用，否则由于缺乏足够的信息支持，可能会"误诊"。

五、如何避免"误诊"

在临床医学的实践中，错误的诊断通常源于医生在诊断过程中可能存在的认知偏差和对专业知识的掌握不足。然而，在古病理学研究中，这一关键因素往往被忽视。同时，在临床医学中，当就诊者无法提供足以做出诊断的信息时，也会影响诊断的可信度；而在古病理学研究中，这一影响更为严重，因为骨骼对疾病的反应方式有限，骨骼变化往往不足以作为确诊个别疾病的充分依据。

为了避免误诊，古病理学研究者需全面考虑影响病理现象的各种因素，不仅仅局限于确定是否存在与某种疾病直接相关的病理现象（即高敏感度的病变），同时还要仔细甄别哪些与假设的疾病高度相关的病变没有出现。此外，研究者还需考虑某种疾病是否通常会伴随其他类型的病变，这些病理现象是否已然存在，还是没有被观察到，当病变在宏观层面并不明显时，则需要借助 X 射线成像等先进技术。诚然，没有观察到病理现象不等于没有疾病。正如骨学悖论所言：无病变可能表明无疾病，也可能意味着在病变显现之前该个体就已经死亡[23]。

为了提升古病理学研究中诊断的可信度，Ragsdale 和 Lehmer 对疾病进行了分类，将其精简为七大类别[24]：血管性疾病、神经/机械性损伤、创伤/修复性变化、结构异常、代谢性紊乱、炎症性/免疫性反应以及肿瘤性病变。值得注意的是，尽管这种分类方法为古病理学研究提供了更为规范的框架，但仍然不能彻底解决病理现象相似性的问题。2015 年，Appleby 等人参照《伊斯坦布尔协议手册》的标准，将诊断按照可信度不同细分为五个等级[25]。研究者们基于各自观察到的病理现象，根据不同等级的适用范围进行疾病判定，这一方法一定程度上提升了诊断的可信度。

① 不符：疾病不可能由所述病症引起。

② 符合：疾病可能由所述病症引起，但不具备特异性，其他可能病因很多。

③ 一致：疾病可能由所述病症引起，其他可能病因很少。

④ 典型：疾病通常由所述病症引起，但也有其他可能病因。有学者提出"一致"和"典型"的差异过小，可进一步精简。

⑤ 确诊：疾病只能由所述病症引起。

综上所述，在古病理学研究中，对被观察者所患疾病进行可靠的诊断极具挑战性，在实际操作中应遵循"量力而行"的原则。既不应盲目下结论导致误诊，影响诊断的可信度；也不应过于保守，让此项研究失去意义。因此，对于那些在现有知识体系下无法确诊的病理现象，学界则主张采用专业术语进行详尽记录，并在发表成果时明确公布这些记录[26]。然而，很多成果发表时，往往只公布确诊后的疾病名称，并不提及诊断过程或诊断的可信度，这会产生一种虚假的"确定感"，使不准确的数据被后续研究者使用。早在 1992 年，Ragsdale 和 Ortner 就联合呼吁推广并规范使用古病理学的专业术语。Buikstra 也多次强调这一必要性，在她的推动下，Manchester 等人对"古病理学术语表（Nomenclature in Paleopathology）"进行了修订，并在美国古病理学会网站上发布，为全球的古病理学研究人员提供了参考。由此可见，比起确诊疾病，古病理学研究者最重要任务是使用标准化术语准确记录骨骼病变，并指出不确定因素。

六、总　　结

本文梳理了古病理学研究领域中的三种诊断方法：鉴别诊断、阈值诊断和概率诊断。这些方法各具特色，且在实践中相互补充，共同提升了古病理学诊断的精确性和可靠性。通过梳理国外古病理学诊断方法，本文注意到其不仅与现代临床医学紧密结合，还涉及了统计学分析方法的运用，这为我国学者提供了宝贵的经验和深刻的启示。基于本文的梳理，得出以下三点认识。

第一、发病机制和病理生理学知识积累是古病理学诊断方法有效性的关键。只有充分了解疾病发生的内在过程和机制，以及疾病状态下机体的变化，才能够更准确地选择诊断方法。

第二、多种方法的综合应用是古病理学诊断准确性的保障。在古病理学研究中，鉴别诊断是基础，但多种方法综合诊断也不可或缺，特别是近年来古分子生物学方法的引入，为骨骼疾病的诊断提供了更为科学的依据。

第三、准确的病理现象描述与记录是古病理学诊断可靠性的基石。统一专业术语的使用，以及详尽的病理现象记录，对于提高诊断的可信度、加强不同样本之间的可比性至关重要。这些做法不仅保证了当前研究的准确性，还能够减少观察者之间的误差，为后续科研工作者提供了可靠的数据。

附记　本研究得到了山东大学教授赵永生、山西大学副教授侯侃、山东大学硕士研究生杨张翘楚的帮助，谨此致谢。本研究得到 2024 年度中国社会科学院创新项目"古代人群的人类骨骼考古学研究"（项目批准号：2024KGYJ015）资助。

注　释

［1］ Donald J O, Arthur C A. 1991. *Human Paleopathology: Current Synthesis and Future Options*. Washington DC: Smithsonian Institute Press.

［2］ 毛燮均、颜訚：《安阳辉县殷代人牙的研究报告》，《古脊椎动物学报》1959 年第 2 期，第 81-85 页。

［3］ Melandri V. 2023. Technical note: The use and misuse of threshold diagnostic criteria in paleopathology. *American Journal of Biological Anthropology*, 181(2): 326-335.

［4］ Anne L G. 2023. *The Routledge Handbook of Paleopathology*. London: Routledge.

［5］ 中国大百科全书编辑委员会：《中国大百科全书》（第 28 卷），北京：中国大百科全书出版社，2009 年，第 208 页。

［6］ Francisco J G, Alan L N. 2002. Jaundice as an early diagnostic sign of urinary tract infection in infancy. *Pediatrics*, 109(5): 846-851.

［7］ Daniel T, Sujal G, Angela H, et al. 2018. "Crying without tears" as an early diagnostic signpost of triple a (Allgrove) syndrome: two case reports. *BMC Pediatrics*, 18(1): 15.

［8］ Mario C. 2013. *Bone and Soft Tissue Tumors: Clinical Features, Imaging, Pathology and Treatment*. New York: Springer Science & Business Media.

［9］ Mary E L. 2017. *Paleopathology of Children: Identification of Pathological Conditions in the Human Skeletal Remains of Non-adults*. San Diego: Academic Press.

［10］ Simon M. 2018. How should we diagnose disease in palaeopathology? Some epistemological considerations. *International Journal of Paleopathology*, 20: 12-19.

［11］ Della C C. 1976. *Pathologic States and Disease Process in Three Illinois Woodland Populations: An*

Epidemiologic Approach. Ph. D. Dissertation. Chicago: University of Chicago.

[12]　侯侃：《山西榆次高校新校区先秦墓葬人骨研究》，吉林大学博士学位论文，2017 年。

[13]　Megan B B, Rachel I. 2010. *The Bioarchaeology of Metabolic Bone Disease*. San Diego: Academic Press.

[14]　Tony W. 2009. *Palaeopathology*. New York: Cambridge University Press.

[15]　Brenda J B, Gillian C-K, Michael W D, et al. 2020. Advancing the understanding of treponemal disease in the past and present. *American Journal of Physical Anthropology*, 171: 5-41.

[16]　Donald J O. 2003. *Identification of Pathological Conditions in Human Skeletal Remains*. San Diego: Academic Press.

[17]　Jane E B., Della C C, Katelyn L B. 2017. Introduction: scientific rigor in paleopathology. *International Journal of Paleopathology*, 19: 80-87.

[18]　同［3］。

[19]　Elizabeth L. 2021. *Differential Diagnosis of Complex Conditions in Paleopathology: A Mutational Spectrum Approach*. Ph. D. Dissertation. Ontario: University of Waterloo.

[20]　Steven N B, Charlotte A R. 2003. Bayes' theorem in paleopathological diagnosis. *American Journal of Physical Anthropology*, 121(1): 1-9.

[21]　Steven N B. 2002. A model for the diagnostic process in paleopathology. *Paleopathol Newslett*, 117: 11-18.

[22]　Anne M E S, Hallie R B, Gail E E, et al. 2018. Macroscopic features of scurvy in human skeletal remains: a literature synthesis and diagnostic guide. *American Journal of Physical Anthropology*, 167(4): 876-895.

[23]　Wood J W, Milner G R, Harpending H C, et al. 1992. The osteological paradox: problems of inferring health from skeletal samples. *Current Anthropology*, 33(4): 343-370.

[24]　Bruce D R, Larisa M L. 2012. A knowledge of bone at the cellular (histological) level is essential to paleopathology. In Anne L G (ed.). *A Companion to Paleopathology*. Chicester: Wiley-Blackwell. pp. 227-259.

[25]　Jo A, Richard T, Jane E B. 2015. Increasing confidence in paleopathological diagnosis application of the Istanbul terminological framework. *International Journal of Paleopathology*, 8: 19-21.

[26]　Ron P, Simon M (eds.). *Advances in Human Palaeopathology*. Chicester: John Wiley and Sons.

An Brief Introduction about How to Diagnose Disease in Palaeopathology

ZHANG Xu

(Institute of Archaeology, Chinese Academy of Social Sciences)

Abstract: Palaeopathology is a fascinating field that utilizes modern pathology theories to uncover the health conditions and diseases of ancient humans, shedding light on their connection to society and culture. In this paper, we examine three key diagnostic methods in paleopathological research: differential diagnosis, threshold diagnosis, and probabilistic diagnosis. Differential diagnosis gradually determines the most likely diagnosis by ruling out unlikely diseases; threshold diagnosis utilizes specific pathological phenomena to establish a diagnostic threshold for improved credibility; and probabilistic diagnosis offers a quantitative basis for diagnosis using sensitivity, specificity, and Bayes' Theorem. These methods complement each other, and in-depth analysis of disease pathogenesis and accurate terminology usage can enhance the credibility of palaeopathological diagnosis.

Key Words: palaeopathology; differential diagnosis; threshold diagnosis; probabilistic diagnosis

实验室考古的技术路线和研究方法

刘　勇

（中国社会科学院考古研究所）

摘要： 本文对实验室考古的技术路线进行了梳理和总结，提出实验室考古的技术路线可分为异地迁移、室内清理、遗存提取、信息采集和应急保护5个方面，这5个方面循序渐进、相辅相成、逻辑缜密、布局合理，并对这5个方面对应的研究方法进行了论述。本研究是对实验室考古技术路线的阶段性总结，随着考古学的发展、自然科学的发展、人们对古代社会认知程度不断加深，会影响实验室考古技术路线内涵随之发展和变化。

关键词： 实验室考古　技术路线　研究方法

实验室考古是对叠压复杂、材质脆弱、具有组合关系、出土后易发生物理化学变化的一类出土遗存进行异地迁移、室内清理、遗存提取、信息采集和应急保护等研究的一种考古学研究模式，其以遗存的异地迁移为研究前提，以最大限度获取遗存信息为目的，以考古学研究为指导、同时兼顾出土遗存保护[1]。

实验室考古的研究对象是适于进行实验室考古研究的考古发掘出土遗存，其具有叠压复杂、材质脆弱、具有组合关系、出土后易发生物理化学变化等特征，是实验室考古的研究载体，同时又受到打包技术、包装材料、起吊设备、运输设备、实验室设备等因素的制约。实验室考古的研究内容是对遗存考古信息全面揭示并有效保护遗存本体，对同类别遗存的实验室考古研究模式进行探索，为田野考古发掘中同类别遗存的提取、保护和研究提供技术参考[2]。实验室考古是考古发掘精细化发展背景下逐渐得到广泛应用的工作模式，考古发掘和文物保护研究相结合在实验室考古这一研究领域找到了切入点，这是考古学发展的新趋势，也是实验室考古这一研究模式逐渐受到更多重视的大背景[3]。实验室考古将遗存从田野考古现场取回室内开始，采取的一系列应急保护、遗存提取、信息采集等措施，最大限度提取遗存信息并同时保护好遗存，并考虑到之后的展示利用，实验室考古是一个逻辑严密、预案周全的考古学研究体系，具体体现在它的技术路线上。

河南安阳殷墟 YH127 甲骨坑的发掘中，采用了套箱提取、运输、室内发掘、照相绘图、甲骨坑堆积模型制作、甲骨清洗的技术路线[4]。针对脆弱质青铜器，马菁毓等人制定了保存状况调查、检测分析、加固、剥离、保护处理的技术路线[5]。胡东波等人概括了北京大学藏秦简牍室内发掘与保护流程为，准备工具材料、整体观察照相、初步清理、初步确定分卷、选择提取对象、照相编号、依次提取、给定编号、采集样品、初步清洗、初步测量记录、进一步清洗、夹持固定、入盆、添加防腐药剂、入库、检查维护等[6]。杜金鹏先生认为实验室考古的技术路线包括田野起取与运输、实验室清理、实验室保护处理、研究复原、信息资料采集记录等[7]。针对山西翼城县大河口 M1 壁龛的实验室考古工作，李存信先生等人制定出了精细清理、分析检测、及时加固、科学保护、全面记录、复原研究的技术路线[8]。针对陕西西安唐代李倕墓出土冠饰，杨军昌等人采用了打石膏包整体搬迁、X 射线探伤检测、实验室内微型发掘、发掘过程中的及时保护、冠饰组装与复原的技术路线[9]。针对甘肃张家川马家塬战国墓地 M4 木棺，黄晓娟等人制定了无损探伤、整体分区、试清理、分区清理、信息资料提取、清理过程中的保护的技术路线[10]。杨军昌等人将隋炀帝萧后冠的实验室考古技术路线分为考古现场保护、实验室考古清理、文物保护与修复、科学分析与研究四大部分[11]。针对江苏盱眙大云山汉墓出土明器车，李存信制定了现场保护与起取、主要遗物清理、物理支撑与试剂加固、漆皮分析检测、车辆复原的技术路线[12]。针对陕西米脂出土汉代玉覆面和玉鞋，黄晓娟等人采用了棺木的整体提取、信息的提取与记录、实验室微型发掘、棺木底板遗迹标本的留存、科学检测分析的技术路线[13]。针对山西翼城大河口 M5010、M6043，朱磊等人制定了拆除外围包装、逐层清理、遗存分析与保护、信息记录的技术路线[14]。对于江西南昌西汉海昏侯刘贺墓主棺，李存信采用了整体套箱起取、外棺开启和清理、内棺开启和清理、棺床清理的技术路线[15]。针对河北行唐故郡遗址二号车马坑五号车，李存信等人认为实验室考古的技术路线包括出土遗迹遗物的信息采集、样品检测、处置保护、复原研究、模拟复制等[16]。针对四川成都老官山汉简，肖嶙等人采用了现场处理、室内清理、信息资料采集、保护处理的技术路线[17]。

综上所述，对于实验室考古技术路线的探讨，多为就某一个具体遗存实验室考古技术路线的探讨，对适用于不同遗存实验室考古通用技术路线的研究明显不足。本文在前人研究的基础上，拟就普遍适用于实验室考古工作的技术路线进行讨论。本研究认为实验室考古的技术路线包括异地迁移、室内清理、遗存提取、信息采集和应急保护 5 个方面，不同技术路线具有相应的研究方法。

一、异 地 迁 移

实验室考古研究中，遗存异地迁移专指将出土遗存从田野考古发掘现场整体打包搬迁至实验室内的过程。只有将遗存从田野考古现场迁移回室内，才能实现遗存由田野考古研究对象到实验室考古研究对象的转变，是后续研究的前提条件，是实验室考古研究的基础。

（一）异地迁移的特征

异地迁移具有及时性和安全性等特征。

1. 及时性

遗存在地下经长时间埋藏，通常湿度较大且比较脆弱，出土后环境变化导致劣化变质，遗存在出土后若确定将其运回室内，应及时采取相应包装手段进行异地迁移。即使打包好的遗存依然无法抵抗大环境温度、湿度、空气等因素的变化，应及时将遗存搬迁至室内可控环境内进行下一步工作，即异地迁移应具有及时性。

2. 安全性

遗存安全是考古工作的重中之重，异地迁移的整个过程需保证遗存安全，在考古发掘现场的应急保护、整体提取和吊装运输等过程中不能造成遗存破坏或遗失，这要求异地迁移具有安全性。

（二）异地迁移的方法

遗存异地迁移有套箱、插板、打石膏包等多种方法，从考古发掘现场取回叠压复杂、材质脆弱、具有组合关系、出土后易发生物理化学变化等特征的遗存，为田野考古发掘中的遗存保护工作减轻了压力。

1. 套箱法

套箱法是将箱体套在遗存外并对其进行异地迁移的一种方法。可根据遗存长、宽、高制定相应尺寸的木质套箱，可操作性强；套箱法采取组合箱体套取遗存的方法，套箱各组件动而遗存不动，套取的整个过程遗存位置不会发生变化，不会对遗存内部造成损坏，安全性高；套箱可根据遗存重量采用不同厚度的侧板和底板，重量大的遗存还可以在套箱底面加装承重槽钢框架，承载力大；套箱都有棱角，箱体角是遗存位置信息标注的绝好坐标点，能实现遗存运回室内后与田野考古现场坐标系统的统一，是坐标系统转换体；室内清理时，可根据发掘需要自由拆卸、组合套箱侧板和顶板，便于开展室内清理工作。套箱法所具有的可操作性强、安全性高、承载力大、可作为坐标系统转换体、便于开展室内清理工作等特点，是遗存异地迁移的主要手段。套箱法主要针对体量较大的遗存，如江西南昌海昏侯刘贺墓主棺[18]（彩版一八，1）①、海昏侯墓园五号墓墓棺等都是采取套箱法进行异地迁移的[19]。

2. 插板法

插板法是直接将板插进遗存底部来提取遗存的一种方法，主要针对体量较小、底部承托面不宜进行逐个换板的遗存。湖北随县擂鼓墩一号墓出土皮甲胄[20]、四川成都天回老官山汉墓出土竹简等遗存采用的是插板法进行的异地迁移[21]（彩版一八，2）[22]。

---

① 该图片由江西省文物考古研究院海昏侯考古队提供。

图1   打石膏包法提取的北周武帝孝陵部分
出土遗存

Figure 1   Part of the unearthed Relics from
the Xiaoling Mausoleum of Emperor Wu of
Northern Zhou extracted by the method of
casting gypsum

3. 打石膏包法

打石膏包法顾名思义，就是使用石膏为主要材料对遗存进行缠裹包装异地迁移的方法。石膏具有的流动性可以对较脆弱、间隙较大的遗存进行多方面加固。陕西咸阳北周武帝孝陵出土部分遗存[23]（图1）[24]、西安唐代李倕墓出土冠饰的异地迁移[25]即采用此方法。

套箱、插板和打石膏包这三种异地迁移方法，在具体工作中根据遗存形态会联合使用。针对体量较大、但底面不宜进行掏土换板的遗存，就需要套箱和插板两种方法结合使用。如秦始皇铜车马的异地迁移[26]（图2）[27]。针对较脆弱且间隙较大的遗存，底面不宜进行掏土换板，需要套箱和打石膏包法结合使用。例如，江苏扬州曹庄隋炀帝萧后墓出土冠饰的异地迁移[28]（图3）[29]。异地迁移以套箱法为基础，辅以插板、打石膏包等方法，对实验室考古研究对象进行搬迁。

（三）异地迁移的相关问题讨论

田野考古发掘中，每个遗存都有自己的位置信息，遗存位置信息是遗存考古学内涵的重要方面，对揭示其历史、文化、科技等内涵具有重要价值。将遗存进行异地迁移，势必脱离了其原来的位置，而遗存的位置信息是考古学研究的重要方面，这就需要使遗存在异地迁移回实验室后依然保留其位置信息。

建立异地迁移后的遗存与其原始位置之间的联系，是今后实验室考古研究需要进行探索的一个方面。套箱后的遗存位置没有发生改变，可取套箱四角为基点，在田野考古现场坐标体系内得到套箱四角的三维坐标信息，异地迁移回室内后，在发掘过程中阶段性建立三维模型，以套箱四角的三维坐标为基础建立坐标系，这样出土的遗存三维坐标就可以和田野考古现场坐标系保持一致，这些设想需要在以后的实验室考古研究中进行检验实施。

遗存异地迁移过程中，除了保存其位置信息外，还需保持其原始形貌和遗存内部组合关系不变。这就需要保证在运输过程中遗存不劣化变质、位置相对稳定。遗存劣化变质是化学变化，主要由温度、湿度、空气等环境因素引起，遗存脱离原始位置后，温度、湿度、空气等因素势必发生变化，很难做到保持遗存出土时的状态，而且遗存材质不明，不能有针对性的采取保护措施。针对这个问题的有效解决方法是尽快对其进行室内清理等后续工作，避免长期放置，防止因脱水和土体开裂损坏遗存。

保证遗存内部组合关系稳定，就需要异地迁移过程中保证套箱内填充实在，这就涉及到套箱回填时的填充物问题。套箱填充物先后使用了土、石膏、聚氨酯发泡材料

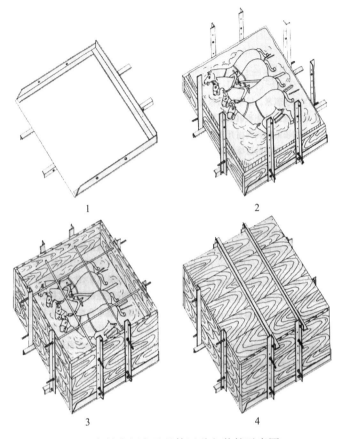

图2 秦始皇铜车马整体迁移包装箱示意图

Figure 2   Schematic diagram of the overall relocation packaging box for
Qin Shi Huang's copper chariots and horses

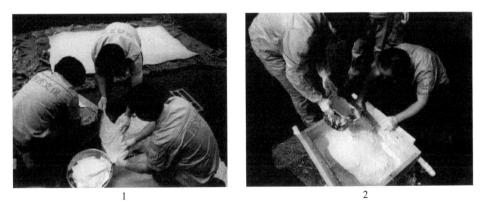

图3 江苏扬州曹庄萧后墓出土冠饰的异地迁移

Figure 3   Relocation of crown decorations excavated from Xiaohou tomb in Caozhuang, Yangzhou, Jiangsu

1. 贴敷石膏绷带   2. 套木箱并填充石膏

1. Applying a plaster bandage   2. Fitting a wooden box and filling it with plaster

等。熟石膏（$2CaSO_4 \cdot H_2O$）呈粉状，加水固化后形成块状生石膏（$CaSO_4 \cdot 2H_2O$）。熟石膏加水后固化前具有较好的流动性，固化后机械强度较高，但在套箱法中使用石膏作为填充物会导致室内清理时难以清理，并在去除石膏时产生的剧烈震动影响遗存结构稳定；同时因为石膏质量较大，会加重套箱质量，增大搬迁难度，污染环境；石膏固化后具有吸湿性，会加速遗存脱水干燥。聚氨酯发泡材料固化前也具有一定流动性，固化后成为一个整体，具有一定机械强度，质量较轻；但在去除聚氨酯发泡材料时，会形成粉状碎渣悬浮在空气中，对操作人员身体造成损害，污染环境。土在田野考古现场容易得到，而且一直与遗存伴生，潮湿的粉状土具有一定可塑性，能填充到遗存缝隙中，潮土夯实后又具有一定的机械强度，能保持遗存相对稳定，是较好的套箱填充材料。

遗存一般会发掘至其表面露出遗存本体时，采取异地迁移措施，为避免套箱回填时对已露出遗存的污染和破坏，在回填时需要将遗存本体与回填物（回填土）隔开。隔离材料需满足不易腐烂、不影响遗存形貌、不影响后期预探测的特性。

遗存异地迁移所需材料可分为外包装材料（木板、铁条、螺丝钉等）、隔离材料（宣纸、塑料布等）和填充材料（土、石膏、聚氨酯发泡材料等）三种，外包装材料需具有牢固、可部分拆卸组合等性质，隔离材料需具有不通透、不污染损坏遗存、不影响后期预探测等性质，填充材料需具有流动、可塑等性质。除此之外，这些材料还应具有可重复利用、对环境友好、价格低廉、容易获取等性质，在做好异地迁移工作的同时，还应注意节约成本、保护环境。

二、室 内 清 理

室内清理是在实验室里对出土遗存进行的考古学清理，其遵循田野考古逐层发掘的工作规程、又具有全方位发掘的特点，作为揭示出土遗存历史文化内涵的重要手段，室内清理是实验室考古研究的重要手段。

室内清理前需要对遗存进行预探测。预探测是指发掘清理前对遗存进行的无损探测，如红紫外成像、金属探测、X 射线探伤、手持式背散射成像（彩版一九，1）[1]、计算机断层扫描等。清理前的预探测，可以发现遗存表面肉眼不可见的考古学信息、探测遗存未清理部分的埋藏情况，最大限度获取遗存信息，指导进一步的清理工作。

（一）室内清理的特征

1. 及时性

遗存出土时一般湿度较大易发霉，长时间放置会导致遗存脱水造成土体开裂等不利局面，故遗存异地迁移运回室内后，应及时打开包装体查看遗存情况并及时开展室内清理工作，所以室内清理应具有及时性。

---

① 该图片由河北省文物考古研究院行唐故郡考古队提供。

2. 不可逆性

考古发掘是将遗存按照堆积单元进行逐层清理，一旦清理掉便不可逆转和挽回，这就是室内清理的不可逆性。这就需要详备记录发掘过程，思考出现的遗迹现象。室内清理过程中，可采取拍照、文字记录、3D 建模等方法详备记录发掘过程，为之后的研究提供可追溯的材料。

3. 全方位性

在实验室里，根据遗存发掘需要，可借助相关设备对遗存进行多角度翻转，进行不同角度发掘。如江西南昌海昏侯墓园五号墓主棺背面的发掘，当时需要将五号墓主棺底部的玻璃席整体保存，但又不能遗漏主棺底部的遗存，所以采取了将套箱翻转进行背面发掘的方法，既保护了玻璃席，又将主棺背面进行了发掘[30]。这是室内清理的全方位性。

4. 进程可控性

因实验室内可以控制温度、湿度、光照等环境因素，为发掘提供从容不迫的条件，可以根据发掘需要减缓发掘进度。遗存的室内清理过程中，全程伴随着遗存提取、信息采集和应急保护等工作，每一个堆积单元发掘完成后，都需要进行一次拍摄正投影、记录出土遗存、进行 3D 建模等工作，这时的发掘工作暂时停止，控制好室内温湿度、光照等环境因素即可。这是室内清理的进程可控性。

5. 探索性

遗存所具有唯一性，使每一步室内清理都是对未知领域进行探索的过程，这是室内清理所具有的探索性，也是考古工作者独有的乐趣所在。

（二）室内清理的方法

1. 逐层发掘法

逐层发掘法是指按照遗存堆积单元将遗存进行分层，然后逐层揭露的方法。与田野考古中的发掘方法相同。

2. 全方位发掘法

全方位发掘法是指针对遗存本体进行多角度发掘的方法。全方位发掘法是实验室考古区别于田野考古发掘的特有发掘方法，其借助翻转设备将遗存翻转至需要的角度进行发掘，可有效保护遗存的同时对遗存进行充分发掘。全方位发掘法是实验室考古和田野考古发掘最大的区别之处，也是实验室考古研究的先进性所在。田野考古发掘中，欲搞清下层的情况，必须将上层叠压堆积单元清除，这便会造成重要遗存信息的丧失，对下一步考古学研究造成不便。而实验室考古具有全方位发掘的便利，由于堆积单元不都是平面的，有很多堆积单元是繁复曲折不在一个平面上的，实验室考古精细化全方位的发掘方法有利于揭露堆积单元整体形貌同时又不对其造成破坏，对推动考古发掘方法的进步具有重要意义（彩版一九，2）①。

---

① 该图片由河北省文物考古研究院行唐故郡考古队提供。

（三）室内清理相关问题讨论

考古发掘是一次性的、不可逆的，对出土遗存的认识很大一部分来自于发掘，遗存一部分伴随信息在出土后转瞬即逝，通过发掘对遗存内涵的深入思考，至关重要，这也是出土材料由发掘者来整理研究最为妥当的原因。由于实验室内环境可控的原因，发掘进度可以放缓，为从容考虑出土遗存内涵提供了可能。发掘过程中的思考，在帮助研究出土遗存内涵的同时，又指导进一步的发掘。发掘与思考，两者相辅相成，相互促进。

三、遗存提取

遗存提取是指在实验室内对出土的遗物和遗迹整体或部分取出保存。遗存异地迁移专指将出土遗存从田野考古发掘现场整体打包搬迁至实验室内的过程。二者有区别又有联系，区别在于二者实施地点不同，遗存提取都是在室内进行，而异地迁移是从田野考古现场到室内；联系是采取的方法有共同之处，如遗存提取涉及的插板提取法在异地迁移中也会使用。

（一）遗存提取的特征

1. 完备性

遗存提取是一个不可逆转的单向过程，出土遗存一旦发掘并提取，遗存的位置信息即刻失去，所以在遗存提取前应将遗存位置、形貌等信息记录完备。

2. 及时性

出土遗存信息采集完成后，需对该遗存及时提取，避免影响进一步发掘和遗存自身劣化变质。这是遗存提取的及时性要求。

3. 安全性

遗存提取过程中，不能损坏提取对象，保证提取过程安全。遗存提取只是考古学研究的前期步骤之一，后续还有进一步清理、保护、绘图、修复保护等工作，这就要求遗存提取应具有安全性。

4. 精确性

根据考古学研究需要，出土遗存需要按照堆积单元分别提取与保存，同一个堆积单元内又会分不同组成部分，这就要求遗存提取需精确，不能干扰破坏伴出遗存。例如，江西南昌海昏侯墓园五号墓主棺背面扇形遗迹的揭取，其下方叠压的长方形漆盒未受影响，取得了较好的揭取提取效果。

5. 方法多样性

江西南昌海昏侯墓园的实验室考古研究，提取了一些在田野考古中很难提取的遗存。室内可控的环境，使实验室考古遗存提取先进于田野考古遗存提取，保存了一批在田野考古中不易保存的遗迹遗物。海昏侯墓园实验室考古涉及的遗存提取方法多种多样，根据不同遗存特征采取相应的提取方法，如临时固型整体提取法、临时固型揭取法、临时固型锯取法等，体现了遗存提取的方法多样性[31]。

（二）遗存提取的方法

1. 直接提取法

针对出土时基体保存较好的玉石器、铜器、金器等遗存，可以直接进行提取。

2. 临时固型整体提取法

针对不能直接提取的脆弱质遗存，提取前需要对其进行加固，一般采用薄荷醇等临时固型材料对其进行加固，然后再进行整体提取。

3. 临时固型整体揭取法

考古发掘中，经常遇到一类表面积较大、厚度较薄、具有一定组合关系、不能直接提取的脆弱质遗存，如棺盖、车轮痕迹等，这些都是重要的考古遗存，蕴含丰富的历史文化信息，不仅要全面提取其考古学信息，还应尽最大努力保护之。对于这类整体呈平面、较脆弱的遗存，通常采用的方法是将其整体提取，而提取的方法通常采用揭取法。揭取法先后被称为"胶布粘取法""粘揭法""粘提法""黏揭法"等，其主要操作流程包括覆盖依托物、施加粘接剂、揭取、背部加固支撑、去除粘接剂、后期处理保护等六个步骤。内蒙古呼伦贝尔谢尔塔拉 M11 椁盖板[32]（彩版二〇，1）[33]、江西南昌海昏侯墓园五号墓棺盖板遗迹[34]、河北行唐故郡遗址出土车轮的整体提取采用了揭取法[35]。

（三）遗存提取相关问题讨论

江西南昌海昏侯墓园五号墓的玻璃席与其椁盖遗迹有相同之处，亦有所区别，相同之处在于都属于薄片状，面积较大，具有组合关系的脆弱质遗存。不同之处在于：第一，材质不同，前者是玻璃质、后者是漆灰和土混合，这造成保护材料的选择有别；第二，下层遗存性质不同，玻璃席下方为棺底板遗迹和椁板，堆积简单，通过背面发掘完全可以搞清楚埋藏内涵，可以采取清理玻璃席背面及四周、剩余玻璃席部分将其进行保存的策略，而棺盖遗迹下方为棺内主体埋藏物、只能采取正面揭取的方式提取棺盖遗迹。也就是说，针对同样性质的遗存，提取时不仅要关注遗存本身，还应关注遗存所处的埋藏环境，评估遗存与其埋藏环境的主次顺序，采取相应的提取措施。

提取质地脆弱、结构复杂的遗存，首先应对遗存信息进行及时、全面、详尽地记录；其次，采取单个加固的措施以保护复杂遗存各组件本身完整性，其中加固材料和加固工艺的选择至关重要，加固材料应与遗存本体材料成分有别，避免对后期分析研究造成影响，这是与传统文物保护选择材料理念不同的地方，实验室考古研究的本质是考古，应以研究为主、保护为辅；最后，采取整体提取的方法保存遗存整体结构，为后续进一步研究打下基础。

随着提取技术的不断完善和提取材料的不断进步，遗存提取在以后的实验室考古研究中需进一步细化、量化、标准化，针对不同材质、形貌、保存状态的遗存，设置相应的提取方法。

四、信息采集

遗存信息包括遗存的形貌、位置、组合关系、材质、制作工艺、用途等，遗存信息采集，就是对这些具体信息的获取。

（一）信息采集的特征

1. 全面性

遗存信息包含了遗存形貌、位置、组合关系、材质、制作工艺、用途等，这些信息对于研究遗存内涵非常重要，需要对这些信息进行全面采集；从遗存出土那一刻起，信息采集伴随着遗存的异地迁移、室内清理、遗存提取和应急保护整个研究过程中，这就是信息采集的全面性。

2. 方法多样性

针对遗存多种信息采集要求，需要采用不同的方法。例如针对遗存形貌、位置信息的采集，常用可见光拍摄的方法。同时，X 射线成像、红外光谱摄影、紫外光谱摄影、背散射成像等方法亦用于相关信息的采集。

3. 手段先进性

大量 3D 模型的创建，不仅保留了发掘过程信息，也保存了一些当时认识不到位的遗存信息，为以后的展示利用和再研究提供了可能性。近年来，CT 技术逐步应用在实验室考古研究中，解决了常规手段不能解决的问题，如青海都兰热水墓群 2018 血渭一号墓出土印章印文的识别等[36]，表现了信息提取的手段先进性。

4. 及时性

遗存出土时因为环境变化即刻开始劣化变质，但对遗存的形貌、位置、组合关系等信息的采集是遗存提取的前提条件，为了防止出土遗存继续劣化变质，需要及时对遗存相关信息进行采集。

（二）信息采集的方法

对遗存的形貌、位置、组合关系这些信息，通过可见光拍照、X 射线成像技术、红外光谱摄影、紫外光谱摄影、背散射成像、3D 模型创建、绘图等方法进行采集；遗存材质和制作工艺通过形貌观察、视频显微分析、偏光分析、金相组织观察、扫描电镜与能谱分析、XRD 分析、XRF 分析、铅同位素比值分析等科学分析方法进行获取和揭示。

（三）信息采集相关问题讨论

实验室考古研究中，对出土遗存 3D 信息的采集已成为遗存信息采集的常用手段，考古发掘是不可逆的，每一个堆积单元的发掘，不可能将遗存的位置、形貌一次性认识到位，发掘过程中对每个堆积单元的不同阶段进行 3D 模型创建，为以后的研究留下宝贵资料，以此可以复原发掘过程、查看不同发掘阶段的遗存分布，为考古学研究提供强力支持。考古学不仅为了研究古代社会，还应服务当代社会，所以对出土遗存的展示越来越受到人们重视，而 3D 模型是遗存展示的重要手段。以红外线反射照相和紫外荧光照相为主的多光谱影像信息获取技术，可以采集到可见光无法识别的墨迹、彩绘、不同埋藏环境导致的不同锈蚀等信息，丰富了遗存的信息内涵，是实验室考古研究中信息采集的重要手段。

随着自然科学的发展，信息采集技术会不断发展和进步，关注相关学科的发展，将其方法引入到遗存信息采集工作中来，不断促进和提高实验室考古研究中的信息采集技术，可以提取和保留更多的遗存信息，为考古学研究提供重要材料。

五、应 急 保 护

实验室考古研究的又一特点是可以及时对出土不同材质遗存进行有效保护，其中的关键是对出土遗存材质的认知。遗存经过长时间埋藏，埋藏环境复杂，不同材质的遗存会受到不同程度的腐蚀，进而产生不同的形貌、颜色、气味等特征，对判断遗存材质造成困难。比如常见的铜质遗存，铜在不同埋藏环境中会受到不同程度或种类的腐蚀，铜被初步氧化形成的 Cu_2O 呈现出红色、进一步氧化形成的 CuO 为黑色、碱式氯化铜呈灰绿色、碱式碳酸铜呈蓝色，腐蚀程度不一颜色又有深浅不同，非常复杂。这就需要对不同材质遗存的腐蚀机理有所了解，对不同阶段的腐蚀产物有一定认识。这样才能有的放矢，对不同材质出土遗存实施相应的保护措施。

（一）应急保护的特征

1. 及时性

遗存一经出土，其所处环境即发生变化，采取保护措施刻不容缓，特别是脆弱质遗存。漆器出土后暴露在空气中一会就开始出现卷曲、起泡、开裂等脱水特征，需及时采取喷洒纯净水等措施对其进行应急保护。故应急保护应具有及时性。

2. 有效性

应急保护关系到遗存能否继续有效保护下去以供后期研究，采取的相应措施应能有效防止或减缓遗存劣化变质进程。例如，出土的漆器，采取喷洒或浸泡纯净水即可减缓进一步劣化变质；出土的无剑鞘铁剑，需保持干燥防止进一步腐蚀；使用半湿润密封法保护封检；使用湿润密封法保护带漆木质剑鞘的刀剑。这是应急保护应具有的有效性。

3. 操作简便性

遗存出土后需尽快对其进行应急保护，这就要求保护措施操作起来简便易行。发掘过程中，对未提取的漆器实施喷洒纯净水措施，已经提取的漆器将其浸泡在纯净水中，封检半浸水后敷保鲜膜，带鞘刀剑从水中取出后进行塑封即可，各种操作都十分简便。这是应急保护应具备的操作简便性所在。

4. 不污染遗存

出土的遗存在后期需要对其进行材质分析、制作工艺研究等多方面工作，在应急保护的过程中不能引入其他材质或引入的保护材料不影响后期的分析研究工作。例如，江西南昌海昏侯墓园出土遗存的实验室考古应急保护工作，漆木器使用的应急保护材料是安全无污染的纯净水；五号墓玻璃席的应急保护材料采用的是不含玻璃成分硅、铅、钡元素的高分子材料 B72，以避免污染玻璃片[37]。故应急保护应不污染遗存。

（二）应急保护的方法

对出土遗存进行应急保护，其实质就是采取相应措施减缓出土遗存劣化变质，而采取何种措施的依据就是遗存材质，所以迅速判定遗存材质是应急保护工作的先决条件。膜状、坚硬、表面呈黑褐色的是漆质遗存，锈蚀物呈红棕色而且具有层状或块状形貌特征的是铁质遗存，表面有蓝绿色锈蚀物的是铜质遗存。

针对漆木器进行的应急保护就是未提取的漆木器喷纯净水保湿，已经提取的漆木器喷水或泡水保湿。针对封检的应急保护，在充分了解木质封检和土质封泥各自性质的基础上，采取半浸泡和保鲜膜密封的方法有效地防止封检进一步干裂、防止封泥破碎。带漆木鞘刀剑的研究保护，采取密封的方式保水、隔氧，既保证漆木质鞘不脱水干燥变形，又避免铁质、铜质刀剑接触空气进一步锈蚀（彩版二〇，2）①。

（三）应急保护相关问题讨论

对脆弱质遗存进行应急保护必须引入加固剂时，加固剂材料不能污染遗存本体，影响后期科学分析研究工作。例如，铅钡玻璃材质的遗存进行加固剂选择时，依据就是不能引入玻璃主要材质中包括硅、铅、钡等元素，加固剂成分中不能含有这些元素，防止对玻璃片造成污染影响后期科学分析研究。在不得不引入加固剂的应急保护工作中，需要了解该遗存的成分是什么、在后期会经历怎样的科学分析研究等信息，这样才能有的放矢，做到既保护好遗存又不污染遗存。

从遗存出土的那一刻起，环境突变促使遗存加速劣化变质，在遗存异地迁移、室内清理、遗存提取和信息采集等实验室考古流程中，应急保护工作贯穿始终。

六、结　语

实验室考古技术路线 5 个方面的内容，除各研究内容所特有的特征外，"及时性"贯穿着实验室考古技术路线的始末，这是由遗存出土后即急剧劣化变质的特性决定的。

---

① 该图由江西省文物考古研究院海昏侯考古队提供。

温度、湿度等环境的变化，导致遗存劣化变质，需要及时进行实验室考古工作。实验室考古技术路线的各阶段特征明显，除及时性外，其他特征不具备通行性（表1）。

表1　实验室考古的技术路线及其特征与相应研究方法

Table 1　The technical route, characteristics, and corresponding research methods of laboratory archaeology

技术路线	特征	相应研究方法
异地迁移	及时性、安全性	套箱法、插板法、打石膏包法
室内清理	及时性、不可逆性、全方位性、进程可控性、探索性	逐层发掘法、全方位发掘法
遗存提取	信息完备性、及时性、安全性、精确性、先进性、方法多样性	直接提取法、临时固型整体提取法、临时固型整体揭取法、临时固型锯取法
信息采集	全面性、方法多样性、手段先进性、及时性	可见光拍照、金属探测、X射线成像技术、背散射成像、计算机断层扫描、红外光谱摄影、紫外光谱摄影、3D模型创建、绘图、形貌观察、视频显微分析、偏光分析、金相组织观察、扫描电镜与能谱分析、XRD分析、XRF分析、铅同位素比值分析等
应急保护	及时性、有效性、操作简便性、不污染遗存	喷洒纯净水、浸泡纯净水、半湿润密封法、湿润密封法

　　实验室考古是以遗存的异地迁移为研究前提，以最大限度获取遗存信息为目的，以考古学研究为指导思想、同时兼顾出土遗存保护的考古学研究方式。遗存异地迁移是实验室考古区别于田野考古发掘的最大特征，也是其他步骤进行的基础。室内清理与田野考古发掘相同，但室内环镜较田野更友好，更有利于遗存提取工作的实施。

　　获取遗存的形貌、位置、组合关系、材质、制作工艺、用途等信息是实验室考古的重要研究内容，获取这些信息的技术路线包括异地迁移、室内清理、遗存提取、科学分析等，获取遗存信息的基础上可进行保护修复与复原展示研究，最后将这个研究以报告的形式呈现。以复原的思想去指导室内清理，有利于获取遗存形貌、位置、组合关系等信息。通过科学分析获取遗存材质、制作工艺、用途等信息，在这个过程中，指导遗存提取前期保护。异地迁移、室内清理、遗存提取、信息采集、应急保护，这5个方面循序渐进、相辅相成，目前是一个逻辑缜密、合理的实验室考古技术路线。

　　本研究是对实验室考古技术路线的阶段性总结，随着考古学的发展、自然科学的发展、人们对古代社会认知程度不断加深，会导致实验室考古的研究对象和研究内容不断发展变化，进而影响着实验室考古技术路线内涵随之发展和变化。关注学科发展，紧跟学科前沿，与时俱进，是实验室考古工作发展进步的关键所在。

　　附记　本文得到国家重点研发计划"移动式文物X射线断层成像关键技术与装备的研发及应用"（项目批准号：2023YFF0906600）及下属课题"文物X射线图像优化采

集与智能处理技术研究"（课题编号：2023YFF0906603）、2024 年度中国社会科学院创新工程项目"实验室考古创新研究"（项目批准号：2021KGYJ022）、中国社会科学院学科建设"登峰战略"资助计划（项目批准号：DF2023TS07）、中国社会科学院研究所实验室综合资助项目"科技考古实验室"（项目批准号：2024SYZH002）资助。

注　释

[1]　刘勇：《实验室考古的研究对象和研究内容》，见中国社会科学院考古研究所科技考古中心编：《科技考古》（第 7 辑），北京：科学出版社，2023 年，第 141-154 页。

[2]　同［1］。

[3]　刘勇：《实验室考古研究综述》，见中国社会科学院考古研究所科技考古中心编：《科技考古》（第 6 辑），北京：科学出版社，2021 年，第 177-214 页。

[4]　徐自学：《南京与甲骨文——纪念殷墟甲骨文 YH127 坑在南京室内发掘 68 周年》，见江苏省甲骨文学会、台湾中华甲骨文学会编：《台湾学术研讨会论文集》，2004 年，第 1-7 页。

[5]　马菁毓、梁宏刚、霍海俊：《浙江瓯海西周土墩墓出土青铜器的实验室考古清理》，《考古》2009 年第 7 期。

[6]　胡东波、常怀颖：《简牍发掘方法浅说——以北京大学藏秦简牍室内发掘为例》，《文物》2012 年第 6 期。

[7]　杜金鹏：《实验室考古导论》，《考古》2013 年第 8 期。

[8]　中国社会科学院考古研究所文化遗产保护研究中心、山西省考古研究所翼城大河口考古队：《山西翼城县大河口西周墓地 M1 实验室考古简报》，《考古》2013 年第 8 期。

[9]　陕西省考古研究院、德国美茵兹罗马—日耳曼中央博物馆：《西安市唐代李倕墓冠饰的室内清理与复原》，《考古》2013 年第 8 期。

[10]　甘肃省文物考古研究所、陕西省考古研究院：《甘肃张家川县马家塬战国墓地 M4 木棺实验室考古简报》，《考古》2013 年第 8 期。

[11]　杨军昌、束家平、党小娟，等：《江苏扬州市曹庄 M2 隋炀帝萧后冠实验室考古简报》，《考古》2017 年第 11 期。

[12]　李存信：《江苏盱眙县大云山汉墓七号陪葬坑实验室考古清理》，《考古》2017 年第 8 期。

[13]　黄晓娟、赵西晨、严静：《陕北米脂出土汉代玉覆面和玉鞋的实验室清理及复原研究》，《文物保护与考古科学》2018 年第 1 期。

[14]　山东大学文化遗产研究院、中国社会科学院考古研究所、山西大学北方考古研究中心，等：《山西翼城大河口 M5010、M6043 实验室考古简报》，《江汉考古》2019 年第 2 期。

[15]　中国社会科学院考古研究所、江西省文物考古研究院：《江西南昌西汉海昏侯刘贺墓主棺实验室考古发掘》，《文物》2020 年第 6 期。

[16]　李存信、齐瑞普、闫炜，等：《通过实验手段分析和复制遗物在文化遗产保护中的应用——以行唐故郡二号车马坑 5 号车辆实验室考古程序为例》，《自然与文化遗产研究》2021 年第 6 卷。

[17]　成都文物考古研究院、荆州文物保护中心：《成都天回老官山汉简的现场提取和室内清理》，《江汉考古》2023 年第 2 期。

[18]　李存信：《全新理念下海昏侯墓的考古——论海昏侯墓葬主棺箱体包装设计理念与实施方法》，

《南方文物》2018 年第 2 期。

[19] 王迪：《考古遗存的整体提取——以墩墩五号墓墓棺的提取为例》，《南方文物》2019 年第 6 期。

[20] 湖北省博物馆、随县博物馆、中国社会科学院考古研究所技术室：《湖北随县擂鼓墩一号墓皮甲胄的清理和复原》，《考古》1979 年第 6 期。

[21] 同［17］。

[22] 同［17］。

[23] 杨忙忙、张勇剑：《实验室微型发掘方法在北周武帝孝陵发掘中的应用》，《文物保护与考古科学》2010 年第 3 期。

[24] 同［23］。

[25] 同［9］。

[26] 秦始皇兵马俑博物馆：《秦始皇陵铜车马修复报告》，北京：文物出版社，1998 年，第 10-15 页。

[27] 同［26］，第 12 页。

[28] 同［11］。

[29] 陕西省文物保护研究院、扬州市文物考古研究所：《花树摇曳钿钗生辉——隋炀帝萧后冠实验室考古报告》，北京：文物出版社，2019 年，第 13 页。

[30] 刘勇、杨军、李文欢，等：《考古出土脆弱复杂遗存的整体提取与保护——以海昏侯墓园五号墓玻璃席为例》，见中国社会科学院考古研究所文化遗产保护研究中心编：《文化遗产研究》（第 4 辑），北京：科学出版社，2021 年，第 133-140 页。

[31] 刘勇：《南昌墎墩汉墓五号墓室内考古发掘与相关遗物科学分析研究》，北京科技大学博士学位论文，2019 年。

[32] 刘勇、陈坤龙、韩向娜，等：《出土脆弱木质遗存的整体提取与修复——以谢尔塔拉 M11 椁盖为例》，《江汉考古》2018 年第 4 期。

[33] 同［32］。

[34] 李存信、刘勇：《江西海昏侯墓园 M5 棺盖揭取与保护方法》，见罗宏杰、容波、韩向娜，等：《考古发掘现场脆弱文物安全提取与临时固型技术研究》，北京：科学出版社，2018 年，第 111-120 页。

[35] 刘勇、张春长、李存信，等：《河北行唐故郡遗址出土脆弱质车轮提取研究》，《文物保护与考古科学》2022 年第 34 卷第 5 期。

[36] 刘勇、许琼、韩建华，等：《热水墓群 2018 血渭一号墓出土印章的科学分析与相关研究》，《江汉考古》2022 年第 6 期。

[37] 同［30］。

The Technical Route and Research Methods of Laboratory Archaeology

LIU Yong

(The Institute of Archaeology, Chinese Academy of Social Sciences)

Abstract: This article summarizes and sorts out the technical routes of laboratory archaeology, and proposes that the technical routes of laboratory archaeology can be divided into five aspects: relocation, indoor cleaning, relic extraction, information collection, and emergency protection. These five aspects are gradual, complementary, logically rigorous, and reasonably arranged. The corresponding research methods for these five aspects are discussed. This study is a phased summary of the laboratory archaeological technology route. With the development of archaeology, natural science, and the deepening of people's understanding of ancient society, the connotation of the laboratory archaeological technology route will develop and change accordingly.

Key Words: laboratory archaeology; technical route; research methods

研究综述

透骨见人，通古达今

——2023年人类骨骼考古学研究盘点

吕 平[1] 王明辉[2]

（1. 北京联合大学考古研究院；2. 中国社会科学院考古研究所）

摘要： 人类骨骼考古学以出土人类生物遗存为主要研究对象，运用各种科学技术手段，研究人类起源与演化、古代人类体质特征、生活方式、饮食结构、迁徙行为等问题。经过近百年的发展，我国人类骨骼考古学已进入高质量发展的新时代，不断涌现振奋人心的新发现和研究成果。不仅在骨骼形态学、稳定同位素分析、古 DNA、古病理学等研究领域成果斐然，在研究理论及方法上也实现了新的突破。本文回顾了 2023 年我国人类骨骼考古学研究所取得的成果和进展。

关键词： 人类骨骼考古学　骨骼形态学　稳定同位素分析　古 DNA　古病理学

一、引　　言

人类骨骼考古学（Human Osteoarchaeology）以出土人类生物遗存为研究对象，运用自然科学、现代科技等多种技术手段，将人类遗存上的生物学数据与考古学相结合，全面重建古代人类的演化图景、体质特征、生活方式、亲缘关系等信息，是考古学的重要分支学科，在探究人类起源、社会复杂化等重大历史问题方面，发挥着不可替代的作用[1]。

学科融合发展是当今人类骨骼考古学的发展趋势。百年来，人类骨骼考古学已突破单一研究藩篱，进入纵深发展的新时代，成为集人类学、考古学等多学科为一体的前沿领域。据不完全统计，2023 年中国学者在古人类学、稳定同位素研究、古病理学、古 DNA 等领域发表研究成果已逾百篇（部），其研究的深度和广度都达到了新的水平。本文回顾了 2023 年人类骨骼考古学研究领域的重要进展与研究热点，限时间及资料所囿，本文仅列部分研究成果，定有挂一漏万之嫌，不足之处恳请研究者及读者谅解。

二、人类起源与演化

古人类学利用出土古人类化石标本，在进化论指导下，研究人类的起源与演化等问题。周口店第 1 地点发现的 ZDK-5 直立人头盖骨化石除食肉类动物的啃噬痕迹外，右侧眉上圆枕前侧及上侧还存在着多处创伤愈合痕迹，推测为暴力性钝器打击所致，为探讨中更新世古人类的创伤和行为方式提供了新证据[2]。

距今约 30 万年的华龙洞六号（HLD 6）下颌骨具有镶嵌性形态特征，整体近似于直立人，呈现现代人初始形态，证明与现代智人有关的现代形态在 30 万年前的东亚地区就已出现，为东亚地区中更新世晚期人类演化的多样性提供了确据[3]。

许昌人的超大脑容量及纤细的脑颅结构，体现了中更新世人类生物学特征演化的一般趋势。山东大学文化遗产研究院人类演化团队运用 CT 扫描与三维几何形态测量手段，对许昌人 2 号头骨化石枕骨部分进行了深入的对比与研究，发现许昌人的枕骨形态与中更新世古人类和尼安德特人相似[4]。在此基础之上，研究者还对许昌人 2 号头骨的圆枕上凹结构进行了几何形态分析。结果表明，许昌人的圆枕上凹结构在形态上与智人更为类似，与尼安德特人则差异较大。为进一步探讨许昌人的分类地位提供了重要线索[5]。

魏偏偏等对柳江人（PA91 和 PA92）股骨化石进行纳米计算机断层扫描（nano-CT），发现与古老型人类不同，柳江人的股骨具有典型的早期现代人特征。和其他更新世晚期现代人相比，柳江人的股骨在前后方向上有着更薄的骨壁和更小的抗弯刚性，而且缺乏内侧壁柱，可能与整个更新世人类演化阶段骨盆和股骨近端表型的一系列功能变化有关；柳江人股骨粗壮度接近东亚更新世晚期的狩猎采集者，表明他们有着相似的整体流动性或活动水平[6]。

在化石材料研究之外，有学者梳理了华南地区早更新世以来古人类的体质特征，认为早更新世时古人类的体质特征就已趋于多样化[7]；对中国全新世人群两性身高差异的探析显示，新石器至青铜时期两性的平均身高呈降低趋势，可能与生存压力的增大以及下肢功能性需求的降低有关[8]。

三、生业模式与饮食结构

生业经济是人类生存、发展的基础。生业模式的改变必然会对社会形态产生深刻影响。不同的食物来源，会导致骨胶原中稳定同位素结构的较大差异。因此，人和动物骨骼中的稳定同位素组成能够如实反映其生前一定时期内的饮食结构、生计方式等信息。胡耀武详细阐述了稳定同位素研究的术语和规范，以及目前国内外学界在同位素生物考古研究存在的一些认知误区，并构建了科学诠释同位素数据的分析模型[9]。

山西大同盆地龙山时期吉家庄遗址大部分先民以粟黍类作物为主食，兼有一定量的动物蛋白摄入。不同部位骨骼的稳定同位素数据基本一致，表明了相对稳定的饮食结构[10]；太原盆地同时期阳曲西殿南遗址人骨和动物骨骼的碳、氮稳定同位素研究发现，

先民的食谱主要以 C_4 类植物与家猪为主。与邻近地区临汾盆地、忻定盆地的多处同时期遗址相比,西殿南遗址的粟黍农业相对单一,社会复杂化程度有限[11]。

李楠等选取陕西周原遗址西周时期不同地点、不同等级的个体进行碳、氮稳定同位素研究。结果表明,遗址内居民的食物来源以 C_4 类(粟、黍等)为主,少数以 C_3 类(小麦、大豆等)为补充。不同性别个体的食谱不存在显著性差异,但不同等级间的食谱存在差异。中层贵族比下层贵族及一般平民摄入了较多的肉类,而低等平民或奴隶则基本无法获得肉食资源,这表明等级制度对周原遗址居民的食谱具有广泛影响。另外,生活在近水地点的个体肉食摄入量较高,可能与生前摄入较多淡水鱼类、蚌类有关,显示出大型都邑性遗址内部复杂多元的人群构成[12]。

山西翼城大河口墓地西周人群的食谱在不同等级、不同性别之间均存在显著差异。在粟等 C_4 作物被广泛作为主食的基础之上,贵族群体普遍摄入水稻等 C_3 作物,以及少量以 C_3 类为食的肉食动物;平民女性较男性摄入了更多的肉食,但摄入量从西周早期到晚期不断减少,或反映出平民女性地位的降低[13]。

陕西西安马腾空遗址春秋时期秦人的生业模式以粟作农业及以此为支撑的家畜饲养业为主,有着稳定的食物来源及生存方式。通过对比东迁前早期秦人的稳定同位素数据,发现粟作农业在秦人东迁过程中的地位和重要性增强,为秦人国力增强奠定了重要的物质基础[14]。

饮食结构的变化亦能反映不同生业模式人群的迁徙、融合。淮河流域新石器时代中期不同考古遗址古代人群以采集、渔猎为主,辅以农业、畜牧业,经济类型丰富,食物结构多元,为淮河流域史前文明的融合发展确立了物质基础[15]。

地处南北文化交界带的河南淅川先民骨骼碳、氮稳定同位素结果分析表明,仰韶文化晚期先民食物结构以粟黍为主;石家河文化时期则呈现稻粟黍混合的特征;龙山文化晚期至二里头时期,粟黍重新成为当地主粮。表明了文化变迁对当地农业体系的深刻影响,为研究长江与黄河流域史前文化的交融提供了重要参考[16]。

山西大同二中南校区墓地北魏早中晚时期先民摄入 C_4 类食物的比例呈上升趋势,应与人群融合下粟黍农业的不断强化有关[17]。

生膨菲等对公元 6 世纪长安城包括北周武帝宇文邕及其皇后阿史那氏在内的 8 例高级贵族,以及 9 例关中地区平民和 3 例家养动物的骨骼进行了碳、氮稳定同位素分析,并与北方及周边地区已发表的同位素数据进行了对比。结果表明,大多数贵族的饮食模式与蒙古高原游牧民族相似,而平民的饮食习惯则更接近于华北平原农耕民族。揭示出 6 世纪民族融合背景下长安地区人群饮食、社会地位和身份之间关系的复杂性[18]。

吉林珲春古城寺庙址辽金时期先民以农业为主,畜牧业、渔猎经济同样居于重要地位。作为稳定的生计方式,农业的不断发展,推动了东北边疆地区民族融合的进程[19]。

西藏阿里象泉河上游的故如甲木墓地及曲踏墓地早期金属时代人群的食物结构以牦牛、羊为主,青稞等谷物则占比较低,同时也存在粟、黍、稻米等中原汉地的典型作物,说明跨区域“盐粮交换”的商贸行为在史前时代已然存在,具有结构性缺陷的高原畜牧经济不仅是该地区的主要生业模式,同时也塑造了当地史前文化的面貌[20]。

宁夏银川闽宁村 M7 西夏贵族墓墓主夫妇食谱以 C_4 类粟黍为主,同时摄入大量肉奶制品，表明早期西夏社会总体受畜牧业经济影响程度较高。该研究填补了西夏社会经济史相关研究领域的空白[21]。

蒙古国高勒毛都 2 号墓（Gol Mod 2）匈奴贵族及殉葬者人骨的多种同位素分析表明，殉人群体内部来源复杂，既有在本地出生长大的随从亲信，也有来自其他部落的异族个体[22]。

饮用水中的锶随着钙进入生物体的硬组织中，不同锶同位素地质环境中的生物体，其体内锶同位素的组成就有可能存在差异，因此骨骼、牙釉质中的锶同位素可反映人或动物是否存在迁徙的行为。

山西临汾下靳陶寺文化墓地人群牙釉质的锶同位素数据显示，来自不同文化群体女性的跨地域通婚在当时起到了关键作用，推动了当地青铜时代序幕的展开[23]。

湖北随州叶家山墓地出土人骨锶同位素的分析表明，此地外来人群的占比超过本地人群，揭示了墓地人群构成的变动，M111、M28、M109 等曾侯及其直系亲族可能来自郑洛地区，印证了此前基于考古类型学的年代关系问题。本研究也是国内首次对一个完整揭露的墓地出土人骨进行的锶同位素比值研究[24]。

新疆拉甫却克墓地人群牙釉质中锶、铅同位素分析，构建出了 7~12 世纪当地人群迁徙的模型，并探讨了影响人口迁徙的因素[25]。

青藏高原的极端环境使人类生存面临的巨大挑战。从严寒的气候到稀薄的空气，无不考验着人们的适应能力。有研究者选取来自西藏及青海西部 15 个不同时期考古遗址的 40 例人类牙结石样本，运用古蛋白质组学手段，证实了早在 3500 年前，奶制品就已成为生活在青藏高原腹地先民的食物来源，为他们向不宜耕种的高海拔地区扩张开辟了道路[26]。

四、人群迁徙与融合

古代人群的交流、融合，乃至中华民族多元一体格局的形成过程，向来是人类骨骼考古学研究的重要议题。骨骼形态学、稳定同位素、古 DNA 等方法，为探讨此问题提供了不同的研究视角。

颅骨形态学根据人类头骨的测量性状来推断古代人群间的生物距离，从而探讨人群的交流、演化。对我国先秦人群颅骨形态类型的量化研究，初步建立了该体系不同类型人群颅骨测量项目的量化数据区间[27]；河南郑州站马屯遗址仰韶晚期秦王寨文化人群的颅骨形态特征属于"古中原类型"，偏离于仰韶文化中心分布区诸颅骨组而与大汶口人群存在较大相似性。表明在公元前 3000 年左右的各文化重组阶段，大汶口文化已在中原地区扩散，并延伸到站马屯所在的豫中地区[28]。

河南偃师商城古代居民在体质特征上具有一定的复杂性。虽无法判定个别体质特征相异个体的具体来源，但对比各区域类型后，偃师商城古代居民应还以"古中原类型"为主。这种体质特征的人群亦是中原地区先秦两汉时期的原住民[29]。

陇右地区墩坪墓地地处农牧交错带，自东周起就是北方草原文化和中原文化交锋的军事重地。墩坪墓地东周人群颅骨形态为"古西北类型"，同时也受"古蒙古高原类型"的影响[30]；宋代人群的颅骨类型与亚洲蒙古人种东亚类型最为相近，体质上兼具"古中原类型"与"古西北类型"的特征，证实了历史文献所载的区域人口流动现象，反映出该地区不同时代连续不断的交流融合[31]。

大同二中南校区墓地北魏居民的颅骨形态表明了其人种构成的多样性。大部分个体的颅骨呈现出亚洲蒙古人种东亚类型的特征，并与东北亚类型和北亚类型有一定的联系，受鲜卑人影响则较小。在体质特征上也更为接近先秦时期的"古中原类型"。据文献记载，平城时代的北魏政权曾多次组织大规模强制性移民。由此推测，以上个体应为迁徙而来的外地人口。而另外几例具有明显欧罗巴人种特征的个体可能为西来传教的僧人。本研究从骨骼形态学的角度证实了北魏时期大同地区多民族融合的历史事实[32]。在上述研究之外，本年度开展骨骼形态学研究的遗址和墓葬还包括广西崇左冲塘-何村遗址[33]、河南荥阳泂沟仰韶文化遗址[34]、广州增城金兰寺遗址[35]、河南荥阳车庄遗址[36]、甘肃临洮寺洼遗址[37]、陕西西安高铁寨汉墓[38]、山西大同上华琚墓地[39]、天津元宝岛墓地等[40]。

在研究方法上，张旭探讨了生物距离研究中常用的4种计算方法，认为相较于其他方法，修正马氏平方距离更加适用于小样本量人群之间生物距离的推算[41]。

古DNA研究以分子生物学技术为基础，综合古生物学、考古学、语言学等学科，分析探讨古代生物谱系、人类起源与迁徙问题。有学者综合45～10 kaBP欧亚大陆东部地区史前现代人古基因组研究成果，梳理了欧亚现代人在时间与空间上的发展脉络[42]。

付巧妹团队从青藏高原不同时期和地区的29个考古遗址中提取并测序89例古人类的基因组后发现，约5100年前，青藏高原人群中就已存在独特的遗传成分，可能与新石器时代早期中国北方人群的扩张有关。约4700年前，黄河流域甘青地区和青藏高原的农业人口就已大量迁入青藏高原。此外，来自藏南雅鲁藏布江流域和喜马拉雅地区的古代人群自3000多年前起就表现出高度的遗传相似性。2700年以来，青藏高原各地区、各时期人群的遗传成分发生了显著变化，这与该地区曾经存在的王朝兴衰密切相关。从古至今，高原特异性EPAS1基因频率呈现明显的上升趋势[43]。在此基础之上，团队利用青藏高原37个地点的百例古代线粒体基因组数据，重建了西藏人4000年的母系遗传史。单倍型M9a1a、M9a1b、D4g2、G2a'c和D4i都表明古代西藏人与全新世早中期黄河流域中上游的古代人群有着最近的共同祖先。上述研究是青藏高原迄今为止采样规模最大、地理覆盖最广的古DNA研究，初步还原了青藏高原5000年以来人群交流互动的历史图景，对重建青藏高原古人类的遗传演化具有重大意义[44]。

四川盆地和云贵高原是自古以来便是人群交流的前沿地带。四川宝墩文化高山古城与云南剑川海门口遗址人群的古基因组数据，揭示了新石器时代晚期到青铜时代中国西南地区粟稻混合的生业模式很可能源于黄河流域粟黍农业人群的南迁[45]。以往的研究表明，夏家店上层时期西辽河流域存在着农牧并举的生业模式。对夏家店上层文化大山前遗址一例个体的DNA测序发现，该个体的祖先源自黄河流域的农业人群，体现了该地区人群较大的遗传多样性[46]。

除在史前人群DNA研究方面取得的显著进展外，对历史时期人群的古DNA研究同样成果斐然。河西走廊中部黑水国汉代墓地及西端敦煌佛爷庙湾曹魏—唐代墓地人群的古基因组数据表明，中原王朝的军事扩张曾深刻影响了该地区人群的基因库，揭示了近两千年来河西走廊人群融合的动态历史[47]；西辽河流域和黄河流域是中国北方的两个主要粟作农业中心。

鲜卑族崛起于蒙古高原，是继匈奴帝国之后欧亚大陆东部最为强大的游牧民族之一。囿于文字记载的缺失，鲜卑族源等问题一直未曾探明。研究者对距今1700～1800年9例鲜卑人骨样本进行 DNA 测序分析后发现，鲜卑人应起源于今黑龙江阿穆尔河流域，在南下的最初过程中几乎不存在与周边人群的混血现象，但在来到北方并变为定居的农业人群后，鲜卑人在基因构成上逐渐和汉族人相似[48]。

突厥汗国是以游牧为主的部落联盟国家，由阿史那部、阿史德部始建，于公元6世纪中叶崛起于今阿尔泰山附近。关于阿史那部的祖源众说纷纭。北周武帝宇文邕皇后阿史那氏的线粒体 DNA 属于 F1d* 单倍型。通过谱系比较推断，阿史那氏与柔然、鲜卑、契丹等部族具有更近的遗传联系，与其他古突厥人遗传差异显著，显示出突厥汗国诸部族来源的复杂性。阿史那部起源于东北亚地区，即今天的黑龙江流域到贝加尔湖及蒙古高原东部一带，在发展过程中受到了欧亚草原乃至中原地区不同人群的影响，为探讨中华民族共同体的形成提供了重要证据[49]。

宁夏闽宁村西夏野利氏墓地 M7 夫妇合葬墓两例个体的古 DNA 分析表明，男性墓主的母系来源与氐羌人群有关，父系来源更接近欧亚草原人群；女性墓主可能来源于北方民族。为西夏族源的研究提供了重要资料[50]。

科技手段的持续进步和研究思路的不断拓展，推动了人类骨骼考古研究向跨学科、多角度研究的明显转变。陕西咸阳双照墓地三人合葬墓的骨学分析确定了人骨性别、年龄、健康状况等信息。稳定同位素研究显示，三人有着相似的饮食习惯。古 DNA 的分析结果表明，三人无亲缘关系。结合相关文献记载及考古学研究，推断此墓为一夫二妻的合葬墓，男性墓主在第一、二任妻子相继去世后被埋葬，为了解唐朝的丧葬礼俗提供了参考[51]。

五、疾病与健康状况

古病理学通过对古代人类遗骸及其它遗存上的病理表现进行诊断，从而探讨人类历史上疾病的发生、发展、分布及其规律，进而深入探索过去疾病与环境变化、人群暴力冲突、生业模式、生存压力、文化习俗等问题之间的关系。2023年开展古病理学综合研究的人群有山东北营和胥家村龙山文化早中期人群[52]、广西扶绥敢造遗址人群[53]、安阳辛店铸铜遗址居民[54]、山西晋中猫儿岭老年养护院墓地秦至汉初人群[55]等。

华南地区新石器时代敢造遗址先民的口腔健康状况显示，该人群的食物结构以肉食为主，辅以富含淀粉的块茎类植物，对牙齿磨耗的观察也佐证了这一点。与农业人群和渔猎采集人群相比，该人群患龋率较低而牙结石罹患率较高，可能意味着鱼类、贝类等高蛋白食物的较多摄入[56]。

重庆大水田新石器时代遗址所处的地形地貌以山地陡坡为主，其复杂性与相对封闭性制约了当地社会经济的发展，在一定程度上也影响了人群的行为模式。研究者统计龋齿率后认为，该人群应主要以渔猎采集为生，并辅以原始旱作农业。古病理学研究发现，足关节炎在该人群中发病率最高，且男女两性间不存在显著差异，推测与山地环境下人群的日常上、下坡的机械性活动有关。男性椎、肘关节炎发病率较女性高，应为社会分工所致[57]。

长江下游地区新石器时代河姆渡文化人类遗骸的古病理学研究发现，早期稻作人群筛状眶与牙釉质发育不全的出现率与南方狩猎采集人群相当，龋齿、生前失牙、骨膜反应等的出现率则更高。这表明稻米在河姆渡人群的饮食结构中并不占据绝对地位，河姆渡文化可能存在着多元化的生存策略，为东亚地区稻作农业人群的健康状况提供了新的考古学依据[58]。

河南双槐树仰韶文化晚期聚落不同墓葬区儿童的患龋率和牙釉质发育不全存在显著差异，大部分儿童营养不良，显示了较高的生存压力[59]。

山东滕州岗上遗址大汶口文化埋藏在瓮棺内的三例22~28周婴儿个体应为死产或分娩后不久死亡，体现出大汶口文化先民对儿童夭折现象的独特生死观[60]；山东平度李家遗址一例西周早期成年女性的髋骨上存在生育痕迹和骶髂关节融合，与一例女婴个体共同葬于灰坑中，古基因组研究确定了二者存在母女关系。这种葬俗可能反映了当时社会对难产死亡的特殊态度[61]。

河南荥阳官庄遗址一例东周时期女性个体的两侧肱骨均出现了发育不全现象。经诊断后排除了生理性遗传因素及病理因素。结合行为模式分析，推测可能与分娩创伤导致的肱骨近端生长点受损，或儿童期生长板遭受创伤致使肱骨生长发育停滞有关[62]。

山东高青胥家村南遗址北朝至隋唐时期人骨的古病理学研究显示，该人群平均死亡年龄集中在中年期，曾承受较大的生存压力；通过与不同时期人骨样本的纵向对比发现，牙釉质发育不全的患病率随时间的推移呈现明显上升趋势，暗示古代人群营养健康状况的恶化与农业发展水平的提升显著相关。不同生业模式下人群筛状眶和多孔性骨肥厚的出现率不存在显著差异，可能说明饮食结构并非罹患贫血的主要诱因[63]。

骨骼遗存上的创伤现象亦是古病理学研究的重点。对创伤的处理方法，也可反映当时社会文化、医疗卫生条件等信息。

山西绛县雎村墓地西周时期一位平民女性左侧颞骨受钝器击打后，出现凹陷型骨折及颅内血肿症状。骨折及开颅部位的愈合迹象表明，该女性在接受开颅手术后存活，为研究中国古代医疗体系提供了生物考古学实证[64]。

陕西大堡子山墓地一例西汉时期男性个体曾长期罹患化脓性髋关节炎，导致了其身材矮小、行走不便，严重影响了他的日常生活[65]。

新疆鄯善洋海墓地青铜时代晚期一例成年男性颅骨出现了多处钻孔痕迹。研究表明，该男性在头部左侧遭受钝器击打后，接受了骨瓣开颅手术以消除血肿。手术区域骨骼存在愈合迹象，说明其在术后存活至少8周，是迄今为止新疆地区及欧亚草原其他地区发现的最为先进、熟练的开颅术[66]。

新疆乌兰英格墓地早期铁器时代一例30~40岁男性个体的多处创伤可能与骑乘行为有关。从肌肉附着点的变化看，该男子在伤后使用了夹板和拐杖等辅助物，促进胫腓骨骨折愈合的同时也导致了假关节的形成，并且得到了群体的照料。综合考古学背景看，该病例很可能是高流动性游牧生活下医疗救助行为的体现，或为中国境内目前发现最早的夹板固定疗法实物例证[67]。

河南三门峡两例明代人骨上出现了较为严重的骨赘、锥体融合等病理现象，结合当地生活方式及牙齿、地下水中的含氟量等因素，推断该地区环境中较高的氟含量导致了人群罹患氟骨症，显示了环境对人类健康的影响[68]；河南开封明代晚期御龙湾遗址出土人骨存在大量砍砸、切割痕迹，扫描电子显微镜发现，其中数例人骨应经受过低温加热，以及剥头皮、肢解、灼烧等暴力行为，是我国目前所见最有可能属于同类相食的人骨标本，为了解古代"人相食"现象提供了实例[69]。

学者还对一些疾病的诊断标准进行了回顾与革新。作为出土人类骨骼上常见的病理现象，有关筛状眶和多孔性骨肥厚的研究自20世纪以来一直备受关注。一般观点认为，贫血是造成筛状眶和多孔性骨肥厚的主要原因。赵东月等在已有研究成果的基础之上，梳理了国内外对筛状眶和多孔性骨肥厚的研究脉络，阐述了二者的诊断分级、病因及发病机制，并探讨了二者的关系，对后续相关病理现象的研究大有裨益[70]；王邦彦等调查并重新分析了过去近30年来我国强直性脊柱炎的古病理学研究资料，结合临床医学、医学影像学等方面的最新研究进展，提出了新的诊断标准及记录要点，推动了古病理学对强直性脊柱炎诊断的规范化、标准化[71]。

在病理、暴力等因素之外，人工颅骨变形、拔牙、开颅、缠足等人类行为也可造成骨骼形态的改变，能够反映当时社会文化、审美取向、医疗技术等信息。李海军等回顾了我国古代先民遗骸人工改形现象的类型及相关研究案例，从民族学视角分析了人工改形的研究意义[72]；何嘉宁等对中国史前人类头骨变形的整体时空分布和样式特点进行了梳理，并对头骨变形这一重要习俗在中国的起源、发展与传播进行了探讨[73]；对山西洪洞西冯堡、榆次郝家沟村南清代墓地女性人骨的骨骼损伤和关节疾病的古病理学观察，探讨了缠足对女性健康状况的影响[74-75]。

六、古 人 口 学

古人口学主要从人骨材料中获得人口性别、年龄、规模等静态参数，从而推测人口的出生、死亡、迁徙等动态参数，并使用人口学模型拟合方法进行人口动力学过程的研究，以揭示古代社会的人口规模、预期寿命，不同时空下人口的分布等问题。

新疆吐鲁番盆地洋海、加依、胜金店墓地青铜—早期铁器时代居民的古人口学研究表明，在三个人群中，男性的死亡高峰集中在壮年期，女性整体在青年期和中老年期死亡个体和比例超过男性；壮年男性较高的创伤致死率，以及同样显著的成年女性和未成年个体的创伤分布，证明该地区人群处于极高的生存压力之下[76]。

雄安新区西河墓地战国时期人群的古人口学研究发现，男性的死亡年龄多集中在壮年期和中年期，女性的死亡年龄集中在中年期。西河墓地地处燕国南部边境，推测可能与大量男性参与边防、女性需承担更多的社会劳动有关[77]。

在研究方法上，李楠等采用转换分析（transition analysis）对陕西洛川月家庄墓地出土人骨的年龄进行了鉴定。与传统方法相比,转换分析可同时处理多个年龄标志物所提供的有效信息,正确估算老年个体的死亡年龄,其构建出的人口死亡结构更加接近正常情况[78];侯侃总结回顾了生命表(life table)在古人口学研究中的局限,呼吁研究者在关注人骨材料与结论的同时,也应加强对研究理论、方法的思考[79]。

七、出版物与社会实践

不同来源人群的迁徙、流动所带来的文化交融,是推动文明产生、发展的原动力之一。本年度的出版物均对此展开了精彩论述。中国社会科学院考古研究所张旭的专著《内蒙古大堡山墓地出土人骨研究》以内蒙古东南部地区大堡山墓地的出土人骨为研究对象,运用古人口学、古病理学、体质人类学等研究方法,结合历史文献与相关考古学研究,不仅对该墓地的人种构成及其来源、流向等问题进行了深入分析,更是以其为中心,比较研究了同邻近地区人群间的融合情况,还以骨骼为切入点,探讨了不同生业模式下的人口结构与疾病出现规律。本研究弥补了内蒙古中南部地区人骨研究的不足,为内蒙古地区的人群迁徙与民族融合等问题提供了新的科学依据[80]。

南开大学历史学院张国文教授的专著《拓跋鲜卑——北魏先民生计方式的稳定同位素考古研究》以北魏拓跋鲜卑人群骨骼遗存为主要研究对象,综合考古出土动植物及其他相关遗存,运用碳、氮、硫稳定同位素分析方法,对不同时空框架下北魏先民的食物结构进行了系统研究,并对北方其他人群的骨骼稳定同位素数据进行了对比分析,不仅揭示了北魏先民生计方式的变迁轨迹及动因,对全面探索中华民族共同体的形成、发展过程亦有重要借鉴作用[81]。

澳大利亚著名考古学家彼得·贝尔伍德(Peter Bellwood)的著作《最早的岛民:岛屿东南亚史前史及人类迁徙(*First Islanders: Prehistory and Human Migration in Island Southeast Asia*)》自 2017 年出版后,陈洪波、谢光茂、杜芳芳等进行了中译工作。本书从考古学、民族学、语言学、体质人类学、分子考古学等多学科角度出发,集成古基因组学等各领域有关东南亚史前史的最新研究成果,深入探讨了中国东南沿海和南岛语族人群的起源及扩散过程,全面梳理了旧石器时代晚期至早期金属时代岛屿东南亚人群流动的历史脉络,对于理解东亚地区现代民族、语言及文化的形成意义重大,代表了国际学术界关于南岛语系起源及扩散研究的最前沿成果[82]。

2023 年 8 月,中山大学李法军教授回到家乡吉林桦甸,为孩子们带来“家乡走出来的考古人”考古科普课,向家乡学子讲述所学所研,教育、引导青少年认识中华文明起源和发展的历史脉络,增强民族凝聚力与爱国主义精神。除此之外,他还在视频网站bilibili 开设账号,向公众传播生物人类学知识[83]。

复旦大学文少卿教授团队对山西吕梁方山南村烈士遗骸的 DNA 数据进行分析处理,运用多学科交叉手段,成功复原出 49 位无名烈士的生前样貌,照亮烈士“回家”之路。团队还为每位烈士制作了生理和病理档案,结合碳、氮同位素分析,还原了个体生活史。2023 年 9 月,“巍巍太行,英雄吕梁——方山南村烈士墓地分子考古研究成果展”在复旦大学开幕,集中展示了复旦大学科研团队此次吕梁之行的一系列原创性成果，铭记英烈故事，传承烈士精神，让英雄不再"无名"[84]；武汉大学历史学院考古系张群副教授也参与到了烈士遗骸搜寻鉴定的工作中[85]。

八、余　语

2023 年 11 月 24 日凌晨，我国著名体质人类学家、中国社会科学院考古研究所研究员潘其风先生因病离世，享年 88 岁[86]。潘先生长期从事考古人类学研究，毕生致力于中国特色考古人类学的建设，不仅在理论研究上硕果累累，更是为本领域培养了大量后继人才。退休以后，先生仍勤耕不辍，发表研究论文数篇，为我国古代人骨资料的整理与研究做出了巨大贡献，为阐释中华民族多元一体格局的形成贡献了人类学力量。潘先生的离世，是中国社会科学院考古研究所、中国体质人类学界，乃至中国考古学界的重大损失。

过去一年，人类骨骼考古学研究硕果累累。未来，定会是更加明朗的研究方向和更加广阔的研究前景。人类骨骼考古学应进一步明确学科概念，以学术问题为导向，发挥多学科技术优势，开展实质性合作研究，有效结合考古埋藏学、骨骼解剖学等信息，实现"透骨见人"，达到"通古达今"，从而为阐释国家与文明起源等基本问题提供更加坚实的依托。理论研究的不断深化、多学科合作的积极开展、人骨考古数据库建设的逐步完善，势必推动人类骨骼考古学在人类起源、中华文明起源、中华民族共同体的形成和发展等问题上大有作为。人类骨骼考古学人当秉科技创新之念，守溯本求源之志，踏筚路蓝缕之途，开创中国特色人类骨骼考古学更好的未来。

注　释

[1]　a. 王明辉：《人类骨骼考古学》，见王巍主编：《中国考古学大辞典》，上海：上海辞书出版社，2014 年，第 674 页。

b. Charlotte A R. 2009. *Human Remains in Archaeology: A Handbook*. British: Council of British Archaeology.

[2]　陈逸迎、吴秀杰：《周口店 5 号直立人额骨眶上圆枕处的创伤痕迹》，《人类学学报》2023 年第 42 卷第 6 期，第 721-732 页。

[3]　Wu X J, Pei S W, Cai Y J, et al. 2023. Morphological and morphometric analyses of a late Middle Pleistocene hominin mandible from Hualongdong, China. *Journal of Human Evolution*, 182: 103411.

[4]　Zhang Y M, Li Z Y. 2023. Three-dimensional geometric morphometric study of the Xuchang 2 cranium. *Journal of Human Evolution*, 178: 103347.

[5]　Zhang Y M, Li Z Y. 2023. Investigating the internal structure of the suprainiac fossa in Xuchang 2. *Journal of Human Evolution*, 184: 103440.

[6]　Wei P P, Marine C, Zhao Y H, et al. 2023. Structural properties of the Late Pleistocene Liujiang femoral diaphyses from southern China. *Journal of Human Evolution*, 183: 103424.

[7]　凌亮优、何嘉宁、周科华：《华南地区古人类体质多样性与现代人演化》，《南方文物》2023 年第 3 期，第 157-166 页。

［8］ 杜抱朴、杜靖：《中国全新世人群两性身高差异演变初析》，《第四纪研究》2023 年第 43 卷第 1 期，第 187-199 页。

［9］ 胡耀武：《稳定同位素生物考古学的学科规范、认知误区和分析模型》，《第四纪研究》2023 年第 43 卷第 5 期，第 1503-1512 页。

［10］ a. 弓月：《稳定同位素证据所见 4000a BP 前后大同盆地的生业经济》，山西大学硕士学位论文，2023 年。

b. Hou L L, Gong Y, Huo D F, et al. 2023. Isotope analysis for reconstructing the subsistence economy in Datong Basin, North China, during c. 4000 a BP. *Journal of Archaeological Science-Reports*, 50: 104065.

［11］ a. 杨柳红：《阳曲西殿南遗址人和动物骨骼的 C、N 稳定同位素分析》，山西大学硕士学位论文，2023 年。

b. 杨柳红、姬凌飞、裴静蓉，等：《山西太原盆地龙山文化时期的生业经济——以阳曲县西殿南遗址人和动物骨骼的 C、N 稳定同位素分析为例》，《第四纪研究》2023 年第 43 卷第 1 期，第 212-226 页。

［12］ 李楠、何嘉宁、雷兴山，等：《周原遗址西周时期人骨的稳定同位素分析》，《考古与文物》2023 年第 6 期，第 117-124 页。

［13］ 孙语泽：《山西翼城大河口西周墓地人骨的碳、氮稳定同位素研究》，吉林大学博士学位论文，2023 年。

［14］ 蔡慧聘、尚雪、胡耀武，等：《陕西西安马腾空遗址春秋时期秦人食谱分析》，《第四纪研究》2023 年第 43 卷第 5 期，第 1493-1502 页。

［15］ 张国文、甘恢元、林留根：《淮河流域新石器时代中期先民生计方式研究》，《南方文物》2023 年第 1 期，第 161-169 页。

［16］ 周立刚、曹艳朋、楚小龙，等：《河南淅川下寨遗址人骨的 C 和 N 稳定同位素》，《人类学学报》2023 年 11 月 8 日网络首发，第 1-10 页。

［17］ Hou L L, Li S Y, Bai H M, et al. 2023. The subsistence economy in the Pingcheng area during the Northern Wei Dynasty: Stable isotope analysis of human bones obtained from the Datong Erzhong cemetery in Shanxi, China. *Journal of Archaeological Science-Reports*, 49: 103946.

［18］ Sheng P F, Allen E, Ma T, et al. 2023. Human isotopic evidence from the Guanzhong Basin casts light on a century of agricultural and pastoral interactions at medieval metropolitan Chang'an during sixth century AD. *Humanities & Social Sciences Communications*, 10(1): 204.

［19］ 马晓仪：《吉林珲春古城村寺庙址出土辽金时期人骨的 C、N 稳定同位素分析》，山西大学硕士学位论文，2023 年。

［20］ 陈相龙、张雅军、仝涛，等：《西藏阿里象泉河上游早期金属时代的生业经济与区域互动：来自故如甲木与曲踏的证据》，《考古》2023 年第 4 期，第 109-120 页。

［21］ 刀怡元、白婷婷、生膨菲：《西夏早期贵族饮食与役畜饲养模式探微》，《西夏研究》2023 年第 4 期，第 90-98 页。

［22］ Zhou L G, Diimaajav E, Enkhbayar M, et al. 2023. Strontium isotope analysis of the Xiongnu nobles and their followers in Central Mongolia. *Archaeological Research in Asia*, 34: 100446.

［23］ Wu X T, Guo Z Y, He N, et al. 2023. Intermarriage and ancient polity alliances: isotopic evidence of cross-regional female exogamy during the Longshan period (2500-1900 BC). *Antiquity*. 98(397): 48-65.

［24］ 何晓歌、崔剑锋：《叶家山墓地人骨的锶同位素比值分析——兼论墓地排序的新证据》，《中国国家博物馆馆刊》2023 年第 4 期，第 53-65 页。

［25］ He L T, Cao H H, Wang Y Q, et al. 2023. Human migration in the eastern Tianshan Mountains between the 7th and 12th centuries. *American Journal of Biological Anthropology*, 181: 107-117.

［26］ Tang L, Wilkin S, Richter K K, et al. 2023. Paleoproteomic evidence reveals dairying supported prehistoric occupation of the highland Tibetan Plateau. *Science Advances*, 9(15): eadf0345.

［27］ 晁颖：《中国先秦人群颅骨形态类型的量化研究》，吉林大学硕士学位论文，2023 年。

［28］ 孙蕾、李彦桢、武志江：《河南郑州站马屯遗址仰韶晚期人骨的颅面形态》，《人类学学报》2023 年第 42 卷第 3 期，第 331-341 页。

［29］ 王明辉：《偃师商城出土人骨初步分析》，《中原文物》2023 年第 5 期，第 79-87 页。

［30］ 杨诗雨：《甘肃漳县墩坪墓地东周时期人骨研究》，吉林大学博士学位论文，2023 年。

［31］ 郭结：《甘肃漳县墩坪墓地出土宋代人骨研究》，吉林大学硕士学位论文，2023 年。

［32］ 徐楠：《大同二中南校区墓地出土人骨研究》，山西大学硕士学位论文，2023 年。

［33］ 余颖：《广西崇左冲塘–何村类型史前人类长骨骨干横截面几何形态测量学分析》，中山大学硕士学位论文，2023 年。

［34］ 周蕾：《河南荥阳洞沟遗址仰韶文化人骨研究》，郑州大学硕士学位论文，2023 年。

［35］ 叶梓琪：《增城金兰寺新石器时代人群髋骨三维几何形态变异研究》，中山大学硕士学位论文，2023 年。

［36］ 王惠：《河南荥阳车庄遗址人骨研究》，郑州大学硕士学位论文，2023 年。

［37］ 杜振远：《甘肃临洮寺洼遗址出土寺洼文化人骨研究（2018～2021 年）》，首都师范大学硕士学位论文，2023 年。

［38］ 苏小茗：《陕西西安高铁寨汉墓出土人骨研究》，西北大学硕士学位论文，2023 年。

［39］ 张海伦：《山西大同上华琚墓地人骨研究》，北京大学硕士学位论文，2023 年。

［40］ 马嘉良：《天津元宝岛墓地明清居民肢骨的骨骼生物力学研究》，中山大学硕士学位论文，2023 年。

［41］ 张旭：《浅谈生物距离研究中多元统计分析方法的选择》，见中国社会科学院考古研究所考古科技中心编：《科技考古》（第 7 辑），北京：科学出版社，2023 年，第 130-140 页。

［42］ 张明、平婉菁、Yang Melinda Anna，等：《古基因组揭示史前欧亚大陆现代人复杂遗传历史》，《人类学学报》2023 年第 42 卷第 3 期，第 412-421 页。

［43］ Wang H R, Yang M A, Wangdue S, et al. 2023. Human genetic history on the Tibetan Plateau in the past 5100 years. *Science Advances*, 9(11): eadd5582.

［44］ Zhang G Y, Cui C, Shargan W, et al. 2023. Maternal genetic history of ancient Tibetans over the past 4000 years. *Journal of Genetics and Genomics*, 50(10): 765-775.

［45］ Tao L, Yuan H B, Zhu K Y, et al. 2023. Ancient genomes reveal millet farming-related demic diffusion from the Yellow River into southwest China. *Current Biology*, 33(22): 4995.

［46］ Zhu K Y, Zhang Z P, Tao L, et al. 2023. The genetic diversity in the ancient human population of Upper Xiajiadian culture. *Journal of Systematics and Evolution*, 10.1111/jse.13029.

［47］ Xiong J X, Wang R, Chen G K, et al. 2023. Inferring the demographic history of Hexi Corridor over the past two millennia from ancient genomes. *Science Bulletin*, 69(5): 606-611.

［48］ Cai D W, Zheng Y, Bao Q C, et al. 2023. Ancient DNA sheds light on the origin and migration patterns of the Xianbei confederation. Archaeological and Anthropological Sciences, 15(12): 194.

［49］ Yang X M, Meng H L, Zhang J L, et al. 2023. Ancient Genome of Empress Ashina reveals the Northeast Asian origin of Göktürk Khanate. *Journal of Systematics and Evolution*, 61(6): 1056-1064.

［50］ 常欣、张红英、张宇轩，等：《宁夏闽宁村西夏野利氏家族墓地人骨古 DNA 研究》，《西夏研究》2023 年第 3 期，第 77-87 页。

［51］ Zhao D Y, Chen Y, Xie G W, et al. 2023. A multidisciplinary study on the social customs of the Tang Empire in the Medieval Ages. Plos One, 18(7).

［52］ 宋美玲：《鲁北地区龙山文化早中期人群生存状况研究——以北营和胥家村南遗址出土人骨为例》，山东大学硕士学位论文，2023 年。

［53］ 游海杰：《广西左江流域史前贝丘遗址人群的生存状况研究——以敢造遗址为例》，山东大学硕士学位论文，2023 年。

［54］ 郭明晓：《安阳辛店铸铜遗址居民生存压力与行为模式研究》，山东大学硕士学位论文，2023 年。

［55］ 王妍：《山西晋中猫儿岭老年养护院墓地秦至汉初先民健康状况研究》，西北大学硕士学位论文，2023 年。

［56］ 陈晓颖、游海杰、宋美玲，等：《广西敢造遗址史前居民口腔的健康状况》，《人类学学报》2023 年第 42 卷 1 期，第 98-109 页。

［57］ 滕道霄、代玉彪、原海兵，等：《重庆大水田新石器时代遗址出土人骨的健康状况及葬式》，《人类学学报》2023 年 42 卷第 6 期，第 764-778 页。

［58］ Junmei S, Sun G P, Huang W J, et al. 2023. Paleopathological characteristics of Neolithic early rice farmers in the lower reaches of the Yangtze river. *Frontiers in Earth Science*, 10.3389.

［59］ 周亚威、于雅婷、顾万发：《河南双槐树新石器时代遗址儿童的古病理学》，《人类学学报》，2023 年第 42 卷第 4 期，第 458-471 页。

［60］ Yang Z Q C, Zhang Q, Zhu C, et al. 2023. Postmortem treatment of preterm infants at the Gangshang site during the Late Neolithic period, Shandong Province, China. *International Journal of Osteoarchaeology*, 33(2): 297-314.

［61］ Guo L, Qi G H, Feng X T, et al. 2023. Case study of a special burial resulting from obstetric death at the Sanbulijia site, Shandong Province, China. *International Journal of Osteoarchaeology*, 33(2): 361-370.

［62］ 周亚威、王惠、丁思聪，等：《东周一例人体肱骨发育不对称的病理分析》，《人类学学报》2023 年第 42 卷第 1 期，第 87-97 页。

［63］ 宋美玲、刘文涛、游海杰，等：《山东高青县胥家村南遗址北朝至隋唐时期人群的生存压力分析》，《第四纪研究》，2023 年第 43 卷第 1 期，第 256-265 页。

［64］ Sun X F, You S, Wang J P, et al. 2023. A commoner with advanced surgery: A bioarcheological study of a trepanation case with special reference to the medical care system during the Western Zhou Dynasty of China (1045-771 BCE). *Journal of Archaeological Science-Reports*, 47: 103830.

［65］ Zhan X Y, Shao J, Zhu Y P, et al. 2023. A case of septic arthritis of the hip in Central Plains, China, during the Western Han Dynasty (3rd century BCE-1st century CE). *International Journal of Paleopathology*, 40: 87-92.

［66］ Sun X, Zhang Q, Wang P, et al. 2023. A shaman's surgical art? A neurosurgical and osteoarchaeological study of a therapeutic trepanation from the Yanghai cemetery in Turpan Basin, China. *Archaeological and Anthropological Sciences*, 15(10): 155.

［67］ Zhang W X, Wang A Q, Zou Z N, et al. 2023. Added hardship to nomadic life: leg impairment in an early Iron Age individual from northwestern China (ca. 375 BCE) with special references to lower limb splint use. *Archaeological and Anthropological Sciences*, 15(10): 150.

［68］ Zhou Y W, Liu K L, Yan F, et al. 2023. Two cases of skeletal fluorosis from the historic cemetery at Zhangwan, Henan Province, China. *International Journal of Osteoarchaeology*, 33(06): 1052-1063.

［69］ 孙蕾、万军卫、唐静，等：《河南开封御龙湾遗址人骨的创伤》，《人类学学报》，2023 年第 42 卷第 6 期。

［70］ 赵东月、李昊潞：《人类颅骨筛状眶与多孔性骨肥厚研究回顾》，《人类学学报》，2023 年第 42 卷第 4 期，第 564-574 页。

［71］ 王邦彦、王久存、文少卿：《古代强直性脊柱炎的诊断标准及国内研究回顾》，《人类学学报》，2023 年第 42 卷第 3 期，第 422-434 页。

［72］ 李海军、刘力铭、张一丹，等：《中国古代先民遗骸人工改形的发现与研究》，《人类学学报》，2023 年第 42 卷第 4 期，第 540-553 页。

［73］ 何嘉宁、冉智宇：《中国史前人类的头骨变形》，《人类学学报》，2023 年第 42 卷第 5 期，第 575-598 页。

［74］ 孙晓璠、张全超、牟萍媛，等：《山西洪洞西冯堡清代墓地缠足女性的骨骼损伤和关节疾病》，《人类学学报》2023 年第 42 期第 2 卷，第 201-213 页。

［75］ 傅家钰：《性别视角下的榆次郝家沟村南墓地人骨研究》，西北大学硕士学位论文，2023 年。

［76］ 安令雨：《新疆吐鲁番盆地青铜—早期铁器时代人群的古人口学研究》，吉林大学硕士学位论文，2023 年。

［77］ 李钰：《雄安新区西河墓地战国时期人骨研究》，辽宁大学硕士学位论文，2023 年。

［78］ 李楠、孙战伟、赵艺蓬，等：《年龄鉴定的转换分析法及其在月家庄墓地人骨中的应用》，《人类学学报》2023 年第 42 卷第 1 期，第 75-86 页。

［79］ 侯侃：《生命表法在古人口学中的应用误区》，《人类学学报》2023 年第 42 卷第 5 期，第 687-700 页。

［80］ 张旭：《内蒙古大堡山墓地出土人骨研究》，北京：文物出版社，2022 年。

［81］ 张国文：《拓跋鲜卑——北魏先民生计方式的稳定同位素考古研究》，北京：科学出版社，2023 年。

［82］ 彼得·贝尔伍德著，陈洪波、谢光茂、杜芳芳译：《最早的岛民：岛屿东南亚史前史及人类迁徙》，上海：上海古籍出版社，2023 年。

［83］ a.《中山大学博士生导师李法军返乡桦甸讲考古助力全民阅读》，吉林乌拉圈客户端，2023 年 8 月 1 日，http://new.jlwlq.com/wap/show.html?id＝109289。

b. 李法军中山大学的个人主页，https://space.bilibili.com/534996242?spm_id_from＝333.337.0.0。

［84］《M19，名为崔海治》，新华社，2023 年 11 月 20 日，http://sh.xinhuanet.com/20231120/f7647066d6064e8ebd6f6999a27e71ca/c.html。

［85］《武汉 "90" 后专家参与烈士遗骸鉴定》，《长江日报》2023 年 11 月 23 日，https://www.wuhan.gov.cn/sy/whyw/202311/t20231123_2305735.shtml。

［86］《讣告 | 潘其风先生讣告》，中国社会科学院考古所中国考古网，2023 年 11 月 24 日，https://mp.weixin.qq.com/s?__biz＝MzA5OTM1MDIyMA＝＝&mid＝2653591551&idx＝1&sn＝dc1071ab5bf7f9516049cea8bf1bc433&chksm＝8b5d945cbc2a1d4a4fbb6aa55dcb9e5c47c58025b8eba0bb4aa8d546c1ee4598dffa9d192706&scene＝27。

Through Bones and Pasts: A Review of Human Ostearchaeology in 2023

LYU Ping[1]   WANG Ming-hui[2]

(1. Institute of Archaeology, Beijing Union University; 2. Institute of Archaeology, Chinese Academy of Social Sciences)

Abstract: Human Osteoarchaeology takes excavated human biological remains as its main research object, and applies various scientific and technological means to study the origin and evolution of human beings, the physical characteristics of ancient human beings, their lifestyles, dietary structures, migratory behaviours and other issues. After nearly one hundred years of development, Human Osteoarchaeology in China has entered a new era of high-quality development, and exciting research progress and new discoveries continue to emerge. Not only have we achieved great results in the research fields of bone morphology, stable isotope analysis, ancient DNA, and paleopathology, but we have also made new breakthroughs in research theories and methods. This paper reviews the results and progress made in the research of human skeletal archaeology in China in 2023.

Key Words: Human Osteoarchaeology; morphological; stable isotope analysis; ancient DNA; paleopathology

殷墟遗址环境考古研究进展

廖奕楠

（中国社会科学院考古研究所）

摘要： 环境考古研究的核心是在重建古环境的基础上开展对遗址人地关系的讨论。殷墟遗址作为我国持续发掘时间最久、学术价值极高的考古遗址，自1928年开始发掘以来，在环境考古研究方面取得了许多重要的研究成果。学者们通过重建殷墟遗址及其周边区域的地貌、水文、气候、生物等环境要素，讨论殷墟遗址的聚落选址、聚落形态及生业经济等相关问题。这为探索中华文明起源等重大学术课题提供了区域尺度的重要成果，也为深入理解遗址区的环境演化规律、商代社会发展模式及商文明的演化历程提供了线索。随着殷墟遗址田野考古工作的持续开展和不断深入，最新的田野考古成果将为环境考古的研究带来新的课题。未来，以精确的年代学研究和高分辨率古环境记录为基础的环境考古研究将结合殷墟的具体考古学问题展开。

关键词： 殷墟　地貌与水文　生物与气候　聚落选址　人地关系

一、引　　言

殷墟作为商文明时期的关键性都邑与中心聚落，是探索中华文明早期发展阶段的钥匙。近年来，随着考古发掘工作的持续深入开展，洹北商城城墙基槽或城壕性质问题取得突破性进展，殷墟王陵区围沟的发现为重识王陵格局提供重要材料，田野考古收获颇丰[1-3]。此外，遗址的多学科研究工作也取得了丰硕的成果，就环境考古研究工作而言，学者们围绕殷墟遗址的地层序列、洹河流域的环境变迁、聚落选址的环境背景等科学问题开展了广泛而深入的研究工作。

古环境的重建工作是环境考古研究的重要内容之一，同时也是开展史前人地关系讨论的基础[4-5]。古环境的重建所涉及的环境要素包含空间位置、气候、地貌、水文、土壤、生物、地质、地球内部过程、天文等九个方面[6]。为更好的理解殷墟遗址已开展的环境考古研究成果，深入探讨商文明的发展演化同自然环境变迁之间的内在关系，笔者将以地貌与水文环境、生物与气候环境为线索，梳理殷墟遗址所在区域全新世以来，尤其是商代的环境演化特征，并围绕聚落选址与生业经济综述殷墟遗址人地关系研究的部分成果，进一步展望未来殷墟遗址环境考古研究工作开展的重点领域与研究方向。

二、地貌与水文环境

殷墟遗址发掘初期，李济曾重点讨论过遗址的文化地层与自然地层的情况，尤其提到古洪水对遗址的影响，报告原文中指出："我们找了几件具体的事实，可以证明地下的文化层，是由洪水冲积成的，殷商人之所以放弃这个都城，也是因为这次洪水。"[7]这里提到的具体事实，根据报告中的内容可以概括为：在遗址发掘过程中，遗址区曾出现细砂层和砾石层，并且认为殷墟遗址的文化层曾受到洪水的侵蚀。可见，殷墟遗址自最开始发掘的过程中，就伴随着对于遗址形成过程及遗址的地貌与水文环境的讨论，并且深刻认识到对于殷墟遗址的研究，需要重点把握遗址附近洹河的演化发展历史。

中国社会科学院考古研究所与美国明尼苏达大学在 1997 年开展中美洹河流域考古调查时，进一步聚焦了洹河流域自然环境的变迁问题：其一是希望重建商代以前的地貌环境，其二是为了了解殷墟遗址的形成过程及环境变迁历史[8]。从环境考古与人地关系的研究视角看，这次调查取得了如下收获：第一，殷墟遗址所在的地貌部位与地层情况。遗址位于洹河的二级台地之上，殷墟遗址文化层之下为中全新世的红褐色古土壤，文化层之上为晚全新世的黄土状堆积。洹河沿河的地层钻孔显示，通常在 2～3 米以下即见厚约 20～40 厘米的棕黑色地层，推测为湖沼相沉积物。第二，洹河古河道变迁历史。根据考古遗址的分布规律与卫星影像，认为西周以前的遗址附近的洹河流向呈西北至东南方向流，安阳市区东部高庄镇开信乡的古河道沉积也基本佐证了这一猜想。东周时期，洹河的地貌形态发生了较大的变化，形成了目前东西走向的河道。第三，地貌变化与人类活动的关系。认为殷墟的古代城市化进程中，频繁的人类活动引起了洹河局部地貌的改观。

通过考古发掘与流域考古调查对殷墟遗址开展的环境考古研究工作，为殷墟遗址地貌环境的重建提供了许多有效的信息、奠定了扎实的基础。后续对于洹北商城与殷墟水系等相关问题的讨论也基本沿用了前辈学者的研究成果[9-10]。遗址发掘初期，李济为解决殷商以来小屯村附近地形之变迁及其原因、殷墟遗址的范围及文化层堆积状况等考古学问题，从而开启了殷墟遗址地貌与水文环境研究工作的先河。之后的洹河流域调查也是聚焦遗址的地貌环境及遗址附近洹河的变迁等考古学问题而展开。然而，由于时代与技术的局限，早年间对于殷墟遗址地貌与水文环境的研究与讨论缺少关键地层的年代数据和高分辨率的环境重建数据。

三、生物与气候环境

为探究殷墟遗址时期的气候环境背景，进一步丰富遗址古环境重建的研究工作。许多研究人员利用多种生物指标来重建殷墟时期的气候环境。德日进与杨钟健通过对殷墟遗址哺乳动物群的鉴定与研究，将鉴定出的家犬、獾、獐、鹿、象、竹鼠等动物群共分为家畜、本地及外地迁入三组[11]。之后，杨钟健与刘东生进一步补充鉴定了扭角羚、狐、猫、田鼠、犀牛共五种动物[12]。竺可桢将殷墟遗址动物群的研究作为重要证据，尤其是竹鼠和獐作为本地野生动物组反映出殷墟时期较为暖湿的气候环境，认为仰韶时期至商时期，大部分时间的年平均气温高于现在2℃左右[13]。随着殷墟遗址多学科研究的进一步深入，不同学科背景的学者利用多种研究方法与技术手段开展对殷墟遗址生物与气候环境的研究。

　　许清海团队利用孢粉分析的方法，对洹河流域全新世以来植被演化历史进行了重建，认为距今8200～3400年间乔木花粉含量达到最高值，草本植物花粉含量降低，研究区处在全新世大暖期，气候温暖湿润。进一步将研究时段聚焦在殷墟建都前后，孢粉分析的结果表明殷墟建都前（距今4000～3600年）区域森林植被发育，洹河沿河农田广布，建都后（距今3400年前后）区域森林面积显著减少，农田面积增加。殷墟时期频繁的人类活动对区域自然景观产生了显著的影响[14-15]。唐际根和周昆叔通过对姬家屯遗址西周文化层下伏生土剖面进行磁化率、孢粉、土壤微结构分析，认为殷商时期气候温和适宜，降水与气温均高于当今[16]。王树芝选取殷墟刘家庄北地出土的木炭样品，鉴定并分析各类木炭树种，进一步对木炭树种的共存因子法分析结果表明商代晚期气候波动明显，既存在干旱时期，也存在湿润时期，到商代晚期后段降雨量明显增加[17]。自然科学背景的研究人员通过孢粉、木炭、磁化率、土壤微结构等多种指标分析探讨殷墟时期的生物与气候环境，普遍认为殷墟时期的气候环境较为温暖湿润，气温和降水呈现波动趋势，尤其在商代晚期波动明显，殷墟建都后，人类活动对原生植被的影响显著。

　　甲骨文、历史文献与田野发掘材料也为探讨殷墟时期的气候环境提供了宝贵的研究材料。胡厚宣通过对甲骨文的研究，重点关注甲骨文中与求雨有关的卜辞，推断殷墟时期黄河流域气候的暖湿程度与当时长江流域接近[18]。魏继印通过对大量历史文献、甲骨卜辞和考古资料的整理分析，认为商代气候波动变化明显，商代早期气候干冷、降水偏少，商代中期较为暖湿，商代晚期气候转为干冷[19]。王星光综述大量前人研究成果同样认为商代早、中、晚期呈现出干旱-暖湿-干旱的变化趋势，进一步认为商代整体的生态环境为当时的农业生产奠定了基础，并成为商王朝崛起和兴盛的基石[20]。杨谦和詹森杨利用殷墟水井水位线深度的统计数据，发现殷墟一期到殷墟四期水井水位线呈现递增趋势，推断商代末期殷墟地区的降水量较少，气候较为干旱[21]。

四、人地关系

　　殷墟遗址已开展大量的古环境研究，为遗址人地关系的讨论奠定了基础。根据现有研究成果来看，殷墟遗址人地关系的讨论主要围绕聚落选址和生业经济两个问题展开。

　　殷墟的聚落选址常常与商人的频繁迁都联系在一起，这也一直是萦绕在学者们心中的历史谜团[22]。《史记·殷本纪》中曾记载"帝阳甲之时，殷衰……于是诸侯莫朝"，《尚书·盘庚》中也提到"迁徙可以兴邦"。因此，有学者根据文献资料的解读认为，商人迁都与商王朝国势衰微、盘庚欲重振国势等因素有关。同时，也有研究表明，在殷墟时期，生态环境恶化导致了洪水泛滥，从而引发了商都的迁移[23]。张国硕根据考古发掘中发现的现象推测迁都事件与一场火灾有关，因为在恒北商城宫殿区的几乎所有基址上都有烧土块堆积和炭屑遗物，而一些基址的柱洞中还可以看到木柱烧毁后红烧土塌入的痕迹[24]。然而，无论是火灾说、水患说、战争说还是资源说等[25]，商人迁都的原因从某种程度上都与自然环境密切相关。从环境考古的研究视角来看，商人迁都的问题可以部分理解为聚落选址的人地关系问题。

殷墟遗址作为商代的中心聚落，在探索关键性都邑的生业经济情况方面开展了重要的研究工作。有学者根据殷墟刘家庄北地、大司空村和新安庄三个地点的浮选结果，认为殷墟是以粟为主，以黍、大豆为辅的生业结构特征，进一步对比非商文化遗址的浮选结果，提出农作物种植结构的异同受到地理区位、气候环境以及文化因素的多重影响[26]。张飞等[27-28]通过对大司空东的大植物遗存开展浮选工作，进一步结合大量考古学材料，认为大司空东作为晚商都邑内城市属性较强的区域，同时也存在农业生产活动，殷墟管理者对于城市内的农业生产活动进行了一定程度的规划。这项研究工作不仅是对殷墟时期早期农业生产的探索，研究视角也延伸至农业生产的区域规划管理等方面，是对殷墟遗址人地关系研究的积极探索。

五、研究展望

殷墟遗址的环境考古研究工作已经取得了丰硕的研究成果。许多学者围绕殷墟遗址古环境重建这一课题，利用多种研究思路与研究方法，对于殷墟时期的地貌、水文、生物、气候等环境要素进行了复原，并在此基础上展开对于殷墟遗址聚落选址、生业经济等人地关系问题的讨论。

随着田野发掘工作的不断深入和环境考古研究工作的持续开展，遗址的地貌与水文环境的重建取得了许多优秀的成果。以殷墟遗址所在的安阳地区为例，一些学者对安阳内黄县多个典型地层剖面进行了精确的测年和测试分析。研究发现，安阳地区三千年以来的沉积速率明显增加，这与人类活动密切相关[29]。近年来，环境考古学者对河南地区的瓦店[30]、王城岗[31]、新砦[32]、二里头[33]、古城寨[34]等多个遗址展开了系统的地学调查，并在此基础上进行了年代测定和沉积物分析，重建了这些遗址区古代地貌与水文环境。这些研究成果为讨论遗址的形成过程以及古代人地关系提供了强有力的环境背景信息。笔者认为，未来殷墟遗址地貌与水文环境的研究工作重点仍将聚焦在遗址附近的洹河，通过对洹河流域开展全面的地学考古调查，寻找理想的地层材料进行沉积分析和年代测定，从而重建殷墟时期的地貌与水文图景。洹河在殷墟时期的河流形态与演化历史直接影响到商代都城的迁移、商代生业经济情况等宏观问题的讨论。此外，王陵区围沟的形态特征、池苑遗址的形成过程以及殷墟遗址水系布局与水资源管理等等具体问题的研究都需要对洹河流域开展进一步的地貌与水文重建工作。

生物与气候环境方面，虽然已经开展了大量的研究和广泛的讨论。但是对于一些细节问题仍存疑问。殷墟时期持续了几百年，若笼统地简单描述整个殷墟时期的气候环境似有不妥，更精确的气候与植被环境的重建工作则需要高分辨率的年代学和环境代用指标的测试分析。随着研究技术的进步和研究方法的迭代，或许可以通过更多更完善的代用指标丰富殷墟时期气候与生物方面的研究。

总之，随着殷墟遗址考古发掘的持续深入，遗址的聚落形态特征、生业经济情况以及所展现的商代社会文化面貌越来越清晰，最新的田野考古成果将为多学科研究引入了新的课题。殷墟遗址未来的环境考古研究工作，无论是针对地貌、水文、气候、生物等哪一类或几类环境要素的重建与研究，都要结合具体的考古学问题展开，尽量避免发生多学科研究与考古学问题脱节的现象。

附记　本研究得到中国社会科学院 2024 年度"青启计划""中原地区区域尺度与遗址尺度的环境考古研究"项目（项目批准号：2024QQJH063）、中国社会科学院青年人文社会科学研究中心 2024 年度社会调研项目"科技考古国家重点实验室调研"（项目批准号：2024QNZX029）、2024 年度中国社会科学院创新项目"考古遗址的地貌学和沉积学分析"（项目批准号：2024KGYJ016）、国家重点研发计划"公元前 1500 年至公元前 1000 年中华文明早期发展关键阶段核心聚落综合研究"（项目批准号：2022YFF0903604）、国家重点研发计划"中国北方旱作农业起源、形成与发展研究"（项目批准号：2022YFF0903500）、中国社会科学院研究所实验室综合资助项目"科技考古实验室"（项目批准号：2024SYZH002）资助。

注　释

［1］　何毓灵、徐洪银：《洹北商城与殷墟聚落形态浅析》，《中原文物》2023 年第 5 期，第 88-97 页。

［2］　张俊军：《再识殷商王陵》，《安阳日报》2023 年 2 月 20 日第 2 版。

［3］　国家文物局：《2022 中国重要考古发现》，《文物》2024 第 2 期，第 83 页。

［4］　夏正楷：《环境考古学——理论与实践》，北京：北京大学出版社，2012 年。

［5］　Shackley, M. 1981. *Environmental Archaeology*. London: George Allen & Unwin.

［6］　莫多闻：《发展前景广阔的交叉学科——环境考古学》，《光明日报》2012 年 7 月 18 日第 11 版。

［7］　李济、傅斯年、董作宾，等：《安阳发掘报告》，中央研究院历史语言研究所，1929 年。

［8］　中国社会科学院考古研究所、美国明尼苏达大学科技考古实验室中美洹河流域考古队：《洹河流域区域考古研究初步报告》，《考古》1998 年第 10 期。

［9］　唐际根、岳洪彬、何毓灵：《洹北商城与殷墟的路网水网》，《考古学报》2016 年第 3 期。

［10］　何毓灵：《洹北商城与殷墟的水系及相关问题》，《考古》2021 年第 9 期，第 82-94 页。

［11］　杨钟健、刘东生：《安阳殷墟哺乳动物群补遗》，《考古学报》1949 年第 4 期，第 145-153 页。

［12］　同［11］。

［13］　竺可桢：《中国近五千年来气候变迁的初步研究》，《考古学报》1972 年第 1 期，第 15-38 页。

［14］　沈巍：《基于花粉数据定量重建殷墟建都前后植被景观》，河北师范大学硕士学位论文，2019 年。

［15］　曹现勇：《安阳洹河流域全新世以来环境变化与人类活动的沉积记录》，河北师范大学硕士学位论文，2009 年。

［16］　唐际根、周昆叔：《姬家屯遗址西周文化层下伏生土与商代安阳地区的气候变化》，《殷都学刊》

2005 年第 3 期，第 18-22 页。

[17] 王树芝、岳洪彬、岳占伟：《殷商时期高分辨率的生态环境重建》，《南方文物》2016 年第 2 期，第 148-157 页。

[18] 胡厚宣：《气候变迁与殷代气候之检讨》，《中华文化研究汇刊》1994 年第 1 期。

[19] 魏继印：《殷商时期中原地区气候变迁探索》，《考古与文物》2007 年第 6 期，第 44-50 页。

[20] 王星光：《商代的生态环境与农业发展》，《中原文物》2008 年第 5 期，第 57-62 页。

[21] 杨谦、詹森杨：《商代晚期气候变迁与祀井仪式发生——基于水井水位线的分析》，《华夏考古》2022 年第 5 期，第 68-77 页。

[22] 郭倩：《20 世纪 80 年代以来盘庚迁殷地点研究综述》，《殷都学刊》2015 年第 3 期，第 26-35 页。

[23] 李民：《殷墟的生态环境与盘庚迁殷》，《历史研究》1991 年第 1 期，第 111-120 页。

[24] 张国硕：《盘庚迁都来龙去脉之推断》，《郑州大学学报》（哲学社会科学版），2004 年第 6 期，第 79-83 页。

[25] 李应超：《试论殷墟的生态环境》，郑州大学硕士学位论文，2010 年。

[26] 王祁、唐际根、岳洪彬：《安阳殷墟刘家庄北地、大司空村、新安庄三个遗址点出土晚商植物遗存研究》，《南方文物》2018 年第 3 期，第 124-131 页。

[27] 张飞、岳占伟、岳洪彬：《早期国家阶段城市农业经济管窥——以殷墟大司空东遗址点 2017 年度植物大遗存分析为例》，《中国农史》2023 年第 1 期，第 23-33 页。

[28] 张飞：《饮食与身份——大司空东殷墟村庄安置区植物大遗存与稳定同位素分析》，山东大学硕士学位论文，2019 年。

[29] 司徒克、秦臻、刘海旺：《河南省内黄县河流地质考古研究》，《第四纪研究》2020 年第 2 期，第 579-593 页。

[30] 王辉、张海、张家富：《河南省禹州瓦店遗址的河流地貌演化及相关问题》，《南方文物》2015 年第 4 期，第 81-91 页。

[31] Liao Y N, Lu P, Mo D W, et al. 2022. Evolution of fluvial landscapes since the late Pleistocene at the Wangchenggang site of the Ying River Basin, Central China: Implications for the development and change of prehistoric settlements. *Geoarchaeology*, 6: 1-14.

[32] 夏正楷、张俊娜：《逐真求实——夏正楷先生访谈录》，《南方文物》2024 年第 1 期，第 56-77 页。

[33] Zhang J, Zhang X H, Xia Z K, et al. 2019. Geomorphic changes along the Yiluo River influenced the emergence of the first urban center at the Erlitou Site, Central Plains of China. *Quaternary International*, 521: 90-103.

[34] Zhuang Y J, Zhang X H, Xu J J. 2023. Aquatic landscape and the emergence of walled sites in late Neolithic Central Plains of China: Integrating archaeological and geoarchaeological evidence from the Guchengzhai site. *Archaeological Research in Asia*, 33.

Environmental Archaeology Research Progress on Yinxu Site

LIAO Yi-nan

(Institute of Archaeology, Chinese Academy of Social Sciences)

Abstract: The core of environmental archaeology research is to discuss the relationship between man and land on the basis of the reconstruction of the paleo-environment. As an archaeological site with the longest continuous excavation time and high academic value in China, Yinxu site have achieved many important research results in environmental archaeology since the excavation began in 1928. By reconstructing the geomorphology, hydrology, climate, biology and other environmental factors of Yinxu site and its surrounding area, scholars discussed the settlement location, settlement form and subsistence economy of Yinxu site. It provides important results on regional scale for the exploration of major academic topics such as the origin of Chinese civilization, and also provides clues for the in-depth understanding of the environmental evolution law of the site area, the social development model of the Shang Dynasty and the evolution course of the Shang civilization. With the continuous development and deepening of the field archaeological work of Yinxu site, the latest field archaeological results will bring new topics for the study of environmental archaeology. In the future, environmental archaeological studies based on accurate chronology and high-resolution paleo-environmental records will be carried out in conjunction with specific archaeological issues of Yinxu site.

Key Words: Yinxu site; geomorphology and hydrology; biology and climate; settlement site selection; man-land relationship

微痕与实验考古的历史、发展和展望

申颜钰[1]　权乾坤[2]

（1. 吉林大学考古学院；2. 吉林大学国际微痕与实验考古联合实验室）

摘要：微痕与实验考古，是借助显微镜和微距相机等精密仪器对遗物进行微观层次的记录和观察，结合相应的实验进行痕迹循证，进而研究工具、器物的"生命史"特征以及与古人类生产生活关系的一种方法。它的优势在于可以借助自然学科的手段验证人文学科的推断，更具科学性和合理性。目前微痕与实验考古在我国有了一定的发展，本文对微痕的起源和发展进行梳理，总结了我国微痕发展现状，并提出了未来的几点展望。

关键词：微痕学　考古学史　石器微痕　实验考古

一、引　　言

微痕与实验考古主要研究人类生产、使用和废弃的各阶段中在遗物或遗存上留下的肉眼不可见的微小痕迹，适用于石器、玉器、陶瓷器、骨角制品、青铜器、岩画等具有一定硬度可以保留痕迹的物品。

微痕研究应该关注三个要点。第一，微痕研究应该关注与人的相关性，考究人为干预的工具才有深刻意义，一件器物只具有使用痕迹并不能作为全然意义上的人工制品。第二，尊重并理解各阶段简单或复杂的痕迹。从各类痕迹的产生机制出发去看一件器物的生命史。单从痕迹的种类来看，有原生痕迹、加工痕迹、使用痕迹、动物痕迹、运输携带痕迹等。以人为加工痕迹作为分界，在人为加工进行干预之前，就可能已经产生非使用性痕迹，如原生痕迹、自然痕迹、动物痕迹，而人为干预后产生了生产痕迹、使用痕迹、二次修整利用痕迹，同时还会继续产生上述的非使用性痕迹，因此我们研究的绝大部分痕迹都是多阶段痕迹叠加的结果。第三，微痕与实验考古由微痕的观察和实验的验证两个部分组成，二者缺一不可。在考古学中通常提到的微痕考古，实际上指的是微痕观察与实验循证这两个阶段，在实际的研究中，通过设计实验，来验证考古出土文物上痕迹产生的过程及机制，但往往由于实验设计及复原过程涉及到诸多可变因素，同时又会耗费大量的时间和人力，使得实验较微痕观察而言进展缓慢，仍需要不断摸索完善。

二、微痕与实验考古在国外的兴起

（一）欧洲地区萌芽

微痕考古在国际上已经有了很长时间的发展。顾名思义，微痕分析就是借助显微镜等工具去分析、对比、解释肉眼不可见的一些剥离痕、线状痕、光泽，这项工作相较于以往单纯依靠器物的表征形态来判断其作用和类别的形态类型学而言更具有科学性。在考古学上，微痕实验考古的出现是有过渡性需求的，即由肉眼可见的宏观痕迹发展到显微观察的微观痕迹的需求。在向微观发展的过渡中，学者对于各种工具生产和使用痕迹的肉眼观察和分析以及一些模拟性质的类比实验，都是微痕分析发展的铺垫和萌芽。19 世纪上半叶一些西方学者对石器表面痕迹进行了观察，英国格林韦尔曾考察了约克郡出土的端刮器刃缘磨圆现象[1]，后学者伊万斯（J. Evans）在其论著《古代大不列颠的石器工具、武器和装饰品》中提出痕迹可能与工具使用过程中产生的摩擦有关[2]，甚至有前瞻性的学者已经开始实验，1892 年斯奎尔（F. C. J. Spurrell）在《早期镰刀笔记》中尝试复原石器光泽痕迹的生成[3]，被认为是早期实验先行者。后 1930 年美国学者柯温（E. C. Curwen）等研究者开始研究石器表面光泽生成的原因，率先使用了显微观察设备[4]，这是一个重要的突破。但这一时期学者们还未真正意识到微痕实验的重要性，对这方面关注的人还不够多，微痕实验未成系统。

（二）俄国微痕考古的发端

真正意义上，微痕与实验考古作为一门考古学学科分支系统出现，是在苏联。其标志性事件是 1957 苏联考古学家谢苗诺夫（S. A. Semenov）的著作《原始技术》的问世[5]，利用史前石器工具的生产和使用痕迹，对微痕观察做了系统的分析。其实，早在谢苗诺夫之前，他的老师叶菲缅科以及更早一代的沃尔科夫就已经对微痕的观察有过探索。谢苗诺夫基于前人的工作，系统建立起了石器使用痕迹显微观察的技术方法和理论体系，他克服了以器形确定功用的形态类型学，转向痕迹研究，将痕迹分为使用痕迹和制造时产生的痕迹，是真正意义上微痕与实验考古的学科创始人。其实验结果证明，工具的实际功效应该依据实验的结果确定而不是形态。但遗憾的是，这本著作问世之后并未立刻引发关注，而在其译作英文出版后才快速在世界范围内引起反响。

（三）西方世界微痕考古的发展

随着微痕考古的兴起，其分析方法也有了一些争议，20 世纪 80 年代在西方掀起了高倍法与低倍法争锋的问题，低倍法放大倍数多小于 100 倍，使用体视显微镜观察，而高倍法一般在 100～500 倍，多用金相显微镜观察，金相显微镜内置的灯光反射照明设备可以得到清晰的图像特点，不需要对石制品表面进行镀膜和染色，对于观察光泽十分友好。哈佛大学的奥代尔（George H. Odell）[6]是微痕分析低倍法的代表人物，他进行了许多微痕实验研究，牛津大学的基利（L. H. Keeley）[7]是高倍法的代表人物，伦敦大学的纽克默曾配合他进行过微痕盲测，得到了令人信服的结果[8]。这些代表学者均在石器微痕考古方向做出了突出贡献。这场争论起初高倍法占据上风，低倍法在进入量化研究后才逐渐受到重视[9]。后在1989年乌普萨拉的一次会议上得到了和解，双方一致认为可以实现互补[10]。低倍法的主要观察对象是剥离痕，很多情况下难以区别二次加工的痕迹和使用痕迹。高倍法花费高且耗时长，观察角度和倍数需要具体分析，多用于观察平面，对石料也有要求，最好使用观察原件避免光泽被破坏，两者各有优缺。在经过二十多年的学科进步过程中，学者逐渐适应了高倍法和低倍法交叉研究。此外国外的玉器微痕起源也很早，自20世纪80年代开始，Gorelick和Gwinnett两位学者最早开始用硅胶覆模提取玉器孔道内的信息[11]。

三、微痕考古在中国的发展

中国是最早一批接触到微痕与实验考古分析的国家之一。综合微痕在我国的发展可分为萌芽期、产生期、摸索期、稳步发展期四个阶段。

（一）萌芽期——20世纪80年代之前

微痕考古在我国的兴起也有很长的历史。最早可追溯到我国早期的科学代表团在《原始技术》发表之后，于1959年10月前往列宁格勒参观了谢苗诺夫的实验室。谢苗诺夫向代表团展示了许多他们团队实验打制的石器，并讲述了制作和使用过程以及一些显微痕迹。代表团回国后翻译了一位学者的书评并做了简要的介绍[12]，此时国内的微痕研究还处在依据宏观分析观察工业上，例如商代琢玉工艺研究[13]，较为深入的微痕研究和实验考古并未得到有效开展。

（二）产生期——20世纪80年代

20世纪80年代微痕实验考古才在国内正式开始发展。1983年，童恩正在《史前研究》上发表了《石器的微痕研究》，再次介绍了微痕考古以及低倍法运用[14]。1985年张森水先生访美参观了基利实验室并做书评，将其高倍法微痕分析介绍到国内[15]，这一时期微痕研究还主要集中在石器上。

（三）摸索期——20世纪90年代至2004年

20世纪90年代，北京大学、中国社会科学院、吉林大学等设有考古学专业的高校和研究所已经开始率先开展微痕分析。这个时期的代表性成果有吕遵谔对海城小孤山遗址鱼镖的微痕分析[16]，王幼平对雕刻器的磨光面、线状痕、崩损研究雕刻器的分类与作用[17]，侯亚梅使用扫描电镜观察燧石加工不同材料的微痕分析以及对周口店和马鞍山遗址部分燧石工具使用情况研究[18]，夏竞峰对刮削器使用产生的疤痕和擦痕的研究以及各种片疤形状类型[19]，黄蕴平对山东省沂源县上崖洞石器的切、割、钻孔实验研究[20]，顾玉才对辽宁海城仙人洞出土脉石英钻器的微痕研究[21]，等等。此外，还有一些学者为促进学科的发展做出了重要努力，如沈辰和陈淳借助小长梁遗址微痕介绍低倍法的特点[22]等。该时期，已经有部分研究者可以独立进行微痕研究，但是微痕研究的方向较局限，多是按照工具的使用痕迹进行针对性实验研究，处于微痕发展的摸索期。

（四）稳步发展期——2004年以来

21世纪初，大英博物馆的Sax等人将该方法应用于我国玉器的研究，研究玉器加工工艺，并建立相关的微痕标准[23]。2004年7～8月，中国科学院古脊椎动物与古人类研究所在北京面向相关研究单位和高校举办了"IVPP微痕分析培训班"，邀请了西方低倍法微痕代表人物奥代尔教学，使得学界对于不同类型石器的使用实验以及低倍法有了系统的学习[24]，参加的代表有张森水、高星、陈全家、沈辰、王小庆[25]、王幼平、侯亚梅等，培训了一批青年科研人员了解和参与微痕实验研究，设计开展了许多相关的实验，这是微痕与实验考古研究的重要转折，后来这些学者都发展为石器微痕考古的中流砥柱。截至目前，我国微痕考古的实验方向已经涉及到考古学的多个方面，主要集中在石器、骨器方面，其次是玉器、贝类、陶瓷以及青铜器类上，基本涉及考古学研究的各个门类。

其中石器方面研究最深入，早期的研究集中在史前以燧石为主导的打制石器工具方面，后期逐步发展到磨制石器和其他石料上，代表性学者有沈辰、陈淳、高星、陈虹等。近年来，旧石器的微痕实验研究在不断深入发展，例如：王小庆对于陕西宜川龙王辿石器的观察[26]、徐哲等对于山西吉县柿子滩遗址射击类带尖石制品的研究[27]、杨霞等对于角页岩雕刻器的微痕研究[28]、余官玥等对水洞沟白云岩细石叶的微痕实验[29]、徐廷等对于吉林和龙大洞雕刻器的研究[30]。较于以往更多的学者开始将目光放在新石器时代的磨制石器上进行研究，例如：王小庆对于兴隆洼和赵宝沟的磨制石器的分析[31]，杨海燕等对海岱地区磨制石器的研究[32]，蔡明对于陶寺遗址的六种石器微痕研究[33]，崔天兴等在北京平谷上宅遗址的骨柄石刃刀上进行的残留物分析和微痕分析[34]，刘莉等对于石峁遗址出土陶器和石器、长江下游三角形石器[35]和山西武乡牛鼻子湾磨盘磨棒[36]的研究，崔启龙等对于河南贾湖遗址的石器微痕研究[37]，陈虹等基于微痕分析的证据对江苏凤凰山遗址的磨制石器的功能性研究[38]，以及结合计算机算法进行了乌兰木伦遗址的共同特征的数据分析[39]，等等。除此之外，还有很多学者如黄建秋[40]、钱益汇[41]等也有相关研究成果。部分东北地区有针对黑曜岩的研究成果，如方启等对于黑曜石加工兽骨[42]和木制品[43]的研究、赵海龙等对于吉林和龙大洞黑曜岩雕刻器的研究[44]。此外，翟少冬运用实验介绍了岩石石料的成分、颗粒大小和致密度等都对微痕形态和能否较好地保存产生很大的影响，这是理论进步的表现[45]。

骨角蚌类也是微痕研究的一大方向。李占扬等用微痕技术观察了旧石器时代河南许昌灵井人遗址的骨质工具[46]。王春雪等对于内蒙古哈民忙哈遗址蚌制品管状钻孔技术的研究分析[47]。武仙竹团队对湖北郧西黄龙洞遗址人类牙齿表面痕迹[48]、用火遗迹[49]，以及郧西白龙洞遗址偶蹄动物的踩踏痕迹[50]作了研究。陈全家对河南郑州西山遗址出土的动物遗存[51]、袁靖等对陕西沣西出土动物遗存[52]进行了微痕的分析。吕遵锷[53]、黄蕴平[54]也做过此方面的分析研究，近期李凤等学者也发表了微痕在巫山大水田遗址骨制品方面运用的成果[55]。

微痕研究还涉及到玉器、青铜器的研究。研究玉器微痕的代表学者有邓聪[56]、叶晓红、岳超龙等，他们利用观察玉器微痕覆模的方法，分别对不同遗址和年代玉器的切割、阴刻、钻孔和雕刻等加工工艺进行了详细的研究。邓聪早在21世纪初《中华C形黄玉龙工艺分析》就较早使用电子扫描显微镜观察玉器[57]，其在金沙玉器和哈民忙哈玉器研究中也融合了微痕方法。叶晓红等对于春秋时期河南南阳桐柏县月河一号出土玉器阴刻技术的微痕分析[58]，研究砣具和手持工具的使用痕迹，分析是否添加解玉砂和工具的差别，运用了复制印模的方法。王昌燧等还做过玉器加工微痕方面的总结[59]。截至目前，微痕分析在玉器工艺研究方面已经有较为深入的发展，玉器微痕的实验设计也趋向于标准化，玉器微痕的理论知识也逐渐丰富，近年来有很多玉器微痕的独立研究，如薛家岗文化玉器[60]、跨湖桥遗址出土玉璜[61]、焦家遗址出土玉器[62]等。微痕分析还逐渐应用到其他金属器方面，2016年有学者对湖南省博物馆的兽面纹大口尊纹饰进行了"低倍法"微痕分析[63]，研究了它的范铸法铸造工艺、锈蚀情况及后期保存，是微痕分析法在青铜器上的大胆尝试；2024年，有对于铜镜的微痕分析[64]。针对玉器和金属器的加工工艺和制作方法的探究，微痕分析可以发挥很大作用。

四、思考与展望

（一）微痕研究与形态类型学

不同于形态类型学，微痕分析作为一种科学的研究手段更为客观。形态类型学基于对器物的形态进行描述、比较和分类，从器物的表征形态出发，主要运用逻辑归纳。过度依赖形态类型学容易产生定向思维，认为古人从事相似的活动会使用形貌相同的器物，这种基于预先假定古代对象特定形态的分析并不够客观。器物的外形并不能全然决定它的作用，通过类型学进行判断有时会产生与事实截然相反的结论，正如陈淳在谈旧石器类型学中提到的那样：考古学类型与实际工具类型不同，考古组合与实际工具组合不一致[65]。雕刻器就是一个典型的例子。王幼平研究雕刻器发现，具有雕刻器外形或者小面的石制品来源是复杂的，不能仅仅以雕刻器打法与小面的存在或外形来定义雕刻器，并且雕刻器的功能经过实验验证并不仅是用来雕刻的，还用于刮、钻等多种使用方式，这与以往我们的认知并不相同[66]。

古人类对工具的加工和使用，其目的是更好的生存，所以不存在刻意的分类思维。而大部分时间研究者们对这些工具进行分类，是不能和古人基于一定背景下使用情况相吻合的。研究者们对器物尤其是旧石器时期的工具进行分类是为了研究更深入地进行，但是按照形态元素分类描述产品类型，定义整个形态的特征，容易产生类型划分数量多且杂，但是意义不大的情况。法国旧石器考古学家博尔德夫妇创立的博尔德类型法在分类上非常灵活，但是发展到后期类型冗杂。一件器物在使用过程中发生磨损，再次进行修整使其改变刃缘或者使用部位，就可能产生新的类型，导致类型越来越多。再者，按我国目前旧石器时代石器的分类举例，大部分石器分类的命名方式是石料、形态和功用混搭，长此以往就产生了另一个问题：不同标准的类型分析法未实现联动合璧，没有固定的分类标准，就意味着分类和命名根据研究者的不同会具有主观性，那材料与材料之间的比较就会有很大偏差，使得考古学研究产生混乱。

众多的微痕实验材料和科学分析证明，某些情况下完全依靠形态类型学来对某件器物进行分类的手段不够严谨，会忽视是否为多功能用器，甚至是发展到完全不同的方向，但是这并不是要否认形态类型学，反而研究者们必须承认，形态类型学在考古学的发展中功不可没，尤其是针对初期对庞杂的考古材料的整理，一直以来它和地层学、文化因素分析法都有绝佳的配合。微痕实验分析与形态类型学是可以相互促进的，微痕实验分析可以对形态类型学提出的假设进行论证，若是痕迹相同，则某种器物至少有过相同的或相似的功能。

（二）微痕分析的"地层学"和"类型学"

微痕分析有助于器物生命历史的重建。微痕分析对象的解读也要基于考古学埋藏背景来一起探讨，器物微观层面所展现出来的生命史也存在微观层面的"地层学"和"类型学"。

"地层学"是指痕迹形成的时间早晚关系，包括叠压打破。在微痕研究中，石器上的加工和使用痕迹表现了创造者对其的技术需求和功能需求，能够反映当时的历史环境、生存状态、生业模式和技术手段等，但是工具的加工也要受到当时时空环境的影响，精神上的实践法则并不能和当时的考古情况直接挂钩。换言之，痕迹就像遗迹单元，痕迹和痕迹之间也会存在叠压和打破的关系，有前后相继，有同时发生。邓聪较早使用扫描电子显微镜确定了玉器痕迹的叠压打破关系，类似的还有光泽和剥离痕的判断，光泽均匀分布在一个小型剥离痕的周围，但是剥离痕内部却没有光泽的产生，则可以判断剥离痕产生在光泽之后，若是内部也分布光泽，则产生了剥离痕之后才分布有光泽。通过解读痕迹的先后顺序和分类，就会追溯到这件器物的生命历史，解释一系列的问题：如何通过技术操作加工成器？产生了何种使用痕迹？是否进行过二次加工？使用的周期长短？加工对象有几种，软硬程度如何？但是必须承认的是，微痕"地层学"不一定能解决所有的问题，甚至运用还需要谨慎验证。

"类型学"是指对不同痕迹的分类。微痕微观类型学旨在建立微观层面的痕迹分类，研究者经过多次实验发现，不同的加工工具运用不同的加工方式加工不同的材料时，会有类似痕迹的情况发生。工具真实的使用并非像实验一样理想，通常一件工具会用不同的加工方式加工不同的材料，这种复杂性导致工具上面痕迹杂乱，因此需要微观的类型学来进行分类统计，量化研究。

（三）微痕观察与实验考古的关系

微痕与实验考古也有一些误区，对于单个样品来说，解读"主要形态"和数据的统计不等同于解读石器工业，过分依赖数据的结果会进入只有数据，没有细节的误区。若微痕的实验方式和考古出土器物实际的使用方式不同，在比照过程中可能也会影响正确的解读[67]。解读难免产生主观性，不同的研究者可能产生不同的主观印象，数据的冗杂可能丢失原始的资料，只留下带有主观性的解读，而重要的原始信息往往容易忽略。如果解读错误，对数据的统计而言则意义不大。过度重视统计的数据而忽视事物本身，就会产生第二个误区：被比较的不是实体，而是现象，不是内容，而是形式。这会剥夺所有的已知的考古学文化的意义。

痕迹是一种现象，痕迹分析是一种"工具"。解读是主观的，是对"工具"的运用，得出的结论关乎后期学科的发展，每一个研究微痕的团队都有自己的研究方法和体系，对于痕迹的判断和解读也各有区别，若是后期想要依据各方合作共建体系，研究方法是否兼容，分析标准是否一致，难免会产生一些问题。是否要建立标准，如何建立一个共通的标准，一直是微痕领域的一个难题。

（四）针对微痕考古的实验设计

纵观微痕研究发展史的前半部分会发现，学者们往往十分重视痕迹的观察和分类，相较之下对于实验的关注还不够全面。实验本身的目的是对古人行为活动的模仿，实质上不能完全复刻古人的真实活动，实验的实施者、力度、强度、时间累积、实施技术、实验方向等错综复杂的要素，都可能与真实的生产水平有很大差距，这也是实验考古的局限性。因此有人会对实验设计质疑。目前看来，微痕的实验有三个方面容易忽视：其一，在众多微痕实验中，石器的微痕实验是占有绝大比例的，很多研究骨器、玉器和青铜器微痕的学者实验针对性太强，只关乎自己研究的问题，而不在意建立痕迹的序列，导致学科研究呈块状发展，难以连接成片；其二，过分关注制作痕迹和使用痕迹的研究，忽视其他自然或者运输携带所产生非功利性磨损痕迹，若对于运输携带痕迹和自然风化、流水的侵蚀痕迹没有一定的了解，就难以辨别正确的使用痕迹，考虑到痕迹的相似性，实验结论必须多方求证；其三，微痕分析可以运用到遗存研究中。事实上不只是器物和工具，对于一些不可移动的文化遗存也可以利用微痕分析，例如岩画的分析，通过微痕分析可以判断岩画的制作工艺和加工工具，是用石器进行凿刻还是用金属工具进行加工，能够判断其制作相对年代，进而研究文化内涵并指导岩画类型学。微痕分析不同于其他基础的考古学方法，它有很强的适用性。

在微痕实验的过程中，我们要注意几点内容：

首先，重视实验的设计。微痕与实验考古需要依靠实验，微痕实验研究在于实验产生的痕迹比较，重视实验的设计是我们必须关注的问题。理想化的实验是控制一个因变量来设计实验，建立标准，比如研究石器痕迹要分几个层次来进行实验（图1）：第一个层次可以是石料的种类，比如燧石；第二个层次是加工方式如切、割等；第三个层次是加工对象如皮肉。层层递进，针对不同的因变量做出不同的痕迹分析，不断实验完善微痕序列，以供实验的对比，但不同的实验设计者可能研究不同的要素如光泽、擦痕、微磨损等，加工不同的物质或者使用不同的活动方式也完全可能产生类似的痕迹现象，这就考验到了数据的互通性和实验的完整性。后期材料逐渐完善可以尝试进行"一器多用"的实验模拟，数据库才会不断充盈。由于实验的复杂性和材料处理的耗时性，我们可以采取多方合作，共建痕迹序列。

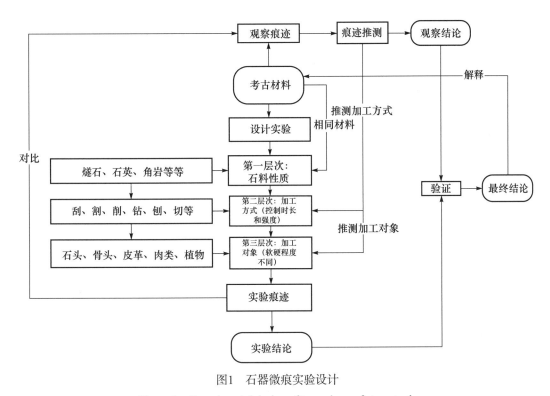

图1 石器微痕实验设计

Figure 1 Experimental design of traceology of stone tools

其次，标本的清洗，不仅仅是出土标本，还有模拟的实验标本也是如此，我们依靠标本的微痕信息得出正确的结论，完成了多次、长期的切割实验后对实验工具进行清理，若在这个过程中使用强酸不当，就会造成工具的损坏，观察到的结果可能毫无意义，这就意味着我们必须慎之又慎地对待每一件器物，尤其是出土的骨角制品或者其他珍贵材料。对于有痕迹但由于石料原因痕迹观察困难时，可以铺设镁粉或者进行特殊的拓膜实验，在微痕发展过程中，我们也要重视研究技术的改进和发展。

再次，做好记录工作。微痕需要多次重复实验，实验会存在很多细节的变动。我们对于实验模拟工具的处理费时费力，实验的同时还要进行详尽的记录工作，实验品的活动和方向、观察的部位务必及时记录，避免遗漏。不仅是加工方式和加工工具，某些硬性加工材料也需要详细的记录，也可以作为对比的参照，加工物、加工方式和伴出的被加工物有时候也是很好的佐证工具。

五、结　语

目前微痕与实验考古历经发展已经成为考古学的一个相对成熟的独立分支，它可以很好地应用在考古学研究的各个方面，不仅是石器、骨器、玉器，其他如金属器和岩画也可以开展微痕研究。近年来很多学者开始归纳总结微痕的理论学说，结合了计算机三维测量科技和工业精密的仪器，建立动态、立体的痕迹模型，结合残留物分析验证微痕观察，结合定量和定性的研究方法，加入大数据实验结果比照，研究埋藏和发掘前后的实验痕迹，使得微痕与实验考古不断向前推进。

作为科学的考古学，微痕与实验考古从真正意义上践行了科学的定义，它结合自然科学对人文科学做出循证，微痕的观察和实验的验证两个部分缺一不可。从考古材料出发进行痕迹观测，对加工方式和加工对象进行推测后，根据石料设计相关实验，得出实验痕迹，对比结论从而验证推测，形成循证的闭环。虽然目前研究已经独立系统化，但其发展并不平衡且实验的部分还需要不断充实，现实中人们往往忽视实验的存在而过分关注痕迹的表征，实验的复杂性也使得微痕与实验考古的方法难有进程。较之其他方向而言，石器的研究较多，针对性较强，实验的环节设计不够充分，我们应该放眼于其他领域，积极拓展应用场景，建立标准化的分析方法和体系，并且加强实验考古的开展。

微痕研究本身就是一个复合学科，我们借助微痕阐释痕迹的形成，借此推断古人的生活方式和行为模式才是我们的目标，失误的细节不可避免，成功的过程必然艰辛，当今微痕与实验考古不断进入大众视野，学者们也越来越重视实验和模仿的重要性，2018～2019 年中国考古学会旧石器考古学专业委员会与河北师范大学承办了两届打制石器技术培训班[68]，由石器模拟与制作大师布鲁斯 – 拉德利授课，使实验者对于打制技术更加娴熟，微痕实验的进程将会事半功倍。在这个基础上，我们保持良好的心态、缜密的思察和无尽的耐心继续充实完善理论体系，不断提高人才质量、壮大人才队伍才是基本。

微痕与实验考古的发展速度相较于其他的科技性考古而言还比较缓慢的一个重要的原因就是普及性不强，高校在这方面有天然的优势，更应该推广微痕研究，它有丰富的人力、物力资源去进行观察和实验，兴建微痕考古研究室，在学习过程中，又可以培养专业的人才，寻求合作与发展。依据目前的情形看，高校应该呼吁开设微痕与实验考古专业课程，加强人才培养，使微痕与实验考古成为考古从业者的必备技能，考古机构和相关单位要就微痕与实验考古开展国际合作，让中国的学者具备对话的能力，发出中国的声音。

附记　本研究得到 2019 年度国家社科基金青年项目"西伯利亚旧石器晚期细石器技术研究"（项目批准号：19CKG006）资助。

注　释

[1]　a. 夏竞峰：《燧石刮削器的微痕观察》，《中国历史博物馆馆刊》1995 年第 1 期，第 22-42、128 页。

　　　　b. William G W. 1865. Notices of the examination of ancient gravehills in the North Riding of Yorkshire. *Archaeological Journal*, 22: 95-105.

[2]　Evans J. 1872. *The Ancient Stone Implements, Weapons and Ornaments of Great Britain*. London: Longmans. p. 18.

[3]　Spurrell F C J. 1892. Notes on early sickles. *Archaeological Journal*, 49: 53-59.

［ 4 ］ a. Curwen E C. 1930. Prehistoric flint sickles. *Antiquity*, 9: 62-66.

b. Curwen E C. 1935. Agriculture and the flint sickle in Palestine. *Antiquity*, 9: 62-66.

［ 5 ］ Semenov S A. 1964. *Prehistoric Technology: an Experimental Study of the oldest Tools and Artefacts from Traces of Manufacture and Wear*. London: Moonraker Press. pp.10-30.

［ 6 ］ Robert P C, George H O. 1996. Stone Tools and Mobility in the llinois Valley: From Hunter-gatherer Camps to Agricultural Village. *American Antiquity*, *62*: 563.

［ 7 ］ Keeley L H. 1980. *Experimental Determination of Stone Tool Uses: A Microwear Analysis*. Chicago: The University of Chicago Press. pp. 12-15.

［ 8 ］ 陈淳:《微磨损分析和旧石器用途》,《化石》1992 年第 2 期,第 2-3 页。

［ 9 ］ 孟瑶、凌雪:《刍议微痕分析在磨制石器研究中的应用》,见陕西历史博物馆编:《陕西历史博物馆馆刊》(第 22 辑),西安:三秦出版社,2015 年,第 43-49 页。

［10］ 杨霞:《角页岩石制品的微痕实验研究》,浙江大学硕士学位论文,2019 年。

［11］ Gorelick L, Gwinnett A J. 1983. Ancient Egyptian stone-drilling: an experimental perspective on a scholarly disagreement. *Expedition*, 25(3): 40-47.

［12］ 戈尔耶夫:《史前时代技术的研究》,《考古》1959 年第 1 期,第 55-58 页。

［13］ 北京市玉器厂技术研究组:《对商代琢玉工艺的一些初步看法》,《考古》1976 年第 4 期,第 229-233、286-290 页。

［14］ 童恩正:《石器的微痕研究》,《史前研究》1983 年第 2 期,第 151-158 页。

［15］ 张森水:《述评〈石器使用的试验鉴定——微磨损分析〉一书》,《人类学学报》1986 年第 4 期,第 392-395 页。

［16］ 吕遵谔:《海城小孤山仙人洞鱼镖头的复制和使用研究》,《考古学报》1995 年第 1 期,第 1-17 页。

［17］ 王幼平:《雕刻器实验研究》,见北京大学考古系编:《考古学研究》,北京:文物出版社,1992 年,第 65-90 页。

［18］ a. 侯亚梅:《石制品微磨痕分析的实验性研究》,《人类学学报》1992 年第 3 期,第 202-215、285-287 页。

b. 侯亚梅:《考古标本微磨痕初步研究》,《人类学学报》1992 年第 4 期,第 354-361、384-386 页。

［19］ 同［ 1 ］a.

［20］ 黄蕴平:《沂源上崖洞石制品的研究》,《人类学学报》1994 年第 1 期,第 1-11、93-95 页。

［21］ 顾玉才:《海城仙人洞遗址出土钻器的实验研究》,《人类学学报》1995 年第 3 期,第 219-226、287-288 页。

［22］ 沈辰、陈淳:《微痕研究(低倍法)的探索与实践——兼谈小长梁遗址石制品的微痕观察》,《考古》2001 年第 7 期,第 62-73、103-104 页。

［23］ Sax M, Meeks N D, Michaelson C, et al. 2004. The identification of carving techniques on Chinese jade. *Journal of Archaeological Science*, 31: 1413-1428.

［24］ 陈福友:《中国科学院古脊椎动物与古人类研究所举办"石器微痕分析培训—研讨班"》,《人类学学报》2004 年第 3 期,第 254-238 页。

［25］ 王小庆:《石器使用痕迹显微观察(高倍法)的研究》,《农业考古》2005 年第 1 期,第 176-178 页。

［26］ 王小庆：《陕西宜川龙王辿遗址第一地点出土石器的微痕观察》，《考古》2017 年第 11 期，第 100-111 页。

［27］ 徐哲、张晓凌、裴树文：《射击类带尖石制品使用微痕动态形成过程的实验研究》，《人类学学报》2020 年第 39 卷第 2 期，第 208-222 页。

［28］ 杨霞、陈虹、王益人：《角页岩雕刻器的微痕实验研究》，《人类学学报》2018 第 37 卷第 1 期，第 41-52 页。

［29］ 余官玥、仪明洁、张晓凌：《水洞沟地区白云岩细石叶的微痕实验研究》，《人类学学报》2020 年第 39 卷第 2 期，第 193-207 页。

［30］ 徐廷、陈虹、李尧：《吉林和龙大洞遗址 2010 年出土雕刻器的初步研究》，《人类学学报》2023 年第 42 卷第 6 期，第 751-763 页。

［31］ 王小庆：《兴隆洼与赵宝沟遗址出土细石叶的微痕研究——兼论兴隆洼文化和赵宝沟文化的生业形态》，见西北大学考古学系、西北大学文化遗产与考古学研究中心：《西部考古》（第一辑），西安：三秦出版社，2006 年，第 59-76 页。

［32］ 杨海燕、王强：《海岱地区史前时期先民植食性食谱初探——以食物制备工具磨盘、磨棒等为中心》，《四川文物》2018 年第 4 期，第 91-96 页。

［33］ 蔡明：《陶寺遗址出土石器的微痕研究》，西北大学硕士学位论文，2008 年。

［34］ 崔天兴、杨琴、郁金城：《北京平谷上宅遗址骨柄石刃刀的微痕分析：来自环境扫描电镜观察的证据》，《中国科学：地球科学》2010 年第 40 卷第 6 期，第 737-744 页。

［35］ 刘莉、Maureece Levin、孙周勇：《石峁遗址出土陶、石器功能反映的礼仪和生计活动》，《中原文物》2022 年第 5 期，第 31-51 页。

［36］ 刘莉、陈星灿、石金鸣：《山西武乡县牛鼻子湾石磨盘、磨棒的微痕与残留物分析》，《考古与文物》2014 年第 3 期，第 109-118 页。

［37］ 崔启龙、张居中、杨玉璋：《河南舞阳贾湖遗址出土石器的微痕分析》，《人类学学报》2017 年第 36 卷第 4 期，第 478-498 页。

［38］ 陈虹、沈易铭、徐征：《江苏丹阳凤凰山遗址磨制石器功能初步研究：基于微痕分析的证据》，《江汉考古》2023 年第 1 期，第 115-123 页。

［39］ 陈虹、黄永梁：《数据挖掘在考古遗址功能研究中的应用——以乌兰木伦遗址第一地点微痕研究为例》，《浙江大学学报》（人文社会科学版）2019 年第 49 卷第 6 期，第 208-218 页。

［40］ 黄建秋：《国外磨制石斧石锛研究述评》，《东南文化》2010 年第 2 期，第 113-117 页。

［41］ 钱益汇：《济南大辛庄遗址出土商代石器的生产与使用研究》，山东大学硕士学位论文，2005 年。

［42］ 方启、陈全家：《黑曜岩石器加工兽骨的微痕研究》，见中国科学院古脊椎动物与古人类研究所、山东天宇自然博物馆编：《第十二届中国古脊椎动物学学术年会论文集》，北京：海洋出版社，2010 年，第 14 页。

［43］ 方启、高星、陈全家：《黑曜岩石器加工木质材料的微痕研究》，见教育部人文社会科学重点研究基地吉林大学边疆考古研究中心编：《边疆考古研究》（第 11 辑），北京：科学出版社，2012 年，第 389-403 页。

［44］ 赵海龙、徐廷、马东东：《吉林和龙大洞遗址黑曜岩雕刻器的制作技术与功能》，《人类学学报》2016 年第 35 卷第 4 期，第 537-548 页。

［45］ 翟少冬：《浅谈石料对石器微痕形态的影响》，《南方文物》2018 年第 3 期，第 72-78 页。

［46］ 李占扬、沈辰：《微痕观察初步确认灵井许昌人遗址旧石器时代骨制工具》，《科学通报》2010 年第 55 卷第 10 期，第 891-899 页。

［47］ 王春雪、陈全家、陈君：《内蒙古哈民忙哈遗址蚌制品管钻技术初探》，见教育部人文社会科学重点研究基地吉林大学边疆考古研究中心、边疆考古与中国文化认同协同创新中心编：《边疆考古研究》（第 19 辑），北京：科学出版社，2016 年，第 347-356 页。

［48］ 刘武、武仙竹、吴秀杰：《湖北郧西黄龙洞更新世晚期人类牙齿磨耗与使用痕迹》，《人类学学报》2010 年第 29 卷第 1 期，第 1-14 页。

［49］ 刘武、武仙竹、李宜垠：《湖北郧西黄龙洞古人类用火证据》，《科学通报》2008 年第 24 期，第 3096-3103 页。

［50］ 武仙竹、李禹阶、裴树文：《湖北郧西白龙洞遗址骨化石表面痕迹研究》，《第四纪研究》2008 年第 6 期，第 1023-1033 页。

［51］ 陈全家：《郑州西山遗址出土动物遗存研究》，《考古学报》2006 年第 3 期，第 385-418、435-438 页。

［52］ 袁靖、徐良高：《沣西出土动物骨骼研究报告》，《考古学报》2000 年第 2 期，第 246-256 页。

［53］ 同［16］。

［54］ 黄蕴平：《小孤山骨针的制作和使用研究》，《考古》，1993 年第 3 期，第 260-268、294-296 页。

［55］ 李凤、代玉彪、白九江：《巫山大水田遗址动物骨骼微痕分析与利用方式研究》，《第四纪研究》2024 年第 44 卷第 2 期，第 524-533 页。

［56］ 叶晓红、邓聪：《史前玉工轱辘轴承器的 SEM 分析——以环珠江口地区为例》，见邓聪主编：《澳门黑沙史前轱辘机械国际会议论文集》，澳门：民政总署文化康体部，2014 年，第 44-67 页。

［57］ 邓聪、刘国祥：《红山文化东拐棒沟 C 形玉龙的工艺试析》，《中国文物报》，2011 年 1 月 21 日第 7 版。

［58］ 叶晓红、刘新、蒋宏杰：《河南省南阳市桐柏县月河一号春秋墓出土玉器阴刻技术的微痕分析》，《南方文物》2015 年第 4 期，第 112-119 页。

［59］ 王荣、朔知、王昌燧：《薛家岗玉器加工工艺的微痕迹初探》，《文物保护与考古科学》2009 年第 21 卷第 4 期，第 48-58 页。

［60］ 许森森：《薛家岗文化玉器研究》，山东大学硕士学位论文，2023 年。

［61］ 屈江涛：《跨湖桥遗址出土玉璜的无损检测及微痕分析研究》，浙江大学硕士学位论文，2021 年。

［62］ 彭涛：《山东章丘焦家遗址出土玉器加工工艺初探》，山东大学硕士学位论文，2023 年。

［63］ 关晓武、孙烈、吴世磊：《湖南省博物馆馆藏兽面纹大口尊微痕的提取与初步研究》，见湖南省博物馆编：《湖南省博物馆馆刊》（第十二辑），长沙：岳麓书社，2016 年，第 131-139 页。

［64］ 肖攀、刘亮、刘琦：《"五子登科"描银铜镜探讨》，《文物天地》2024 年第 2 期，第 125-128 页。

［65］ 陈淳：《谈旧石器类型学》，《人类学学报》1994 年第 4 期，第 374-382 页。

［66］ 同［15］。

［67］ 陈虹、连惠茹：《石叶微痕研究》，《草原文物》2013 年第 2 期，第 125-131、147 页。

［68］ 周天路：《投石问道 第二届中国石器打制技术培训班小记》，《大众考古》2019 年第 11 期，第 20-25 页。

History, Development, and Prospects of Micro Trace Analysis and Experimental Archaeology

SHEN Yan-yu[1]   QUAN Qian-kun[2]

(1. School of Archaeology, Jilin University; 2. International Joint Laboratory of Micro Trace Analysis and Experimental Archaeology, Jilin University)

Abstract: Micro trace analysis and experimental archaeology is a method to observe the microscopic layer of relics with the help of precision instruments such as microscopes and macro cameras, and to study the "life history" characteristics of tools and artifacts and the relationship between them and the production and life of ancient humans. Its advantage is that it can verify the inference of the rules of the humanities with the help of natural sciences, which is scientific and reasonable. Based on the origin and development of micro trace analysis, this paper summarizes the development status of micro trace analysis in China and puts forward some prospects for the future.

Key Words: micro trace analysis; history of archaeology; micro trace analysis of stone tools; experimental archaeology

日本的石器微痕研究

王　晗

（日本东北大学文学研究科）

　　摘要： 自从 1964 年 *Prehistoric Technology* 出版以来，微痕分析开始成为考古学研究的手段之一。通过近半个世纪的发展可知，微痕研究是解明石器功能，了解史前人类行为模式最有效的手段之一。而日本正式的微痕研究始于 1978 年成立的东北大学微痕研究小组，经过多年的发展，日本的微痕研究已经形成稳定的规模与力量。与欧美等地区的研究方法不同，日本列岛的微痕研究更偏重光泽并且建立起了独特且完善的研究框架与判定方式。本文对日本微痕分析的研究历程与方法进行介绍，并就使用过程中产生的 5 大类痕迹进行总结。在此基础上，归纳了光泽和微小剥离痕在加工对象不同的情况下各自不同的表现与特征，以期为我国石制品功能分析提供了可参考对比的实验数据与方法。

　　关键词： 微痕　光泽　微小剥离痕迹　冲击剥离痕　痕迹学

一、引　　言

　　微痕分析是现今为止解释石器功能最为适合的手段之一，借助痕迹可以直接或间接地推测过去人类的行为。其最重要的一个实践意义就是补充技术和类型学上的认识，重塑对工具的理解。之前的研究表明，功能与类型学之间不存在简单的对应关系，并且功能与技术类型之间也无法建立简单的对应关系。而微痕分析恰恰可以在这方面有效地发挥作用。为了实现特定的功能，如在众多可能的技术中为什么选择了某种技术类型，或者在实现特定功能的同时在哪里添加类型学元素等问题，都可以独立的通过解释功能与不同石器类型等之间的关系去推测。通过系统地了解和应用微痕分析的方法，不仅可以更为深入地解释石制品的功能，还能在一定程度上复原当时狩猎采集人群的生活习惯，如食料获取、交易、居住或移动形态、社会组织、人类的进化等。日本地区经过近半个世纪的微痕研究，在欧美等地研究的基础上结合实验材料，在光泽的判别上发展出一套有别于其他地区的分析方法。本文尝试对日本微痕分析的研究历程与方法进行介绍，并就使用过程中产生的 5 大类痕迹在加工对象不同的情况下各自不同的表现与特征进行归纳。以期为我国石制品功能分析提供可参考对比的数据与判别方法。

二、日本微痕研究简史

19 世纪末到 20 世纪初是日本微痕研究的萌芽期。1957 年，Semenov 以此前 20 年间对民俗资料的研究和对现代工具的实验及观察为基础，运用显微镜对石器和骨器的使用方法进行分析，并出版了 *Pervobytnaya Tekhnika* 一书。该书在 1964 年以英文版 *Prehistoric Technology* 刊行[1]，在欧美引起了广泛的关注。据可查文献，日本于 1964 年开展微痕研究。彼时，滝沢浩针对琢背小刀的功能进行了小规模的石器使用实验，他通过初步的分析认为这种器物的功能与小刀类似[2]；同年，佐原真通过观察半月形石刀的磨损状况，推测可能是用来刮某种加工物[3]。1968 年田中琢将 *Prehistoric Technology* 一书进行抄译[4]，随后小山修三将同书的第一章翻译为日语[5]，意味着微痕研究正式地在日本开展。20 世纪 60 年代末，受到欧美研究的影响，日本开展了多项微痕研究[6]。其中以东北大学微痕研究小组（以下简称 TUMRT）和御堂岛正的实验研究为代表。TUMRT 的研究始于 1976 年，该年芹泽长介教授访问牛津大学并参观了 Kelly 的研究室，随后在 1978 年正式成立该小组[7]。通过实验对微痕（主要是光泽）进行研究，在研究中他们采用燧石、黑曜石、页岩等石料制作石片、修理石片和刮削器，模拟石器的切、锯、刮、削等主要运动形式，观察此过程中产生的痕迹[8]。以阿子岛香为代表的研究者们提出，在观察石器的微痕时应集中在石器的微小剥离痕（microflaking）、光泽（polish）、破损（breakage）、条痕（striation）、刃部磨损（abrasion）等 5 个方面[9]。同一时期，御堂岛正以东北大学的研究方法为基础，针对黑曜石进行实验与研究[10]。经过一系列的实验与盲测，他认为刃角对于微小剥离痕的大小与分散情况有着极大的影响，随着角度的变大，微小剥离痕、磨灭、条痕等痕迹越难产生。从作业量这一角度出发，御堂岛正提出，黑曜石在加工 500 次时开始产生光泽，到 1500 次光泽进入了相对稳定可以显示类型特征的阶段[11]。其中，赞岐岩与其他石材相比光泽的形成速度比较慢，且这一非硅质岩石由于粗糙的表面不利于落射光的反射，因此用金相显微镜很难观察到有效性高的光泽[12]。进入 20 世纪 80 年代后期，随着欧美高倍法与低倍法的争论激化，在伦敦大学留学的冈崎里美也对日本的微痕研究者提出了相似的疑问[13]，但是在此之前，TUMRT 与御堂岛正通过大量的实验，已经确定了光泽的类型与被加工物之间不存在一对一的关系，也否认了 Kelly 提出的骨质光泽和木质光泽的命名方式[14]。此外由于这一时期微痕分析者较少，因此高、低倍之争并没有在日本引起很大的反响[15]。进入 20 世纪 90 年代，日本学者在前人研究的基础上继续扩大微痕的研究范围，除涉及绳文、弥生时代的石器研究外[16]，还对狩猎工具的破损进行分析，其中以御堂岛正的研究最为具体，尤其是明确了狩猎工具的冲击剥离痕和装柄痕等[17]。在这一时期日本微痕研究最为重要的发展之一便是由阿子岛香提出的将技术组织与微痕的使用相结合[18]。阿子岛香认为，石器作为工具时在形态和技术上呈现出的差异，以及不同遗址之间的构成差异，不能归结为时间、功能或群体差异等单一因素[19]，在考虑石器差异时需要考虑的应该是诸要素形成有机的组织[20]。从 21 世纪开始，日本的微痕研究进入了稳定的发展阶段，并且逐步形成了如今的研究模式。目前，日本海东岸地区已经建立起相对完善的微痕分析体系，大多数更新世到全新世初期的遗址报告书中都加入了微痕分析，也出版过数本微痕研究的专著[21]，并且东北大学考古实验室还公开了一部分实验数据库的内容[22]。

三、痕迹的类型与理论方法

广义上的痕迹包括在制作阶段—使用阶段—废弃阶段产生的痕迹（图 1）。其中在制作阶段的痕迹包括石锤接触产生的痕迹、砧板的痕迹、偶然剥离片疤、热处理的痕迹等。使用阶段的痕迹包括：装柄产生的装柄痕迹或者搬运痕迹；使用产生的破损、微小剥离痕、光泽、条痕和磨损等痕迹；维持的痕迹，如刃部再生。到了废弃阶段，则可能会产生因废弃导致的掉落痕迹和加热痕迹、埋没前的踩踏痕迹、埋藏后产生的风化痕迹。此外，还可能在发掘过程中造成碰撞痕迹[23]。虽然复原痕迹的形成过程十分复杂，但日本学界仍然有着不少相关实验数据的积累，其中针对使用阶段的痕迹（下文此阶段产生的痕迹皆为微痕即 use-wear）研究最为成熟，尤其是基于石器和被加工物的接触造成的微痕[24]。

在日本的研究中石器微痕分析所立足的理论框架主要由中程理论（Middle Range Theory）、痕迹学（Traceology）、技术组织（Technological Organization）构成[25]。具体而言，便是研究者们可以通过实验掌握在石器上发现的痕迹与其形成因素的相关性，进一步理解各种痕迹的形态特征和形成这种痕迹因素的多样性。考古资料以一种静态的形式存在于现今，是我们理解过去动态即人类行为的提示，而中程理论就是连接现在与过去、静态与动态之间的桥梁[26]。就石器微痕分析而言，为了架起石器的使用（过去的动态）和痕迹（现在的静态）之间的桥梁，更应该强调中程理论三领域之一实验考古学的重要性[27]。而从实验考古学延伸出来的实验痕迹学，是一种研究人类行动与其痕迹之间关联性的方法[28]。考古学上的痕迹学研究，就是考古学家对研究资料上可观察到的痕迹进行分析与评价从而复原过去的手段之一[29]，具体到石器上可以理解为，通过分析残留在石制品表面各种各样的痕迹以达到复原人类行为的目的[30]。实验痕迹分析可以把握人类行动与其产生的痕迹之间的关系，如图 2 所示通过与实验资料产生的痕迹对比可以观察解释考古资料上残留的痕迹，从而推定人类过去的行动，为考古资料中发现的所有痕迹的形成过程提供一个全面的框架，其中也包括与技术组织和石器生命史（life history）之间的关系[31]。1983 年，技术组织这一概念经由阿子岛香传入日本，他认为在看待石器形态和技术上的差异时，需要摒弃单一归因的思维方式，将一系列可能的影响因素整合为一个有机的组织来思考[32]。对不同类型的石器进行过怎样的作业及如何被古人所使用的研究，能够为研究石器的生命史及其技术组织提供有价值的信息。微痕分析不仅明确石器的使用，更重要的是它还是复原石器生命史的一个固定节点。而揭示石器复杂形成过程的生命史研究对于阐明人类行为至关重要[33]。

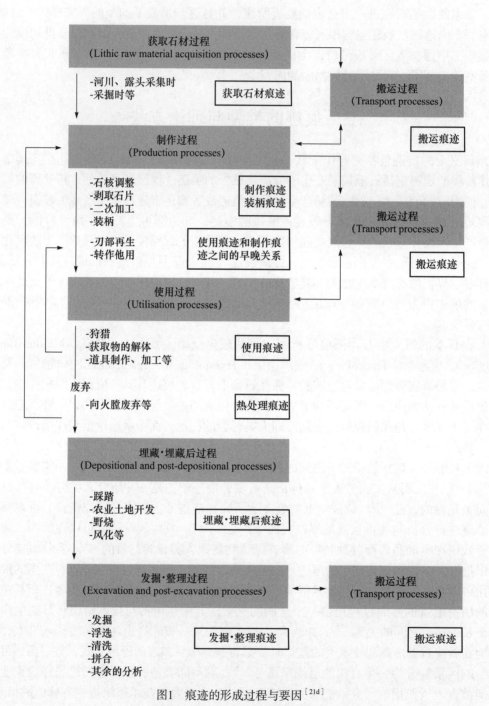

图1　痕迹的形成过程与要因[21d]

Figure 1　Formation process and primary causes of different traces

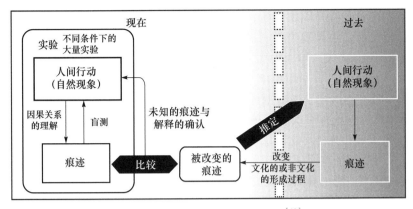

图2　实验痕迹研究的思路与方法[15]

Figure 2　The principle and method of experimental traceology

从微痕分析的方法来说，随着高低倍法争论的退场，目前比较适用的是将高倍法与低倍法相结合，通过两个方向来验证石器是否被使用过。通常，高倍法使用带内置光源的金相显微镜，通过反射来观察石器，一般采用100～500倍放大观察光泽与条痕。而低倍法则使用体式显微镜，主要是观察微小剥离痕与破损，使用的倍数一般不会超过100倍。近年随着显微镜制造业的发展，电子显微镜引入了微痕观察之中，比起单纯的金相显微镜和体视显微镜，可以多角度观察石器表面①。需要注意的是，从出土到显微镜观察的过程中石器的表面可能会存在一定的污染（主要是手部油脂），因此需要对石器表面进行清洁。较为便捷的方法是用试纸蘸取无水酒精轻拭表面，此外也有采取使用超声波清洗仪进行更为彻底清洁的方法。针对分析的对象，首先要进行初选，一般来说会将所有的工具类石制品作为 A 类分析对象；其次，挑选带有微小剥离痕的石片石叶细石叶等作为 B 类分析对象；最后，在时间充裕的情况下将剩余的标本作为 C 类分析对象。

四、微痕类型的鉴别与解读方法

如前述以阿子岛香为代表的研究者们提出，在观察石器的微痕时应集中在石器的微小剥离痕、光泽、破损、条痕、刃部磨损等 5 个方面[34]。

（一）微小剥离痕

伴随着使用，与被加工物接触的石器边缘会在接触部分产生压缩应力以及其周围的拉伸应力，当这个力达到一定的程度后会有龟裂状的开口并开始剥离[35]。在作业初

①　目前关于石器微痕研究的显微镜种类及其特点虽然没有可查文献，但是日本做微痕方向的几位老师所在实验室室都是同时采用体视显微镜，金相显微镜和电子显微镜（digital microscope）结合着进行观察。此外，东北大学考古学研究室除了上述两种显微镜还使用激光显微镜（laser microscope）。

期阶段，石器的表面会高频度产生不规则的凸起，随着作业进展到一定程度，边缘的不均匀性会消失，微小剥离痕产生的频率也逐渐降低[36]。早在1974年欧美学者就对微小剥离痕的分布模式、形态与使用方法和被加工物之间所对应的关系等进行过分析[37]。但是Keeley[38]和Vaughan[39]等人否定了使用方法与被加工物会产生对应的指标性微小剥离痕（包括大小、横截面形状、分布模式等）。而随后日本学者在实验研究中对于微小剥离痕的分布模式和形态进行了定量的分析，通过分析他们认为微小剥离痕与使用方法和被加工物之间的关系存在一定的倾向[40]。越来越清楚的是，微小剥离痕的分布模式和形态特征并不完全与特定的使用方法和被加工物有关，而是间接地反映了运动的方向和被加工物的软硬程度[41]。根据日本学者[42]的实验结果与分析归纳出表1和图3可知，一般情况下，通过微小剥离痕的分布状态可以区别割切运动和刮削运动（图3-A）。在进行切割（平行）运动时，微小剥离痕在石器的背面和腹面出现。而在刮削（垂直）运动时只会集中出现在单面（"削"时出现在腹面，"刮"时出现在背面），其余的面基本不会出现[43]。此外，在切割时，会高频出现平面是月牙形或三角形，且末端断裂多为折断状的微小剥离痕；而刮削时，会高频出现平面是不规则形，且末端断裂是阶梯状的微小剥离痕[44]。

表1　微小剥离痕特征

Table 1　Features of microflaking types

被加工物		微小剥离痕			
作业方式	软硬程度	尺寸	分布模式	平面形态	断面形态
平行运动	硬	大/中	c	月牙	折断
	中	小/极小	c/de	鱼鳞	羽翼
	软	小/极小	e/f	鱼鳞	羽翼
垂直运动	硬	大/中	b/ef	不规则	阶梯
	中	小/中	ab/b	鱼鳞/长方形	羽翼/阶梯
	软	小/极小	e	鱼鳞/长方形/梯形	羽翼/阶梯

　　从平行运动的角度来看，在加工中等硬度的被加工物时出现尺寸小或极小的微小剥离痕的概率极高，被加工物是鹿角时微小剥离痕主要是以大尺寸和中尺寸为主[45]①，而加工软质物时则不会产生大尺寸或中尺寸的微小剥离痕[46]。结合具体的特征分析，平行运动中的微小剥离痕又有以下规律。

　　① 就分布模式而言（图3-B），被加工物是鹿角时微小剥离痕主要是c模式（图4-k）；

---

　　① 微小剥离痕尺寸大小分类：小于0.5mm的为极小（Mi=micro）；大于0.5mm且小于1.0mm的为小（S=small）；大于1.0mm小于2.0mm的为中（M=middle）；大于2.0mm的则为大（L=large）。

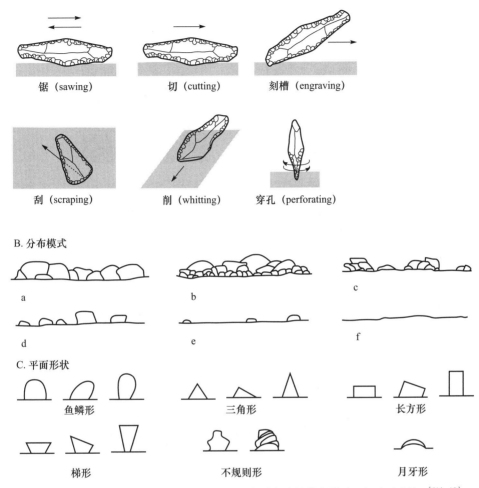

图3　石器的运动方式A，以及随之产生的微小剥离痕的分布模式B和平面形状C[21d, 15]

Figure 3　Working motions, A and features of the relevant microflaking, represented by distribution patterns B and morphology of scars C

被加工物是木头且刃角小时微小剥离痕主要是 c 模式，刃角大时微小剥离痕主要是 d-e 模式（图 4-i）[47]；被加工物是骨头时，微小剥离痕的分布是连续的，主要为 c/d 模式（图 4-g）[48]被加工物是软质时，微小剥离痕的分布是不连续的，主要为 e 模式（图 4-a、图 4-c、图 4-e）[49]。

　　② 就微小剥离痕的平面形态（图 3-C）而言，被加工物是鹿角时会稳定地出现月牙形（图 4-k），而被加工物是木头或骨头时会高频地出现鱼鳞形（图 4-g、图 4-i）[50]，被加工物是软质时，多呈现鱼鳞形的微小剥离痕（图 4-a、图 4-c、图 4-e）[51]。

　　③ 从微小剥离痕的断面形态来看，被加工物是鹿角时会稳定地出现折断状（图 5-c4），而被加工物是木头时会高频地出现羽翼状（图 5-c1）[52]，被加工物是软质

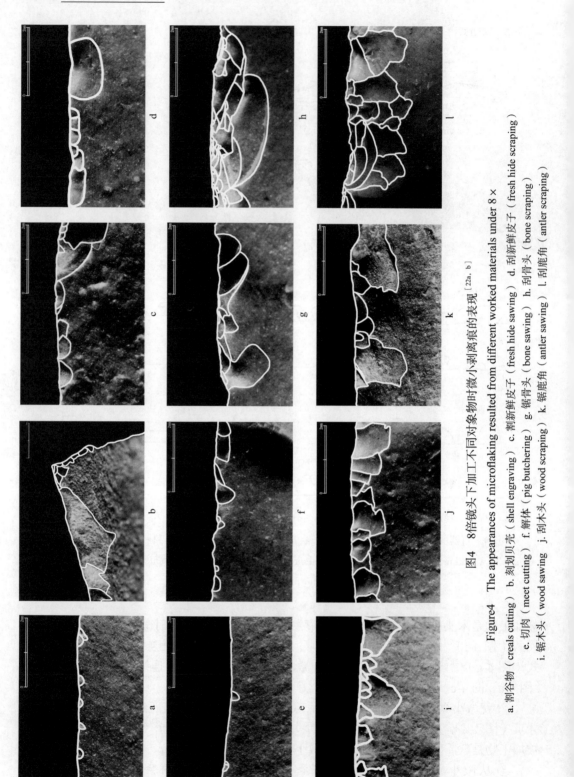

图4　8倍镜头下加工不同对象物时微小剥离痕的表现[22a，b]

Figure4　The appearances of microflaking resulted from different worked materials under 8 ×

a. 割合物（creals cutting）　b. 刻划贝壳（shell engraving）　c. 割新鲜皮子（fresh hide sawing）　d. 刮新鲜皮子（fresh hide scraping）
e. 切肉（meet cutting）　f. 解体（pig butchering）　g. 锯骨头（bone sawing）　h. 刮骨头（bone scraping）
i. 锯木头（wood sawing　j. 刮木头（wood scraping）　k. 锯鹿角（antler sawing）　l. 刮鹿角（antler scraping）

时，会出现羽翼状断面（图 5-c1）[53]。

从垂直运动来说，比起加工鹿角，在加工木头时石器产生小尺寸的微小剥离痕的概率更高，被加工物是鹿角时微小剥离痕主要是以大尺寸和中尺寸为主[54]，而加工软质物时则不会产生大尺寸或中尺寸的微小剥离痕[55]。具体分析如下。

① 在分布模式上，在刮鹿角时微小剥离痕主要是 b 模式（图 4-l）；在刮木头时微小剥离痕的分布状态主要存在 a 和 b 模式之间，刃角小时微小剥离痕主要是 a 模式（图 4-j）[56]；被加工物是骨头时，微小剥离痕的分布是连续的，主要为 b 模式（图 4-h）；被加工物是软质时，微小剥离痕的分布主要是 e 模式（图 4-d、图 4-f）。

② 在平面形态上，被加工物是鹿角时多为不规则形状（图 4-l），而被加工物是木头和骨头时会高频地出现鱼鳞形和长方形（图 4-j、图 4-h）[57]，被加工物为软质时，多呈现鱼鳞形、长方形和梯形的微小剥离痕（图 4-d、图 4-f）[58]。

③ 在断面形态上，被加工物是鹿角时会高频地出现阶梯状（图 5-c3），而被加工物是木头时会出现羽翼状（图 5-c1）和相对鹿角频率低的阶梯状（图 5-c3）[59]，被加工物是软质时，会出现阶梯状末端（图 5-c3）[60]。如表 1 所示，被加工物越硬出现大尺寸和中尺寸微小剥离痕的频度越高，同时出现羽翼状末端的频率越低。

但这仅仅是通过有限的实验数据得到的结论，实际上在对出土石制品进行分析时会受到各种情况的干扰。因此，在观察石制品的痕迹时除了要详细记录微小剥离痕的信息，还要结合光泽等的信息。

（二）光泽

自 1980 年 Keeley 以高倍法为基础对微痕进行研究的方法问世以来，光泽作为推定功能的主要痕迹引起广泛的重视[61]。通常在金相显微镜的 100～400 倍下可以观察到石器表面在落射灯光下反射出的光泽，而 200～300 倍则最能反映光泽的特征[62]。日本多名研究者通过实验，对多种形态的光泽表面进行分类[63]，大多数含硅质的石料（如火成岩、黑曜石）在与被加工物接触时产生的光泽大体相同[64]。根据大量的模拟实验，日本研究者们认为被加工物与光泽的类型不是一对一的关系，而是基于被加工物和作业量的不同，形成的光泽类型会产生交集的部分。这与欧美的研究有着本质的区别。被加工物和光泽的对应关系如果能完全对应上是最理想的，但是根据截止到现在的实验数据来看，如图 6-a 所示不同种类的被加工物之间，存在着很难明确区分的光泽[65]。因此，用各类被加工物来命名光泽的类型是不合理的[66]。而尽管有相似光泽的存在，但光泽之间依然有一定的区分度，骨和鹿角，鹿角和木头，鹿角和芦苇类，虽然会产生同类的光泽，但是骨和木头，骨和芦苇类之间却可以大体上进行区分。所以在日本的微痕分析中，更常用如所图 7 和表 2 所示的光泽类型。

阿子岛香根据 TUMRT 的实验数据将各类型光泽的特征进行更细致的区分[67]。A 类型：对象物多为草本植类，偶尔在加工竹子的情况下会出现该类型；光泽平滑圆润且极为明亮，与未使用部分相比对比明显，在石器表面高点且成片出现[68]。B 类型：一般在加工木头，竹子和稻类草本的初级阶段，偶尔在加工骨头的情况下会出现该类型；光泽明亮纹理光滑且圆润，多数仅在表面高点以斑块状或水滴状连接呈现出线条状[69]。

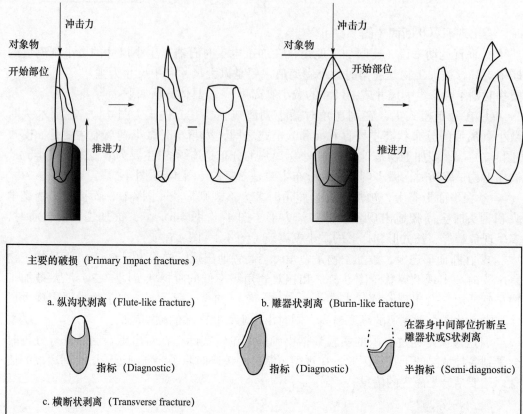

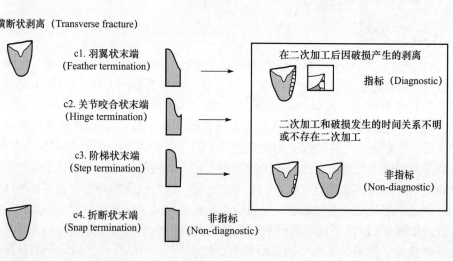

图5　冲击剥离产生的原因与类型[36, 37b]

Figure 5　Schematic formation patterns and types of impact fractures

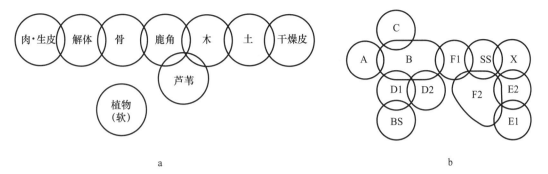

a   b

图6 不同被加工物所产生的光泽之间的关系（a）和不同光泽类型之间的关系（b）[8b]

Figure 6   Overlaps of the polishes resulted from different worked materials (a) and

variety and overlaps of the polish types (b)

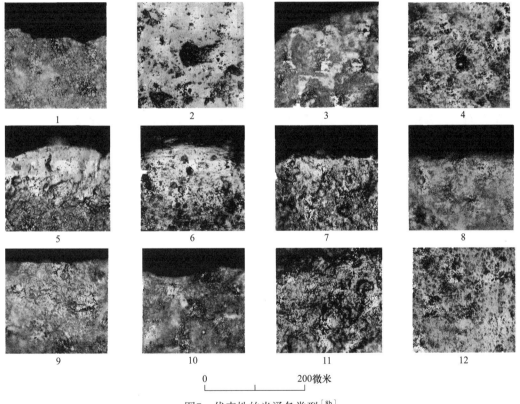

0   200微米

图7 代表性的光泽各类型[8b]

Figure 7   Representative polish types

1. 未使用   2. A 类型（割稻）   3. B 类型（切木）   4. C 类型（锯骨）   5. D1 类型（刮骨）   6. D2 类型（锯骨）

7. E1 类型（刮生皮）   8. E2 类型（切干燥皮）   9. F1 类型（刮干鹿角）   10. F2 类型（切肉）   11. X 类型

（挖土）   12. Y 类型（滚动砾石表面）

1. unused   2. type A (rice sawing)   3. type B (wood cutting)   4. type C (bone sawing)   5. type D1 (bone scraping)

6. type D2 (bone sawing)   7. type E1 (fresh hide scraping)   8. type E2 (dry hide cutting)   9. type F1 (dry antler scraping)

10. type F2 (meet cutting)   11. type X (soil digging)   12. type Y (surface on gravel)

C 类型：对象物多为沾水的鹿角，偶尔在加工骨头的情况下会出现该类型；光泽稍亮表面有大量粗糙的小凹坑且边缘锋利，不以斑块的形式发达，而是从一开始中高点处扩展成一片以网状连接[70]。D1 类型：对象物多为骨头和鹿角，偶尔在加工木头的情况下会出现该类型；光泽明亮纹理光滑且平坦，仅在使用刃边缘处连接成为一狭小平面，其表面有大量类似融雪状的小坑[71]。D2 类型：对象物多为骨头，鹿角和木头，偶尔在加工竹子的情况下会出现该类型；光泽明亮但粗糙且呈边缘锐利的峰峦状，仅在使用刃边缘处连接成为一狭小平面，其表面小坑较多并伴随有锐利沟状的线状痕[72]。E1 类型：对象物多为皮子和肉，偶尔在加工木头的情况下会出现该类型；光泽稍亮纹理光滑，仅在使用刃边缘处形成互不连接独立的小斑块，周围常伴有微弱的光泽（F2）[73]。E2 类型：对象物多为皮子和肉；光泽灰暗表面呈磨砂状，伴随磨损在刃缘部形成较宽的光泽带[74]。F1 类型：对象物多为干燥鹿角，骨头，皮子，肉和木头；光泽灰暗表面粗糙且边缘锐利，与油脂的光泽类似[75]。F2 类型：该类型一般出现在各种被加工物光泽形成的初期与加工皮子和肉的情况下，光泽极暗与未使用部分的纹理基本相同，多为不发达的小斑块光泽[76]。以上都是最理想的实验结果，但是实际的石器出土中，各个类型存在混杂的情况（图 6-b）。也存在受土壤等自然因素影响产生的 X 类型与 Y 类型，受埋藏影响的 BS（bright spot）类型与导致表面变化的 SS（soil sheen）类型。其中，X 类型的光泽表面被不同大小的小坑覆盖且非常粗糙。Y 类型的光泽一般是出现在受流水冲击砾石面上，其整体亮度一致表面平坦，特别是条痕不具有规则性非常散乱[77]。BS 类型是非常平坦，光泽表面像镜子一样反射强光；其边缘像被削掉一样。SS 类型频繁出现在发掘资料上，并且其范围极其广（单面，背面上特定的剥离面）与明显的 F1 光泽比较类似。

（三）破损

破损被认为是最大的微痕，用肉眼或者 10 倍放大镜就可以进行基础观察[78]。而使用过程中被识别出来的破损一般是指在投掷过程中产生的冲击剥离痕（Impact fractures）。其形成原理如图 5 所示，投掷目标和石器尖端部接触后，产生一定的冲击压力，这股力作用在石器尖部导致发生剥离。由于这股力往往是弯曲的，因此基本上冲击剥离是从倾斜开始[79]。根据 Fischer、佐野等人的研究[80]，可将冲击剥离痕分为主要的破损和次要的破损（图 5）。其中主要的破损包括：a. 纵沟状剥离；b. 雕器状剥离；c. 横断状剥离，这一类型又可以通过与边缘二次加工的先后关系可细分为羽翼状末端、关节咬合状末端、阶梯状末端、折断状；d. 次要破损的冲击剥离痕，根据其存在的位置又可以分为两面剥离状破损和单面剥离状破损[81]。但是由于使用产生的破损或者大型的剥离痕，并不仅仅出现于投掷或者砍伐的石器上，在进行解体或者穿孔等相对用力的作业时也会出现，因此目前只能借助上述指标性的冲击剥离痕（Diagnostic impact fractures，简称 DIF）来有效断定狩猎工具[82]。

（四）条痕

条痕是作为推定石器的运动方向最有效的方法[83]。但在实际的分析与实验中，石

表2　光泽各类型特征 [8b]

Table2　Features of polish types

类型	亮度		平滑度		扩展程度	高低差	连接度	其他（线装痕构造·阶梯状构造·群孔构造）	对象物 "（ ）" 内为偶尔发生的情况
	外部对比	内部对比	纹理	圆润度					
A	极亮	强（暗部呈岛状构造）	光滑	圆润	向某一面的中间部扩展	自高点开始全部覆盖	连接为一片	埋在光泽内的线状（filled-in striation）；彗星状的小坑（comet-shaped pit）	稻类草本（竹）
B	明亮	强（斑块状光泽）	光滑	光泽斑点十分圆润（呈水滴状）	扩张	自高点开始逐渐发达，却罕见发达到低点的情况	圆顶状的光泽斑块互相连接	光泽以线条状连接，小坑（pit）较少	木—竹—稻类草本的形成初期（骨）
C	稍亮	稍弱（网状光泽）	粗糙	凹凸部锋利	扩张	中高点处扩展成一片，低处的凹部残留	光泽不以斑块的形式发达，而是从一开始以网状连接	大量尺寸不同的小坑	沾水鹿角（骨）
D1	明亮	弱（几乎相同）	光滑	平坦	限定于刃部	微凹凸部分的高低差消失	边缘处连接成为一块小平面	形成类似融雪状的小坑阶段，且数量较多	骨—鹿角（木）
D2	明亮	稍弱（平行条状）	稍粗	呈边缘锐利的峰峦状	限定于刃部	微凹凸部分变形呈微条状	边缘处连接成为一块小平面	锐利沟状的线状痕，小坑较多	骨—鹿角—木（竹）
E1	稍亮	强（小斑点状）	光滑（仅小斑点上）	较圆润的小光泽斑块	限定于刃缘极狭窄的部位	高点小斑块明亮，低点与未使用部分相同呈微弱的光泽	小斑块的光泽互相独立、不连接	周围常伴有微弱的光泽（F2）	皮—肉（木）
E2	灰暗	稍弱	极微细的凹凸（呈磨砂状）	圆润（光泽全部磨损）	扩张	无（高低点相同）	伴随磨损在刃缘部位成较宽的光泽带	有多种形式的线状痕，多是小圆形被剥落的微小圆形凹形（micropotlid）	皮—肉

续表

类型	亮度		平滑度		扩展程度	高低差	连接度	其他	对象物"（）"内为偶尔发生的情况
	外部对比	内部对比	纹理	圆润度					
F1	灰暗	弱	粗糙	边缘锐利	多样	无（高低点相同）	延伸到低处而不改变原有表面的微观不平整	有类似油脂的光泽	干燥鹿角－骨－皮－肉－木
F2	极暗	弱	无变化（与未使用部分相同）	无变化	多样	多样	不发达的小亚块光泽	原石材面无改变	各种被加工物光泽形成的初期皮－肉

器表面很难形成有效的条痕，而这与石器的石材有关。比如，黑曜石就很容易产生条痕，而硬度高的石英岩则基本不会产生条痕。根据实验可知：在进行与刃缘平行的作业时，石器的背面和腹面都会形成与使用刃平行的条痕（图 7-6）；在进行与刃缘垂直的作业时，与被加工物直接接触的面上会形成与使用刃垂直的条痕（图 7-5）；进行旋转方向的运动时，在石器尖端部的凸起部位（棱线、边缘或放射线等高点）会形成与旋转方向相同平行的条痕[84]。

（五）磨损

与石器使用相关的磨损主要是指由于与被加工物接触导致石器刃部的消耗，以及在装柄与搬运过程中产生的磨耗[85]。本文仅对其中使用产生的磨损进行总结。通过观察磨损不仅可以判定石器的使用部分，也能够与条痕的分析一样推断出作业的运动方向和使用方法。其原理与条痕的产生与分布一样[86]，这里不再重复。同时，对于从遗址回收的不确定使用时长的石器，可以通过观察磨损的规模来推测被加工物的软硬程度[87]。虽然关于磨损并未进行专门的系统性实验研究，但是根据已有的相关数据可知：使用时间越长磨损越发达；相比于细腻材质的石器，粗糙材质的石器磨损更发达；比起软质的被加工物，与硬质被加工物接触的石器更容易产生磨损，其范围也更广[88]。

五、结　　语

尽管前述总结归纳了微痕各个类型的辨认特征，但是在对出土石器的分析中除了使用中产生的痕迹还存在使用外产生的痕迹，如制作痕迹，搬运痕迹，装柄痕迹，废弃与埋藏痕迹。这就需要进行大量的实验，通过实验数据来区别上述痕迹类型。

虽然，日本海东岸地区已经建立起相对完善的微痕分析体系，仍旧在诸多问题上存在争议和进一步探讨的空间，如过于偏重光泽分析即侧重于高倍法，缺少实验数据和分析方法需要更客观化与定量化等。总体而言，近半个世纪的研究工作奠定了我们对日本微痕研究的基本认识。相比之下，我国有着庞大的石制品资料，但微痕分析仍较为局限[89]，大多数的遗址依然主要依赖于石器类型分析。本文旨在让国内的研究人员们对日本微痕分析有更进一步的了解，并且在研究中考虑将其纳入石制品分析的一环，通过共同努力在未来建立起更加适用于中国材料的微痕数据库。

附记　本文系 2023 年度国家社科基金项目"考古中国——吉林东部长白山地区古人类遗址调查与研究"（项目批准号：23AKG001）阶段性成果。东北大学阿子岛香名誉教授修改部分专业名词的中英日翻译并提供了文献资料，东北亚研究中心佐野胜宏教授修改英文摘要，辽宁大学徐廷副教授为黑曜石分析部分提供了实验经验与意见，中国科学院古脊椎动物与古人类研究所杨石霞青年研究员与岳健平副研究员为论文写作给予诸多指导和帮助，东北大学林乃如同学帮助修改用语，审稿人与编辑为本文修改提出宝贵意见，在此谨表谢意。

注 释

[1] Semenov S A, Thompson M W. 1964. *Prehistoric Technology*. London: A dams and Mackay.

[2] 滝沢浩：《ナイフ形石器の機能》，《下総考古学》1964 年第 1 期，第 19-24 页。

[3] 佐原真：《石器》，见詫間町文化財保護委員会編《紫雲出：香川県三豊郡詫間町紫雲出山弥生
式遺跡の研究》，京都：真陽社，1964 年，第 70-79 页。

[4] 田中琢：《石器の用途と使用痕》，《考古学研究》，1968 年第 14 巻第 4 期，第 44-68 页。

[5] 小山修三：《先史時代の技術―使用痕と製作痕の実験的研究―》，见国学院大学考古学会編
《国学院大学考古学会先土器研究会・資料》，東京：国学院大学考古学会，1969 年。

[6] a. 梅津昇：《使用痕観察による石器用途の一考察》，《考古学ジャーナル》1969 年第 28 期，第
20-22 页。

b. 加藤晋平、畑宏明、鶴丸俊明：《エンド・スクレイパーについて―北海道常呂郡端野町吉
田遺跡の例―》，《考古学雑誌》1970 年第 55 巻第 3 期，第 44-74 页。

c. 加藤晋平、鶴丸俊明、水村孝行：《多面体彫器の問題―北海道東部間村・吉村両遺跡の調
査から―》，《考古学ジャーナル》1971 年第 57 期，第 10-22 页。

d. 芹沢長介：《石器の使用痕》，见芹沢長介編《古代史発掘 1 最古の狩人たち》，東京：講談
社，1974 年，第 61-62 页

e. 実川順一：《第四節 鈴木遺跡Ⅳ層出土石器の顕微鏡観察》，见鈴木遺跡調査会編《鈴木遺跡
1》，小平市：中央美術，1978 年，第 35-348 页。

f. 実川順一：《山室遺跡出土石器の顕微鏡観察》，《石器研究》1980 年第 1 期，第 24-25 页。

g. 中島庄一：《石器の擦痕について》，见長野県栄村教育委員会編《栄村小坂遺跡緊急調査報
告書》，飯山市：中央堂印刷，1976 年，第 27-29 页。

h. 中島庄一：《縄文時代前期の石器に観察される使用痕ついて》，《長野県考古学会誌》，1977
年第 29 期，第 21-25 页。

[7] 芹沢長介：《石器の使用痕に関する研究》，见古代文化財編集委員会編《考古学・美術史の自
然科学的研究》，東京：東京プレス，1980 年，第 461-468 页。

[8] a. 梶原洋、阿子島香：《頁岩製石器の実験使用研究―ポリッシュを中心とした機能推定の試
み―東北大学使用痕研究チームによる研究報告その 2》，《考古学雑誌》1981 年第 76 巻第 1
期，第 1-36 页。

b. 阿子島香：《石器の使用痕》，東京：ニュー・サイエンス社，1989 年。

c. 阿子島香：《マイクロフレイキングの実験的研究―東北大学使用痕研究チームによる研究
報告その 1》，《考古学雑誌》1981 年第 66 巻第 4 期，第 1-27 页。

d. 芹沢長介、梶原洋、阿子島香：《実験使用痕研究とその可能性（東北大学使用痕研究チー
ムによる研究報告その 4 ）》，《考古学と自然科学》，1981 年第 14 期，第 67-87 页。

e. 阿子島香、梶原洋：《石器の使用痕分析の客観化―東北大学使用痕研究チームによる研究
報告その 5》，《考古学ジャーナル》，1984 年第 227 期，第 12-27 页。

f. 山田しょう：《使用痕光沢の形成過程―東北大学使用痕研究チームによる研究報告その 6
―》，《考古学と自然科学》，1986 年第 19 期，第 101-123 页。

[9] 同 [8] b。

［10］ a. 御堂島正：《エッヂ・ダメージの形成に関する実験的研究―変数としての刃角―》，見長野県考古学会編《中部高地の考古学Ⅱ大澤和夫会長喜寿記念論文集》，長野市：信毎書籍印刷株式会社，1982 年，第 66-98 頁。

b. 御堂島正：《黒曜石製石器の使用痕―ポリッシュに関する実験的研究―》，《神奈川考古》1986 年第 22 期，第 51-77 頁。

c. 御堂島正：《使用痕と石材―チャート、サヌカイト、凝灰岩、に形成されるポリッシュ―》，《考古学雑誌》1988 年第 74 巻第 2 期，第 1-28 頁。

［11］ 同［10］b。

［12］ 同［10］c。

［13］ 岡崎里美：《石器使用痕ポリッシュ研究の疑問》，《季刊考古学》1989 年第 29 期，第 52-56 頁。

［14］ 同［8］b。

［15］ 御堂島正：《石器使用痕の研究》，東京：同成社，2005 年。

［16］ a. 御堂島正：《有肩扇状石器の使用痕分析―南信州弥生時代における打製石器の機能―》，《古代文化》1989 年第 41 巻第 3 期，第 30-43 頁。

b. 御堂島正：《抉入打製石庖丁の使用痕分析―南信州弥生時代における打製石器の機能―》，《古代文化》1989 年第 41 巻第 6 期，第 19-27 頁。

c. 御堂島正：《横刃型石庖丁の使用痕分析―南信州弥生時代における打製石器の機能―》，《古代文化》1990 年第 42 巻第 1 期，第 10-20 頁。

d. 須藤隆、阿子島香：《富沢水田遺跡泉崎前地区出土石包丁の使用痕》，見仙台市教育委員会編《富沢水田遺跡》，仙台：園部紙工株式会社，1984 年，第 213-215 頁。

e. 須藤隆、阿子島香：《下ノ内浦遺跡 SK2 土壙出土の石庖丁》，見仙台市教育委員会編《仙台市高速鉄道関係遺跡調査概報Ⅲ》，仙台：東北プリント，1984 年，第 59-66 頁。

f. 須藤隆、阿子島香：《東北地方の石庖丁》，見日本考古学協会編《日本考古学協会研究発表要旨》，名古屋：新日本印刷，1985 年第 19 頁。

［17］ a. 御堂島正：《石鏃と有舌尖頭器の衝撃剥離》，《古代》1991 年第 92 期，第 79-97 頁。

b. 御堂島正：《ナイフ形器の刺突実験》，《神奈川考古》1996 年第 32 期，第 77-96 頁。

c. 御堂島正：《ナイフ形石器の衝撃剥離》，《かながわの考古学研究紀要》1996 年第 1 期，第 23-24 頁。

［18］ a. 同［15］。

［19］ a. 阿子島香：《ミドルレンジセオリー》，見芹沢長介先生還暦記念論文集刊行会編《古学論叢 I》，東京：六一書房，1983 年，第 171-197 頁。

b. 同［8］b。

［20］ a. 同［19］a。

b. 阿子島香：《実験使用痕分析と技術的組織―パレオインディアン文化の一事例を通して》，見加藤稔先生還暦記念会編《東北文化論のための先史学歴史学論集：加藤稔先生還暦記念》，仙台：今野印刷，1992 年，第 27-53 頁。

［21］ a. 御堂島正：《石器実験痕跡研究の現在》，見御堂島正編《石器痕跡研究の理論と実践》，東京：同成社，2020 年，第 3-31 頁。

b. 同［8］b。

c. 同［15］。

d. 岩瀬彬：《最終氷期最盛期の石器使用痕研究》，東京：同成社，2021年。

［22］ a. Akoshima K, Hong H Y. 2014. Standard Use-wear Chart of TUMRT (1): Microflaking (1). *Bulletin of the Tohoku University Museum*, 13: 43-76.

b. Akoshima K, Hong H Y. 2016. Standard Use-wear Chart of TUMRT (2): Microflaking (2). *Bulletin of the Tohoku University Museum*, 15: 127-139.

c. Akoshima K, Hong H Y. 2017. Standard Use-wear Chart of TUMRT (1): Polish (1). *Bulletin of the Tohoku University Museum*, 16: 69-86.

d. Akoshima K, Hong H Y. 2017. Standard Use-wear Chart of TUMRT (2): Polish (2). *Bulletin of the Tohoku University Museum*, 17: 115-138.

［23］ 同［21］d。

［24］ a. 同［21］d。

b. 阿子島香：《技術的組織論と使用痕分析法》，《石器使用痕研究会会報》2003年第8期，第16-18页。

［25］ a. 同［19］a。

b. 同［15］。

c. Sano K. *Founctional Variability in the Late Upper Palaeolithic of North-Western Europe*. PhD diss., The University of Köln, 2012.

［26］ a. 同［19］a。

b. Binford L R. 1977. General introduction. In: Binford L R. *For Theory Building in Archaeology: Essays on Faunal Remains, Aquatic Resources, Spatial Analysis, and Systemic Modeling*. New York: Academic Press. pp. 1-13.

c. 阿子島香：《民族考古学と旧石器研究》，见日本考古学協会1991年宮城・仙台大会実行委員会編《北からの視点：日本考古協会宮城・仙台大会シンポジム資料集》，仙台：今野印刷，1991年，第63-67页。

［27］ a. 同［15］。

b. 同［21］d。

［28］ 五十嵐彰：《実験痕跡研究の枠組み》，《考古学研究》2001年第47卷第4期，第76-89页。

［29］ 同［25］c。

［30］ a. 御堂島正：《トラセオロジーとしての実験考古学一石器制作における加熱処理を例として一》，《考古学ジャーナル》2001年第479期，第9-12页。

b. 御堂島正：《黒曜石製石器の実験痕跡研究》，東京：同成社，2020年。

［31］ a. 御堂島正：《黒曜岩製石器の着柄痕跡に関する予備的研究》，《旧石器研究》2016年第12期，第61-82页。

b. Binford L R. 1979. Organization and formation processes: looking at curated technologies. *Journal of Anthropological Research*, 35: 255-273.

［32］ a. 同［19］a。

　　b. 阿子島香：《技術組織論・動作連鎖論の人類学的背景と考古学的適用》, 見東北日本の旧石器文化編《第 26 回東北日本の旧石器文化を語る会予稿集》, 仙台：東北大学, 2012 年, 第 19-25 頁。

[33]　a. 沢田敦：《技術組織・ライフヒストリー・痕跡分析》,《旧石器研究》2018 年第 14 期, 第 121-130 頁。

　　b. 沢田敦：《使用痕分析から技術組織を観る》,《考古学ジャーナル》2021 年第 749 期, 第 5-9 頁。

[34]　同 [8] b。

[35]　同 [21] d。

[36]　a. 同 [8] c。

　　b. Odell G H. 1981. The mechanics of use-breakage of stone tools: some testable hypotheses. *Journal of Field Archaeology*, 8(2): 197-209.

　　c. Odell G H, Odell V F. 1980. Verifying the reliability of lithic use-wear assessments by "blind tests": the low-power approach. *Journal of Field Archaeology*, 7: 87-120.

[37]　a. 同 [8] c。

　　b. 同 [41] b。

　　c. 同 [41] c。

[38]　Keeley L H. 1980. *Experimental Determination of Stone Tool Uses*. Chicago: The University of Chicago Press.

[39]　Vaughan P C.1981. Microwear analysis of experimental flint and obsidian tools. *Third International Symposium on Flint*, 6: 90-91.

[40]　a. 同 [8] d。

　　b. 同 [10] a。

[41]　同 [21] d。

[42]　a. 同 [8] b。

　　b. 同 [8] d。

　　c. 同 [10] c。

　　d. 同 [15]。

　　e. 同 [21] d。

[43]　a. 同 [8] b。

　　b. 同 [15]。

[44]　同 [15]。

[45]　同 [15]。

[46]　a. 同 [8] b。

　　b. 同 [22] a。

　　c. 同 [22] b。

[47]　同 [15]。

[48]　同 [8] b。

［49］ 同［8］b。

［50］ 同［15］。

［51］ 同［8］b。

［52］ 同［15］。

［53］ 同［8］b。

［54］ 同［15］。

［55］ a. 同［8］d。

b. 同［22］a。

c. 同［22］b。

［56］ 同［15］。

［57］ 同［15］。

［58］ 同［8］b。

［59］ 同［15］。

［60］ 同［8］b。

［61］ a. 同［8］a。

b. 同［15］。

c. 同［25］c。

［62］ 同［8］b。

［63］ a. 同［8］a。

b. 同［8］b。

c. 同［10］c。

d. 同［15］。

e. 同［25］c。

［64］ a. 同［8］b。

b. 同［10］b。

c. 同［10］c。

［65］ a. 同［8］a。

b. 同［8］b。

c. 同［10］b。

d. 同［15］。

e. 同［25］c。

［66］ a. 同［8］a。

b. 同［8］b。

［67］ 同［8］b。

［68］ 同［8］b。

［69］ 同［8］b。

［70］ 同［8］b。

［71］ 同［8］b。

［72］同［8］b。

［73］同［8］b。

［74］同［8］b。

［75］同［8］b。

［76］同［8］b。

［77］同［8］a。

［78］a. 同［8］b。

　　　b. 同［15］。

［79］佐野勝宏:《旧石器時代の狩猟具の同定方法》, 見橋本博文先生退職記念事業実行委員会編
《磨斧作針: 橋本博文先生退職記念論集》, 東京: 六一書房, 2019 年, 第 1-17 頁。

［80］a. Fischer A, Hansen P V, Rasmussen P. 1984. Macro-and microwear traces on lithic projectile points.
Experimental results and prehistoric examples. *Journal of Danish Archaeology*, 3: 19-46.

　　　b. Sano K. 2019. Hunting evidence from stone artefacts from the Magdalenian cave site Bois Laiterie,
Belgium: a fracture analysis. *Quartär*, 56: 67-86.

　　　c. 佐野勝宏:《石器に残される狩猟痕跡認定のための指標》,《考古学ジャーナル》2011 年第
614 期, 第 20-25 頁。

［81］a. 同［80］a。

　　　b. 同［80］c。

［82］a. 同［80］a。

　　　b. 同［80］c。

［83］同［8］a。

［84］a. 同［21］d。

　　　b. 同［26］b。

　　　c. 同［28］。

　　　d. 同［15］。

　　　e. 同［8］a。

　　　f. 同［25］c。

［85］a. 同［31］a。

　　　b. 鹿又喜隆:《更新世最終末の石器集積遺構に含まれる道具の評価—宮城県仙台市野川遺跡
の機能研究と複製石器の運搬実験を通して》,《日本考古学》2010 年第 30 期, 第 47-63 頁。

［86］同［21］d。

［87］同［22］a。

［88］a. Vaughan P C. 1985. *Use-wear Analysis of Flaked Stone Tools*. Tucson: The University of Arizona
Press.

　　　b. Keeley L H. 1977. The functions of paleolithic flint tools. *Scientific American*, 237(5): 108-126.

［89］a. 沈辰、陈淳:《微痕研究（低倍法）的探索与实践——兼谈小长梁遗址石制品的微痕观察》,
《考古》2001 年第 7 期, 第 62-73、103-104 页。

　　　b. 高星、沈辰:《石器微痕分析的考古学实验研究》, 北京: 科学出版社, 2008 年。

c. 陈虹：《华北细石叶工艺的文化适应研究》，复旦大学博士学位论文，2010 年。

d. 张晓凌、高星、沈辰，等：《虎头梁遗址尖状器功能的微痕研究》，《人类学学报》2010 年第 29 卷第 4 期，第 337-354 页。

e. 张晓凌、沈辰、高星，等：《微痕分析确认万年前的复合工具与其功能》，《科学通报》2010 年第 55 卷第 7 期，第 229-236 页。

f. 赵海龙、徐廷、马东东：《吉林和龙大洞遗址黑曜岩雕刻器的制作技术与功能》，《人类学学报》2016 年第 35 卷第 4 期，第 357-548 页。

g. 崔启龙、张居中、杨玉璋，等：《河南舞阳贾湖遗址出土石器的微痕分析》，《人类学学报》2017 年第 36 卷第 4 期，第 478-498 页。

h. 王小庆：《陕西宜川龙王辿遗址第一地点出土石器的微痕观察》，《考古》2017 年第 11 期，第 100-111 页。

i. 陈虹：《鉴微寻踪：旧石器时代石英岩石制品的微痕与功能研究》，杭州：浙江大学出版社，2020 年。

j. 陈虹：《微研大义：石器微痕研究与思考》，杭州：浙江大学出版社，2020 年。

k. 徐廷、陈虹、李尧：《吉林和龙大洞遗址 2010 年出土雕刻器的初步研究》，《人类学学报》2023 年第 42 卷第 6 期，第 751-763 页。

An Overview of Use-wear Study in Japan

WANG Han

(Graduate School of Arts and Letters, Tohoku University)

Abstract: Use-wear study is one of the most effective methods for analyzing the function of lithics and explaining prehistoric human behaviors. The methodology of the use-wear analysis in Japan has been developed based on comprehensive, well-established experimental frameworks. The identification criteria of the polish types are unique and different from those developed in Europe. This paper introduces the research history and methodology of the use-wear analysis in Japan. Here we show five main types of use-wear traces and features of polish types and microflaking in details reflected by different motions and worked materials. This review paper may provide a helpful reference for functional studies on lithic artifacts in China.

Key Words: use-wear; polish; microflaking; impact fractures; traceology

春秋至西汉时期中国玉器研究综述

魏　　然[1]　叶晓红[2]

（1. 首都师范大学历史学院；2. 中国社会科学院考古研究所）

摘要： 春秋至西汉时期是继新石器时期、殷商时期之后玉器技术与文化发展的又一高峰，此阶段玉器承载着越发丰富的精神内涵，治玉技术也进入了全新的发展阶段。本文通过梳理学界针对该时期出土玉器开展的相关研究，发现其研究历程大体包括遗存发掘初期、研究发展期和成熟初期三个阶段。自 20 世纪 60 年代始，多处相关遗址的发掘揭开了春秋至西汉时期玉器研究的序章。20 世纪 80 年代至 20 世纪末，在运用传统考古学方法对玉器进行探讨的同时，部分学者开始将考古学方法和地质学技术手段结合，探索玉器的材质及产地等问题。近年来，随着科技考古学科发展及其与传统研究方法的相互融合，打开了以多学科方法相结合解决考古学问题的新局面。有学者通过微痕分析、矿物物相及化学成分分析，结合文物出土情景探讨先民在选料、用料和治玉技术等方面的有意识选择，对春秋至西汉时期用玉上的等级差异进行着重讨论，即在生死之间都发挥着重要作用的用玉制度问题。目前研究方法逐渐成熟，但由于玉器科技考古研究起步较晚，纵观 20 世纪至今的相关研究成果，尚且存在着科学检测技术普及不足、矿物术语应用混杂以及学科间融合不充分导致玉器科技考古研究还远不够深入等问题，这些亟待我们进一步解决与完善。

关键词： 春秋至西汉时期　玉器　科技考古

一、引　　言

东周时期文献可见"君子比德于玉焉"[1]，当时的人们将玉器与道德、礼仪制度紧密联系在一起，较为成熟的礼玉制度得以体现在社会生活的各个方面，常见玉器的器形及器物风格也因此与前代存在一定差别。牟永抗先生将中国古代玉器的发展划分为神圣化、礼仪化、世俗化三个阶段[2]，春秋至西汉这一时期就属于玉器礼仪化阶段。郭宝钧先生指出，自周代始出现了新的用玉礼制系统，玉器等级化的使用方式更加完善，虽然并未完全实现《周礼》中所描述的严格礼制，但此时的用玉习惯对后世的玉器使用产生了深刻影响，开汉代用玉习俗的先河[3]。东周与秦汉联系紧密，在文化因素与器形方面有着密切的承袭关系，秦代吸收春秋战国时期的玉器发展成果，而后汉承秦制。可以说，春秋至西汉时期是玉器重要的发展阶段，这一阶段的玉器精美，种类繁多，并被赋予道德和礼仪的象征，是政治、文化制度中必不可少的组成部分。

较早发现的春秋至西汉时期玉器遗存当属1935～1951年发掘的河南辉县东南郊琉璃阁墓地，而后随着考古工作的繁荣发展，这一时期的玉器大量涌现，引起了众多学者的关注和研究。从发掘成果和研究情况来看，可以将春秋至西汉时期玉器研究发展分为三个阶段，本文就这三个阶段进行整理归纳，并略述如下。

二、中华人民共和国成立后至20世纪70年代

这一时段为遗存发掘初期，春秋至西汉的玉器遗存开始相继被发掘，遗址简报中主要概述了玉器的基本情况，相关研究处于萌芽时期，且此类期刊文章也多注重于出土玉器的具体描述，少有较为深入的探讨。洛阳中州路东周墓群[4]、寿县蔡侯墓[5]、满城汉墓[6]、侯马东周盟誓遗址[7]、大葆台汉墓[8]、战国中山国墓[9]、曾侯乙墓[10]、固始侯古堆一号墓[11]、定县40号汉墓[12]、巨野红土山西汉墓[13]等遗址的发掘使春秋至西汉的玉器面世，简报或报告中多介绍了玉器的造型、纹样、尺寸、颜色等特征，根据出土位置对器物的用途加以简单猜想，并对肉眼可见的加工痕迹进行基本描述和判断。满城汉墓所出玉衣类型特殊且保存完整，引起了部分学者的注意，史为对各地玉衣片遗存进行了介绍，将遗址所出玉衣与古代文献进行对比，提出"玉匣"与"玉衣"应指同一种遗物，并认为出土实物可以对应《后汉书》中所记玉衣的等级制度[14]。中国科学院考古研究所技术室对满城汉墓所出玉衣的清理和修复过程进行了记录，发现玉衣片的大小和形状是随人体变化的，存在其他器改制成玉衣片的现象，认为玉衣经过砂锯切割、砂钻法钻孔、抛光等工艺的加工[15]。同样被学者进行描述和基本分析的文物还有定县40号汉墓的玉衣，作者通过判断金缕玉衣为特赐认为墓主应是中山孝王[16]。周南泉对中山国墓出土玉器也进行了概述，并将墨书玉器上的器名与古文献比对[17]。在玉器材质方面，部分学者在文章中有意识地提及了出土玉器的玉料问题，但多是提出自己的观点，缺少相关的论证及鉴定方法的运用。

三、20世纪80年代至20世纪末

随着考古学在我国的发展，更多重要遗址的发掘令可供研究的文物数量增多，春秋至西汉时期玉器研究的成果较前一阶段明显提升，研究角度也更为丰富。此期的发掘简报或报告中少见对于玉器的单独研究，少数重要发现的发掘报告，如《满城汉墓发掘报告》《曾侯乙墓》鉴定了部分玉器质地[18]，《西汉南越王墓》对于玉衣的清理复原及部分玉器质地及产地等进行了探讨[19]。研究成果多以期刊文章形式呈现，包含传统方法和科技方法两种研究方式。

　　传统的研究方式多对器物的演变过程、形制、用途、礼仪制度等方面进行讨论，有时也会根据肉眼观察对玉器的加工及产地问题进行宏观的判断，如改制现象、加工场所在中央还是当地、工艺为浮雕还是圆雕等等问题。多数学者选取某一件或一个类型的玉器进行具体探讨，包括玉衣[20]、龙形玉佩[21]、组玉佩[22]、牙璋[23]、玉棺[24]、玉印[25]等专题，主要研究器物定名、演变过程、器物用途等方面，从而进一步推断器物所属年代，帮助遗址断代。也有学者对较重要的一个遗址所出的全部玉器进行整体分析，如曾侯乙墓[26]、吴县严山窖藏[27]、桐柏月河一号墓[28]、苏州真山大墓[29]、狮子山楚王墓[30]等，从出土位置、玉器形制、器物组合、文化因素等方面探讨遗址性质、遗址所属国别的文化特色及手工业发展情况。基于出土文物日益增多，针对较大的区域或较长时段的玉器研究开始取得一定成果，内容涉及东周玉器综述[31]、东周时期中原地区玉器[32]、东周时期山东地区玉器[33]、春秋玉器分期[34]、楚式玉器[35]、秦式玉器[36]、汉代玉器特色[37]、汉代诸侯王墓所出玉器对比[38]等研究角度，以宏观视角讨论玉器的地域及时代特征，以及其背后所蕴含的文化交流、用玉礼制等问题。这一研究阶段中礼玉制度的探讨主要存在于多角度研究玉器的文章之中，将礼制作为研究的重点进行单独探讨的现象较少，卢兆荫先后对礼仪活动用玉和丧葬用玉的使用制度流变进行了梳理，着重探讨汉代的用玉制度，结合古文献与出土资料认为汉代礼仪用玉主要为玉圭和玉璧，丧葬用玉有玉衣、玉塞、玉覆面、玉棺等[39]。

　　在这一研究阶段，治玉工艺研究仍以肉眼观察的传统方法为主，如胡志生对強国墓地出土玉器的分析[40]，科技考古主要体现在玉器质地的鉴定及产地问题的探讨上。满城汉墓的发掘报告首先在编写时邀请了地质学者运用地质学手段探讨部分出土玉器的质地和产地，做出了玉器科技考古的尝试。杨杰从矿物学角度研究玉器，进行硬度测定、偏光显微镜检测、化学分析和光谱分析，将结果与和田玉、岫岩玉对比，认为所测玉器为多种矿物集合体，成分为蛇纹石化透闪石[①]，推测满城汉墓的部分玉料采自辽宁的岫岩地区[41]。张培善使用油浸法、偏光显微镜、显微硬度计、化学分析及 X 射线粉晶分析手段，认为满城汉墓的葬玉质地皆为闪石玉，排除了蛇纹石玉的可能性[42]。闻广先生的研究更加深入，将矿物学方法与古文献相结合探究考古学问题，从玉器的质地鉴定入手，分析玉料可能存在的产地，并通过不同玉器质地上的差异探究背后可能蕴含的用玉制度问题。闻先生对西汉南越王墓出土的璧、杯、盒等玉器与属于丧葬用玉的玉衣片进行了成分鉴定；通过红外光谱和 X 射线粉晶照射分析指出大部分被测文物都为闪石玉，只存在一件玉衣片成分可能为绢云母石英岩，进而提出非闪石玉的玉衣片可能是因为当时的礼玉制度故意为之，以避免用玉用全；再通过计算闪石玉中铁和镁的占位比率判断玉料为镁质大理岩中的闪石玉，存在部分玉料就近取材的可能[43]。同样的方法也可见于闻广先生对于高邮神居山二号汉墓出土玉器的研究，闻先生通过红外光谱、偏光显微镜和扫描电子显微镜判断大部分玉璧、玉佩、玉衣片为闪石玉质地，存在绢云母质地的圆饰和绿松石质地的盒饰，部分玉衣片为酸性熔岩制成；通过墓中闪石玉制品的稳定同

---

①　原文作者将满城汉墓玉器的矿物成分称为"鲍文石玉"，即蛇纹石化透闪石。

位素分析发现高邮神居山遗址的玉料使用来源较广，推测玉料多源现象反映了当时的中央集权制度；并发现该遗址也存在玉衣中夹杂部分非闪石玉质地的玉衣片这一现象，认为汉代诸侯王避免全用真玉可能是当时的一种礼制[44]。可以说闻广先生的研究思路对之后的玉器科技考古研究起到了重要的示范作用，研究内容同时兼顾深度与广度。

四、21世纪初至今

相关研究逐渐步入成熟期，此阶段对于春秋至西汉时期较为重要的用玉制度问题，除孙庆伟[45]、石荣传[46]、刘尊志[47]、曹芳芳[48]、陈博[49]等学者从传统类型学等角度对其进行分析外，部分学者开始使用科技考古方法对这一问题进行探究，包括从治玉工艺角度探讨礼玉制度，或从玉器质地方面进行用玉等级探讨等。科研设备及理念的更新促使研究方向和方法更加多元，科技考古在此期取得了较为重要的发展，下文分别从治玉工艺、玉器质地、玉料产地等三个方面进行归纳。

（一）基于治玉工艺分析的相关研究

有关治玉工艺的研究主要运用了不同类型的显微设备，部分研究会配合硅胶复制加工痕迹进行分析。罗涵、李琳娜等对西汉南越王墓和狮子山楚王墓出土玉衣片等进行测量、比例计算并将文物置于体式显微镜下观察，发现南越王墓玉衣片的分布位置与工艺的精细程度具有相关性，部分重要部位的玉衣片工艺精湛，与狮子山楚王墓的整体玉衣片相似，因此整体来看徐州地区的玉器工艺更加成熟和先进；并对一处南越王墓玉衣片的切割痕迹进行复原实验，推测该处应为厚度为0.3~0.5mm的合金锯片加工所得，由此可见西汉时期已经在使用合金工具且治玉工匠具有精湛的技术[50]。刘珺、樊温泉等对新郑西亚斯东周墓玉器进行了硅胶翻模配合使用超景深显微镜，对加工痕迹进行拍照、绘制横截面图并使用三维成像功能，认为云母玉、闪石玉使用砣具和实心钻时使用解玉砂，而滑石则使用砾石直接进行刻划和钻孔工艺，推断工艺的选择与质地存在一定联系[51]。袁仪梦、胡永庆等使用相同的方法对固始侯古堆一号墓玉器进行分析和微痕测量，认为多数阴刻使用了砣具，切割使用了锯片工具，实心钻运用在钻孔和掏膛方面，联系玉料分析判断较软的材料会用于圆雕，并存在直接使用硬石刻划进行加工的情况[52]。叶晓红等对春秋养国国君墓、秦至西汉早期祭祀遗址以及汉代楚王墓出土玉器都进行了专题研究，运用电子扫描显微镜配合硅胶翻模进行观察。作者指出从桐柏月河一号墓出土玉器可见，在春秋晚期金属砣具携带解玉砂进行阴刻的工艺已经成熟，少部分砾石类手持工具的使用可能是因为材料的硬度、加工面为弧面或是工匠水平问题等原因[53]；整体考察发现该遗址玉器开料时使用锯片切割进行连续开片，减地和打磨主要使用不同粒度的砾石，运用了金属线锯进行透雕，并通过叠压打破关系判断此时治玉工艺的顺序为开料、打磨、加工外缘、雕刻纹饰、最后进行钻孔，从而判断春秋时期的玉器加工继承了商周时期的工艺并已经熟练使用金属工具[54]。血池祭祀遗址出土有秦至西汉早期的礼玉，经研究发现大部分玉器为玉璧改制而成，旧有纹饰还残留在较多部位，新刻纹饰使用了不携带解玉砂的砣具进行加工，且新的加工微痕要粗糙于原有加工痕迹，由此作者认为秦至西汉早期祭祀需要按礼制使用规定数目与种类的礼玉，而为了不过度耗费财力物力，制造者选择进行旧器改制并仅简单进行加工，符合史书所记礼仪制度，尝试从治玉工艺角度探讨用玉礼制的施行情况[55]。叶晓红、宗时珍等还对狮子山楚王墓玉器进行整理观察，对管钻工艺进行了统计，发现在西汉时期管钻不仅用于钻孔，还存在用管钻进行纹饰雕刻、将实心钻和管钻相结合或是管钻结合打磨进行减地、多次管钻进行掏膛及透雕等加工方式[56]；文章指出玉器的质地与其加工工艺的水平呈正相关，礼仪用玉与生前实用器较为精美而丧葬用玉较为简单且质地稍差，以狮子山遗址为代表的西汉玉器使用砣具进行阴刻，利用砾石工具进行减地，这阶段可见较为成熟的抛光工艺，同类器物的加工工序相同，证明当时的玉器生产具有既定的操作流程且当地既建有王室专有的玉器作坊[57]。相比其他显微设备，扫描电子显微镜具有连续变焦、成像清晰、分辨率高、景深大、可以翻转样品台、图片立体感强等特点，因此扫描电子显微镜配合硅胶翻模能让使用者更清晰地对玉器微痕进行认识。当然超景深光学显微系统也存在其不可或缺的价值——性价比较高，可以记录文物实际的色泽，更易在文物所在地进行工作，因此在研究治玉工艺时超景深光学显微系统和扫描电子显微镜可以视实际情况配合使用。

（二）基于玉料分析的相关研究

春秋至西汉时期出土玉器的质地相关问题在此期的科技考古研究中获得了最多的关注，研究成果较其他两个方向更多。对于玉器矿物学性质的判断，可以通过拉曼光谱、红外光谱、X 射线荧光光谱分析等判断物质的主要化学成分，通过 X 射线衍射分析、偏光显微镜、扫描电子显微镜、环境电子扫描显微镜等方式分析物相，进行玉器的定性和半定量工作。通过质子激发 X 射线荧光分析、电子探针等可以对微量元素进行检测，电感耦合等离子体质谱、电感耦合等离子体原子发射光谱、激光剥蚀电感耦合等离子体质谱等方法可以分析矿物的全部元素，对研究对象进行定量和同位素分析，进而探讨玉石器的产地及矿源问题。21 世纪初至今，已有学者对春秋战国时期的鸡益门二号墓[58]、平顶山应国墓地[59]、靖安李洲坳墓[60]、蚌埠双墩墓[61]、三门峡虢国墓地[62]、沂水纪王崮一号墓[63]、山西侯马祭祀遗址[64]、曾侯乙墓[65]、九连墩楚墓[66]、熊家冢墓地[67]、杭州半山战国墓[68]等遗址进行了玉器质地分析，荆门左冢楚墓[69]、枣阳郭家庙曾国墓地[70]、余岗楚墓[71]、襄阳陈坡[72]等地的发掘报告内也附有材质检测结果，已知使用了闪石玉、蛇纹石玉、石英岩、粉砂岩、水晶、玛瑙、云母玉、长石、天河石、大理岩、孔雀石、煤精、蛇纹石化大理岩、萤石、绿泥石等。西汉狮子山楚王陵[73]、西汉南越王墓[74]、米脂卧虎湾汉墓[75]、广西合浦汉墓[76]等遗址的研究表明，目前经过科学检测秦至西汉时期存在闪石玉、绢云母石英岩、蛇纹石玉、绿柱石、水晶、铁铝榴石等材质的文物，同时存在闪石玉中含有石墨包裹体的现象。

一些学者基于玉器材质分析对沁色、用玉等级和礼制等问题进行研究。王荣等探讨了秦血池遗址出土玉器的燎祭情况，通过观察和物相分析认为只有玉璋形器曾进行了燎祭，致使玉器内存在透闪石、透辉石和两者之间的中间态矿物，并探讨玉器器形与祭祀方式之间的关系[77]。赵瑞廷等对杨家山铁路工地十二号墓和澧九里茶厂一号楚墓出土的带黑沁玉器进行了光谱测试和模拟实验，结合古文献所记载水银葬、玉器的水银沁等相关内容，提出水银导致玉器呈黑沁的说法不应全盘否定，可能是汞与尸身腐败产生的硫元素反应生成黑色硫化汞，从而导致玉器变色，由此可见战国时期可能存在用水银敛葬的丧葬习俗[78]。徐琳等对桐柏月河一号墓春秋玉器的黑色沁色问题进行了探讨，持相同观点[79]。鲍怡等对虢仲墓出土玉器的材质及沁色情况做了检测和总结，并对材质与器形的关系进行了探讨，发现玉器种类与选材存在关联，大部分瑞玉选择闪石玉进行制作且质地较好为青白色，敛葬用玉中重要部分为白色闪石玉其他为青白色闪石玉，装饰用玉主要使用白色和青白色闪石玉，虽然无严格规制但国君所用数量要多于夫人墓所出，将虢仲墓置于虢国墓地中可见国君墓在整体数量和形制上比太子墓和夫人墓更加齐全，认为可以从玉材色泽、数量、质地等各方面体现当时用玉以礼的现象[80]。

（三）关于玉料产地的探索

部分学者在对玉料进行分析后，会进一步讨论玉石产地并提出相关研究方法。谷娴子等提出可以通过闪石玉内的包裹体结晶程度推测矿物产地，通过包裹体初步排除狮子山楚王墓所出部分闪石玉产于福建南平和江苏溧阳小梅岭的可能性，对常量元素、微量元素和稀土元素进行分析，发现其与现代新疆和田白玉河来源的玉料非常相似[81]。员雪梅等对特征色与氧稳定同位素进行分析，将文物信息与现代和田地区闪石玉标本比对，判断遗址玉器的矿源应为新疆和田地区[82]。钟倩等将遗物中云母玉的硅、钾元素含量与现生云母玉矿对比认为可能产于湖北当地，通过闪石玉中的稀土元素判断其可能来源于甘肃、新疆或青海[83]。近年来发现的甘肃肃北马鬃山古玉矿的遗址年代为战国至汉代，这一发现对该时段玉器矿源问题的研究具有较大价值，从古玉矿角度探讨产地不失为一个新的研究视角。简报中可见通过显微设备、光谱和元素检测，发现马鬃山玉矿遗址材质皆以透闪石为主，质地较好的玉料为透闪石含量高的闪石玉，较差玉料中含有透辉石、绿泥石、磷灰石等多种杂质，且部分玉料存在火烧痕迹[84]，可以为玉器产地研究提供重要的矿物学数据与样本。

五、小　结

20 世纪至今，春秋至西汉时期出土有较多玉器的遗址已发掘有百余处，仅一处遗址就出土有几十件或成百上千件玉器，可见这一时期用玉习俗的兴盛与流行，玉器成为礼仪代名词的同时融入了人们生前逝后的各个生活方面，是研究当时人类社会的重要遗物。春秋至西汉时期玉器研究自中华人民共和国成立后开始兴起至今已有七十余年的研究历程，共经上述三个发展阶段，从发掘初期、研究发展期至今研究体系和方法已经较为成熟。第一研究阶段多为发掘情况及玉器遗物的介绍，少数学者对部分较为珍贵的玉器进行了类型学研究和基于肉眼观察的工艺分析、玉料判断；第二阶段使用传统考古学方法进行研究的成果显著增多，同时有学者将考古学方法和地质学方法相结合，开始以科学手段探索玉器的材质及产地问题；第三阶段即 21 世纪初至今，已有较多相关著作文章，研究方法也更加多样，科技考古手段更加先进，部分遗址的玉器探讨是经过科技手段检验的，其结论较前期更具有科学性和可靠性，在科技研究方面初期存在研究内容较简单的问题，后期开始较之前逐渐深入。将春秋至西汉时期的玉器研究与玉器考古的研究史对比，可见此期研究较整体学术史起步稍晚，但大体基本趋同、发展趋势相近。二者皆为重要考古发现带动学术研究，科技考古手段随着自然科学的发展逐渐加入考古学研究范畴，与传统研究方法相互融合，使研究成果得以更进一步、结论更加科学有效。此外，由于玉器的使用在这一历史阶段与礼仪制度紧密相连，用玉制度研究是本时段研究较为特色的一方面。

　　综上所述，如今聚焦于春秋至西汉时期玉器的研究数量较多、视角较为广泛、研究方法也较为成熟，但仍存在一些值得注意的地方。首先，虽然相关的研究成果较为可观，但与出土玉器的数量相比远不能及，而其中以科技考古为手段的研究更少一些，玉器经过检测和分析的遗址甚至不到整体遗址数量的一半，且大多数发掘报告没有对玉器进行基本检测。因此玉器的研究亟待学者们开展更多工作，出有较多玉器遗址的发掘报告应更加重视玉器研究的相关工作，将玉器的基础信息分析与数据收集作为常规工作纳入遗址研究之中，以建立玉器科技考古的数据库，有利于学者使用数据进行探讨和对比分析。其次，在科技考古的文章中，存在遗物图片较少无法与研究内容相对应、没有说明研究方法与所用设备的状况，在探讨玉器相关问题的同时应当将基础情况说明，让读者更加清晰地了解研究情况供其进行判断。再次，玉器材质相关术语的应用存在一定个体差异，比如闪石玉、透闪石质玉、透闪石玉、闪玉、透闪石、软玉等皆为同一种矿物的称呼；又如和田玉、岫玉、昌化石等俗称的应用，难免会使读者产生困惑，我们应尽量统一用语、以规范严谨的矿物学名称命名，以免造成不必要的误解。最后，部分研究内容较为浅显，尚未很好地将传统考古学方法和科技手段相结合；科技考古方面，部分玉料和工艺研究仅停留在定性上，尚未进一步探讨矿物来源、手工业生产，以及其中复杂的社会行为和蕴含的文化、制度等问题。因此，玉器研究应两相结合解决考古学问题，在兼顾科学性的同时使研究具有一定深度，让科技考古更好地融入考古学以解决古代人类行为及社会的相关问题。

　　附记　　本文系 2023 年度国家社科基金项目"秦汉'大一统'观背景下三个典型遗址出土玉器的对比研究"（项目批准号：23BKG031）阶段性成果。

注　释

［1］　孙希旦：《礼记集解》，北京：中华书局，1989 年，第 827 页。

［2］　牟永抗：《试论中国古玉的考古学研究》，见杨伯达主编：《出土玉器鉴定与研究》，北京：紫禁城出版社，2001 年，第 57-90 页。

［3］　郭宝钧：《古玉新诠》，见中央研究院历史语言研究所编：《历史语言研究所集刊》第二十本下册，江苏：凤凰出版社，1948 年，第 1-46 页。

［4］　中国科学院考古研究所：《洛阳中州路（西工段）》，北京：科学出版社，1959 年。

［5］　中国科学院考古研究所：《寿县蔡侯出土遗物》，北京：科学出版社，1956 年。

［6］　中国科学院考古研究所满城发掘队：《满城汉墓发掘纪要》，《考古》1972 年第 1 期。

［ 7 ］ 陶正刚、王克林：《侯马东周盟誓遗址》，《文物》1972 年第 4 期。

［ 8 ］ 北京市古墓发掘办公室：《大葆台西汉木椁墓发掘简报》，《文物》1977 年第 6 期。

［ 9 ］ 河北省文物管理处：《河北省平山县战国时期中山国墓葬发掘简报》，《文物》1979 年第 1 期。

［10］ 随县擂鼓墩一号墓考古发掘队：《湖北随县曾侯乙墓发掘简报》，《文物》1979 年第 7 期。

［11］ 固始侯古堆一号墓发掘组：《河南固始侯古堆一号墓发掘简报》，《文物》1981 年第 1 期。

［12］ 河北省文物研究所：《河北定县 40 号汉墓发掘简报》，《文物》1981 年第 8 期。

［13］ 山东省菏泽地区汉墓发掘小组：《巨野红土山西汉墓》，《考古学报》1983 年第 4 期。

［14］ 史为：《关于“金缕玉衣”的资料简介》，《考古》1972 年第 2 期。

［15］ 中国科学院考古研究所技术室：《满城汉墓“金缕玉衣”的清理和复原》，《考古》1972 第 2 期。

［16］ 河北省博物馆、文物管理处、中共定县县委宣传部，等：《定县 40 号汉墓出土的金缕玉衣》，《文物》1976 年第 7 期。

［17］ 周南泉：《中山国的玉器》，《故宫博物院院刊》1979 年第 2 期。

［18］ a. 杨杰：《满城汉墓部分玉器的分析鉴定》，见中国社会科学院考古研究所、河北省文物管理处：《满城汉墓发掘报告》，北京：文物出版社，1980 年，第 390-403 页。

b. 陶克捷、张培善：《曾侯乙墓部分玉器、料器的鉴定》，见中国社会科学院考古研究所：《曾侯乙墓》，北京：文物出版社，1989 年，第 657-659 页。

［19］ a. 中国社会科学院考古研究所技术室、广州市文物管理委员会：《南越王墓“丝缕玉衣的清理复原”》，见广州市文物管理委员会：《西汉南越王墓》，北京：文物出版社，1991 年，第 359-371 页。

b. 闻广：《西汉南越王墓玉器的考古地质学研究》，见广州市文物管理委员会：《西汉南越王墓》，北京：文物出版社，1991 年，第 372-379 页。

［20］ a. 卢兆荫：《试论两汉的玉衣》，《考古》1981 年第 1 期。

b. 龚良、孟强、耿建军：《徐州地区的汉代玉衣及相关问题》，《东南文化》1996 年第 1 期。

c. 卢兆荫，《再论两汉的玉衣》，《文物》1989 年第 10 期。

［21］ 杨建芳：《战国玉龙佩分期研究——兼论随县曾侯乙墓年代》，《江汉考古》1985 年第 2 期。

［22］ 孙庆伟：《两周“佩玉”考》，《文物》1996 年第 9 期。

［23］ 赵成甫、董全生：《试论桐柏月河春秋墓出土的牙璋》，《中原文物》1997 年第 4 期。

［24］ 李春雷：《江苏徐州狮子山楚王陵出土镶玉漆棺的推理复原研究》，《考古与文物》1999 年第 1 期。

［25］ 王人聪：《汉代玉印简论》，见邓聪主编：《东亚玉器Ⅱ》，香港：香港中文大学中国考古艺术研究中心，1998 年，第 151-157 页。

［26］ 刘森淼：《曾侯乙墓玉器并非典型楚玉——与杨立新先生商榷》，《江汉考古》1992 年第 2 期。

［27］ a. 姚勤德：《论吴国王室玉器》，《苏州大学学报》1993 年第 2 期。

b. 钱公麟：《关于吴县严山春秋玉器窖藏性质的再认识》，《东南文化》1999 年第 2 期。

c. 姚勤德：《吴国王室窖藏玉器》，《东南文化》2000 年第 12 期。

［28］ 董全生、赵成甫：《桐柏月河一号春秋墓相关问题研究》，《中原文物》1997 年第 4 期。

［29］ 陈瑞近、陆雪梅：《苏州真山 D9M1 玉器分析与研究》，《东南文化》2000 年第 5 期。

［30］ 王恺：《浅说狮子山楚王墓出土玉器》，见邓聪主编：《东亚玉器Ⅱ》，香港：香港中文大学中国考古艺术研究中心，1998 年，第 137-150 页

[31] a. 贾峨：《春秋战国时代玉器综探》，见贾峨主编：《中国玉器全集3》春秋战国卷，石家庄：河北美术出版社，1993年，第1-43页。

b. 郭立新：《东周玉器的分期》，《中原文物》1998年第3期。

c. 贾峨：《关于春秋战国时代玉器三个问题的探讨》，见邓聪主编：《东亚玉器Ⅱ》，香港：香港中文大学中国考古艺术研究中心，1998年，第66-85页。

[32] a. 贾峨：《关于河南出土东周玉器的几个问题》，《文物》1983年第4期。

b. 曲石：《东周中原玉器的发现与研究》，《中原文物》1991年第4期。

[33] 杨建芳：《东周夷式玉石器初探——中国古玉分玉研究之三》，《香港中文大学中国文化研究所学报》1990年第21卷。

[34] 杨建芳：《春秋玉器及其分期——中国古玉断代研究之四》，《香港中文大学中国文化研究所学报》1987年第18卷。

[35] a. 曲石：《楚玉研究》，《江汉考古》1990年第3期。

b. 左鹏：《楚国珠玉佩饰之研究》，《江汉考古》1998年第2期。

c. 曹桂岑：《河南出土楚国玉器的研究》，见邓聪主编：《东亚玉器Ⅱ》，香港：香港中文大学中国考古艺术研究中心，1998年，第105-110页。

[36] a. 曲石：《秦玉研究》，1992年第6期。

b. 刘云辉：《春秋秦国玉器》，见邓聪主编：《东亚玉器Ⅱ》，香港：香港中文大学中国考古艺术研究中心，1998年，第86-97页。

[37] a. 夏鼐：《汉代的玉器——汉代玉器中传统的延续和变化》，《考古学报》1983年第2期。

b. 卢兆荫：《玉德·玉符·汉玉风格》，《文物》1996年第4期。

[38] 卢兆荫：《南越王墓玉器与满城汉墓玉器比较研究》，《考古与文物》1998年第1期。

[39] a. 卢兆荫：《略论汉代礼仪用玉的继承与发展》，《文物》1998年第3期。

b. 卢兆荫：《略论汉代丧葬用玉的发展与演变》，见邓聪主编：《东亚玉器Ⅱ》，香港：香港中文大学中国考古艺术研究中心，1998年，第158-164页。

[40] 胡智生：《强国墓地出土玉雕艺术初探》，《文博》1993年第6期。

[41] 同[18]a。

[42] 张培善：《河北满城汉墓玉衣等的矿物研究》，《考古》1981年第1期。

[43] 闻广：《中国古玉地质考古学研究——西汉南越王墓玉器》，《考古》1991年第11期。

[44] 闻广：《高邮神居山二号汉墓玉器地质考古学研究——中国古玉地质考古学研究之四》，《文物》1994年第5期。

[45] a. 孙庆伟：《周代用玉制度研究》，上海：上海古籍出版社，2008年。

b. 孙庆伟：《周代金文所见用玉事例研究》，见北京大学中国考古学研究中心、北京大学震旦古代文明研究中心编：《古代文明》（第三卷），上海：上海古籍出版社，2004年，第320-342页。

[46] a. 石荣传：《两汉诸侯王墓出土葬玉及葬玉制度初探》，《中原文物》2003年第5期。

b. 石荣传、陈杰：《两周葬玉及葬玉制度之考古学研究》，《中原文物》2011年第5期。

[47] 刘尊志：《西汉诸侯王墓敛葬玉衣及相关问题》，《中原文物》2011年第4期。

[48] 曹芳芳、孙庆伟：《东周楚系贵族墓葬用玉制度研究》，见杜金鹏主编：《桐柏月河春秋墓出土玉器研究》，北京：科学出版社，2018年，第146-177页。

［49］ 陈博、冯夏颖：《试析時祭用玉的时代特点与相关问题》，《考古》2023 年第 11 期。

［50］ 罗涵、李琳娜、丘志力，等：《西汉早期出土金缕和丝缕玉衣部分玉料材质及其加工工艺特征管窥》，《文物保护与考古科学》2012 年第 2 期。

［51］ 刘珺、樊温泉、胡永庆，等：《新郑西亚斯东周玉器材料属性与加工工艺的科技分析》，《光谱学与光谱分析》2019 年第 11 期。

［52］ 袁仪梦、胡永庆、刘松，等：《河南固始侯古堆一号墓出土东周玉器的科技分析》，《光谱学与光谱分析》2021 年第 4 期。

［53］ 叶晓红、刘新、蒋宏杰，等：《河南省南阳市桐柏县月河一号春秋墓出土玉器阴刻技术的微痕分析》，《南方文物》2015 年第 4 期。

［54］ 叶晓红：《春秋晚期玉器工艺研究——以桐柏月河 M1 出土玉器为例》，《中原文物》2017 年第 6 期。

［55］ 叶晓红、田亚岐、张蕾：《陕西凤翔雍山血池秦汉祭祀遗址出土玉器工艺探讨》，《文物》2022 年第 11 期。

［56］ 叶晓红、邓聪、宗时珍，等：《钻孔技术在西汉玉器工艺中的灵活应用——以徐州狮子山楚王墓为例》，《文物》2020 年第 9 期。

［57］ 宗时珍、叶晓红：《略论徐州狮子山楚王墓出土玉器工艺》，《故宫博物院院刊》，2019 年第 3 期。

［58］ a. 白崇斌、Guidi G F、田仁孝：《宝鸡益门出土金柄铁剑镶嵌宝石的化学与矿物学特性》，《文物保护与考古科学》2003 年第 1 期。

b. 白崇斌、范宾宾：《宝鸡益门出土玉器分析研究》，《文物保护与考古科学》2005 年第 4 期。

［59］ 王荣、冯敏、陈启贤，等：《河南平顶山应国玉器的分析测试研究》，《中原文物》2008 年第 6 期。

［60］ a. 曹妙聪、朱勤文：《靖安古玉器的环境扫描电子显微镜表征》，《宝石和宝石学杂志》2009 年第 1 期。

b. 朱勤文、曹妙聪、樊昌生，等：《江西靖安东周墓出土玉器的玉质特征研究》，《宝石和宝石学杂志》2011 年第 2 期。

［61］ 董俊卿、李青会、顾冬红，等：《蚌埠双墩一号墓和三号墓出土玉器及玻璃器研究》，《南方文物》2012 年第 2 期。

［62］ a. 鲍怡、朱勤文、王治国：《三门峡虢国墓地 M2011 太子墓出土玉器玉质研究》，《宝石和宝石学杂志》2013 年第 4 期。

b. 鲍怡、朱勤文、辛军民，等：《三门峡虢国墓地 M2012 墓玉器材质研究》，《中原文物》2015 年第 1 期。

［63］ 王荣、郝导华、尹纪亮：《沂水纪王崮一号春秋墓出土玉器和料器材质与工艺研究》，《江汉考古》2018 年第 1 期。

［64］ 员雪梅、赵朝洪、王金平，等：《侯马东周祭祀遗址出土玉器材质的矿物学测试及产源分析》，《中原文物》2007 年第 1 期。

［65］ a. 朱勤文、杨若晨、韩壮丽，等：《曾侯乙墓出土古玉器碎片玉质成分研究》，《江汉考古》2009 年第 1 期。

b. 朱勤文、蔡路武、韩壮丽，等：《曾侯乙墓出土古玉器玉质特征》，《江汉考古》2011 年第 3 期。

c. 刘继富、杨明星、苏越，等：《湖北随州曾侯乙墓出土玉器材质分析与产源初探》，《光谱学与光谱分析》2022 年第 1 期。

［66］　魏国锋、秦颖、胡雅丽，等：《九连墩楚墓出土璧玉、石磬和镶嵌物的科学分析》，《江汉考古》
2011 年第 3 期。

［67］　董俊卿、顾冬红、苏伯民，等：《湖北熊家冢墓地出土玉器的 pXRF 无损分析》，《敦煌研究》
2013 年第 1 期。

［68］　洪丽娅：《杭州半山战国墓出土玉石器材质研究》，见浙江省博物馆编：《东方博物》（第二十四
辑），杭州：浙江大学出版社，2007 年，第 62-76 页。

［69］　湖北省文物考古研究所、荆门市博物馆、襄荆高速公路考古队：《荆门左冢楚墓》，北京：文物
出版社，2006 年，第 210-213 页。

［70］　狄敬如：《枣阳郭家庙曾国墓地出土玉器鉴定报告》，见陈千万主编：《枣阳郭家庙曾国墓地》，
北京：科学出版社，2005 年，第 380-395 页。

［71］　中国科学院上海光学精密机械研究所科技考古中心：《湖北省襄阳市余岗墓地送检玉器的无损
分析检测报告》，见王志刚主编：《余岗楚墓》，北京：科学出版社，2011 年，第 449-466 页。

［72］　李玲、赵虹霞、干福熹：《湖北襄阳陈坡 M10 出土玉器样品无损分析检测报告》，见湖北省文物
考古研究所、襄阳市文物考古研究所、襄阳市襄州区文物管理处：《襄阳陈坡》，北京：科学出
版社，2013 年，第 429 页 -437 页。

［73］　谷娴子、丘志力、李银德，等：《西汉狮子山楚王陵出土玉器中的石墨包裹体》，《中山大学学
报（自然科学版）》2007 年第 6 期。

［74］　同［50］。

［75］　黄晓娟、艾剑、王丽琴，等：《陕西米脂汉墓出土玉覆面和玉鞋的科学分析与研究》，《考古与
文物》2016 年第 5 期。

［76］　Dong J Q, Han Y L, Ye J W, et al. 2014. In situ identification of gemstone beads excavated from tombs
of the Han Dynasties in Hepu county, Guangxi Province, China using a portable Raman spectrometer.
Journal of Raman Spectroscopy, 45: 596-602.

［77］　王荣、田亚岐：《凤翔雍山血池遗址玉器火燎祭祀实证研究》，《考古与文物》2020 年第 6 期。

［78］　a. 赵瑞廷、于平、黄雪寅：《对战国楚地贵族墓葬出土玉器黑色水银沁现象的再认识——以湖
南省博物馆藏战国玉器黑色沁为例》，《草原文物》2016 年第 2 期。

b. 赵瑞廷、于平、邵芳，等：《湖南战国楚地贵族墓葬出土玉器黑色水银沁现象再研究》，《博
物院》2020 年第 2 期。

［79］　徐琳、王金霞：《古玉中的水银沁现象探析——以南阳桐柏月河一号墓出土春秋玉器为例》，见
国家珠宝玉石质量监督检验中心、北京珠宝研究所编：《珠宝与科技——中国国际珠宝首饰学
术交流会论文集（2017）》，北京：地质出版社，第 469-475 页。

［80］　鲍怡、叶晓红、辛军民，等：《虢仲墓出土玉器的科技分析与相关问题》，《文物》2023 年第 4 期。

［81］　a. 同［73］。

b. 谷娴子、李银德、丘志力，等：《徐州狮子山楚王陵出土金缕玉衣和镶玉漆棺的玉料组分特
征及产地来源研究》，《文物保护与考古科学》2010 年第 4 期。

［82］　同［64］。

［83］　钟倩、周青、舒骏，等：《湖北沙洋新村东周墓地出土玉器材质特征及产地溯源初探》，《宝石

和宝石学杂志》2023 年第 6 期。

［84］　a. 甘肃省文物考古研究所：《甘肃肃北县马鬃山玉矿遗址》，《考古》2015 年第 7 期。

　　　　b. 甘肃省文物考古研究所：《甘肃肃北县马鬃山玉矿遗址 2012 年发掘简报》，《考古》2016 年第 1 期。

　　　　c. 甘肃省文物考古研究所：《甘肃肃北马鬃山径保尔草场玉矿遗址 2016 年发掘简报》，《文物》2020 年第 4 期。

The Review of Jade Research from the Eastern Zhou to Western Han Periods

WEI Ran[1]　　YE Xiao-hong[2]

(1. School of History Capital Normal University; 2. Institute of Archaeology, Chinese Academy of Social Sciences)

Abstract: Following the Neolithic and Shang periods, the time frame between Eastern Zhou and Western Han represents a further pinnacle in the development of jade technology and culture. During this time, jade took on an increasingly rich spiritual connotation in ceremonial systems, and the technology for treating jade reached a completely new level of advancement. Based on a thorough review of the pertinent research done by academics on jade artifacts unearthed during this period, this paper finds that the research history can be roughly divided into three stages: the early stage of excavation of remains, the period of research and development, and the early stage of maturity.

The investigation of jade artifacts from the Eastern Zhou Dynasty to the Western Han Dynasty began with the excavation of several connected sites throughout the 1960s. In order to investigate the composition and origin of jade, several researchers started combining geological and archaeological approaches in the late 20th, in addition to employing conventional archaeological methods. In recent years, a new situation of solving archaeological problems by combining multidisciplinary methods has opened up with the development of scientific and technological archaeology and its mutual integration with traditional research methods. Following the analysis of tool marks, mineral phases, and chemical compositions combined with the scenarios of cultural relics excavation, some scholars have discussed the conscious choices made by the forefathers in the selection of materials, the use of materials, and the techniques of jade treatment. They have also discussed the differences in the grades of jade use from the Eastern Zhou Dynasty to the Western Han Dynasty, i. e., the question of the system of using jade, which plays an important role in the period between life and death. Though the research methodology is currently maturing gradually, there are still issues that need to be urgently resolved and perfected because of the late start to the study of jade science and technology archaeology. These issues include the inconsistent use of mineral terminology, the lack of popularization of scientific testing techniques, and the inadequate integration of disciplines have prevented much in-depth research on jade science and technology archaeology.

Key Words: the Eastern Zhou to Western Han Periods; jade; technology archaeology

考古学与人骨研究结合的典范

——兼评《亚长之谜：殷墟贵族人骨的秘密》

王明辉

（中国社会科学院考古研究所）

摘要：安阳殷墟考古发掘是多学科合作研究的典范，古代人骨研究与殷墟遗址考古发掘一直保持长期良好的合作。亚长墓出土人骨对于研究商人的体质特征、健康状况、食物结构、社会文化等具有重要的作用。研究发现，亚长是一位35岁左右，非常英勇的来自南方的男性武官。何毓灵的《亚长之谜：殷墟贵族人骨的秘密》从殷墟考古学发展史以及多学科角度，尤其是人骨的角度全面展示殷墟的考古发掘和研究成果，并对亚长墓开展了更为深入系统的研究。该书是将考古学的严谨性与文化遗产的趣味性结合的代表性著作，也是考古学与人骨研究结合最为密切的成功典范。

关键词：殷墟 亚长墓 人骨考古学

一、引 言

在田野考古发掘中，古代人骨遗骸是最重要的考古遗存之一，有时甚至是唯一的考古遗存。人类遗骸对于利用考古科学发掘出土物来研究人群的起源与发展、体质特征与民族融合、健康状况与食物结构，以及古代社会经济模式和文化变迁等均具有重要的作用。

本世纪初，安阳花园庄村以东发掘了一座未被盗掘的中型殷代贵族墓葬（M54），墓主经鉴定为35岁左右的男性。根据青铜器铭文、墓葬形制、随葬品等判断，墓葬主人的身份是一位"长"姓的高等级贵族[1]。除了大量随葬的青铜器、玉器等随葬品之外，与其他殷墟高等级大墓相比，这座墓葬非常难得地留存有墓主人的少量人骨，以及殉人、殉狗的遗骸。随后几年，研究者对这批骨骸进行了人种特征、病理医疗、同位素分析等多学科的深入研究，在人群来源与迁徙、身份地位、生活习俗等方面取得了丰硕的成果。这些成果，不论是在以殷墟人骨研究为主要内容的学科发展史上，还是在新兴的人类骨骼考古学领域，都极大促进了学科发展和研究的深入，堪称考古学与人骨研究结合的典范。

二、殷墟人骨研究与人骨考古学

人类遗骸具有其他考古遗存所不具备的特殊作用和不可替代性，很早就受到考古学家和人类学家的重视[2]。20世纪初，一些欧美和日本探险家和学者在中国东北、内蒙古、甘青地区、新疆等地考察时就注意收集中国古代人类遗骸，并交给国外人类学家开展研究。20世纪20年代，北京周口店北京猿人化石就是由德国人类学家魏敦瑞（Weidenreich Franz）开展研究的。中国现代考古学的奠基者李济先生本身就是人类学家，1923年李济以测量中国人的体质特征入手完成他在哈佛大学的博士论文 *The Formation of the Chinese People: An Anthropological Inquiry*（《中国民族的形成》）。李济先生一生忠实践行考古学的人类学情怀，20世纪20~30年代，在他主持发掘安阳殷墟遗址时，就很有学术前瞻性地注意墓葬人骨材料的科学收集、保存与整理。

1928年成立的中央研究院历史语言研究所（以下简称史语所）设立专门的人类学组，在发掘中非常重视收集出土的人骨资料并形成制度，从此拉开了安阳殷墟与中国人骨研究的近百年的合作缘分[3]。抗日战争以前，史语所在安阳殷墟的发掘中，要求所有出土的头骨、下颌骨、盆骨、肢骨和肩带骨等都要采集，还要洗刷干净、编写标本号，并用浸湿的麻纸糊上阴干后保存起来。这批人骨资料仅头骨数量就近千例，后来在战争中几经搬迁，由南京而昆明，再到四川宜宾李庄，抗日战争胜利后返回南京，最后运往台湾。虽经战乱多次辗转，始终未曾舍弃，目前仍然是研究夏商周古代人群最重要的人骨资料。这批人骨资料主要出土于西北岗的王陵祭祀坑，起初交由史语所的吴定良先生开展研究，但由于时局动荡和个人学术兴趣志不在此，他仅把头骨做了数项测量，没有将全部数据整理出来，李济在迁到台湾后发表了吴定良的数据并做了初步研究。后来杨希枚接手继续研究这批人骨资料，发表了他的形态学研究成果。他的成果是殷墟遗址迄今头骨数量最大的，也是最可靠的数据。之后，杨希枚的学生林纯玉、许泽民等研究了殷墟人骨的脑容量和颅顶间骨，臧振华研究了门齿等。

中华人民共和国成立后，殷墟遗址历次发掘积累了更加大量的人骨标本，中国社会科学院考古研究所的颜訚、韩康信、潘其风等对这些人骨资料开展了一系列研究。在杨希枚回到大陆定居工作时，他带回了西北岗头骨的全部原始数据和部分未发表的标本图片。时任中国社会科学院考古研究所所长夏鼐和历史研究所所长尹达认为这批资料具有重要的学术价值，因此建议与大司空等地的中小墓出土人骨资料以及其他研究成果共同汇集成书，有助于殷商文化和人群演化的研究。在前辈学者的共同努力下，汇聚殷墟人骨早期材料和研究成果的《安阳殷墟头骨研究》一书最终出版[4]。

这些20世纪90年代的人骨研究，体现出殷墟人骨研究早期阶段的特点，即以体质人类学的目标为主要任务。传统的体质人类学（physical anthropology）指的是研究人类体质特征与类型在时间上和空间上的变化及其规律的科学，"是从人和人种的形态学和生理学过渡到历史的桥梁"[5]。体质人类学主要研究内容包括人类的起源、人类的种族变异问题以及现代人的体质特征和类型等[6]。而殷墟人骨的早期研究大多就是集中在形态学方面，特别重视从头骨的形态特征来分辨殷墟人群种族的属性和来源，同时努力建立中国古代人群体质类型的时空框架。

然而随着现代考古学的进步，单纯以体质人类学为目标的研究已经明显不能适应学科的发展需求。同时多学科技术与方法的引入，使得中国的人骨研究逐步发展和建立起来，形成了一个新兴的专门学科——人骨考古学，极大扩展了人骨研究的外延和手段。

人骨考古学，也称"人类骨骼考古学（Human Osteology）"，是将对人类生物学属性的认识应用到考古学科的产物，即以考古出土的人类骨骼作为材料，提取对于考古学研究有用的信息，进而尝试解决考古学问题并试图恢复人骨所代表的人类个体和群体在体质特征、人口状况、健康状况、行为模式等方面的信息。人骨考古学脱胎于体质人类学，但与体质人类学有着不同的内涵和外延。经过近三十年的发展已形成多个分支学科，包括以研究体质类型为主的形态学，以研究骨骼疾病为主的古病理学，以研究骨骼受到社会文化影响导致的变形变异的骨骼变形变异学，以研究骨骼化学成分的骨化学研究，以研究骨骼基因信息为主的古 DNA 研究等。同时，人骨研究与考古学等结合，又拓展和形成了一些交叉研究，例如以研究不同时代、不同文化、不同性别社会文化变化为主的性别考古学，以研究不同时代、不同地域人口发展变化为主的人口考古学研究等。人骨研究的内涵和外延发生了巨大的变化，研究内容和技术方法得到了巨大的扩展，研究理论和多学科结合程度得到了巨大的提升[7]。人类骨骼考古概念是顺应国内考古工作和研究的需要而衍生出来的，它适应了学科发展的一般规律，即更加专业化的分工，也可以说是中国考古学发展的必然产物，同时也受到了西方发达国家该学科长期发展的影响[8]。较之体质人类学，人骨考古学在理论上更加丰富和完善，在研究内容上更加系统和全面，在研究方法上更加多元和融合，更加适应中国考古学的发展和人骨研究的需要。

人骨考古学的兴起，毫无疑问对殷墟的人骨研究也产生了重要影响。殷墟作为中国现代考古学的摇篮，不仅在考古发掘、而且在人骨研究方面也始终走在学科发展的前列。新世纪以来，殷墟考古与人骨研究紧密合作，在考古发掘中更加注重人骨材料的收集、整理、研究和保护工作，累计收集人骨资料近万例，在研究理念上秉持与科技考古充分合作的精神，方法上坚持多学科合作，引入人骨病理学、同位素分析、人类学民族学等方法，形成多项综合性研究成果。殷墟考古发掘报告中，体现人骨研究的相关内容已成为报告中不可或缺的组成部分，这些研究尝试将人骨分析充分融入考古研究，特别是在 2003～2004 年安阳孝民屯遗址的大型考古报告里，人骨研究结果与墓葬研究有效的融合在一起，成为多学科研究相互结合的范式之一[9]。同时，独立的人骨研究报告和相关的博士硕士论文也有多篇（部），其中不乏对殷商中小墓葬群出土人骨材料的综合思考[10]。

这些蓬勃开展的人骨研究，代表了新时期殷墟乃至中国人骨研究的新阶段。这一阶段的主要特点，就是作为独立学科的人骨考古学的出现和兴起。利用多学科方法和手段将考古学与人骨研究充分结合起来，极大扩展并丰富了人骨研究，甚至很大程度上扩展了考古学的研究内涵。而花园庄东地 M54 亚长贵族墓的人骨研究，正是这一学科发展新阶段的重要成果。

三、亚长墓出土人骨的研究

2000 年 12 月至 2001 年 2 月，安阳花园庄村东发掘了一座未被盗掘的中型殷代贵族墓葬（M54）。共有殉人 15 个，殉狗 15 条，出土各类随葬品 579 件。墓主经鉴定为 35 岁左右的男性，根据出土陶器和青铜器判断，这座墓葬的年代属于殷墟文化二期偏晚阶段，绝对年代相当于商王祖庚、祖甲时期，与著名的妇好墓年代大体同时。根据青铜器铭文、墓葬形制、随葬品等判断，墓葬主人的身份是一位"长"姓的高等级贵族武官，称为"亚长"[11]。

可贵的是，亚长墓中还残留墓主人和殉人的骨骸。有经验的考古学者都知道，先秦时期越是高等级墓葬，人骨越难以保存，除被盗掘造成的破坏外，较大的墓葬空间和随葬的青铜器等也会对骨骼保存形成负面影响。西北岗王陵区、妇好墓、郭家庄 M160 等高等级墓葬中均未发现墓葬主人的遗骸，反而是一些低等级的土坑墓中的人骨保存相对较好，因此亚长墓中人骨的发现就显得越发重要。发掘和研究者充分利用这一难得机会，对这批材料进行多学科、全方位的研究。事实也证明，对亚长墓主人骨骼所做体质特征、健康状况、食物结构等的多项分析都取得卓有成效的结果，极大促进并深化了各自领域里的研究进展。

（一）体质与人种特征的辨识

尽管亚长墓出土骨骼总体上保存较差，墓葬主人骨骼仅有头骨残片和肢骨残段，但人骨考古学家仍从这些存留不多的遗骸中获得了珍贵的体质特征信息。

从残存的颅面部残片所反映的种族特征来看，亚长墓出土人骨的种族特征包含有中圆颅、中高颅配以中狭颅，中狭面配以中高面、中眶、中鼻、鼻颧角中等及齿槽突颌中等。这些特征明显属于亚洲蒙古人种，特别与东亚蒙古人种和南亚蒙古人种具有较强的相似性。这与我国中原地区先秦时期居民的主要体质特征比较相似[12]。

这一结论对于进一步认识殷墟人种族的类型问题提供了重要的资料。长久以来，在殷墟人种族问题上存在着两种主要观点，即异种系说和同种系说。前者认为西北岗祭祀坑头骨的种系成分虽以蒙古人种为主，但同时也包括有某些欧罗巴人种和尼格罗人种的血统[13]；后者则认为这些人头骨的种系归属均为蒙古大人种，个体上的差别只是由于他们分别属于蒙古人种的东亚、北亚、南亚等不同类型，即属于小人种上的差别[14]。随着研究的深入，对殷墟中小墓和西北冈祭祀坑人头骨的研究越来越显示这些头骨材料上的差别属于同一蒙古人种下的不同类型，因此同种系说具有更多的合理性[15]。而亚长墓出土人骨颅面部骨骼形态接近东亚和南亚蒙古人种的特征，显然进一步支持了殷墟人群种族类型中同种系说的理论。不仅如此，因为墓主人亚长的高等级贵族身份，更弥补了此前非常稀缺的贵族层级的人骨材料，弥足珍贵。

（二）古病理学的分析

古病理学（Paleopathology）是一门研究疾病在较长时间内的演变和发展过程，以及人类对周围环境适应性的、研究范围广泛的学科[16]。古病理学主要致力于研究考古发掘出土的人类遗存上的异常变异。像霍登指出的那样，"古病理学能给我们提供关于古代疾病的最确凿的证据"[17]。

考古研究中的古病理学是对考古出土人类遗存的病理现象的研究，由于考古发现的人类遗存大多只有骨骼，因此被称为人类骨骼古病理学（Human Skeletal Paleopathology），它有两方面含义，一方面通过在考古遗址中发现的人类遗骸上观察到的能代表活体所患疾病的病理改变，来探索漫长的历史时期内疾病的起源、演化和历史，这类古病理学属于医学的分支学科；另一方面是在生物考古学理念指导下，以人类疾病与其社会环境和自然环境的关系为主题研究考古学问题，属于人类骨骼考古学（或生物考古学）的分支学科[18]。古病理学观察和研究一般包括两个方面，一是骨骼创伤的观察、统计与分析，二是骨骼疾病现象的观察、统计与分析。对于亚长墓而言，古病理研究主要是通过骨骼创伤和变异等现象的分析，了解墓葬主人的死因和生前的健康状况，进而为他生前的身份信息，乃至日常生活习惯等提供更丰富的材料。

1. 骨骼创伤的观察

经过研究者的观察，亚长墓主人的骨骼至少留存有 8 处创伤，均为锐器击打造成。这些创伤位于髋骨、股骨上部、肱骨以及肋骨等处，且主要集中在身体左侧。其中左侧股骨上部后方的锐器伤痕略呈三角形，有迸裂面，显示墓主人遭遇来自左后方的勾兵类兵器袭击，并有可能造成股动脉流血从而死亡。另有 3 处砍痕均位于左侧肱骨，未见自我修复痕迹，表明墓主人生前左手臂遭遇连续击打，不久后死去[19]。

这些创伤都表示墓主生前遭受了激烈的钝器打击，这为进一步研究亚长的身份提供佐证资料。亚长墓发掘之后，发掘者对墓主人的身份进行了持续的研究[20]。发掘者首先根据墓葬大小、殉人殉牲、出土青铜礼器规模以及青铜器上的铭文等信息，推测墓主人是"长"姓家族的族长，地位仅比商王配偶妇好的地位略低，且很可能是一位武官或将军。在对青铜器中包括 7 把钺、3 把卷头刀、73 把戈、78 把矛，以及 881 枚镞在内的大量青铜兵器，与妇好墓、亚止墓中青铜兵器的对比分析后，亚长的武官身份被进一步印证。对亚长骨骼创伤的成功观察，不仅提供了亚长作为武官身份的更多令人信服的证据，而且增添了不少关于其生前活动的鲜活信息。学者们根据观察到的创伤痕迹推测，亚长可能是在征战过程中，被戈矛等兵器不断击中后，侧身躺在地上，左侧身体暴露给了敌军，在蜂拥而上的敌人的攻击下，最终战死疆场。毫无疑问，骨骼创伤的观察，为后人还原和描绘墓主人的生前画面提供了更多合理的、科学的素材。这显然超越了传统学术的高冷面貌，为考古学研究带来一丝清新的微风。

2. 脚骨跪踞面的发现

除骨骼创伤外，脚骨跪踞面的发现也是让我们窥见亚长生前画面及其所处时代的一扇窗口。跪踞面属于骨骼形态的一种变异。这是一种长期跪姿形成的痕迹，这种跪姿是双膝并拢跪地，脚趾向前，臀部坐在脚跟上。脚部的跖趾关节长期反复弯曲承受压力，从而形成关节接触面的扩展和关节面延伸，这是压力下的应激性改变，某种程度上算是跖趾关节的退行性改变[21]。这种跪姿不止在跖趾关节产生变形，同时也会刺激前端的胫骨粗隆和髌骨前面产生严重的骨赘和增生，而且这些变异和增生一般会同时出现。

尽管作为生理形态的骨骼形态本质上受到遗传和混血的影响，具有一定的稳定性和连续性，但是作为生物性和社会性的人类，其骨骼形态不仅受到生物遗传的影响，在某些方面也受到文化风俗和社会习惯等的影响，比如影响最大的、最为大众熟知的骨骼变异变形就是裹脚造成的脚骨变形[22]。而脚骨跪踞面同样属于这类由长期风俗习惯造成的骨骼变异变形。

在现有人骨材料中，商代人骨存在跪踞面变异的现象是最为普遍的。商代，特别是殷墟的多处遗址，包括大司空、刘家庄北地、孝民屯、黑河路、新安庄等遗址皆发现大量的跪踞面骨骼变异。殷墟之外，山东滕州前掌大商周居民和济南大辛庄商末人群也发现了数量可观的跪踞面。而此前虽然在中原地区龙山时代和相当于夏代的遗址中曾发现有人骨中的跪踞面[23]，在西北地区、北方地区的青铜时代墓葬中也发现少量类似变异，但普遍性均较低。中原地区汉代以后，尤其是魏晋南北朝以后的墓葬中，这种骨骼变异则几乎没有发现。说明这种跪坐姿势只在一定区域、一定时段内流行，特别是殷商时期的黄河中下游区域。

但是黄河中下游发现的殷商时期跪踞面材料都是在中小型墓葬的墓主人骨骼上观察得到。人们发现，这种跪踞面在商代的人骨上没有性别和侧别的差异，年龄的差异只是表现在年轻人骨骼变异程度轻、年龄大的程度重等与年龄产生的正相关关系上。这一认识尚不涉及跪坐姿势与社会地位之间的关系。直到亚长墓的发掘，研究者在亚长残存的右侧第一跖骨（前脚掌骨）远端上部发现向后的扩展关节面，轮廓清晰且明显隆起呈不规则的半圆形。这显然属于典型的跪踞面变异，说明作为贵族的亚长生前也长期采取跪坐的姿势。正是亚长的骨骼变异，完善了学界对跪坐姿势之于殷商时代的重要意义。即商代人群中，采用这种跪坐姿势不仅不分男女老幼、而且不分高低贵贱，是一种普遍的风俗习惯，与身份或职业没有关系。在此基础上，更有学者将跪坐姿势与商人的礼法相联系，认为这一姿势作为礼法制度的重要一环在殷墟之外的山东地区普遍出现，与商人向外扩张有关[24]。果真如此，那么亚长作为殷墟发现的唯一一例跪踞面的高等级贵族材料，对我们认识殷商时期商王朝的政治、军事乃至文化的扩张，有着重要的价值和意义。

（三）骨骼同位素的研究

利用锶、氧等同位素分析探索人群和动物的迁徙活动，已成为国际学界常用的研究方法。其中锶作为一种同位素存在于自然界的矿物质中，因人类通过饮食将锶摄入体内沉积在骨骼、牙齿等部位，少年儿童在换牙阶段锶同位素进入牙齿珐琅质，且比值终生不变，不同骨骼部位的锶同位素比值会随着不同地区锶同位素比值的变化而产生改变，所以比较牙齿和骨骼中锶同位素比值的差异，就可以推测人群的迁移[25]。同样，^{18}O 作为氧的同位素之一，在人骨中的含量会因靠近海洋和湿润地区而增加、靠近内陆和干旱地区而减少[26]，利用这一特性，通过重氧含量的检测就可以得知人群生活环境是否处于海洋或相对湿润的区域。

亚长墓人骨与动物骨骼中的锶同位素分析是国内率先开展此项研究的工作。分析发现，亚长的牙齿锶同位素比值与殷墟本地人群的锶同位素比值有较大差异，明显高于殷墟本地人群；同时，亚长墓中 15 只殉狗骨骼的锶同位素比值与殷墟本地人群接近；15 个殉人中，棺椁之间与亚长埋葬距离较近的 6 个殉人的骨骼锶同位素比值与亚长接近，其他 9 人的锶同位素比值与殷墟本地人相近。这说明，亚长与这 6 个殉人来自殷墟以外的地区。至于殷墟以外具体什么地方，学者又针对性地开展了氧同位素 ^{18}O 的研究。研究发现，亚长体内的 ^{18}O 含量较殷墟本地人群明显偏高，说明亚长可能来自靠近海洋或温暖湿润的地区。结合考古学文化，以及青铜器铭文和有关"长"氏的考古学研究，研究者推测亚长可能来自于南方，其家族的主要活动区域可能就在南方[27]。

这些对亚长墓出土骨骼进行锶和氧同位素的研究，使得对亚长出生地的追溯获得了有效线索，将埋葬于殷墟核心宫殿区的亚长及其近侍随从的来处指向中原以东、以南的近海地带。这不仅补充了亚长生前的生活信息，同时也增加了商王朝核心区域贵族族群来源的新认识。而在方法论上，这一研究更具有重要的意义。传统考古学对于人群迁徙、文化传播问题的讨论，往往以器物类型学和文化因素分析法作为主要手段。具体到亚长墓的考古遗存，不论是墓底腰坑、殉人殉狗，还是出土的青铜、玉器等随葬品种类、器形、风格乃至铭文等，无一不体现完全的中原殷商核心文化特征。而骨骼同位素分析所显示墓主人来自东方或南方边地的结果，显然与以传统视角所观察到的现象并不完全一致。因此，如何看待并整合运用传统方法与新兴同位素人骨研究方法，以更加全面、准确地认识不同区域之间的政治关系、人群迁徙、文化融合等问题，是由亚长墓同位素研究所提出来的新课题。

（四）早期药用材料的揭示及其他

墓主人亚长左侧股骨颈下部、大转子与小转子之间的棱嵴上部以及左侧坐骨下端有干化的肌肉组织，呈黑色不连续的条状，组织中以及骨骼下面出土大量的炭化的花椒种子。经鉴定，这是芸香科花椒的蓇葖果，就是现在常用的食用花椒，主要铺在墓主人身体下面及附近。

花椒是我国的原生植物，很早就被人们使用并记载流传下来。传世文献中，花椒最早见于《诗经·周颂》："有椒其馨，胡考之宁。"此后《楚辞》《山海经》等先秦文献也多有所见，主要是作为香料、调味品、酿酒原料等使用。上古时期以来经过历代本草医药知识积累而成的《神农本草经》，更对秦椒和蜀椒的药性作了比较具体的描述。出土文献中，马王堆汉墓帛书《养生方》是目前最早明确将花椒（秦椒）列为药物的医药文献[28]。可见最晚在西汉初，花椒的药用价值已被人们认识并使用。

亚长墓的发现，则从考古材料上将认识花椒药用价值的年代进一步提前。综合亚长武官身份、身体创伤等方面的前期研究，这些花椒可能是在亚长受伤后作为止痛和麻醉的药物而使用于患者身体，并在亚长医治无效之后随之葬入墓中。说明早在晚商时期，先民，至少是部分先民的医药知识系统里，应该已经认识到了花椒对于身体创伤的药用价值。也正是因为这种将花椒作为药材的实际应用，可能无意中在墓主人下葬后减缓了骨骼的腐蚀，才使得亚长骨骼不像其他贵族墓葬那样荡然无存，给后世的研究者留下了宝贵的研究资料。当然，对于花椒是否有防腐效用，学者之间存在着两种截然相反的观点。一种观点认为墓葬内棺出土的花椒说明人们意识到用药物来防止尸体的腐烂[29]；另一种则认为先秦文献和后世本草类著作均未见到有花椒防腐功能的记载和论述，先秦墓葬中花椒的使用是建立在原始巫术理念上的结果，而非对其防腐功能的认识[30]。从亚长墓的个案来看，墓主骨骼甚至肌肉有所留存，可能客观上确实与花椒有关，尽管尚不明确当时人们是否已经意识到并主动利用花椒的这一功能。

除亚长墓之外，目前在更大范围内统计到出土花椒的先秦两汉时期墓葬已有二十余座[31]。其中，除了亚长墓与信阳固始6号墓葬年代均为殷墟二期偏晚的晚商阶段，绝大多数墓葬都在春秋至西汉时期；从分布地域来看，除亚长墓与满城刘胜汉墓外，其余都位于淮河流域及其以南甚至两广地区。也就是说，随葬花椒主要流行在东周至汉代的南方淮河、长江流域一带，学者据此认为可能属于先秦楚文化区的范围[32]。结合亚长出生地的研究推论，可以进一步推测随葬花椒可能是亚长自南方带入殷墟的。

这一推论如果符合实际，那么其中有个现象值得注意，即亚长墓作为目前年代最早、地域分布最北的案例，它的存在表明以花椒入葬的现象在中原出现的年代并不比南方地区晚。也就是说，花椒入葬作为一种文化因素，其在传入地出现的时间不一定晚于传出地，甚至由于资料留存不完整等原因而"显得"早于传出地。这就为我们思考其他文化因素传播的相似现象及方式提供了启示。类似的现象在考古学材料中经常能够见到，最典型的就是长江下游夏商时期的印纹硬陶和原始瓷的问题。比如为学界所熟知的、造型独特的马桥文化典型器硬陶鸭形壶，在夏商时期的太湖流域出土数量大、类型丰富，在中原地区偶见，一般认为是从长江下游传入中原地区的文化因素，而鸭形壶在中原最早出现的年代为二里头二期，与马桥文化鸭形壶的年代相当甚至略早。还有一类东周时期普遍出现在长江中下游楚越文化区的硬陶、原始瓷甚至青铜材质的建鼓插座，一般作长插管、圆鼓身、无底的形态，也被认为是南方文化的典型器；但这类器物的"渊源"或者"祖型"却能在中原地区的二里头遗址"透底器"中见到，虽出土数量远不如东周时期的南方地区多，其年代却早得多。亚长墓及其出土的花椒给我们提供了一个理解这类经由个别人群远距离迁徙而造成文化因素"飞地"现象的案例。

四、《亚长之谜：殷墟贵族人骨的秘密》及相关问题

考古学研究是一个不断探索、不断完善的过程，可能我们永远无法得知历史的事实真相，但是我们永远去追求不断接近历史的真相，这也是考古的迷人之处。

亚长墓田野考古发掘过程中，以及在室内整理阶段，考古发掘负责人何毓灵就不间断地开展系统全面的研究。除了及时公布田野考古发掘资料，他还邀请了相关学科专家开展多学科综合研究，包括出土人骨的研究、殉狗的研究、随葬贝类的研究、青铜器的制作技术和成分研究、玉石器的工艺和产地研究、残留物化学成分研究等，并在2007年出版了考古研究报告和多学科研究成果——《安阳殷墟花园庄东地商代墓葬》[33]。

但是对于考古工作来说，出版田野考古报告只是考古研究的第一步，当时正值新世纪初，一些考古学理念和科技考古技术尚未成熟，相关研究尚未完全展开，一些重要信息尚未得到深度发掘。所以，何毓灵在完成考古报告后并未放弃对亚长墓的深入研

究，在之后一直不间断挖掘亚长墓的各种信息，并开展了多项合作研究。这些研究成果集中体现在何毓灵 2021 年出版的个人专著——《亚长之谜：殷墟贵族人骨的秘密》[34]（以下简称《亚长之谜》）中。

《亚长之谜》不仅仅是对亚长墓的介绍，还是从历史大视野、殷墟考古学发展史以及多学科角度全面展示殷墟的考古发掘和研究成果，并对亚长墓开展了更为深入系统的研究。全书首先介绍了亚长墓的发现和发掘经过，随后从大视野角度回顾了殷墟的发掘史和研究史，并针对性地介绍了甲骨文、大邑商、青铜器铸造、墓葬、车马坑、玉石器等重要随葬品的研究成果；该书重点细致介绍了亚长墓具有传奇性的发掘经过，以及考古学研究、多学科研究的心路历程和一系列研究成果。读完该书，使我们对安阳殷墟发掘研究历程具有高度概括性的了解，并对亚长墓的研究成果具有全面系统的认识。应该说，该书文字既具有高度，有深度，有广度，也具有细致、系统和全面性，是近年来不多见的优秀著作。

更为重要的是，《亚长之谜》不仅仅是书斋里的专业研究著作，而且是一部兼具严谨性的科学研究和趣味性的公众考古作品。新世纪以来，公众考古蓬勃发展，取得了显著的成果[35]。习近平总书记在 2020 年中共中央政治局第 23 次集体学习中指出："考古工作是一项重要文化事业，也是一项具有重大社会政治意义的工作。""我们要加强考古工作和历史研究，让收藏在博物馆里的文物、陈列在广阔大地上的遗产、书写在古籍里的文字都活起来，丰富全社会历史文化滋养。"[36]为了落实习总书记关于文物保护利用和文化遗产保护传承的指示[37]，何毓灵在完成繁重的田野考古工作和科研工作之余，倾力完成了这本公众考古佳作。笔者 20 多年前参与了亚长墓人骨的研究工作，并持续关注亚长墓的最新研究成果，但该书中的一些认识仍然给我一种耳目一新的感觉。我认为，该书具有以下三个特点。

一是全面。应该说，该书是目前最为全面介绍安阳殷墟考古工作和亚长墓研究成果的公众考古作品，对一般考古爱好者和有志于殷墟考古的学生来说都是一个成功的入门之作，在未来几年内都会是普通公众了解殷墟考古的不可或缺的。

二是科学。公众考古与科学研究不同，但是又不能背离科研，而且还必须展示最新最全的科研成果。该书展示的有关殷墟遗址以及亚长墓的多项科研成果，全面系统的同时，兼顾了科学性。该书在用数据记录大量殷墟考古发展史和文物的同时，对殷墟和亚长墓的科研成果进行了科学的介绍，论述有理有据，科学合理。

三是结合。公众考古是将枯燥严谨的考古工作与鲜活的历史文化相结合的工作。一些公众考古作品经常误入各种歧途，有的过多渲染考古工作的猎奇性而严谨性不足，有的过多描述文物的精美而对科研介绍不足，有的公众考古流于表面介绍而科研成果介入不足等等。《亚长之谜》则将考古发现、发掘、科研、文物等有机结合起来，既有专业性，也有趣味性；既有理论高度，也有生活广度；既有严谨科研，也有工作趣闻，将考古工作和科学研究娓娓道来，引人入胜。因此，《亚长之谜》是不多见的将考古学的严谨性与文化遗产的趣味性结合的代表性著作，对亚长墓的人骨研究而言，这也是考古学与人骨研究结合最为密切的成功典范。

　　附记：本文系国家重点研发计划资助"公元前 1500 年至公元前 1000 年中华文明早期发展关键阶段核心聚落综合研究·商代都邑的环境、生业与人群"（课题编号：2022YFF0903605）研究成果，本文得到 2024 年度中国社会科学院研究所实验室综合资助项目"科技考古实验室"（项目批准号：2024SYZH002）、中国社会科学院学科建设"登峰战略"资助计划（项目批准号：DF2023YS13）资助。

注　释

［ 1 ］ 中国社会科学院考古研究所：《安阳殷墟花园庄东地商代墓葬》，北京：科学出版社，2007 年。

［ 2 ］ 王明辉：《以"人"为本的考古学》，《光明日报》2021 年 7 月 14 日第 12 版。

［ 3 ］ 王明辉：《中国体质人类学发展历程（上）》，《南方文物》2020 年第 6 期，第 52-60 页。

［ 4 ］ 中国社会科学院历史研究所、中国社会科学院考古研究所：《安阳殷墟头骨研究》，北京：文物出版社，1985 年。

［ 5 ］ 恩格斯著，于光远等译：《自然辩证法》，北京：人民出版社，1984 年。

［ 6 ］ 朱泓主编：《体质人类学》，北京：高等教育出版社，2005 年。

［ 7 ］ a. 何嘉宁：《中国古代人骨体质人类学的研究进展与展望》，《人类学学报》2021 年第 2 期，第 165-180 页；

b. 王明辉：《商族起源的人骨考古学探索》，《华夏考古》2015 年第 4 期，第 51-59 页；

c. 王明辉：《中国体质人类学发展历程（下）》，待刊。

［ 8 ］ 侯侃：《山西榆次高校园区先秦墓葬人骨研究》，吉林大学博士学位论文，2017 年。

［ 9 ］ 中国社会科学院考古研究所：《安阳孝民屯（四）殷商遗存·墓葬》，北京：文物出版社，2018 年。

［10］ 原海兵：《殷墟中小墓人骨的综合研究》，吉林大学博士学位论文，2010 年。

［11］ 何毓灵：《殷墟花园庄东地 M54 墓主再研究》，见中国社会科学院考古研究所商周考古研究室编：《三代考古》（第 5 辑），北京：科学出版社，2013 年，第 110-117 页。

［12］ 朱泓：《中原地区的古代种族》，见吉林大学边疆考古研究中心编：《庆祝张忠培先生七十岁论文集》，北京：科学出版社，2004 年，第 549-557 页。

［13］ 杨希枚：《卅年来关于殷墟头骨及殷代民族种系的研究》，见中国社会科学院历史研究所、中国社会科学院考古研究所：《安阳殷墟头骨研究》，北京：文物出版社，1985 年，第 6-20 页。

［14］ a. 韩康信、潘其风：《殷墟祭祀坑人头骨的种系》，见中国社会科学院历史研究所、中国社会科学院考古研究所：《安阳殷墟头骨研究》，北京：文物出版社，1985 年，第 82-108 页；

b. 韩康信、潘其风：《安阳殷墟中小墓人骨的研究》，见中国社会科学院历史研究所、中国社会科学院考古研究所：《安阳殷墟头骨研究》，北京：文物出版社，1985 年，第 50-81 页。

［15］ 曾雯、李佳伟、岳洪彬，等：《2004 年殷墟大司空遗址出土人骨线粒体 DNA 研究报告》，《华夏考古》2018 年第 2 期，第 100-105 页。

［16］ 夏洛特·罗伯茨、基思·曼彻斯特著，张桦译：《疾病考古学》，济南：山东画报出版社，2010 年。

［17］ Horden P. 2000. The Millennium Bug: health and medicine around the year 1000. *Soc. Hist. Med*, 13(2): 201-219.

［18］ 同［ 8 ］。

[19] 王明辉、杨东亚:《M54 出土人骨的初步鉴定》,见中国社会科学院考古研究所:《安阳殷墟花园庄东地商代墓葬》,北京:科学出版社,2007 年,第 281-288 页。

[20] 同 [11]。

[21] 赵永生、曾雯、郭俊峰,等:《商代人骨上跪踞面的观察与分析》,《考古》2020 年第 10 期,第 108-117 页。

[22] 王明辉:《加强人类骨骼变异变形学研究》,《中国文物报》2020 年 10 月 9 日第 6 版。

[23] 王明辉:《蒲城店遗址出土人骨鉴定与分析》,待刊。

[24] 同 [21]。

[25] 赵春燕:《锶同位素分析技术追踪古人类迁移活动的研究》,《北方文物》2019 年第 3 期,第 43-49 页。

[26] White C D, Longstaffe F J, Law K R. 2004. Exploring the effects of environment, physiology and diet on oxygen isotope ratios in ancient Nubian bones and teeth. *Journal of Archaeological Science*, 31: 233-250.

[27] 同 [11]。

[28] 裘锡圭编:《长沙马王堆汉墓简帛集成》(第六册),北京:中华书局,2014 年,第 52 页。

[29] 朱红:《望山楚墓出土植物标本的鉴定与研究》,见湖北省文物考古研究所:《江陵望山沙塚楚墓》,北京:文物出版社,1996 年,第 343-347 页。

[30] 曾京京:《我国花椒的栽培起源和地理分布》,《中国农史》2000 年第 4 期,第 68-75 页。

[31] 姚智远、徐婵菲:《先秦两汉花椒的用途及文化意义》,《农业考古》2008 年第 1 期,第 168-176 页。

[32] 同 [11]。

[33] 同 [1]。

[34] 何毓灵:《亚长之谜:殷墟贵族人骨的秘密》,昆明:云南出版社,2021 年。

[35] 王仁湘:《公众考古学:走向广阔与平易的学问之道》,见《庆贺徐光冀先生八十华诞论文集》编委会编:《庆贺徐光冀先生八十华诞论文集》,北京:科学出版社,2015 年,第 15-25 页。

[36] 《习近平在中央政治局第二十三次集体学习时强调 建设中国特色中国风格中国气派的考古学 更好认识源远流长博大精深的中华文明》,《人民日报》2020 年 9 月 30 日第 1 版。

[37] 习近平:《加强文化遗产保护传承 弘扬中华优秀传统文化》,《求是》2024 年第 8 期,第 4-13 页。

An Exemplar of the Combination of Archaeology and Osteological Research: A Review of *The Mystery of Yazhang: Secrets of the Noble Human Bones of Yinxu*

WANG Ming-hui

(Institute of Archaeology, Chinese Academy of Social Sciences)

Abstracts: The archaeological excavation of Yinxu in Anyang is a model of multidisciplinary cooperative research, and the study of ancient human remains and the archaeological excavation of the site of Yinxu have been maintaining a long-term good cooperation. The human bones unearthed from Yazhang's tomb play an important role in the study of the physical characteristics, health condition, food structure, and social culture of the traders. The study found that Yazhang was a very valiant male military official from the south around 35 years old. He Yuling's *The Mystery of Yazhang: Secrets of the Noble Human Bones of Yinxu* is not only the multidisciplinary perspective of archaeology study, in particular, from the perspective of the human remains and a more in-depth and systematic study of Yazhang's tomb. The book is a representative work that combines the rigor of archaeology with the interest of cultural heritage, and it is also a successful example of the closest combination of archaeology and human bone research for the osteoarchaeology study of Yazhang's tomb.

Key Words: Yinxu; Yazhang Tomb; Osteoarchaeology

商代青铜器铅同位素与合金成分
综合模型分析

A. 马克·波拉德[1]　刘睿良[1, 2]　著；张　蓥[3]　译

（ 1. 牛津大学考古与艺术史研究实验室； 2. 大英博物馆亚洲部；
3. 中国社会科学院考古研究所）

摘要： 笔者在过往的研究曾发现，中国早期青铜器成分中，主量元素普遍存在的相关性可以通过不断提高二次合金的占比以稀释初始合金来进行建模。我们将这一方法进行拓展，通过利用简单的质量平衡计算这些二次混合合金中的铅同位素比值。通过对赛克勒商代青铜器的分析，我们发现其中绝大多数青铜器的成分模型可以通过假定一个混合过程来进行建立。这一过程包括了含有微量铅（约 0.05%）的富铜合金，其铅同位素比值约为 $^{206}Pb/^{204}Pb=18$，$^{207}Pb/^{204}Pb=15.5$ 和 $^{208}Pb/^{204}Pb=39$，被占比不断增加的两种含铅合金中的一种稀释。这两种含铅合金，其一具有轻微的放射性，同位素比值为 $^{206}Pb/^{204}Pb=22$，$^{207}Pb/^{204}Pb=16.1$ 和 $^{208}Pb/^{204}Pb=42$，另一种由普通铅组成，同位素比值为 $^{206}Pb/^{204}Pb=17.5$，$^{207}Pb/^{204}Pb=15.6$ 和 $^{208}Pb/^{204}Pb=38$。这些预测有助于更精准地定位商代青铜器所用铜和铅的来源。基于合金模型，我们发现商代青铜器初始合金组分约为 85% 铜、15% 锡和 0.1% 铅，被二元合金（约 50% 铜和 50% 铅）稀释。这一模型与用来解释先秦钱币成分的模型非常相似，也可以用来理解《考工记》中给出的六种铸造青铜的配方。如果以上推论正确，这种相似性表明在近千年的时间里，中原地区的合金铸造工艺具有一定的连续性。

关键词： 中国青铜器　建模　铅同位素　合金　商代

一、引　　言

　　越来越多的学者已经认识到混熔这一过程可能对古代铜合金的同位素和合金成分产生影响[1-4]，也可能会对产地的精准判断（原材料的地质来源）产生严重的负面影响，但同时也有可能增加我们对制作工艺和器物生命周期的了解[5-6]。近年来，一些学

者提出了多种分析此类混合合金的方法。部分方法基于反卷积——将混合信号分离后与合金组分对应，然后判断其具体来源。其他方法则使用贝叶斯混合模型或各种形式的多元分析。在铅同位素的研究领域，Longman 等[7]、De Ceuster 和 Degryse[8]、Tomczyk 等[9]、De Ceuster 和 Machaira 等[10]、孙振飞等[11]采用了多种不同的方法。一些研究者已经尝试将化学成分和同位素数据结合进行分析，通常使用多变量分析方法，例如 McGeehan-Liritzis 和 Pollard[12]、Orfanou 等[13]、Wood 等[14]、Tomczyk 和 Żabiński[15]的研究。

　　学界普遍认为上述研究问题非常重要，但对于这些方法中是否存在最合适的方法，如果存在具体哪一种最为可靠还未达成共识。本文提出的方法是先对铅同位素和主成分进行独立建模，然后将两者进行比较，从而对合金过程做出整体解释。这个方法可以用来探索特定组别的器物的合金配方，或者更重要的是，可以将一些特殊的"配方"，即不符合实际的情况排除在外。

二、二元铜合金混合物中铅同位素建模

　　为了计算混合合金中的主要成分，我们以中国早期青铜器为背景，拓展了以往基于两种合金混熔的简单建模方法[16]。如果可以同时获得器物的合金成分和铅同位素数据，就可以考虑利用两种铅源计算出器物的质量平衡，并且为相同器物的合金建立铅同位素模型。当然，这种同位素组成与添加铅的形式无关——就同位素组成而言，添加 5% 含特定同位素比值的铅合金与添加少量含同一同位素比值的纯铅的效果相同。由于合金的成分数据模型可以框定合金配方的范围，因此同时考虑同位素和合金成分，就有可能获得更深入细致的理解。

　　在呈现同位素混合结果方面，我们采用了 Pollard 和 Bray[17]提出的方法来绘制铅同位素数据图。此类图中，x 轴代表铅浓度的倒数，y 轴代表三种铅同位素比值中的一种。这就意味着此类图实际上同时包含了三个独立的图（1/Pb vs $^{206}Pb/^{204}Pb$，1/Pb vs $^{207}Pb/^{204}Pb$，1/Pb vs $^{208}Pb/^{204}Pb$，或任何其他合适的铅同位素比值集）。对于中国青铜器，我们通常以 $^{206}Pb/^{204}Pb$ 为重点，因为这一比值清楚地显示了放射性铅的存在，但另外两个图也必须考虑在内。因为中国青铜器中的铅浓度的范围很大，可能从 0.1% 到超过 10%，所以我们还使用 log（1/Pb）作为横轴，即使这意味着在这些图中混合线并非线性（参见 Pollard 等人 2018 年发表的论文中对于这一线性关系的揭示[18]）。

　　图 1-1 显示了两种铅源的混合模型，其形式是将越来越多的纯放射性铅（$^{206}Pb/^{204}Pb=25$）加入到铅占比不同但同位素比值相同（$^{206}Pb/^{204}Pb=16.5$）的铜 / 铅合金中（选择这些具体比值只因为其代表了放射性铅源和普通铅源）。每个模型的数据均收录于网络版附录。在中文语境中，此图代表了含有微量普通铅的富铜合金被越来越多的高放铅"稀释"（关于这两种铅同位素的考古学意义，详见金正耀等[19]、刘睿良等[20]的研究）。稀释的范围，即铅的加入量，从铜重量的 0.1%（如在 1 千克铜中加入 1 克铅）到 50%（如在 1 千克铜中加入 500 克铅）。四种模型如下。

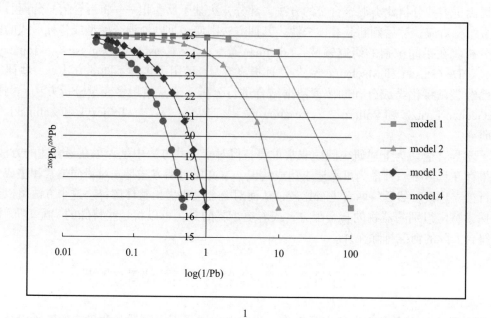

图1 四种混合模型的^{206}Pb/^{204}Pb与log（1/Pb）以及^{206}Pb/^{204}Pb与（1/Pb）折线图

Figure 1 Plot of ^{206}Pb/^{204}Pb vs log (1/Pb) and ^{206}Pb/^{204}Pb vs

(1/Pb) for the four mixing models described in the text

1. ^{206}Pb/^{204}Pb 与 log（1/Pb） 2. ^{206}Pb/^{204}Pb 与（1/Pb）

1. ^{206}Pb/^{204}Pb vs log(1/Pb) 2. ^{206}Pb/^{204}Pb vs (1/Pb)

模型1：向成分为 99.99%Cu/0.01%Pb（$^{206}Pb/^{204}Pb=16.5$）的初始合金中加入纯铅（$^{206}Pb/^{204}Pb=25$）

模型2：向成分为 99.9%Cu/0.1%Pb 的初始合金中加入纯铅

模型3：向成分为 99%Cu/1%Pb 的初始合金中加入纯铅

模型4：向成分为 98%Cu/2%Pb 的初始合金中加入纯铅

图 1-1 将最终合金中的铅含量绘制成 log（1/Pb），清楚地显示四种混合合金模型的铅同位素与铅含量［log（1/Pb）］的非线性关系；这与图 1-2 形成了鲜明对比，图 1-2 显示的是以（1/Pb）为单位绘制的相同数据，与预期一致，显示出线性关系。两幅图都显示，每条曲线在右侧起始位置的不同完全取决于初始富铜合金中的铅含量。铜合金中铅含量较低的曲线（模型1，0.01%Pb；模型2，0.1%Pb）相对更快地收束于添加铅的同位素最大数值（$^{206}Pb/^{204}Pb=25$），而铅含量较高的曲线则需要串联更多的点才能收束到达 25。

需要强调的是，如果添加的铅不是纯铅，而是铅与其他金属的混合物，或者，如果初始合金成分不是 99%Cu/1%Pb（如模型3），而是成分类似 60%Cu/39%Sn/1%Pb 的合金，图 1-1 和图 1-2 也将不会有任何变化。换句话说，这些图只受初始合金中铅含量和后来添加量的影响，而与添加铅的合金组分无关。因为这些模型的设计是用来将具有低 $^{206}Pb/^{204}Pb$ 比值（此处设定为 16.5）的铜合金和含放射性铅（此处 $^{206}Pb/^{204}Pb=25$）的铅源结合，所以铅同位素的低值出现在图的右侧（通常为 1/Pb>1，或 Pb<1%），而铅同位素的高值（1/Pb<1，或 Pb>1%）出现在图的左侧。如果反过来（铜合金中含有放射性铅，而添加的铅为普通铅），那么我们将会看到镜像的折线图：当 1/Pb<1（Pb>1%）时，对应的同位素 $^{206}Pb/^{204}Pb$ 数值低；当 1/Pb>1（Pb<1%）时，对应的同位素数值高。因此，这些曲线的形状可以告诉我们有关初始铜合金和添加铅中铅同位素的信息。

三、合金成分建模

笔者曾发表论文[21]介绍了一种简单的针对中国早期青铜器的建模方法，以计算两种不同合金混合后的主要成分数据。这种方法是基于对中国早期青铜器成分分布特征的观察，即这些青铜器的主要成分（铜、锡和铅）的分布呈现出独特的模式，其成分特征更多的是呈现线性相关，而不是离散的组别（详见下文对赛克勒数据的讨论）。商代青铜器中的铜，其成分分布范围为 60%～100%，而锡和铅的范围则从 0% 到 30% 不等。这表明，对于生产铸造合金的过程，相比通过混合固定比例的原材料来获得目标配比，这一过程更接近通过不断增加第二种合金的比例来"稀释"初始合金，从而使数据产生强烈的相关性。举个简单的例子，将等量的纯铅和纯锡不断加入纯铜中合金化，便会产生一组趋势线，显示铜/锡和铜/铅之间的负相关性，而锡/铅之间会呈现正相关。这一过程既可以看作是纯铜被二元锡/铅合金稀释，也可以看作是纯铜被两种独立成分（锡和铅）稀释，前提是这两种独立成分以固定比例添加。原则上，这两种方法（预制合金的二元混合与纯金属的三元混合）所得数据在相关性图中或可被区分出来，因为各点在每条相关线周围的分散程度可以衡量对混合过程的控制程度——高度相关的数据表明过程严格控制了添加成分的比例，而较低的相关性表明控制较为松散。不过，很难确认分散度达到何种程度可以排除使用预制合金的可能性。

笔者过往的研究[22]结果以二元散点图中趋势线的形式呈现：%Cu vs %Sn、%Cu vs %Pb 和 %Sn vs %Pb。其他可能的表述方式可能更加有效，例如：%Sn/%Cu vs %Pb/%Cu，或 log（%Sn/%Cu）vs log（%Pb/%Cu），因为从理论上讲这些变量不会受到总量恒定这一条件的限制，但它们无法从合金化过程的角度进行解释。因此，我们保留目前这种简单的作图方法。这项工作主要是将初始成分和稀释剂的不同组合所产生的各种趋势线与一组确定青铜器的实际数据进行比较。如果预测的趋势线与真实数据中的趋势不符，就可以排除特定的混合组合。如果相符，则说明模型的相关数据是可以为合"配方"提供合理的解释。

四、赛克勒商代青铜器的同位素和合金成分建模

本文介绍的模型由华盛顿弗利尔美术馆赛克勒藏品中的商代青铜器的公开数据所建立。之所以选择这些数据，是因为它们包括了大量关于同一器物的化学成分和同位素数据，而且在多项商代青铜器研究中被广泛使用。这些数据的主要局限性在于，尽管这些器物在类型学上有所描述，但其发掘地未经证实，而且时期划分很宽泛（年代精度往往在一个世纪左右），器物的分期横跨公元前 15 世纪至公元前 11 世纪，涵盖了商代大多数时期。因此，这些器物无法用于更精细的分类分析，如按年代、时段或社会地位进行分类讨论（分类分析的例子详见刘睿良和 Pollard 的研究[23-24]）。

图 2 显示了赛克勒收藏商代青铜礼器数据中的铅同位素分布[25]，分别展示了 1/Pb vs ^{206}Pb/^{204}Pb（a），1/Pb vs ^{207}Pb/^{204}Pb（b）和 1/Pb vs ^{208}Pb/^{204}Pb（c）。正如刘睿良[26]所指出的，在 1/Pb vs ^{206}Pb/^{204}Pb 的图中可以看到两种趋势，一条"放射性铅"线（^{206}Pb/^{204}Pb≈22）和一条"普通铅"线（^{206}Pb/^{204}Pb≈17.5）。根据上述论证，我们构建了两个铅同位素混合模型来拟合这些 ^{206}Pb/^{204}Pb 的数据。

模型 1：成分 A＝99.95%Cu，0.05%Pb（^{206}Pb/^{204}Pb＝18）

　　　　成分 B＝0%Cu，100%Pb（^{206}Pb/^{204}Pb＝22）

模型 2：成分 A＝99.95%Cu，0.05%Pb（^{206}Pb/^{204}Pb＝18）

　　　　成分 B＝0% 铜，100% 铅（^{206}Pb/^{204}Pb＝17.5）

为混合模型选择这两个铅同位素值（^{206}Pb/^{204}Pb＝18 表示铜合金，17.5 表示非放射源添加铅，22 用于模拟放射性铅的添加）是基于建模所用青铜器的实际铅同位素数据的分布情况（这里指的是赛克勒商代青铜器）。这是一个迭代过程——从数据中估算初始和最终同位素值，构建模型并与真实数据进行比较，然后进行调整，直到模型符合真实数据。

这些模型与商代数据叠加于图 2-1 中。对这些模型的解释是，赛克勒收藏的商代青铜器的 ^{206}Pb/^{204}Pb 值可以通过以下假设来解释：混合的起点是含铅量低（此处设定为 0.05%Pb）的铜基合金，其同位素值为 ^{206}Pb/^{204}Pb＝18，其中混合了比例不断增加的含铅

合金，其同位素值为 $^{206}Pb/^{204}Pb = 22$［图中上方（放射性）线］或 $^{206}Pb/^{204}Pb = 17.5$［图中下方（普通）线］。这两条线分别代表添加铅的同位素比值的上限和下限。显然，介于这两条线之间的数据点要么反映了添加铅的同位素中间值，要么反映了两种最终成分的混合。

图 2-2 和图 2-3 显示了另外两种同位素比值（$^{207}Pb/^{204}Pb$ 和 $^{208}Pb/^{204}Pb$）的类似模型。所有模型中 A 和 B 组分的占比相同（A = 99.95%Cu/0.05%Pb，B = 100%Pb），同位素值如下。

$^{207}Pb/^{204}Pb$：成分 A $^{207}Pb/^{204}Pb = 15.5$
　　　　　　成分 B 模型 1 $^{207}Pb/^{204}Pb = 16.1$
　　　　　　成分 B 模型 2 $^{207}Pb/^{204}Pb = 15.6$
$^{208}Pb/^{204}Pb$：成分 A $^{208}Pb/^{204}Pb = 39$
　　　　　　成分 B 模型 1 $^{208}Pb/^{204}Pb = 42$
　　　　　　成分 B 模型 2 $^{208}Pb/^{204}Pb = 38$

通过综合三种同位素比值的证据，我们认为赛克勒商代青铜器可以按照以下过程进行建模，含有微量铅（约 0.05%）的富铜合金（同位素比值为 $^{206}Pb/^{204}Pb = 18$，$^{207}Pb/^{204}Pb = 15.5$ 和 $^{208}Pb/^{204}Pb = 39$）作为初始合金，被占比不断增加的两种铅基合金之一稀释，其一放射性铅（同位素数值为 $^{206}Pb/^{204}Pb = 22$，$^{207}Pb/^{204}Pb = 16.1$ 和 $^{208}Pb/^{204}Pb = 42$），另一种为普通铅（同位素数值为 $^{206}Pb/^{204}Pb = 17.5$，$^{207}Pb/^{204}Pb = 15.6$ 和 $^{208}Pb/^{204}Pb = 38$）。

近年来在殷墟最重要的发现之一是 2015 年在刘家庄北部的一个储藏坑中出土的一大批铅锭，分期为殷墟Ⅳ期，即公元前 1046 年周灭商前商代最后一个时期[27]。该储藏坑共出土 293 块铅锭（总重量为 3404 千克），其中 3 块已进行过科技分析[28]。这些铅锭可能是氧化铅，因为测试分析得到的总含量未超过 90%（其中铅 87.9%、86.1% 和 80%；锡未测得结果；铜为 0.62%、0.26% 和 9.33%）。同位素值非常一致，平均为 $^{206}Pb/^{204}Pb = 17.445$，$^{207}Pb/^{204}Pb = 15.535$，$^{208}Pb/^{204}Pb = 37.841$。这些数值与建模得出的添加的普通铅的预测值（$^{206}Pb/^{204}Pb = 17.5$，$^{207}Pb/^{204}Pb = 15.6$ 和 $^{208}Pb/^{204}Pb = 38$）相比非常接近。

所有这些模型都假定添加的铅是纯铅，在这种情况下，数据点对应的铅添加量（相对于铜合金重量）从 0.1% 到 50% 不等。也就是说，对于 1 千克的铜合金，纯铅的添加量为 1～500 克。如上所述，这种模型无法确定稀释剂的确切添加形式。如果添加的铅非纯铅而是某种形式的合金，则需要添加更多的该合金来提供所需的铅。下文将讨论这一点。

值得强调的是，图 2 中数据点的分布强烈暗示了合金化过程的方向（即向铜合金中添加铅，或添加的铅使图 2 中的模拟数据从右向左移动）。如果我们设想稀释是以另一种方式进行的，那么我们就必须考虑初始合金为高铅铜合金（含铅约 20%）的情况，图 2 中上（放射性）曲线的同位素值 $^{206}Pb/^{204}Pb \approx 22$。为了向图右侧移动，我们必须通过精炼来除去铅，或者加入越来越多的无铅合金，从而将铅稀释到 0.1% 以下。如果起始点是含铅量为 20% 的合金，那么就需要加入五到十倍于原重量的含铅量低于 1% 的合金，才能将最终合金中的铅含量降至 1% 以下。换句话说，一块 1 千克的含铅

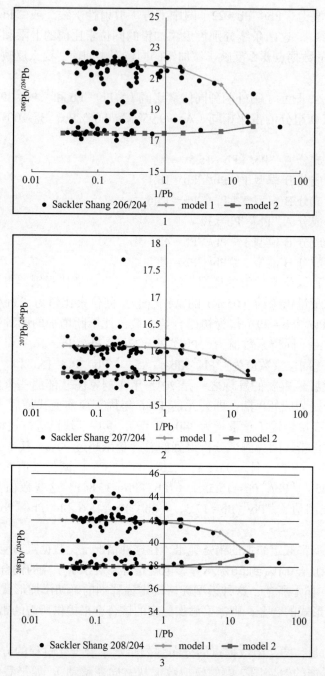

图2 赛克勒收藏商代青铜器的铅同位素数据[29]，以及文中所述的两条模型曲线

Figure 2 Lead isotope data for Shang bronze vessels in the Sackler collection[29],

with two model curves as described in the text

1. 1/Pb 与 $^{206}Pb/^{204}Pb$ 2. 1/Pb 与 $^{207}Pb/^{204}Pb$ 3. 1/Pb 与 $^{208}Pb/^{204}Pb$

1. 1/Pb vs $^{206}Pb/^{204}Pb$ 2. 1/Pb vs $^{207}Pb/^{204}Pb$ 3. 1/Pb vs$^{208}Pb/^{204}Pb$

量为 20% 的铜合金需要加入 5～10 千克的低铅合金（＜1%）才能将合金中的铅含量降至 1% 以下。尽管这并非不可能，但与上述模型相比似乎不太可能。

为了研究添加的合金形式，我们回到上文讨论的合金成分模型。图 3 是线性模型与赛克勒青铜器数据的叠加图，其中 85%Cu/15%Sn/0.1%Pb 的合金被占比不断增加的 50%Cu/50%Pb 二元合金稀释。除了几个铜含量大于 88% 的数据点之外，模型反映了每个图中数据的总体趋势。在铜含量大于 88% 的 8 个数据点中，1 个是缶上的修复部分，分析编号 123S，博物馆编号 55。3 个是已经进行过取样分析的重复样品［鼎编号 82，实验编号 89C（89V 的重复样本）；鼎编号 83，实验编号 125C（125V 的重复样本）；鼎编号 87，实验编号 337C（337V 的重复样本）］，原始钻孔更深，可能是为了获得更有代表性的样本。其他 4 件器皿（斝编号 3，实验结果编号 319V；斝编号 4，实验结果编号 298V；斝编号 10，实验结果编号 133V；鼎编号 85，实验结果编号 328V），取样点均位于器皿底部。但这些观察结果的意义目前尚不清楚。

如果该模型可被认为充分拟合了赛克勒商代礼器青铜器中合金数据的分布（在上述条件范围内），那么我们就可以将合金和同位素模型结合起来，认为这些青铜器是由两种合金混合铸造的，其中一种合金含大约 85% 的铜、15% 的锡和 0.1% 的铅，被另一种成分约为 50% 铜 /50% 铅的二元合金稀释。前者（青铜合金）中的铅同位素值约为 $^{206}Pb/^{204}Pb = 18$，而二元铜 / 铅合金中的铅同位素值为 $^{206}Pb/^{204}Pb ≈ 22$（放射性铅）或 ≈17.5，这就产生了商代青铜器中的两种类型，一种比另一种具有更高的放射性。

值得注意的是，商代青铜器（公元前 15～前 11 世纪）的这一合金模型与战国时期《考工记》中的配方非常相似（约公元前 300 年；配方为 80%Cu、15%Sn 和 5%Pb，被 50/50 的二元铜铅合金稀释[31]）。如果这一点确认无疑，那么这就意味着在近 1000 年的时间里，合金的生产方法存在延续性。如上所述，这一模型并无法证明参与稀释过程的合金仅是二元铜 / 铅合金，而不是分别添加铜和铅，该模型只是提供了最简单的可能性阐释。这种二元铜 / 铅合金实际参与迫切需要进一步的考古调查，戴志强和周卫荣[32]可能提供了一个这样的观察结果，即从储藏坑中发现的"粗块"金属，其成分约为 50% 铜 /50% 铅，最初被解释为"原始货币"。这些金属块会不会是预制的铸造金属？

毫无疑问，一个包含 122 件样品的集合无法完全代表商代整个青铜礼器的生产，随着更大和更精确的数据库的出现，更多的细节也将被揭示。如上文所述，赛克勒商代器物未确认其产地，且时段涵盖了 5 个世纪（根据 Bagley 的分期结果），从公元前 15/前 14 世纪到公元前 11 世纪。图 4 显示了一系列按照 Bagley 分期的样品的铜 % 与锡 % 的散点图，并叠加了图 3 所示的模型。这些图表表明，该模型并不能反映早期（公元前 15/前 14 世纪～前 13/前 12 世纪）数据中的相关性，但越到晚期（公元前 12 世纪和公元前 11 世纪）越能准确拟合数据。这似乎表明，商代的合金工艺发生了变化，变化的时间可能是在殷墟（安阳）建都（约公元前 1250 年）之后。这一点需要对更多分期更明确的材料进行更深入的研究。

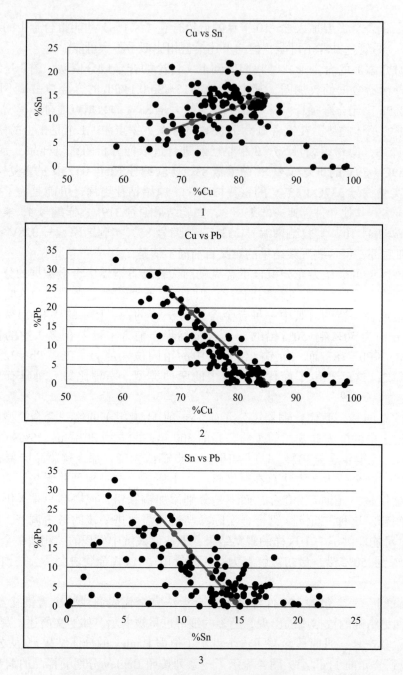

图3 文中描述的模型线与赛克勒商代青铜器数据集[30]的叠加图

（红色为模型数据点，绿色为商代样品数据）

Figture 3 A model curve as described in the text superimposed on the Sackler Shang dataset[30]. The modelled datapoints are in red, the Shang data in green

1. Cu 与 Sn   2. Cu 与 Pb   3. Sn 与 Pb

1. Cu vs Sn   2. Cu vs Pb   3. Sn vs Pb

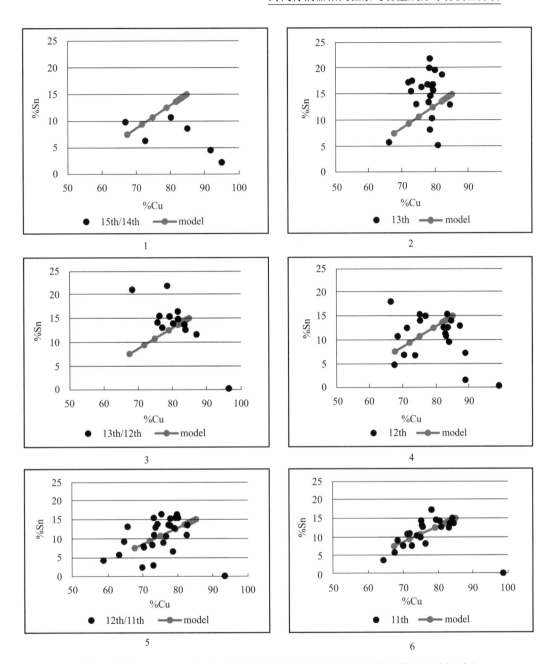

图4　根据Bagley的分期对不同时期赛克勒商代青铜礼器中铜和锡的相关性讨论

Figure 4　Correlation between %Cu and %Sn for the data on the Sackler Shang ritual bronzes classified according to date by Bagley

1. Sn 与 Cu（公元前 15/ 前 14 世纪）　2. Sn 与 Cu（公元前 13 世纪）　3. Sn 与 Cu（公元前 13/ 前 12 世纪）

4. Sn 与 Cu（公元前 12 世纪）　5. Sn 与 Cu（公元前 12/ 前 11 世纪）　6. Sn 与 Cu（公元前 11 世纪）

1. Sn vs Cu (15th /14th C. BCE)　2. Sn vs Cu (13th C. BCE)　3. Sn vs Cu (13th /12th C. BCE)

4. Sn vs Cu (12th C. BCE)　5. Sn vs Cu (12th /11th C. BCE)　6. Sn vs Cu (11th C. BCE)

五、结　论

在已发表的研究中，我们曾提出中国青铜器的合金成分可以通过用占比不断增加的第二种合金稀释初始青铜合金来进行模拟[33-35]。这种建模的方法是基于对中国青铜礼器成分相关性的观察，即其在较大的成分范围内元素呈现相关性，而不是在分组后的目标成分范围。本文中，我们展示了根据每种铅源的相对贡献，通过简单的质量平衡计算出一组由两种不同含铅铜合金组成的二元混合物的铅同位素比值。但我们注意到，这种方法的结果完全取决于初始合金中铅的含量和同位素值，以及添加铅的同位素值。该方法无法确认添加铅的形式，因为添加 1 千克含铅量为 10% 的合金与添加 100 克同位素组成相同的纯铅对最终同位素比值的影响相同。为了进一步了解合金化过程，我们可以将同位素与同一器物的合金成分模型结合起来，这一方法可以给出一种铜合金稀释另一种铜合金所产生的主成分（铜、锡和铅）信息。

利用这种方法，我们对已发表的赛克勒收藏的商代青铜的数据进行了模拟[36]。根据同位素数据，我们认为其中大多数青铜器都可以通过假定一个混合过程来进行建模，这个过程涉及一种含微量铅（约 0.05%）的富铜合金，其铅的同位素比分别为 $^{206}Pb/^{204}Pb = 18$，$^{207}Pb/^{204}Pb = 15.5$ 和 $^{208}Pb/^{204}Pb = 39$，这种富铜合金被占比不断增加的两种含铅合金中的一种稀释，其中一种含铅合金的特征是铅具有轻微的放射性（$^{206}Pb/^{204}Pb = 22$，$^{207}Pb/^{204}Pb = 16.1$ 和 $^{208}Pb/^{204}Pb = 42$），另一种合金由普通铅构成，铅同位素比值为 $^{206}Pb/^{204}Pb = 17.5$，$^{207}Pb/^{204}Pb = 15.6$ 和 $^{208}Pb/^{204}Pb = 38$。这些预测有助于确认生产商代青铜器所用铜和铅的来源。此外，根据合金模型，我们可以认为富铜初始合金的成分约为 85% 铜、15% 锡和 0.1% 铅，被含量为 50% 铜 /50% 铅的二元合金稀释。如果这个模型正确（需要更多的考古数据来评估这些模型的准确性），那么有一点非常值得注意，这个合金模型与用来解释大多数先秦钱币成分的模型非常相似[37]，该模型也有助于理解《考工记》提出的六种青铜铸造配方[38]。这表明在近 1000 年的时间里中原地区的合金铸造实践具有一定的连续性。

附记　本研究得到欧洲研究理事会地平线 2020 项目（ERC 高级项目 FLAME，欧亚大陆古代金属流通，编号：670010）、2023 年骏工程（ERC-UKRI synergy project Horsepower 101071707/EP/X042332/1）资助。本文的翻译与发表已获得原作者授权。文中使用的所有数据均已发表，且对其来源进行了充分说明。感谢大英博物馆刘睿良研究员对译稿的校正工作，同时感谢审稿人的修改建议。

注　释

[1] Pollard A M, Bray P, Cuénod A, et al. 2018. *Beyond Provenance: New Approaches to Interpreting the Chemistry of Archaeological Copper Alloys*. Leuven: Leuven University Press. pp. 169-170.

[2] Nørgaard H W, Pernicka E, Vandkilde H. 2019. On the trail of Scandinavia's early metallurgy: Provenance, transfer and mixing. *PLoS ONE*, 14(7).

［ 3 ］ Killick D, Stephens J, Fenn T R. 2020. Geological constraints on the use of lead isotopes for provenance in archaeology. *Archaeometry*, 62(S1): 86-105.

［ 4 ］ Bray P. 2022. Is a focus on "recycling" useful? A wider look at metal mutability and the chemical character of copper alloys. *Archaeometry*, 64(S1): 87-97.

［ 5 ］ Sainsbury V A, Bray P, Gosden C, et al. 2021. Mutable objects, places and chronologies. *Antiquity*, 95: 215-227.

［ 6 ］ 同［4］。

［ 7 ］ Longman J, Veres D, Ersek V, et al. 2018. Quantitative assessment of Pb sources in isotopic mixtures using a Bayesian mixing model. *Scientific Reports*, 8: 6154.

［ 8 ］ Sarah D C, Patrick D. 2020. A "Match-No Match" numerical and graphical kernel density approach to interpreting lead isotope signatures of ancient artefacts. *Archaeometry*, 62 (S1): 107-116.

［ 9 ］ Tomczyk C, Costa K, Desachy B, et al. 2021. Multivariate statistical study of lead isotopic data: Proposal of a protocol for provenance determination. In: Török B, Giumlia-Mair A (eds) *Proceedings of the 5th International Conference "Archaeometallurgy in Europe"*. Editions Mergoil, Drémil-Lafage. pp. 165-182.

［10］ De Ceuster S, Machaira D, Degryse P. 2023. Lead isotope analysis for provenancing ancient materials: a comparison of approaches. *RSC Advances*, 13: 19595-19606.

［11］ Sun Z F, Liu S R, Zhang J, et al. 2023. Resolving the complex mixing history of ancient Chinese bronzes by Manifold Learning and a Bayesian Mixing Model. *Journal of Archaeological Science*, 151: 105728.

［12］ McGeehan-Liritzis V, Pollard A M. 1986. A new look at Aegean metallurgy with the aid of the computer. In: Liritzis Y, Hackens T (eds) *First South European Conference on Archaeometry*. PACT 15. Strasbourg: European Science Foundation. pp 33-40.

［13］ Orfanou V, Birch T, Lichtenberger A, et al. 2020. Copper-based metalwork in Roman to early Islamic Jerash (Jordan): Insights into production and recycling through alloy compositions and lead isotopes. *Journal of Archaeological Science: Reports*, 33: 102519.

［14］ Wood J R, Liu Y X. 2023. A multivariate approach to investigate metallurgical technology: the case of the Chinese ritual bronzes. *Journal of Archaeological Method and Theory*, 30: 707-756.

［15］ Tomczyk C, Żabiński G. 2023. A PCA-AHC approach to provenance studies of non-ferrous metals with combined Pb isotope and chemistry data. *Journal of Archaeological Method and Theory*, 31(5): 93-143.

［16］ Pollard A M, Zhang Y, Liu R L. 2023. Bronze alloying recipes at Anyang during the Shang dynasty. *Archaeological and Anthropological Sciences*, 15: 156.

［17］ Pollard A M, Bray P J. 2015. A new method for combining lead isotope and lead abundance data to characterise archaeological copper alloys. *Archaeometry*, 57: 996-1008.

［18］ 同［1］。

［19］ Jin Z Y, Liu R L, Rawson J, et al. 2017. Revisiting lead isotope data in Shang and Western Zhou bronzes. *Antiquity*, 91: 1574-1587.

［20］ Liu R L, Rawson J, Pollard A M. 2018. Beyond ritual bronzes: identifying multiple sources of highly radiogenic lead across Chinese history. *Scientific Reports*, 8(1): 11770.

［21］ Pollard A M, Liu R L. 2023. Predicting bronze casting recipes in ancient China: ternary copper-lead-tin alloys and the "unit sum problem". *Archaeological and Anthropological Sciences*, 15: 55.

［22］ 同［21］。

［23］ Liu R L, Pollard A M, Cao Q, et al. 2020. Social hierachy and the choice of metal recycling at Anyang, the last capital of Bronze Age Shang China. *Scientific Reports*, 10: 18794.

［24］ 同［21］。

［25］ Bagley R W. 1987. *Shang Ritual Bronzes in the Arthur M. Sackler Collections*. Washington, D. C.: Arthur M. Sackler Foundation.

［26］ Liu R L. 2016. *Capturing changes: Applying the Oxford System to Further Understand the Movement of Metal in Shang China*. DPhil thesis, University of Oxford, Oxford.

［27］ 中国社会科学院考古研究所安阳工作队：《河南安阳市殷墟刘家庄北地铅锭贮藏坑发掘简报》，《考古》2018 年第 10 期，第 32-41 页。

［28］ Li Q, Wei G F, Huang H Y, et al. 2023. Lead isotope ratio analysis of lead ingots and bronze wares unearthed from Yinxu. *Archaeometry*, 66(2): 368-379.

［29］ 同［25］。

［30］ 同［25］。

［31］ Pollard A M, Liu R L. 2022. The six recipes of Zhou-A new perspective on Jin（金）and Xi（锡）. *Antiquity*, 96: 1200-1213.

［32］ Dai Z Q, Zhou W R. 1998. A study of the pieces of bronze used as primitive currency in ancient China. In: Oddy A, Cowell M (eds.), *Metallurgy in Numismatics: volume 4*. London: Royal Numismatic Society. pp. 299-307.

［33］ Pollard A M, Liu R L. 2021. Bronze alloying practice in ancient China-Evidence from Pre-Qin coin analyses. *Journal of Archaeological Science*, 126: 105322.

［34］ 同［32］。

［35］ 同［21］。

［36］ 同［25］。

［37］ 同［33］。

［38］ 同［31］。

Combining Lead Isotope and Alloy Composition Modelling in Chinese Shang Dynasty Bronzes

A. Mark POLLARD[1], LIU Rui-liang[1,2], Translate by ZHANG Yun[3]

(1. Research Laboratory for Archaeology and the History of Art, School of Archaeology, University of Oxford; 2. The Department of Asia, British Museum; 3. Institute of Archaeology, Chinese Academy of Social Sciences)

Abstract: We have previously suggested that the major element correlations seen across large ranges of alloy composition in early Chinese bronzes can be modelled by diluting a starting bronze alloy with increasing quantities of a second alloy. We extend this to show that the lead isotope ratios of these binary mixtures can be calculated using a simple mass balance. Using the Shang bronzes in the Sackler collection, we suggest that the majority can be modelled by assuming a mixing process involving a copper-rich alloy containing traces of lead (c. 0.05%) having lead isotope ratios around $^{206}Pb/^{204}Pb = 18$, $^{207}Pb/^{204}Pb = 15.5$ and $^{208}Pb/^{204}Pb = 39$, diluted with increasing quantities of one of two alloys containing lead, one characterized by a slightly radiogenic lead ($^{206}Pb/^{204}Pb = 22$, $^{207}Pb/^{204}Pb = 16.1$ and $^{208}Pb/^{204}Pb = 42$), and the other formed of common lead, with $^{206}Pb/^{204}Pb = 17.5$, $^{207}Pb/^{204}Pb = 15.6$ and $^{208}Pb/^{204}Pb = 38$. These predictions help constrain the search for the sources of the copper and lead used in Shang bronzes. From the alloy modelling, we suggest a starting alloy of approximately 85%Cu, 15%Sn and 0.1% Pb, diluted with a binary alloy of approximately 50%Cu/50%Pb. This model is very similar to those predicted to explain the composition of pre-Qin coinage and also to understand the six recipes for bronze casting given in the Kaogong Ji. If correct, this suggests some continuity of alloying practice in central China over a period of nearly 1000 years.

Key Words: Chinese bronzes; modelling; lead isotopes; alloy; Shang Dynasty

动物考古学视角下山羊和绵羊的驯化

本乡一美[1] 著；夏依热·肖开提[2] 译

（1. 综合研究大学院大学；2. 中国社会科学院考古研究所）

摘要：绵羊的野生祖先亚洲盘羊（*Ovis orientalis*）和山羊的野生祖先野山羊（*Capra aegagrus*）最初分布于西亚的土耳其至伊朗东南部地区。考古学证据表明，绵羊和山羊的驯化始于公元前8500年左右，主要集中在西亚的"新月沃地"，该地区丰富的野生资源和优越的自然条件为动物的驯化提供了理想的环境。驯化早期阶段可能涉及选择性繁殖雌性个体，而绵羊和山羊的驯化在形态、用途及性别比例上表现出不同的特点。分子考古学研究进一步支持了西亚作为家养绵羊和山羊起源地的观点，并揭示了驯化过程中的遗传多样性和复杂性。随着动物驯化和奶资源的利用，畜牧业逐渐成为西亚社会的重要生业方式，并随着新石器时代文化和贸易的扩散传播至欧亚大陆各地。

关键词：绵羊和山羊 驯化 新月沃地 动物考古学 畜牧业 奶资源利用

一、导　　论

绵羊的祖先亚洲盘羊 Asian Mouflon（*Ovis orientalis*）和山羊的祖先野山羊 Bezoar（*Capra aegagrus*）都分布在从安纳托利亚（今土耳其）到伊朗东南部的地区。有学者根据旧石器时代和新石器时代早期考古遗址中出土的动物骨骼遗存，对这些野生祖先物种驯化前（约1万年前）分布情况进行了估计[1]。野山羊的分布进一步扩展到了南黎凡特地区（今以色列和约旦），而亚洲盘羊的分布据说没有到此区域。对西亚"新月沃地"（今叙利亚北部至土耳其东南部和伊朗中部）的北部和东部地区在前陶新石器时代 A（Pre-Pottery Neolithic A，简称 PPNA）和 B（Pre-Pottery Neolithic B，略称 PPNB）（约公元前9800年至7500年）考古遗址中出土的动物骨骼遗存进行研究结果表明：绵羊、山羊、猪和黄牛的驯化主要集中在安那托利亚东部底格里斯河和幼发拉底河上游。其中绵羊和山羊的驯化大约始于公元前8500年，即前陶新石器时代 B（PPNB）早期。如今分布在世界各地的家养绵羊和山羊，其起源可以追溯到西亚的野生祖先，它们随着"新石器时代"的浪潮传播到周边地区，并被带入到欧洲和东亚。

"新月沃地"是栽培小麦与豆类的发源地。同时，偶蹄类动物的驯化始于那些自然条件得天独厚、野生祖先物种广泛分布、食物资源丰富多元、文化环境优渥的区域，这样的环境不仅有助于定居点的建立，还推动了植物栽培技术的不断进步。西亚地区已有的考古证据表明：粮食生产始于公元前 10000 年左右，当时形成了定居点（以狩猎和采集野生动植物为生），随后出现了栽培植物（继续狩猎和采集方式，并使用栽培植物）→ 驯化为主（使用栽培植物和驯化动物，狩猎和采集方式仍在继续）→ 对粮食生产的依赖性增加，农牧社会的建立等，这一缓慢的过程持续了约 3000 年。随着稳定的定居生活方式的形成，人类活动导致周围的原生林逐渐变为次生林，在这一过程中，有用的动植物被大量开发和利用，而无用的则不断被淘汰。这种环境的变迁为动物的驯化过程创造了有利的条件：使得驯化动物从野生种群中分离出来，逐渐融入并适应了人类的生活。

人类最早的定居点大多位于海拔 800 米左右的山麓地带。尽管成群的野生绵羊会季节性地在此类地形上进行迁徙，但野山羊倾向于栖息在更加崎岖的山区，因此它们不常出现在人类的生活区域。这就意味着，在开始驯化绵羊和山羊之前，需要先从它们的自然栖地中捕获野生个体，并将其置于人类生活区（如定居的村落）中。有学者认为绵羊和山羊的驯化可能是通过在野生羊群栖居地圈养整个羊群来实现的。然而，这种方法在实际操作中面临诸多困难，例如在陡峭的岩石上圈养善于攀登的山羊极具挑战性，同时，在远离村落的山区饲养和持续圈养羊群的行为也显得不切实际。因此，极有可能是人类将野山羊的幼年个体带回了生活区。作为驯化的第一步，这些野生个体在圈养环境中繁殖，并将人类的生活区域视为自己的领地，即实现"自我适应"是非常重要的[2]。

野猪的栖息地与人类的居住区有所重叠，使得它们能够轻易地适应人类的居住环境。因此，野猪的驯化过程可能起源于与人类的共生关系，并逐渐演变为一种更为粗放的圈养管理方式。然而，在这一演变过程中，被圈养的猪与野猪仍有可能发生杂交，这导致了一个"形态或年龄结构上难以明确划分野生群体和驯化群体"的过渡阶段的产生[3]。与野猪相比，驯化绵羊和山羊的出现具有相对明显的变化特征，如羊角形态和大小的变化、体型的突然缩小以及出土骨骼的年龄结构和性别比例的变化等。在有关驯化的研究中，绵羊和山羊经常被并称为羊"caprine"。但实际上，这两个物种及其祖先不仅在饮食习性与栖息地上有所区别，而且作为家畜被驯养的用途（如为了获取肉、奶或毛等）也不同。因此，驯化的绵羊与山羊在性别比例与年龄结构上亦呈现出不同的特点。山羊因其对不同植被和环境的强大适应能力，常被大量饲养在较为贫瘠的地区。尽管绵羊和山羊这两种家畜之间存在着差异，然而从考古遗址中发掘的动物骨骼碎片来准确区分这两者却颇具挑战。仅在少数遗址中，我们可以通过骨骼形态特征来区分绵羊和山羊[4]。即便在动物骨骼保存状况相对较好的西亚地区的考古遗址中，能够准确识别为绵羊或山羊的骨骼大约也只占全部动物骨骼的 60%。此外，除少数遗址外，其他考古遗址出土山羊遗存的数量仅为绵羊的四分之一到二分之一，这一数量差异在研究死亡年龄分布以及性别比例的历时性变化时，可能会因为山羊样本量不足，从而影响相关分析的准确性。

二、关于绵羊和山羊驯化的动物考古学研究成果

过去半个世纪以来，动物考古学家对于"新月沃地"新石器时代遗址出土的动物骨骼进行了深入研究，以探索驯化的起源。这些研究主要聚焦于骨骼形态的变化，尤其是动物在驯化初期与其野生祖先相比体型显著减小的现象。学者们试图通过这些研究来确定驯化开始的"时间和地点"，即"何时何地"开始饲养家畜。然而，实验研究表明：祖先物种之间的基因交流完全停止后，至少需要经过 30 代的繁衍才能观察到其毛色和形态上的显著变化[5]。这意味着，仅仅依靠骨骼形态的变化来确定驯化的起始时间和地点可能存在一定的局限性。如果我们以牛等偶蹄目动物为例，假设它们繁衍 30代至少需要 100 年，那么根据考古遗址的年代学分析来看，从"开始饲养"到动物形态发生显著变化的时间似乎非常短暂。然而，在粗放型饲养条件下，形态变化可能需要经历漫长的时间。因此，从"开始饲养"（即人类与动物关系发生历史性转变的一步）到"家畜出现"（可以从骨骼形态上明确辨别形态变化）之间的时间差成为了一个重要问题。为了解决这个问题，学者们正致力于从野生动物的骨骼形态中寻找早期驯化的蛛丝马迹，他们通过分析这些骨骼来确定死亡年龄结构和性别比例，以探寻是否存在与野生群体狩猎模式不同的特征，从而更准确地界定驯化的起始时间。

小型化（即体型变小）被认为是驯化的一个重要且明显证据，通常始于体型变化范围的逐步扩大。这一过程最初可能是由于大型野生个体不断被猎杀，同时伴随着少量驯化个体的出现。随着时间的推移，小型个体的数量逐渐增加，而大型野生个体的数量则急剧下降。然而，由于很难能从单一遗址获得覆盖驯化前后数百年至 1000 年的完整材料，我们通常需要通过多个遗址的发掘数据来研究这种非同步的变化。因此有学者认为，在讨论小型化问题时，必须充分考虑野生祖先物种大小的地域性差异，否则无法进行全面准确的讨论。西亚地区的野山羊及野生绵羊在体型上存在南北差异，这一点已被广泛认可。然而，Zeder（2006 年）[6]的研究中指出的伊朗扎格罗斯地区南部和北部的野山羊体型的显著差异，进一步引发了学者们的关注。值得一提的是，绵羊和山羊都展现出高度的性别二态性，即雄雌个体在体型上存在明显的差异。因此，出土骨骼中性别比例的变化（特别是雌性比例的增加），可能会导致我们观察到的整体体型出现明显缩小的现象。在很多情况下，这种雌性比例的迅速增加可能本身就是驯化开始的标志。但值得注意的是，这一变化也可能仅仅是由于狩猎季节或狩猎方法的改变所引起的。因此，在解读这些数据时，我们需要格外谨慎并综合考虑各种可能性。

三、家养绵羊和山羊的起源地和驯化时间

鉴于上述与驯化相关的体型变化问题，有研究深入探讨了伊朗 Ganji Dareh 遗址（该遗址被视为山羊驯化的重要早期证据之一）出土的山羊骨骼。对这些骨骼在体型和死亡年龄上表现出的性别差异进行的详细分析研究表明，该遗址的山羊很可能正处于驯化的初步阶段。具体来说，研究发现雄性山羊（体型较大）的骨骼主要来源于幼畜，而

雌性山羊（体型较小）的骨骼则大多来自成年个体，这可能表明雌性山羊被选择性地保留下来用于繁殖[7]。该研究为家养山羊在公元前 8500 年左右起源于伊朗扎格罗斯山麓地区的观点提供了有力的依据。但值得注意的是，最新的分子遗传学研究对山羊驯化过程的单一性观点提出了质疑（见下文）。

关于绵羊驯化的起源，目前仍存在一些争议。现有的观点普遍认为，绵羊与山羊大约在公元前 8500 年（PPNB 早中期）在底格里斯河上游西部至幼发拉底河上游地区（即现今土耳其 – 叙利亚边境附近）同时被驯化。然而，有证据表明，在绵羊驯化之前的 PPNA 时期，人类在底格里斯河上游以东约 200 千米的东部地区已经大量利用野生绵羊。在底格里斯河上游流域，发现了数个公元前 9800 年至公元前 9000 年间的居住遗址。在这些遗址中，笔者对自西部的 Çayönü 遗址和东部的 Hasankeyf Höyük 遗址出土的动物遗存进行了详细的分析。同时，还研究了从 Hallan Çemi、Körtik Tepe 和 Gusir Höyük 等遗址中出土的其他动物遗存[8-9]。研究结果显示，在这些遗址中，绵羊是主要的狩猎对象。此外，除 Körtik Tepe 遗址外，东部地区几乎没有出土任何野牛，这是当地动物利用的一个显著特点。

遗迹和出土文物表明：公元前 9500 年左右，在"新月沃地"北部定居的狩猎采集者已形成了一个由村落首领领导的略显复杂的社会。值得注意的是，该地区各聚落间的墓葬形制、仪式和象征图案具有高度的一致性。此外，众多精致的非实用工艺品（例如石器、珠子等）都是运用先进的生产工艺并耗费大量时间精心制作的[10]。那时，粮食生产尚未开始，所有出土的动植物遗存均来源于定居点附近的野生资源，反映了当地居民"就地取材、就地消费"和"多方面利用自然资源"的生活方式。遗址出土的石器（狩猎工具）继承了旧石器时代末期狩猎采集者的技艺。有学者认为这是一个复合型狩猎采集者社会[11-12]，他们均衡地利用了居住地附近丰富的自然资源，实现了精神和物质的双重富足。

Hasankeyf Höyük 遗址出土了超过 15 万多块动物骨骼遗存，笔者迄今已分析了约 2.5 万块动物骨骼遗存碎片。在可以确定动物种属的碎片中，野生绵羊的比例高达约 45%。特别值得注意的是，其中一块绵羊颈椎骨上留有燧石（*Flint*）的痕迹，这一发现为我们揭示了当时人类可能使用弓箭来猎杀野生绵羊。与此同时，出土的野山羊数量相对较少，仅为绵羊数量的五分之一，这暗示了在野山羊活动的山麓地带，人类并不频繁地捕猎野山羊。另外，Hasankeyf Höyük、Körtik Tepe 遗址出土的绵羊的大小与野生个体相符（图 1）。然而，有趣的是，从其年龄分布来看，约 50% 的绵羊在 1 至 2.5 岁之间就被猎杀，这表明与典型的狩猎群体相比，这里绵羊的利用集中在稍年轻的个体上，可能意味着当时的狩猎对象中包含大量的亚成年个体。

公元前 9000 年左右，位于底格里斯河上游东部地区的所有 PPNA 时期兴盛的早期定居点均遭废弃。随后的 PPNB 时期也并未在此形成新的遗址，留下了大约 2000 年的历史空白。值得注意的是，PPNB 早期和中期是偶蹄类动物驯化时期，然而大多数遗址位于向西约 200 千米处，靠近现在的土耳其和叙利亚边界。在底格里斯河上游流域西部，Çayönü 遗址是唯一发现的 PPNA 时期地层的遗址。但与东部遗址狩猎绵羊为主的情况不同，在 Çayönü 遗址 PPNA 时期地层出土的动物骨骼中，绵羊和山羊仅占 7% 左

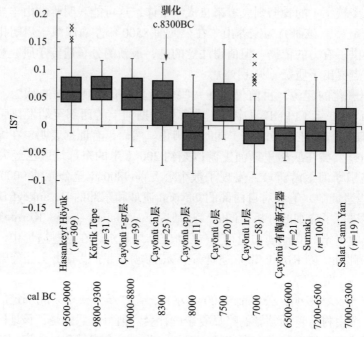

图1　底格里斯河上游流域新石器时代遗址出土绵羊的大小

Figure 1　Size of sheep excavated from Neolithic sites in the Upper Tigris River Basin

用对数大小指数法（LSI）法比较肢骨的测量结果，LSI＝Log10（X-标准）

（X＝遗址出土骨骼的测量结果，标准＝标准个体相同部位的测量结果）。

标准个体是一只伊朗（现生）雌性野生绵羊[13]

Measurements of limb bones were compared using the logarithmic size index (LSI) method, LSI＝Log10 (X-standard)

(X＝measurements of bones excavated from the site, standard＝measurements of the same parts of the standard individual).

The standard individual was an Iranian (extant) female wild sheep[13]

右（图2）[14]。相反，在该遗址出土的动物骨骼中，野猪约占到了大约40%，野牛的比例相对较高，约占20%，显示出了与幼发拉底河上游流域非常相似的资源环境。尽管"新月沃地"北部被认为是"四种家畜野生祖先物种分布重叠区"，但由于地形和植被的不同，野生动物资源的分布存在一定的差异。值得注意的是，公元前8500～前8000年左右的PPNB早中期，Çayönü遗址（图1）和幼发拉底河上游的Nevali Çöri遗址[15-16]均出现了幼年个体羊的遗存。鉴于该地区原本并不常见狩猎野生绵羊的现象，因此不能排除此时从其他地方引入驯化绵羊的可能性。

　　绵羊驯化的另一个可能的起源地是以野生绵羊为主要狩猎对象的安纳托利亚高原中部。长期以来，学者们对新石器时代Aşıklı Höyük遗址出土的绵羊持有不同观点。尽管这些绵羊在形态上看起来是野生的，但一些研究指出它们可能已经被驯化[17]。近期多项研究报告指出在该遗址发现了绵羊粪便沉积遗迹[18-20]，这为公元前8500～前8000年安纳托利亚高原的绵羊驯化提供了确凿的考古学证据。因此，关于家养绵羊的起源地是否在安纳托利亚中部，或者绵羊的驯化是否存在多个中心，已成为当前学术界广泛讨论和研究的焦点。

四、绵羊和山羊驯化的分子考古学研究

近期的分子生物学研究成果印证了动物考古学研究在20世纪末就已揭示的一个事实：家养绵羊和山羊的起源地是西亚的"新月沃地"北部地区，并从这里向周边地区扩散。其中"新月沃地"多个地区的野生种群可能与家养动物的驯化有关，分子生物学的最新发现再次强调了这一点，其重要性不言而喻。这一突破性的研究为我们指明了方向，未来有望围绕此开展更深入的研究。

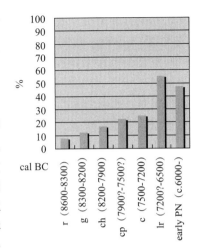

图2　Çayönü遗址中出土的绵羊遗存碎片数量在PPNB末期（lr层）出现了显著的增加

Figure 2　The number of sheep remains fragments from the Çayönü site increases significantly towards the end of the PPNB (lr layer)

Naderi 等（2008年）[21]对473只现生野山羊的线粒体DNA进行了深入分析，并指出山羊可能是在从伊朗高原中部至扎格罗斯山脉南部这一带被驯化的。此观点与动物考古学的相关发现相吻合，进一步印证了山羊的驯化过程可能最初发生在 Ganji Dareh 遗址。值得注意的是，在现生家养山羊种群中，源自扎格罗斯地区野山羊的单倍型（单倍型C）占比非常低，仅为约1.4%。而源自土耳其东部的野山羊种群单倍型（单倍型A）在现生家养山羊中却是最为常见的。这一结果暗示了土耳其东部的野山羊种群很可能是现生家养山羊的母系祖先。此外，还有推测认为，"新月沃地"的北部也可能是山羊驯化的一个重要中心。源自土耳其东部的家养山羊可能最终被引入到了扎格罗斯地区（山羊驯化的早期地区），并逐渐成为该地区山羊的主要品种。

Daly 等（2018年）[22]对来自西亚旧石器时代和中世纪遗址的83块山羊骨骼遗存进行了线粒体全基因组分析。研究结果表明，新石器时代样本中的多种单倍型在地理分布上呈现出一致性，具体范围从扎格罗斯山脉一直延伸到东部，覆盖安纳托利亚西部至巴尔干半岛以及南黎凡特地区（现今的以色列和约旦一带）。特别是在南黎凡特，有推测指出当地家养山羊与野山羊可能发生了杂交。尽管长期以来学者们一直认为驯化山羊是在南黎凡特部独立起源的[23-25]，但DNA分析结果表明，南黎凡特的野山羊或处于驯化初期的山羊，可能与PPNB中期从北方引入的山羊之间存在杂交现象。

对中国考古遗址出土的绵羊进行的分子系统发育研究表明，东亚的绵羊起源于西亚[26]。而针对土耳其考古遗址出土的绵羊样本所开展的古DNA分析工作，虽已启动近十年之久，但其研究结果尚未对外公布。

西亚地区家养动物驯化的分子考古学研究面临着一项主要挑战，即考古遗址中出土骨骼的DNA保存状况极差。尽管研究者们多次尝试对新石器时代动物骨骼进行DNA分析，但效果均不尽如人意。目前，大多数的DNA研究都是基于现生家畜、青铜时代之后以及欧洲新石器时代遗址的样本，而这些分析并未在基于骨骼形态的传统动物考古学研究上,显著提升我们对家畜驯化和传播方面的理解。只有通过对史前样本进行深入的古 DNA 分析,我们才能揭示驯化初期的人为选择压力,家畜在传播过程中与不同地区野生种群的杂交情况,以及返野等具体细节。虽然山羊的古 DNA 分析因样本数量稀少且保存状态不佳而困难重重,但旧石器时代和新石器时代样本的成功分析案例已开始陆续发布。随着分析技术的不断进步和新一代测序仪的广泛应用,我们期待未来几年在这一领域能够取得显著的突破。

五、对饲养绵羊的依赖性增加

公元前 9000 年左右,底格里斯河上游流域东部地区的以狩猎野生绵羊为主的早期定居点逐渐被遗弃,然而,在该地区的西部,靠近幼发拉底河上游的 Çayönü 遗址,从 PPNB 时期一直到公元前 6000 年左右的新石器时代却持续有人居住。Çayönü 遗址出土的大量动物遗存,为我们提供了宝贵的历史见证,展现了从 PPNA 时期的捕猎野生动物到 PPNB 末期家畜饲养和畜牧业模式建立的转变过程。

与东部遗址以捕猎野生绵羊为主的情况不同,Çayönü 遗址 PPNA 时期(r 层)出土的动物遗存显示出多样化的利用模式。其中,野猪所占的比例不到 40%,而野生绵羊和山羊(PPNA 时期 r 层均为野生)合计仅占出土动物遗存的 7% 左右。而该遗址采取的"就地取材、就地消费"和"多方面利用自然资源"的生存策略与东部遗址有相似之处,其特点就是利用各种野生动物,包括野牛、赤鹿、瞪羚、熊、野驴、兔子、狐狸和乌龟等。在 PPNB 期间,随着绵羊和山羊的驯化,其在出土动物遗存中的比例也逐渐上升。PPNB 中期,绵羊和山羊的比例已达到 25%,到 PPNB 末期更是超过了 50%(图 2)。与此同时,野生动物的比例不断下降,到前陶新石器时代末期已不足 10%。这一趋势并非孤例,而是"新月沃地"北部地区所有遗址的共同特点。随着时间的推移,这些遗址在 PPNB 晚期逐渐转变为以绵羊为主的家畜饲养模式,绵羊和山羊在出土动物遗存中的占比高达 50%~70%。

六、奶资源的利用及养羊畜牧业的传播

在公元前 8500~前 8000 年间,山羊被人类带到了塞浦路斯,这一事实揭示了从动物驯化初期开始,它们就与人类一起迁徙,并伴随着人类的贸易往来。此外,公元前 8000 年,在幼发拉底河中游地区的遗址中也出土了野山羊,而这些遗址其实位于野山羊自然栖息地之外。

在 PPNB 中晚期,家养绵羊迅速地从驯化中心向周边地区扩散。也正是在这一时期,绵羊遗存开始在南黎凡特遗址中(最初没有野生绵羊分布)出土。相比较黄牛,绵羊因其易于饲养、食物需求较少且体型适中,适合家庭或小群体消费,这些因素共同推动了绵羊成为当时的主要家畜。不过,值得注意的是,在 PPNB 时期,尽管家畜饲养已经开始,但定居的狩猎-采集生活模式依然占据主导。家畜饲养仅仅被视为"动物多样化利用的又一种选择"。在接下来的一千多年里,畜牧业的重要性日益凸显。其中一个可能的原因是黄牛的生产率相对较低，它需要 2～4 年才能达到生育年龄，且每年只产 1～2 头奶牛。若以获取肉类为主要目的，那么没有足够庞大的牛群就无法确保稳定的肉类供应。同时，对于小规模的家庭饲养而言，投入在喂养和照料牲畜上的时间和精力可能无法得到相应的回报。只有当所谓的"副产品"[27]（如奶、毛发和畜力等无需宰杀牲畜即可重复获得可利用的产品）可资利用时，饲养牛类牲畜的经济效益才会得以实现。首先，相较于牛，绵羊和山羊由于体型相对较小，因此更便于饲养和管理。其次，其产奶性稳定且产奶量高，能够提供稳定的奶源。基于这些特点，绵羊和山羊的奶从一开始就被广泛利用。通过考古发掘的动物遗存的牙齿来估算的死亡年龄[28]以及对陶器上脂肪酸残留的科学分析[29-30]，可以证明人类使用奶资源的历史至少可以追溯到公元前 8000 年。PPNB 末期（约公元前 7500 年）是人类对绵羊依赖性增加、家养绵羊迅速传播的时期，也是在西亚建立以牧业为基础的社会的时期。随着奶资源的利用，干旱地区的游牧生活模式也首次成为可能[31]。在底格里斯河上游的东部区域，大约有 2000 年的时间无人居住。从公元前 7000 年左右的前陶新石器时代起，人类重新在这一地区建立了圈养牲畜、栽培植物和使用陶器的定居点。值得注意的是，在 PPNA 时期，野生绵羊的狩猎在该地区具有重要地位，但到了前陶新石器时代，如 Sumaki、Salat Cami Yanı 等遗址出土的绵羊大多数为家畜[32]。

　　绵羊和山羊的驯化集中在被称为"新月沃地"的特定区域，涵盖现今的叙利亚、土耳其北部及东南部，以及从底格里斯河和幼发拉底河上游延伸至伊朗西部地带。要将野生动物置于人类的控制之下并使其繁衍后代，所面临的技术、文化和心理上的重重阻碍，这在野生祖先物种的自然分布范围内是不可能发生的。就动物适应人为环境而言，圈养并人工繁殖野生动物是实现驯化的关键环节。然而，鉴于在现代动物园中，许多幼年时与父母分离的野生动物在人工饲养条件下繁殖时，常会出现遗弃幼崽的现象，我们可以预见到人工繁殖野生动物的难度之大。有一种观点认为[33]，一旦开始家畜饲养，人类需迅速学得照顾生育的母畜及刚出生的幼畜并且确保它们存活的技能，这一过程同时也开启了人类对奶乳资源的利用。

　　尽管存在公元前 9000 年左右某些地区已开始尝试饲养野生绵羊和山羊的观点，但普遍认为，最终遍布欧亚大陆的家养绵羊和山羊可能源自安纳托利亚东部。家畜的传播与新石器时代文化及贸易网络的扩散等地域性动态紧密相连。未来针对驯化过程的研究，将聚焦于定居的狩猎采集者在驯化各种野生动物时的试错过程，探讨为何仅有少数物种在特定地区被驯化，以及西亚起源的家畜在向欧亚大陆传播过程中与不同地区野生畜群之间的关系等。上述这些研究需要采用多元化分析方法，包括借助动物考古学对动物形态进行深入研究，利用遗传学分析种群结构和多样性，通过土壤形态学判断考古遗址中是否存在牲畜圈养迹象，以及使用稳定同位素分析来确认牲畜的饲养状况等。此外，如果来自不同地域的早期家畜与外来牲畜发生了杂交融合，那我们则需通过古 DNA 分析来详细揭示这一过程。

　　附记　感谢原文作者日本综合研究大学院大学本乡一美副教授慷慨地允许我翻译她的杰出著作。同时也要感谢兰州大学菊地大树教授对此著作翻译提供的学术指导。最后，审稿老师的专业建议极大地提升了译文的准确性和流畅性，特此致谢！

注 释

［ 1 ］ Uerpmann H. 1987. The ancient distribution of ungulate mammals in the Middle East. *Beihefte zum Tübinger Atlas des Vorderen Orients*, Reihe A(27).

［ 2 ］ 谷泰:《牧夫の誕生: 羊・山羊の家畜化の開始とその展開》，東京: 岩波書店，2010 年.

［ 3 ］ Ervynck A, Dobney K, Hongo H, et al. 2001. Born Free? New Evidence for the Status of *Sus scrofa* at Neolithic Çayönü Tepesi (Southeastern Anatolia, Turkey). *Paléorient*, 27(2): 47-73.

［ 4 ］ Boessneck J, Müller H H, Teichert M. 1964. Osteologische unterscheidungsmerkmale zwischen Schaf (*Ovis aries* Linne) und Zeige (*Capra hircus* Linne). *Kuhn Archiv*, 78: 1-129.

［ 5 ］ Arbuckle B S. 2005. Experimental animal domestication and its application to the study of animal domestication in prehistory. In: Vigne J D, Peters J, Helmer D. (eds.) *The first steps of animal domestication: New archaeozoological techniques*. Oxford: Oxbow Books. pp. 18-33.

［ 6 ］ Zeder M A. 2006. A critical assessment of marker of initial domestication in goats (*Capra hircus*). In: Zeder M A , Bradley D G, Emshwiller E, et al. (eds.) *Documenting Domes-tication*: *New Genetic and Archaeological Paradigms*. Berkley: University of California Press. pp. 181-208.

［ 7 ］ Zeder M A, Hesse B. 2000. The Initial Domestication of Goats (*Capra hircus*) in the Zagros Mountains 10,000 Years Ago. *Science*, 287 (5461): 2254-7.

［ 8 ］ Rosenberg M, Nesbitt M R, Redding R, et al. 1995. Hallan Çemi Tepesi: Some Preliminary Observations Concerning Neolithic Subsistence Behaviors in Eastern Anatolia. *Anatolica*, 21: 3-12.

［ 9 ］ Arbuckle B S, Özkaya V. 2007. Animal exploitation at Körtik tepe: An early Aceramic Neolithic site in Southeast Turkey. *Paléorient*, 32(2): 113-136.

［10］ a. 三宅 裕、前田 修、アブドゥセラーム・ウルチャム:《初期定住集落の姿を探る―トルコ、ハッサンケイフ遺跡 2012 年度の調査》，見日本西アジア考古学会編:《平成 24 年度考古学が語る古代オリエント: 第 20 回西アジア発掘調査報告会報告集》，日本西アジア考古学会，2012 年，第 26-32 頁.
b. 三宅 裕、前田 修、アブドゥセラーム・ウルチャム:《初期定住集落の姿を探る―トルコ、ハッサンケイフ遺跡 2013 年度の調査》，見日本西アジア考古学会編:《平成 25 年度考古学が語る古代オリエント: 第 21 回西アジア発掘調査報告会報告集》，日本西アジア考古学会，2013 年，第 22-27 頁.
c. 三宅 裕、前田 修、アブドゥセラーム・ウルチャム:《初期定住集落の姿を探る―トルコ、ハッサンケイフ遺跡 2014 年度の調査》，見日本西アジア考古学会編:《平成 26 年度考古学が語る古代オリエント: 第 22 回西アジア発掘調査報告会報告集》，日本西アジア考古学会，2014 年，第 20-25 頁.

［11］ Price T D, Brown J A. (eds.) 1985. *Prehistoric Hunter-Gatherers*: *The Emergence of Cultural Complexity*. San Diego: Academic Press.

［12］ Zvelebil M. (eds.) 1986. *Hunters in Transition*. Cambridge: Cambridge University Press.

［13］ Uerpmann M, Uerpmann H P. 1994. Animal Bone Finds from Excavation 520 at Qala'at al-Bahrain.

In: Højlund F, Andersen H H. (eds). *Qala'at al-Bahrain vol.1: The Northern City Wall and the Islamic Fortress* (Jutland Archaeological Society Publications 30, 1). Aarhus: Jutland Archaeological Society. pp. 417-444.

[14] Hongo H , Meadow R H, Öksüz B, et al. 2004. Animal Exploitation at Çayönü Tepesi, Southeastern Anatolia. In "Featuring Complex Societies in Prehistory: Studies in Memoriam of the Braidwoods." *TÜBA-AR* (*Turkish Academy of Sciences Journal of Archaeology*), 7: 107-119.

[15] Peters J, Helmer D, von den Driesch A, et al. 2000. Early Animal Husbandry in the Northern Levant. *Paléorient*, 25/2 (1999): 27-47.

[16] Peters J, Buitenhuis H, Grupe G, et al. 2013. The long and winding road: Ungulate ex-ploitation and domestication in early Neolithic Anatolia (10000-7000 cal. BC) In: Colledge S, Conolly J , Dobney K M, et al. (eds.) *The Origin and Spread of Domestic Animals in Southwest Asia and Europe*. Walnut Creek, California: Left Coast Press. pp. 83-113.

[17] Buitenhuis H. 1997. Aşıklı Höyük: A protodomestication site. *Anthropozoologica*, 25-26: 655-662.

[18] Stiner M C, Buitenhuis H, Duru G, et al. 2014. A forager-herder trade-off, from broad-spectrum hunting to sheep management at Aşıklı Höyük, Turkey. *Proceedings of National Academy of Sciences*, 11: 8404-8409.

[19] Mentzer S M. 2018. Micromorphological analyses of anthropogenic materials and insights into tell formation processes at Aşıklı Höyük, 2008-2012 field seasons. In: Özbaşaran M, Duru G, Stiner M C. (eds.) *The Early Settlement of Aşıklı Höyük: Essays in Honor of Ufuk Esin*. Istanbul: Ege Press. pp. 105-128.

[20] Abell J T, Quade J, Duru G, et al. 2019. Urine salts elucidate Early Neolithic animal management at Aşıklı Höyük, Turkey. *Science Advances*, 5(4): eaaw0038.

[21] Naderi S, Rezaei H R, Pompanon F, et al. 2008. The goat domestication process inferred from large-scale mitochondrial DNA analysis of wild and domestic individuals. *Proceedings of the National Academy of Sciences USA*, 105 (46): 17659-17664.

[22] Daly K G, Delser P M, Mullin V E. et al. 2018. Ancient goat genomes reveal mosaic domestication in the Fertile Crescent. *Science*, 361: 85-88.

[23] Von den Driesch A I, Wodtke U. 1997. The fauna of 'Ain Ghazal, a major PPN and Early PN settlement in central Jordan. In: Gebel H G K, Kafafi Z, Rollefson G. (eds.) *The pre-history of Jordan, II: perspectives from 1997*. Berlin: ex Oriente. pp. 511-556.

[24] Horwitz L K. 2003. Temporal and spatial variation in Neolithic caprine exploitation strategies: a case study of fauna from the site of Yiftahael (Israel). *Paléorient*, 21: 19-58.

[25] Martin L, Edwards Y. 2013. Diverse strategies: Evaluating the appearance and spread of domestic caprines in the southern Levant. In: Colledge S, Conolly J, Dobney K M, et al. (eds.) *The Origin and Spread of Domestic Animals in Southwest Asia and Europe*. Walnut Creek, California: Left Coast Press. pp. 49-82.

[26] Cai D W, Han L, Zhang X, et al. 2007. DNA analysis of archaeological sheep remains from China. *Journal of Archaeological Science*, 34(9): 1347-1355.

[27] Sherratt A. 1981. Plough and pastoralism: aspects of the secondary products revolution. In: Hodder I, Isaac G, Hammond N. (eds.) *Pattern of the Past: Studies in Honour of David Clarke*. Cambridge: Cambridge University Press. pp. 261-305.

[28] Vigne J D, Helmer D. 2007. Was milk a "secondary product" in the Old World Neo-lithisation process? Its role in the domestication of cattle, sheep and goats. *Anthropozoologica*, 42 (2): 9-40.

[29] Evershed R P, Payne S, Sherratt A G, et al. 2008. Earliest date for milk use in the Near East and southeastern Europe linked to cattle herding. *Nature*, 455: 528-531.

[30] Copley M S, Berstan R, Dudd S N. et al. 2003. Direct chemical evidence for widespread dairying in prehistoric Britain. *Proceedings of National Academy of Sciences USA*, 100: 1524-1529.

[31] Hongo H, Omar L, Nasu H, et al. 2013. Faunal Remains From Wadi Abu Tulayha: A PPNB Outpost in The Steppe-desert of Southern Jordan. In: De Cupere B, Linseele V, Hamil-ton-Dyer S. (eds.) *Archaeozoology of the Near East X. Proceedings of the Tenth Interna-tional Symposium on the Archaeozoology of South-Western Asia and Adjacent Areas*. Leu-ven: Peeters Publishers. pp.1-25.

[32] Hongo H, Arai S, Takahashi R, et al. in press. Transition to food production suspended a remarkable development in the Eastern Upper Tigris Valley, Southeastern Anatolia. In: Peters J, McGlynn G, Goebel V. et al. (eds.) *Animals*: *Cultural Identifiers in Ancient Societies*. Rahden: VML Verlag Marie Leidorf. pp. 155-172.

[33] 同 [2]。

Zooarchaeological Insights into the Domestication of Sheep and Goats

Hitomi HONGO[1]   Translated by Xiayire XIAOKAITI[2]

(1. The Graduate University for Advanced Studies;

2. Institute of Archaeology, Chinese Academy of Social Sciences)

Abstract: The wild progenitor of sheep and goats (Asian Mouflon and Bezoar) originally inhabited a vast area spanning from Anatolia to southeastern Iran in western Asia. Archaeological findings indicate that the domestication of sheep and goats commenced approximately 8500 BC, primarily in the "Fertile Crescent" region of Western Asia. This region, with its abundant wildlife and favorable natural conditions, provided an optimal environment for animal domestication. The initial domestication process likely involved selective breeding of females, and the domestication of sheep and goats exhibited distinct characteristics in terms of morphology, usage, and sex ratio. Molecular archaeological studies have further confirmed that the domesticated sheep and goats originated in West Asia, revealing the genetic diversity and complexity of the domestication process. The successful breeding of domesticated animals and the utilization of milk gradually established animal husbandry as a significant economic pillar in West Asia, ultimately spreading across Eurasia through the dispersal of Neolithic cultural and trading networks.

Key Words: sheep and goats; domestication; Fertile Crescent; Zooarchaeology; animal husbandry; milk utilization

原文（本郷2019ヒツジ、ヤキの家畜化）刊于
《畜産の研究》第73巻10号（2019年）養賢堂，略有改动。

1. 粟
1. *Setaria italica*

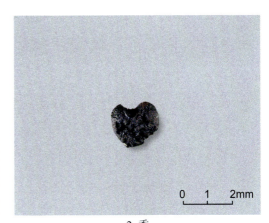

2. 黍
2. *Panicum miliaceum*

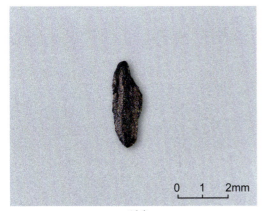

3. 稻米
3. *Oryza sativa*

4. 稻谷基盘
4. rice rachises

5. 大豆
5. *Glycine max*

6. 用以测量的大豆
6. *Glycine max* for measurement

陕西临潼康家遗址浮选出土植物遗存（一）
Plant remains floated from Kangjia site in Lintong, Shaanxi province (1)

1. 狗尾草
1. *Setaria viridis*

2. 草木犀
2. *Melilotus suaveolens*

3. 胡枝子
3. *Lespedeza bicolor*

4. 藜
4. *Chenopodium album*

陕西临潼康家遗址浮选出土植物遗存（二）
Plant remains floated from Kangjia site in Lintong, Shaanxi province (2)

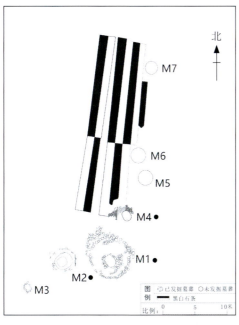

1. A区墓葬
1. Distribution of tombs at A zone

3. 钻木取火装置
3. Fire drilling tools

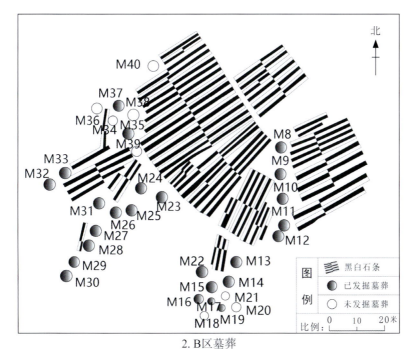

2. B区墓葬
2. Distribution of tombs at B zone

吉尔赞喀勒墓群及出土木器
Jierzankale tombs and wooden wares

1. 吉尔赞喀勒M15出土火坛
1. Fire altar unearthed from Jierzankale M15

2. 吉尔赞喀勒M14出土箜篌
2. A harp unearthed from Jierzankale M14

3. 吉尔赞喀勒M16出土箜篌
3. A harp unearthed from Jierzankale M16

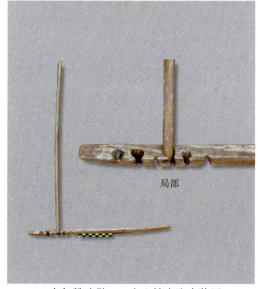

局部

4.吉尔赞喀勒M14出土钻木取火装置
4. Fire drilling tools unearthed from Jierzankale M14

吉尔赞喀勒墓群出土文物
Cultural relics in Jierzankale tombs

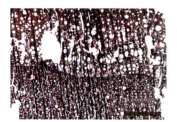

1. 丁香属横切面
1. Transverse section of *Syringa*

2. 丁香属径切面
2. Radial longitudinal section of *Syringa*

3. 丁香属弦切面
3. Tangential longitudinal section of *Syringa*

4. 阿尔泰忍冬横切面
4. Transverse section of *Lonicera caerulea*

5. 阿尔泰忍冬径切面
5. Radial longitudinal section of *Lonicera caerulea*

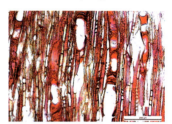

6. 阿尔泰忍冬弦切面
6. Tangential longitudinal section of *Lonicera caerulea*

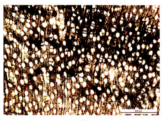

7. 柳属横切面
7. Transverse section of *Salix*

8. 柳属径切面
8. Radial longitudinal section of *Salix*

9. 柳属弦切面
9. Tangential longitudinal section of *Salix*

木材显微结构图
Photos of the anatomic microstructures of wood under the BM

1. 2015NJM22-B下颌牙齿唇侧牙结石
1. 2015NJM22-B buccal dental calculus on mandibular teeth

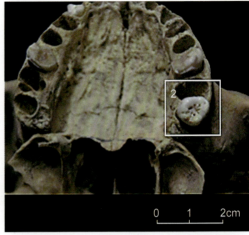

2. 2015NJM39上颌左侧第三臼齿颌面龋齿
2. 2015NJM39 maxillary left third molar occlusal caries

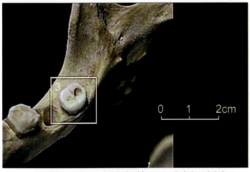

3. 2015NJM61下颌右侧第三臼齿颌面龋齿
3. 2015NJM61 mandibular right third molar occlusal caries

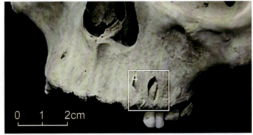

4. 2015NJM26上颌左侧第一前臼齿根尖脓肿
4.2015NJM26 maxillary left first premolar periapical abscess

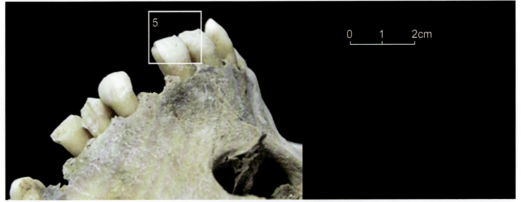

5. 2015NJM23上颌左右中门齿釉质崩裂
5. 2015NJM23 maxillary central incisors enamel fracture

吉仁台沟口墓地出土人骨口腔疾病现象
The photograph of oral health conditions of human remains excavated from the Jirentaigoukou cemetery

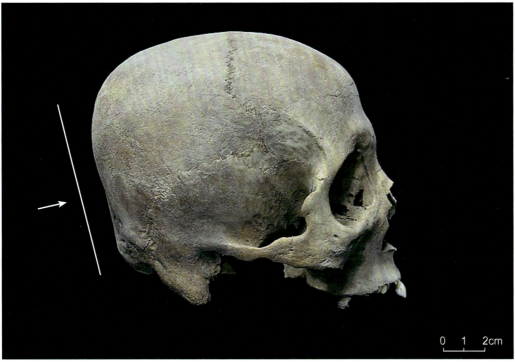

1. 2015NJM39颅骨枕骨扁平变形
1. 2015NJM39 the artificial cranial deformation

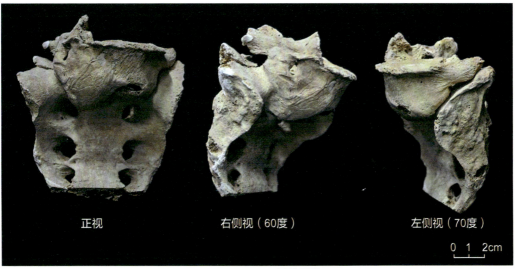

正视　　　　　　右侧视（60度）　　　　　　左侧视（70度）

2. 2015NJM22-B腰椎骶化
2. 2015NJM22-B the sacralization of fifth lumber vertebra

吉仁台沟口墓地的古病理现象
The paleopathological phenomena of the Jirentaigoukou cemetery

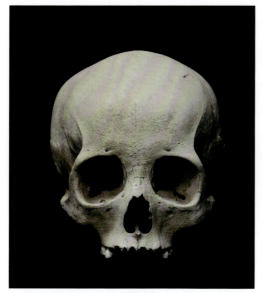

1. 正视图
1. Front view

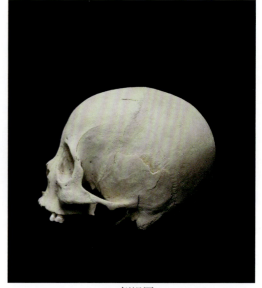

2. 侧视图
2. Side view

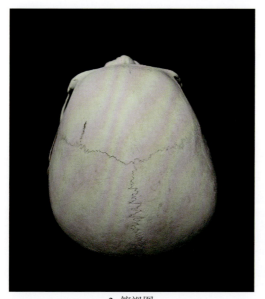

3. 俯视图
3. Top view

4. 后视图
4. Rear view

2015NJM4吉仁台沟口墓地女性颅骨
2015NJM4 female skull of Jirentaigoukou cemetery

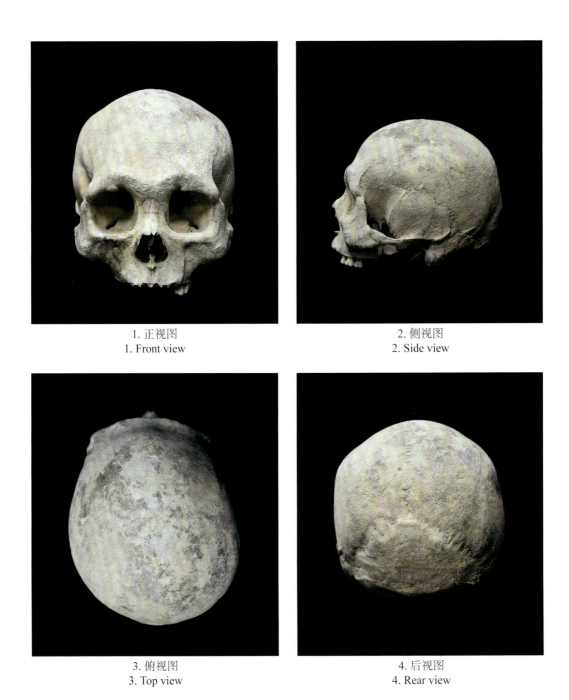

1. 正视图
1. Front view

2. 侧视图
2. Side view

3. 俯视图
3. Top view

4. 后视图
4. Rear view

2015NJM7吉仁台沟口墓地男性颅骨
2015NJM7 male skull of Jirentaigoukou cemetery

彩版一〇

1. 铜爵（1996YSⅡT11M22：1）
1. *Jue* (1996YSⅡT11M22：1)

2. 铜爵（1996YSⅡT11M22：1）底部
2. The bottom of the *Jue* (1996YSⅡT11M22：1)

3. 铜爵（2019YSⅢT16M15：2）
3. *Jue* (2019YSⅢT16M15：2)

4. 铜爵（2019YSⅢT16M15：2）鋬部
4. The handle of the *Jue* (2019YSⅢT16M15：2)

5. 铜爵（2019YSⅢT16M12：1）
5. *Jue* (2019YSⅢT16M12：1)

6. 铜爵（2019YSⅢT16M12：1）范线
6. The molding line of the *Jue* (2019YSⅢT16M12：1)

偃师商城遗址出土铜爵
The unearthed *Jue* from Yanshi Shang City site

1. 铜斝（1989YS Ⅳ M13∶3）
1. *Jia* (1989YS Ⅳ M13∶3)

2. 铜斝（1989YS Ⅳ M13∶3）底部
2.The bottom of the *Jia* (1989YS Ⅳ M13∶3)

3. 铜斝（2019YS Ⅲ T16M15∶1）器身
3. The body of the *Jia* (2019YS Ⅲ T16M15∶1)

4. 铜斝（2019YS Ⅲ T16M15∶1）器底
4. The bottom of the *Jia* (2019YS Ⅲ T16M15∶1)

5. 铜斝（2019YS Ⅲ T16M15∶1）纹饰带
5. The sculptine of the *Jia* (2019YS Ⅲ T16M15∶1)

6. 铜斝（2019YS Ⅲ T16M15∶1）三足
6. The legs of the *Jia* (2019YS Ⅲ T16M15∶1)

偃师商城遗址出土铜斝
The unearthed *Jia* from Yanshi Shang City site

1. 铜刀（2007YSⅤT5④：8）
1. Knife (2007YSⅤT5④：8)

2. 铜刀（2007YSⅤT5④：8）刀背
2.The back of the knife blade (2007YSⅤT5④：8)

3. 铜刀（1997YSJ1D2T0211H21：01）
3. Knife (1997YSJ1D2T0211H21：01)

4. 铜刀（1997YSJ1D2T0211H21：01）刀背
4.The back of the knife blade (1997YSJ1D2T0211H21：01)

偃师商城遗址出土铜刀
The unearthed Knifes from Yanshi Shang City site

1. 铜觚（2019YSⅣT16M15：3）
1. *Gu* (2019YSⅣT16M15：3)

2. 铜觚（2019YSⅣT16M15：3）镂孔内侧
2.The perforation of the *Gu* (2019YSⅣT16M15：3)

3. 铜铃（1988YSⅣT6M1：2）
3. Bell (1988YSⅣT6M1：2)

4. 铜铃（1988YSⅣT6M1：2）器顶
4.The top of the bell (1988YSⅣT6M1：2)

偃师商城遗址出土铜觚、铜铃
The unearthed *Gu* and bell from Yanshi Shang City site

1. 纺轮（M28：21）
1. Spinning wheel (M28：21)

2. 纺轮（M29：11）
2. Spinning wheel (M29：11)

3. 纺轮（M91：9）
3. Spinning wheel (M91：9)

4. 纺轮（M126：98）
4. Spinning wheel (M126：98)

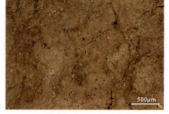

5. 纺轮（M141：7）
5. Spinning wheel (M141：7)

6. 纺轮（M148：28）
6. Spinning wheel (M148：28)

7. 纺轮（M151：45）
7. Spinning wheel (M151：45)

8. 纺轮（M160：16）
8. Spinning wheel (M160：16)

9. 纺轮（M170：38）
9. Spinning wheel (M170：38)

龙王山墓地出土陶纺轮表面在100×下的超景深显微镜图
Ultra-depth-of-field microscope view of the surface of the pottery spinning wheels
unearthed from Longwangshan cemetery at 100×

1. M42：102剖面图
1. M42：102 cross-section

2. M42：102表面图
2. M42：102 surface view

3. M42：150剖面图
3. M42：150 cross-section

4. M42：150表面图
4. M42：150 surface view

5. M130：64剖面图
5. M130：64 cross-section

6. M130：64表面图
6. M130：64 surface view

7. M130：68表面图
7. M130：68 surface view

8. M152：1剖面图
8. M152：1 cross-section

9. M152：1表面图
9. M152：1 surface view

龙王山墓地出土陶罐、陶盖纽在100×下的超景深显微镜图
Ultra-depth-of-field microscope view of pottery jars and cover button unearthed from
Longwangshan cemetery at 100×

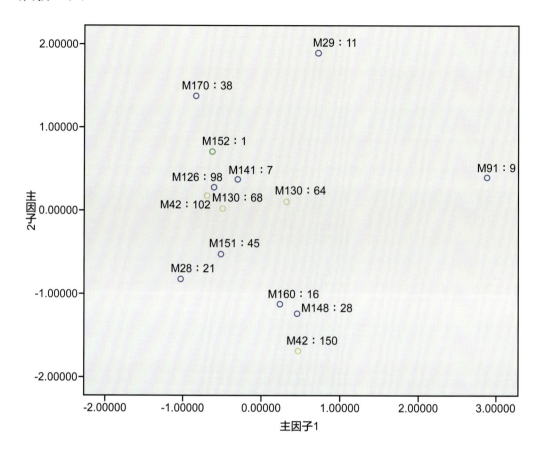

龙王山基地出土陶纺轮、陶罐和陶盖纽的XRF数据因子分析散点图

XRF data factor analysis scatter plot of pottery spinning wheels, jars and cover button
unearthed from Longwangshan cemetery

上为金黄色半透明玻璃珠，下为红褐色不透明玻璃珠
Upper 4 beads: gold-in-glass beads, lower 4 beads: reddish brown opaque glass beads

西藏洛布措环湖遗址出土玻璃珠
Glass beads unearthed from the Luobucuo site in Xizang Autonomous Region

1. 江西南昌西汉海昏侯刘贺主棺套箱（东—西）
1. The main coffin box of Liu He, Marquis of Haihun of the Western Han Dynasty in Nanchang city, Jiangxi province (East-West)

2. 四川成都老官山汉简的插板法提取
2. Extraction of bamboo slips of Han Dynasty unearthed from Laoguanshan in Chengdu city, Sichuan province, by insertion plate method

异地迁移使用的套箱法和插板法
The box method and insertion plate method used for relocation

1. 河北行唐故郡遗址车马坑发掘中的手持式背散射成像
1. Handheld backscatter imaging during the excavation of the Chariot Pit at the Gujun site in Xingtang county, Hebei province

2. 河北行唐故郡遗址CMK2三号车套箱的翻转
2. Flipping of CMK2 No. 3 car cover box at Gujun site in Xingtang county, Hebei province

河北行唐故郡遗址车马坑实验室考古中使用的预探测和翻箱技术
Pre-detection and box flipping techniques used in the Laboratory Archaeology of the chariot pit at the Gujun site in Xingtang county, Hebei province

1. 内蒙古谢尔塔拉M11椁盖经薄荷醇加固后
1. After being reinforced with menthol, the cover plate of the Xieertala M11 coffin lid

2. 江西南昌海昏侯刘贺墓出土刀剑的应急保护
2. Emergency protection of swords and knives unearthed from the tomb of Marquis of Haihun in Nanchang city, Jiangxi province

遗存提取和应急保护中使用的相关技术
Related technologies used in heritage extraction and emergency protection